Die Tierhalterhaftung in Deutschland, Frankreich
und Südafrika

Europäische Hochschulschriften Recht

European University Studies in Law

Publications Universitaires Européennes de Droit

Band/Volume **6822**

Amandine Torikian-Tomassian

Die Tierhalterhaftung in Deutschland, Frankreich und Südafrika

PETER LANG

Berlin · Bruxelles · Chennai · Lausanne · New York · Oxford

Bibliografische Information der Deutschen Nationalbibliothek
Die Deutsche Nationalbibliothek verzeichnet diese Publikation in der Deutschen Nationalbibliografie; detaillierte bibliografische Daten sind im Internet über http://dnb.d-nb.de abrufbar.

Zugl.: Passau, Univ., Diss., 2024

D 739
ISSN 0531-7312
ISBN 978-3-631-93311-4 (Print)
E-ISBN 978-3-631-93396-1 (E-PDF)
E-ISBN 978-3-631-93397-8 (E-PUB)
DOI 10.3726/b22686

Verlegt durch: Peter Lang GmbH, Berlin, Deutschland

info@peterlang.com - www.peterlang.com

Je dédie ce travail à maman et papa.

„On ne voit bien qu'avec le cœur. L'essentiel est invisible pour les yeux."

(Le Petit Prince, Antoine de Saint-Exupéry)

Inhaltsverzeichnis

Vorwort

Die vorliegende Arbeit wurde im Wintersemester 2024/2025 von der Juristischen Fakultät der Universität Passau als Dissertation angenommen. Literatur und Rechtsprechung entsprechen dem Stand 1. Oktober 2024.

Zunächst möchte ich mich besonders bei meinem Doktorvater, Herrn Professor Dr. Solomon, für die sehr gute und konstruktive Betreuung während meiner Promotion bedanken. Herrn Professor Dr. Riehm danke ich für die zügige Erstellung des Zweitgutachtens und Herrn Professor Dr. Harnos für die angenehme Leitung meiner Disputation.

Die Anfertigung der vorliegenden Dissertation wäre mir ohne den Beistand meiner Familie nicht möglich gewesen. Insbesondere danke ich meinen Eltern für die liebevolle Unterstützung.

München, Dezember 2024 *Amandine Torikian-Tomassian*

Abkürzungsverzeichnis

a. A.	Andere Ansicht
Abs.	Absatz
a. E.	am Ende
a. F.	alte Fassung
allg.	allgemein(e)
a. M.	am Main
Anm.	Anmerkung
AP	Avant-projet de loi „Réforme de la responsabilité civile“
Aufl.	Auflage
Art.	Artikel
Bd.	Band
BeckOK	Beck'scher Online-Kommentar zum
BGB	Bürgerlichen Gesetzbuch
BeckOK	Beck'scher Online-Kommentar zum
GG	Grundgesetz
BeckOGK	beck-online Grosskommentar zum
BGB	Zivlrecht
BeckRS	beck-online Rechtsprechung
BGB	Deutsches Bürgerliches Gesetzbuch
BGBl.	Bundesgesetzblatt
BGH	Bundesgerichtshof
BGHZ	Entscheidungen des Bundesgerichtshofs in Zivilsachen
BRD	Bundesrepublik Deutschland
Bull. civ.	Bulletin civil
bzw.	beziehungsweise
C. civ.	*Code civil* (französisches Zivilgesetzbuch)
ca.	circa
Cass. civ.	Cour de cassation chambre civil (Zivilkammer des französischen Kassationsgerichtshofes)
ch.	chambre
Crim.	Cour de cassation chambre criminelle (Strafkammer des französischen Kassationsgerichtshofes)
D.	Dalloz
d. h.	das heißt
EGBGB	Einführungsgesetz zum Bürgerlichen Gesetzbuche

e.V.	eingetragener Verein
f.	folgende
ff.	fortfolgende
gem.	gemäß
GG	Grundgesetz
GVE	Großvieheinheit(en)
HaftungsR	Haftungsrecht
HPflG	Haftpflichtgesetz
Hrsg.	Herausgeber
h. M.	herrschende Meinung
i. R. d.	im Rahmen des/der
i. S. d.	im Sinne des/der
i. S. v.	im Sinne von
i. V. m.	in Verbindung mit
JfCS	Journal for Christian Scholarship
JuS	Juristische Schulung
Kap.	Kapitel
LG	Landgericht
Ltd.	Limited
m. w. N.	mit weiteren Nachweisen
MüKoBGB	Münchener Kommentar zum Bürgerlichen Gesetzbuch
MüKoVVG	Münchener Kommentar zum Versicherungsvertragsgesetz
NJW	Neue Juristische Wochenschrift
NJW-RR	Neue Juristische Wochenschrift Rechtsprechungs-Report Zivilrecht
NK-BGB	Nomos Kommentar BGB Schuldrecht
NK-BGB AT	Nomos Kommentar BGB Allgemeiner Teil
Nr.	Nummern(n)
NuR	Natur und Recht
NZS	Neue Zeitschrift für Sozialrecht
o. Ä.	oder Ähnliche(s)
OLG	Oberlandesgericht
PK	Praxiskommentar
PR	Projet de réforme de la responsabilité civile
PUF	Presses Universitaires de France
Rep.	Republik
RG	Reichsgericht
RGZ	Entscheidungen des Reichsgerichts in Zivilsachen
Rn.	Randummern(n)

S.	Seite(n)
SA	Südafrika
SAJHR	South African Journal on Human Rights
SALJ	South African Law Journal
SGB VII	Siebtes Buch Sozialgesetzbuch – Gesetzliche Unfallversicherung
sog.	sogenannte/s/r
SR	Schuldrecht
TierSchG	Tierschutzgesetz
Urt.	Urteil
v.	vom/n oder versus (engl.)
VersR	Versicherungsrecht
vgl.	vergleiche
Vol.	Volume(n)
Vor.	Vorwort
VW	Zeitschrift für Versicherungswesen
z. B.	zum Beispiel
ZEuP	Zeitschrift für Europäisches Privatrecht
ZPO	Deutsche Zivilprozessordnung
ZRP	Zeitschrift für Rechtspolitik

Einleitung

A. Fragestellung

Die Tierhaltung prägt weitläufig sowohl die Landschafts- als auch die Stadtbilder, ist darüber hinaus aber durch die emotionale Bindung des Menschen an das Tier gekennzeichnet. Eng mit der emotionalen Zuneigung gegenüber Tieren verbunden ist das wirtschaftliche und wissenschaftliche Nutzungsinteresse an der Haltung der Tiere, das ebenfalls bei der Handhabung der Haftungsregelungen eine Rolle spielt.

Die sich aus der Vielfalt der die Tierhaltung betreffenden Aspekte ergebenden rechtlichen Probleme werden deutlich, wenn man sich die zu diesem Thema entstandenen mannigfaltigen Gerichtsentscheidungen vor Augen führt. Diese spiegeln die Unsicherheiten und Kontroversen, die zu diesem Themenkomplex herrschen, sowie die Schwierigkeiten der Gerichte, die Regelungen für beide Parteien in angemessener Weise anzuwenden, wider. Auch wenn die Tierhaltung schon zu römischen Zeiten zu haftungsrechtlichen Streitigkeiten geführt hat[1] und seit jeher existiert,[2] gibt die Rechtswissenschaft bisher keine einheitliche Antwort auf die Frage der Handhabung der dadurch erzeugten Rechtsstreitigkeiten.

Die vorliegende Abhandlung soll einen Beitrag zu dieser Frage aus der rechtsvergleichenden deutschen, französischen und südafrikanischen Perspektive leisten. Erhofft wird insbesondere die Herausarbeitung der sich aus dem Vergleich der Regelungen ergebenden vorzugswürdigen Lösung zur Problematik der Haftung für Tiere. Ein nicht zu unterschätzendes Hindernis auf diesem Weg stellt jedoch die allgemein empfundene Schwierigkeit und Komplexität des Rechts der Tierhalterhaftung dar:

> „[t]here can be few branches of the law which are more complex and confusing than the liability for damages (*sic*) caused by animals.“[3]

---

1 *Spickhoff*, in: BeckOGK BGB, § 833 Rn. 3; *Möller*, Haftungskonzepte im römischen Deliktsrecht, S. 123; *Maasdorp*, The Law of Delicts, S. 47 ff.; *Dernburg*, Pandekten, S. 365; *Mazeaud/Mazeaud*, Traité théorique et pratique, S. 4.

2 *Spickhoff*, in: BeckOGK BGB, § 833 Rn. 2.

3 *Bristow* v. *Lycett* 1971, 4 SA, 223 (RAD), 227A.

B. Gegenstand und Ziel der Arbeit

Gegenstand dieses Beitrags ist eine rechtsvergleichende Darstellung der Haftung für Tiere im deutschen, französischen und südafrikanischen Recht. Die vorliegende Arbeit zielt insbesondere darauf ab, die aktuellen Regelungen zur Tierhalterhaftung der drei untersuchten Rechtsordnungen zu analysieren und dabei die Zweckmäßigkeit derselben im Vergleich zueinander zu prüfen und zu bewerten. Der hier gewählte Ansatz besteht insbesondere darin, die untersuchten Rechtsordnungen einer Nahaufnahme zu unterwerfen, Gemeinsamkeiten und Unterschiede herauszuarbeiten und die sich daraus ergebenden Erkenntnisse zu nutzen, um reformierungsbedürftige Punkte auszuweisen. Das ergebnisoffene Ziel besteht weiterhin darin, vorzugswürdige Aspekte der jeweiligen Regelungen zur Tierhalterhaftung darzulegen und bestehende Missstände aufzuzeigen. Die Arbeit will dabei den Versuch unternehmen, die Regelungen zur Tierhalterhaftung der Aktualität weitläufig anzupassen und Lösungsansätze für bestehende Problematiken sowohl in der jeweiligen Rechtsordnung als auch länderübergreifend vorzuschlagen.

Das südafrikanische Recht wurde gewählt, um einen kontinentübergreifenden und nicht rein europäischen Vergleich zu erzielen. Die deutsche und die französische Rechtsordnung sind sich von der Struktur, dem rechtlichen Aufbau der Normen und dem Haftungsrecht her näher, als das südafrikanische Recht ihnen gegenüber ist. Mit der der südafrikanischen Tradition eigenen Haltung von exotischen Tieren fließt in die Behandlung der Tierhalterhaftung eine Komponente ein, die einen anderen Blickwinkel in die Prüfung aufnehmen lässt. Ein weiterer Grund für den Vergleich der deutschen und französischen Rechtsordnungen mit der südafrikanischen Rechtsordnung liegt in dem unterschiedlichen historischen Ursprung der Regelungen,[4] der diese geprägt hat und dadurch der länderübergreifenden Darstellung der Regelungen zur Tierhalterhaftung einen weiteren Ansatzpunkt verleiht. Auch die wirtschaftlichen und sozioökonomischen Aspekte, die zum besseren Verständnis der Regelungen herangezogen werden, sind im Verhältnis Deutschland-Frankreich weniger aussagekräftig als im Verhältnis zu Südafrika, das größere Diskrepanzen aufweist und dadurch andere Schlüsse zulässt.

Auch wenn die deutsche und die französische Rechtsordnung sich ähnlicher sind als die südafrikanische im Verhältnis zu den beiden vorgenannten, bestehen grundsätzliche Unterschiede zwischen dem deutschen und dem französischen Rechtssystem, weshalb sich auch ein Vergleich dieser Rechtsordnungen anbietet. Eine Gegenüberstellung der beiden Rechtsordnungen sowie ein jeweiliger

---

4 Siehe hierzu ausführlich unter 1. Kap. C.

Vergleich der deutschen und französischen Lösungen zur südafrikanischen sollen Aufschluss darüber geben, ob und inwieweit etwaige Vorteile des einen Haftungssystems in das andere übertragbar sind und ob Gemeinsamkeiten gefunden werden können, die zu einer einheitlichen länderübergreifenden Lösung führen. Der hierbei gewählte Ansatz besteht darin, einerseits die in den untersuchten Rechtsordnungen jeweils bestehenden länderspezifischen Besonderheiten herauszuarbeiten und zu vergleichen und andererseits allgemeine Annäherungen in gewissen Punkten ausfindig zu machen.

1. Kapitel: Die Natur der Tierhalterhaftung

A. Die Gründe für die Regelung der Tierhalterhaftung

Die Ausgestaltung der Tierhalterhaftung in den Rechtsordnungen als eigener objektiver Tatbestand findet ihre Rechtfertigung in Gründen, die weit in die Rechtsgeschichte zurückreichen.

I. Eine objektiv konzipierte Haftung

Die Tierhalterhaftung weist die Besonderheit auf, dass den Tieren als solchen die Rechtspersönlichkeit fehlt. Tiere werden sowohl in der deutschen[5] als auch in der französischen[6] und der südafrikanischen[7] Rechtsordnung nicht den Rechtssubjekten, sondern den Rechtsobjekten zugeordnet. Tiere handeln nicht im Rechtssinne und treten auch nicht als selbstständiges Haftungssubjekt auf.[8] Sie können weder ihren eigenen Willen bilden noch Pflichten übernehmen.[9] Dies hat zur Folge, dass das Tier als Objekt des Rechtsverkehrs behandelt wird und die Tierhalterhaftung eine objektiv konzipierte Haftung darstellt. Tiere können, anders als der Mensch oder juristische Personen, mangels Rechtsfähigkeit nicht haftbar gemacht werden, weshalb die Haftungsregelungen sich schon im römischen Recht nicht gegen das Tier selbst, sondern gegen den Tierherren richteten.[10] Sie stellten eine objektive Verantwortlichkeit dar und verkörperten weder eine Haftung für eigenes Verhalten noch für das Verhalten Dritter, sondern brachten die Haftung für die Verwirklichung eines dem Tier immanenten Risikos zum Ausdruck.[11]

---

5 *Stresemann*, in: MüKoBGB, § 90a Rn. 3; *Brüninghaus*, Die Stellung des Tieres im BGB, S. 122, 128.

6 *Capitant*, Introduction à l'étude du droit civil, S. 125 f.; *Malaurie/Aynès*, Droit des obligations, S. 37.

7 *Strauss*, JfCS, S. 175 f.; *Bilchitz*, SAJHR 2009, S. 43 f.

8 *v. Bar*, Gemeineuropäisches Deliktsrecht, S. 215.

9 *Brüninghaus*, Die Stellung des Tieres im BGB, S. 128; *Strauss*, JfCS, S. 175.

10 *Lenel*, Die Formeln der actiones noxales, S. 2; *Möller*, Haftungskonzepte im römischen Deliktsrecht, S. 123; *Bamberg*, Die Haftung der Tierhalter, deren Tiere sich gegenseitig verletzen, S. 4; weiterführend zur Rechtsfähigkeit im römischen Recht siehe *Kaser/Knütel/Lohsse*, Römisches PR, S. 137 ff.

11 *Cursi*, Modelle objektiver Haftung im Deliktsrecht, S. 378; *v. Bar*, Gemeineuropäisches Deliktsrecht, S. 215.

Die Objektivität der Tierhalterhaftung zeichnet sich darüber hinaus dadurch aus, dass nicht das Tier selbst zur Wiedergutmachung des von ihm verursachten Schadens herangezogen wird. Im römischen Recht fanden die als Noxalhaftung ausgestaltete und auf einer Bestimmung des Zwölftafelgesetzes basierende *actio de pauperie* und *actio de pastu* Anwendung.[12] Anstelle von Schadensersatz in monetärer Form bestand die Möglichkeit, das Tier, welches den Schaden angerichtet hat, dem Geschädigten auszuliefern.[13] Es lag der Noxalhaftung dabei der Gedanke von der eigenen kriminellen Verantwortlichkeit des Tieres zugrunde. Damit sollte dem Geschädigten die Möglichkeit eingeräumt werden, sich an dem Tier für den erlittenen Schaden zu rächen.[14] Die Ausgestaltung als Noxalhaftung und damit die Herausgabe des Tieres, um der Schadensersatzpflicht zu entgehen, ist weder in der deutschen noch in der französischen oder südafrikanischen Rechtsordnung möglich. Das Tier haftet somit nicht mit seinem eigenen Leib, der Schaden wird vielmehr in anderer Form ersetzt.[15]

Den Tatbeständen der drei untersuchten Rechtsordnungen mit der Noxalhaftung gemeinsam ist jedoch, dass auch die Noxalhaftung dem Gedanken der Beherrschbarkeit der nicht rechtsfähigen Tiere entsprang.[16] Tiere können selbst keine Delikte begehen,[17] stellen jedoch eine Gefahrenquelle dar, die nicht vollumfänglich beeinflussbar ist.[18] Aus mangelnder Rechtsfähigkeit wurde auf das Kriterium der Macht über die Tiere zurückgegriffen und der Herr des Tieres zum Schadensersatz verpflichtet.[19] Die Haftung für tierisches Verhalten ist bis heute im Kernbereich vom menschlichen Einwirken losgelöst und stellt auf die Herrschaft über die Tiere ab.[20] Diese objektive Verantwortung kraft Macht über die Tiere spiegelt sich sowohl in § 833 BGB als auch in Art. 1243 C. civ.

12 *Schlund*, Festschrift für Karl Schäfer, S. 224; *Cursi*, Modelle objektiver Haftung im Deliktsrecht, S. 363; *Bamberg*, Die Haftung der Tierhalter, deren Tiere sich gegenseitig verletzen, S. 4.

13 *Maasdorp*, The Law of Delicts, S. 49; *Dernburg*, Pandekten, S. 365; *Mazeaud/Mazeaud*, Traité théorique et pratique, S. 4.

14 *Bamberg*, Die Haftung der Tierhalter, deren Tiere sich gegenseitig verletzen, S. 4.

15 Siehe hierzu unter 3. Kap. A. I.

16 *Cursi*, Modelle objektiver Haftung im Deliktsrecht, S. 396.

17 *Dernburg*, Pandekten, S. 365.

18 *Spickhoff*, in: BeckOGK BGB, § 833 Rn. 34.

19 *Cursi*, Modelle objektiver Haftung im Deliktsrecht, S. 378; *Dernburg*, Pandekten, S. 365.

20 *Seiler*, Festschrift für Albrecht Zeuner zum 70. Geburtstag, S. 285.

(Art. 1385 C. civ. a.F.)[21] und in der dem römischen Recht gleichenden *actio de pauperie* im südafrikanischen Recht wider.[22]

II. Die Ausgestaltung als besonderer Tatbestand

Die Tierhalterhaftung wurde in allen drei im Rahmen dieser Abhandlung untersuchten Rechtsordnungen als besonderer Tatbestand geregelt. Dies hat verschiedene Gründe, die es im folgenden Abschnitt herauszuarbeiten gilt.

1. Die Zwischenstellung des Tieres

a) Ursprung des Gedankens im römischen Recht

Unabhängig von dem genauen Regelungsgehalt der Tierhalterhaftung in den jeweiligen Rechtsordnungen zeigen die rechtshistorische Entwicklung des § 833 BGB,[23] des ehemaligen Art. 1385 C. civ.[24] sowie die im südafrikanischen Recht nach wie vor geltenden *actiones*,[25] dass die Ausgestaltung der Tierhalterhaftung als eigenständiger Tatbestand ihre Wurzeln im römischen Recht hat. Schon das römische Recht hatte die Besonderheit der in Frage stehenden Tierhalterhaftung erkannt und sah für Schäden, die durch Tiere verursacht wurden, eine Tierhaftung in Form besonderer Klagearten vor.[26] Die Tiere sollten aufgrund ihrer besonderen Stellung zwischen Menschen und Sachen auch in Haftungssachen in einer Weise behandelt werden, die ihrer Natur gerecht wurde.[27] Die *actio de pauperie* stellte dabei auf das besondere Verhalten des Tieres ab, das es von einer Sache und von einem Menschen unterscheidet.[28] Die Zwischenstellung der Tiere zeichnete sich schon damals dadurch aus, dass Tiere weder die Eigenschaften einer Sache noch die eines Menschen besaßen und damit nicht als solche behandelt werden konnten.

---

21 Art. 1385 durch Verordnung des Rates Nr. 2016-131 vom 10.02.2016 mit Wirkung zum 1.10.2016 aufgehoben.

22 Siehe hierzu unter 1. Kap. C. I-IV.

23 *Seiler*, Festschrift für Albrecht Zeuner zum 70. Geburtstag, S. 282.

24 *Marguénaud*, Le droit animalier, S. 107.

25 *Jackson*, Historical Sketch, S. 122 ff.; zur vertieften historischen Betrachtung siehe beispielsweise *Ashton-Cross*, Liability in Roman Law, S. 395 ff.

26 *Bamberg*, Die Haftung der Tierhalter, deren Tiere sich gegenseitig verletzen, S. 5.

27 *Spickhoff*, in: BeckOGK BGB, § 833 Rn. 1.

28 *Spickhoff*, in: BeckOGK BGB, § 833 Rn. 3.

b) Deutschland

Durch das erste Gesetz zur Änderung des Tierschutzgesetzes wurde im Jahr 1986 die Verantwortung des Menschen für das Tier als Mitgeschöpf hervorgehoben (§ 1 S. 1 TierSchG: *„Zweck dieses Gesetzes ist es, aus der Verantwortung des Menschen für das Tier als Mitgeschöpf dessen Leben und Wohlbefinden zu schützen.*").[29] Diesem Grundgedanken sollte daraufhin innerhalb der gesamten Rechtsordnung Geltung verschafft werden.[30] Auch im BGB sollte dies durch die Beseitigung der formalen Gleichstellung des Tieres mit einer Sache zum Ausdruck kommen. Mit der Einfügung des § 90a BGB durch das Gesetz zur Verbesserung der Rechtsstellung des Tieres im bürgerlichen Recht vom 20.08.1990 wurden Tiere ausdrücklich von Sachbegriff ausgeschlossen (§ 90a S. 1 BGB) und das Tier nur noch durch eine Verweisung in § 90a S. 3 BGB einem Rechtsobjekt gleichgestellt.[31] Es handelt sich bei den Tieren um eine Kategorie sui generis, die weder den Rechtssubjekten noch den Rechtsobjekten zugeordnet wird.[32] Der den Tieren verliehene Sonderstatus beruht auf dem Bewusstsein eines wesentlichen Unterschieds zwischen lebenden Tieren und nicht lebenden Sachen.[33] Mit der Abgrenzung der Tiere von den Sachen wird deutlich gemacht, dass Tiere als Lebewesen eine besondere Stellung im Gesetz einnehmen und die unterschiedslose Gleichbehandlung ihrer Besonderheit nicht gerecht werden würde.[34] Auch wenn mit der Einführung von § 90a BGB keine wesentliche Veränderung der bisherigen Rechtslage verbunden ist, zwingt die Norm im Einzelfall zu der Prüfung, „ob die für leblose Sachen konzipierte Vorschriften ohne Weiteres auf ein Tier übertragen lassen."[35] Mit der Ausgestaltung der Tierhalterhaftung als eigenen Tatbestand können die deutschen Gerichte dieser Signal- und Prüffunktion nachkommen sowie die Feinheiten, die sich aus der Tierhaltung ergeben und letztlich diese Fälle von der allgemeinen

---

29 BGBl. 1986 I, S. 1309.

30 *Mössner*, in: BeckOGK BGB, § 90a Rn. 3.

31 *Mössner*, in: BeckOGK BGB, § 90a Rn. 3.

32 *Stresemann*, in: MüKoBGB, § 90a Rn. 3; *Ring*, in: NK-BGBAT, § 90a Rn. 3.

33 *Tuma-Koch*, Die Sonderstellung von Tieren im ZR, S. 60.

34 Die Bemühungen des deutschen Gesetzgebers, den Tieren eine von den Sachen abzugrenzende Sonderstellung zu gewähren, werden auch mit dem nachträglich eingeführten Staatsziel des Tierschutzes in Art. 20a GG deutlich, das darauf abzielt, die Lebensbedingungen der Tiere nach Möglichkeit weiter zu verbessern. Weiterführend hierzu: *Rux*, in: BeckOK GG, Art. 20a, Rn. 1 ff.; *Jarass*, in: GG für die BRD, Art. 20a, Rn. 1 ff.

35 *Stresemann*, in: MüKoBGB, § 90a Rn. 10.

deliktischen Haftung unterscheiden, herausarbeiten und darauf entsprechend eingehen.[36]

c) *Frankreich*

Im französischen Recht hingegen wird die Zwischenstellung des Tieres trotz der besonderen Regelung in Art. 1243 C. civ. nicht zum Anlass genommen, auf die Fälle der Tierhalterhaftung andere Grundsätze als für die allgemeine Haftung für Sachen anzuwenden.[37] Die Gerichte wenden für die Haftungsfrage strikt die für die allgemeine Sachhalterhaftung entwickelten Grundsätze und Voraussetzungen aus Art. 1242 C. civ. an.[38]

d) *Südafrika*

Im südafrikanischen Recht wird der Status der Tiere als Rechtsobjekt aufgrund der sie von Sachen unterscheidenden eigenen Interessen hinterfragt.[39] Die Tatsache, dass ein Lebewesen, das über Empfindungsvermögen verfügt, in die gleiche Kategorie wie leblose Sachen eingestuft wird, wurde wiederholt in Frage gestellt.[40] Der sich von Sachen und Menschen unterscheidenden Stellung von Tieren wurde mit der Übernahme der im römischen Recht geltenden *actio de pauperie* Rechnung getragen. Hintergrund der Ausgestaltung als besondere für Tiere geltende *actio* ist, dass ein Schaden, der durch das Verhalten des Tieres verursacht wurde, nicht mit einem Schaden gleichgestellt werden kann, der dem Menschen oder einer Sache geschuldet ist.[41] Die Zwischenstellung des Tieres wird in der südafrikanischen Rechtsordnung darüber hinaus dahingehend deutlich, dass neben die *actio de pauperie* die ebenfalls dem römischen Recht entspringenden *actio de pastu* und *actio de feris* treten, die speziell auf Schäden abzielen, die durch die Tierhaltung entstanden sind und nicht einer allgemeinen Haftung für Sachen untergeordnet werden.

---

36 Beispiele: das Merkmal der typischen Tiergefahr, die Exkulpationsmöglichkeit nach § 833 S. 2 BGB.

37 Siehe hierzu ausführlich unter 1. Kap. C. II. 1. d): Der exemplarische Charakter des ehemaligen Art. 1385 C. civ. hat die Entwicklung desselben behindert, da nun die für die allgemeine Sachhalterhaftung geltenden Grundsätze in vollem Umfang auf die Tierhalterhaftung angewendet werden.

38 *Antoine*, D. 1996, S. 126; siehe hierzu auch 1. Kap. C. II. d).

39 *Bilchitz*, SAJHR 2009, S. 49.

40 *Bilchitz*, SAJHR 2009, S. 66.

41 *Maasdorp*, The Law of Delicts, S. 50.

2. *Das Tier als besondere Gefahrenquelle*

Die Tierhalterhaftung als speziell geregelter Haftungstatbestand ist über diese vom Tier eingenommene Zwischenstellung auch dessen Wesen als besondere Gefahrenquelle und den damit einhergehenden möglichen Schäden geschuldet und lässt sich insbesondere mit den Funktionen des Haftungsrechts begründen.

a) Gerechte Zurechnung der Schäden

Eine der Funktionen des Haftungsrechts ist es, den durch die Gefahrenquelle geschaffenen Schaden demjenigen zuzuweisen, dem er zurechenbar ist.[42] In Fällen, in denen eine bestimmte Tätigkeit ein außerordentlich erhöhtes Risiko für die Allgemeinheit mit sich bringt, soll derjenige haften, für den das Risiko geschaffen wurde.[43] Die im letzten Jahrhundert stark zugenommenen Lebensrisiken durch die Benutzung von gefährlichen Instrumenten wie beispielsweise Autos, Eisenbahnen und Flugzeugen haben zu der Überlegung geführt, dass ein Recht auf Schadensersatz gegen die Person vorliegen sollte, die von dem Gebrauch des Instruments profitiert.[44] Im Rahmen der Tierhalterhaftung ist es entscheidend, dass es in der Natur des Tieres liegt, instinktgemäß und unberechenbar zu handeln.[45] Anders als die beispielsweise bei Autos oder Eisenbahnen gegebene mechanische Energie wird die Energie bei Tieren im Wege einer Reaktion auf Reize ausgelöst, ohne von berechenbaren Motiven geleitet zu sein.[46] Tiere können sich ohne Krafteinwirkung des Menschen bewegen und sind deshalb

---

42 *Graziano*, Die Reform des französischen Haftungsrechts, S. 84; *Kramer*, Zur Theorie und Politik des Privat- und Wirtschaftsrechts, S. 28; *Fabre-Magnan*, Droit des obligations, S. 40; *Porchy-Simon*, Les obligations, S. 334; *Knetsch*, in: French Civil Liability, S. 126; *Lorenz*, Die Gefährdungshaftung des Tierhalters nach § 833 Satz 1 BGB, S. 36; *Röthel*, JURA 2012, 444 (445); *Van der Walt*, Strict liability in the South African law of delict, S. 77; *Le Tourneau*, Dalloz 2009, Rn. 161.

43 *Van der Walt*, Strict liability in the South African law of delict, S. 63; *Le Tourneau*, Dalloz 2009, Rn. 161; *Fabre-Magnan*, Droit des obligations, S. 50.

44 *Van der Walt*, Strict liability in the South African law of delict, S. 64; *Zimmermann*, Das römisch-holländische Recht in SA, S. 148; *Porchy-Simon*, Les obligations, S. 333; *Knetsch*, in: French Civil Liability, S. 132 ff.

45 *Sprau*, in: Grüneberg, BGB, § 833 Rn. 1; *Tuma-Koch*, Die Sonderstellung von Tieren im ZR, S. 75; *Van der Walt*, Strict liability in the South African law of delict, S. 77.

46 *Litten*, Die Ersatzpflicht des Tierhalters, S. 15; *Rother*, Festschrift für Karl Michaelis, S. 263 f.

nicht umfassend kontrollierbar.[47] Dieses vom Menschen nicht steuerbare Verhalten kann zu einer Gefährdung geschützter Rechtsgüter Dritter führen.[48] Mit einem speziellen Tatbestand kann die Schadenszurechnung demjenigen, der die Gefahrenquelle zu verantworten hat, besser sichergestellt werden als mit einem allgemeinen Haftungstatbestand.

b) Prävention und Schaffung von Anreizen

Zur Begründung der speziell geregelten Tierhalterhaftung kann weiterhin die präventive Funktion des Haftungsrechts angeführt werden. Haftbar zu sein bedeutet auch, dass man die möglichen Folgen seines Handelns auf sich nimmt, und deshalb versucht diese zu verhindern.[49] Sinn und Zweck der Tierhalterhaftungsregelungen ist es, dem Tierhalter einen Anreiz zu geben, die Gefahrenquelle zu bändigen und es durch zusätzliche Sicherheitsvorkehrungen nicht zum Verletzungsfall kommen zu lassen, um so die sonst anfallende Schadensübernahme zu verhindern.[50] Die Formulierung einer besonderen Regelung verstärkt diesen Anreiz, indem sie dem Tierhalter deutlich vor Augen führt, welche Rechtsfolgen bei Missachtung der Regelungen auf ihn zukommen.

c) Konsequente Verlagerung der Schäden

Auch die vom Haftungsrecht wahrgenommene Funktion der Verlagerung der Schäden auf denjenigen, der sie verursacht hat und sie am besten vermeiden kann,[51] rechtfertigt die Regelung der Tierhalterhaftung als eigenständigen Tatbestand. Der Tierhalter kann durch das nähere Verhältnis zu dem gehaltenen Tier das entstehende Risiko besser kontrollieren als etwaige Dritte, die sich diesem Risiko ausgesetzt sehen. Der Tierhalter kann dieses Risiko durch Einwirken

---

47 *Eberl-Borges*, in: Staudinger BGB, § 833 Rn. 5; *Rother*, Festschrift für Karl Michaelis, S. 262.

48 *Sprau*, in: Grüneberg, BGB, § 833 Rn. 1; *Van der Walt*, Strict liability in the South African law of delict, S. 77.

49 *Fabre-Magnan*, Droit des obligations, S. 41; *Porchy-Simon*, Les obligations, S. 335.

50 *Söbbing*, Fundamentale Rechtsfragen zur künstlichen Intelligenz, Kap. L. „Haftung"; *Deutsch*, Haftungsrecht, S. 366; *Wagner*, in: MüKoBGB, § 833 Rn. 2; *Zhang*, Verschuldenshaftung und Gefährdungshaftung, S. 46; *Le Tourneau*, Dalloz 2009, Rn. 161; *Fabre-Magnan*, Droit des obligations, S. 42 f., 52; *Porchy-Simon*, Les obligations, S. 336.

51 *Graziano*, Die Reform des französischen Haftungsrechts, S. 86; *Fabre-Magnan*, Droit des obligations, S. 39; *Knetsch*, in: French Civil Liability, S. 128.

auf das Tier beeinflussen und die finanzielle Last z. B. durch den Abschluss von Versicherungsverträgen vermindern bzw. ausschließen.[52]

B. Die Hintergründe der Ausgestaltung der Tierhalterhaftung

Die wirtschaftlichen und sozialen Gegebenheiten sind für die Ausgestaltung der Tatbestände zur Tierhalterhaftung maßgeblich und inhaltlich prägend, da sie die Wichtigkeit derselben in der Gesellschaft widerspiegeln. Die Bedeutung der Tierhaltung ist nicht länderübergreifend identisch, vielmehr richtet sie sich nach der für die Tiere vorgesehenen Verwendung sowie nach der Bedeutung der Tiere in der jeweiligen Kultur und Gesellschaft.

I. Die wirtschaftliche Bedeutung der Tierhaltung

Im Rahmen der Gesetzesentwicklung spielt die wirtschaftliche Gesamtsituation eine ausschlaggebende Rolle.[53] Die Industrialisierung gegen Ende des 19. Jahrhunderts hat ein neues Stadt- und Landschaftsbild und damit neue wirtschaftliche Umstände geschaffen, die sich stetig weiterentwickeln und sich auf die Regelungen auswirken. Bei der Tierhaltung ist in wirtschaftlicher Hinsicht zwischen der Heimtierhaltung und der Nutztierhaltung zu unterscheiden. Beide Tierhaltungsarten nehmen gesellschaftlich verschiedene Stellungen ein und werden deshalb in den untersuchten Rechtsordnungen grundlegend anders gehandhabt.

1. Die Heimtierhaltung

a) Definition der Heimtierhaltung

Der Begriff der Heimtierhaltung ist von dem Begriff der Haustierhaltung zu unterscheiden. Die Haustierhaltung ist definitionsgemäß die Haltung eines von Menschen gezähmten und domestizierten Tieres, im Gegensatz zu frei lebenden Wildtieren.[54] Diese Definition umfasst jedoch auch alle Nutztiere, sodass eine Diskrepanz zwischen dem, was im allgemeinen Sprachgebrauch unter „Haustier"

---

52 *Graziano*, Die Reform des französischen Haftungsrechts, S. 92; *Katzenmeier*, in: NK-BGB, § 833 Rn. 2; *Van der Walt*, Strict liability in the South African law of delict, S. 77; *Van Wyk/Van der Westhuizen*, Without prejudice 2019, S. 26; *Fabre-Magnan*, Droit des obligations, S. 49, 51; *Wagner*, in: MüKoBGB, Vor. zu § 823 Rn. 19.

53 *Lüchinger*, Die Tierhalterhaftung, S. 11.

54 *Klee*, Haus- und Nutztiere, S. 4; *Buffon*, Les quadrupèdes, S. 73; *Neethling/Potgieter/Visser*, Law of delict, S. 382; *Cintrat*, La santé de l'animal d'élevage, S. 5; *Roland/Boyer*, Obligations, S. 283.

verstanden wird, und der tatsächlichen Bedeutung des Haustierbegriffes besteht. Die Tiere, die umgangssprachlich als Haustiere bezeichnet werden, sind richtigerweise als „Heimtiere" zu qualifizieren. Heimtiere stellen eine Unterkategorie von Haustieren dar[55] und zeichnen sich dadurch aus, dass sie zum Vergnügen bzw. aus Liebhaberei und in der Privatwohnung gehalten werden.[56]

Im deutschen Recht wird zusätzlich die Begrifflichkeit des Luxustieres herangezogen. Unter Luxustieren versteht man Tiere, die aus Liebhaberei oder sonstigen ideellen Zwecken gehalten werden,[57] jedoch nicht zwingend in der Privatwohnung leben. Das Luxustier stellt damit einen Sonderbegriff dar und umfasst Heimtiere, aber beispielsweise auch Hobbyreitpferde,[58] die mangels Wohnungshaltung keine Heimtiere sind. Der Begriff des Luxustieres findet sich weder im französischen noch im südafrikanischen Recht und ist der Aufteilung des § 833 BGB in zwei Sätze und zwei Haftungsregimes geschuldet.[59] Sowohl die französische als auch die südafrikanische Rechtsordnung unterscheiden in dieser Hinsicht nur zwischen Haus- und Heimtieren und fassen die Tiere, die aus Liebhaberei gehalten werden, aber nicht in Privatwohnungen gehalten werden, unter den Oberbegriff des Haustieres.[60]

---

55 *Cintrat*, La santé de l'animal d'élevage, S. 5: Im französischen Recht wird das das Nutztier als „animal d'élevage", das Heimtier als „animal de compagnie" und das Haustier als „animal domestique" bezeichnet, wobei die ersten beiden Tierkategorien ebenfalls Unterkategorien des „animal domestique" darstellen; *Nyika*, Animal research ethics in Africa: An overview, S. 49: Im südafrikanischen Recht wird das Heimtier als „pet" bezeichnet und stellt mit dem Nutztier („livestock animal") eine Unterkategorie der Haustiere dar, die als „domestic animals" bezeichnet werden.

56 *Klee*, Haus- und Nutztiere, S. 4; *Weber/Schwarzkopf*, Heimtierhaltung, S. 7; *Cintrat*, La santé de l'animal d'élevage, S. 6; *Nyika*, Animal research ethics in Africa: An overview, S. 49.

57 *Wagner*, in: MüKoBGB, § 833 Rn. 52.

58 *Wagner*, in: MüKoBGB, § 833 Rn. 50: Auch ein aus Liebhaberei gehaltenes Rennpferd ist ein Luxustier.

59 Siehe hierzu unter 2. Kap. B. II. 1. a).

60 *Delebecque/Pansier*, Droit des obligations, S. 177; *Cintrat*, La santé de l'animal d'élevage, S. 429, 438: Auch wenn die rechtliche Kategorie des Pferdes in Frankreich nicht eindeutig festgelegt ist, wird das Pferd grundsätzlich als „animal domestique" eingestuft; *Macintosh/Scoble*, Negligence in delict, S. 157.

Schema Nr. 1

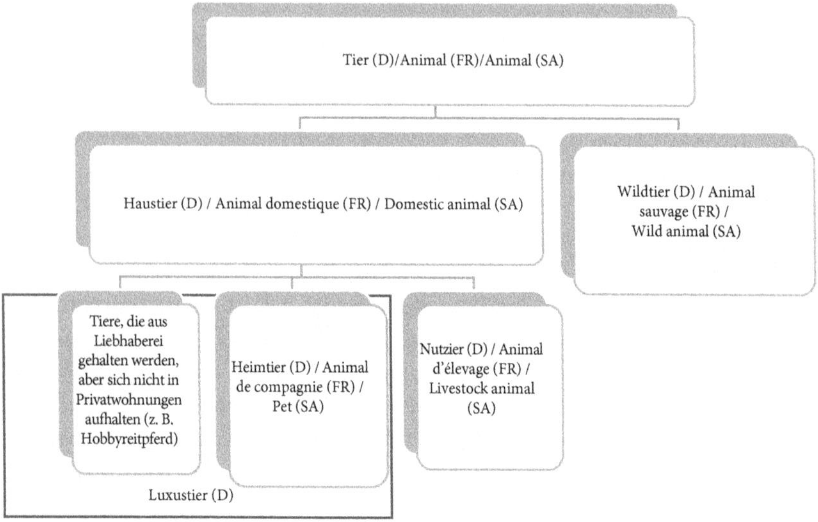

b) Sozioökonomische Fakten zur Heimtierhaltung

Um die wirtschaftliche Bedeutung der Heimtierhaltung zu verstehen, werden zunächst die sozioökonomischen Fakten beleuchtet. Die Anzahl der Heimtiere in einem Land spiegelt die Bedeutung wider, die dieser Art von Tieren von der Bevölkerung beigemessen wird, und trägt zum Verständnis bei, inwieweit die Regelungen der Tierhalterhaftung und die sich daraus ergebenden Rechtsfolgen sich auf die Gesellschaft und deren Umgang mit den Heimtieren auswirken.

aa) Deutschland

Laut einer repräsentativen Befragung[61] wurden 2022 in 46 % aller deutschen Haushalte Heimtiere gehalten.[62] Aktuell lebt damit in jedem zweiten Haushalt ein Tier, während vor 30 Jahren nur jeder dritte Haushalt ein Tier besaß.[63] Die Untersuchung ergab außerdem, dass 2022 insgesamt knapp 35 Millionen Heimtiere

61 Die Befragung von 5.000 Haushalten wurde vom Industrieverband Heimtierbedarf e.V. und dem Zentralverband Zoologischer Fachbetriebe Deutschland in Auftrag gegeben.

62 Presseinfo vom 05.04.2023; Der deutsche Heimtiermarkt 2022, S. 3.

63 *Falbesaner*, Probleme in der Heimtierhaltung, S. 9: Im Jahr 1990 besaßen nur rund 35 % der Haushalte ein Heimtier.

in deutschen Haushalten lebten, was 1,4 Million mehr Tiere darstellt als noch 2019.[64] Dieser zu beobachtende starke Zuwachs an Heimtieren wurde zuletzt auch durch die Coronapandemie begünstigt, die den Trend, sich ein Heimtier zu beschaffen, verstärkt hat.[65]

bb) Frankreich

Eine im Sommer 2020 durchgeführte Studie hat ergeben, dass in Frankreich die Hälfte aller Haushalte mindestens ein Heimtier besitzt.[66] In Frankreich wurden im Jahr 2021 über 32 Millionen Heimtiere gehalten, womit Frankreich nach Russland, Italien und Deutschland das Land mit der viertgrößten Heimtierbevölkerung Europas darstellte.[67] Festzustellen ist, dass auch in Frankreich die Bereitschaft, sich ein Heimtier zuzulegen, kontinuierlich gestiegen ist und weiter steigen wird, was insbesondere die Coronapandemie deutlich gemacht hat.[68]

cc) Südafrika

In Südafrika ist ebenfalls eine wachsende Bereitschaft der Bevölkerung, Heimtiere zu besitzen, festzustellen. Im Jahr 2016 lebten schätzungsweise 9,2 Millionen Hunde in südafrikanischen Haushalten, womit Südafrika an neunter Stelle weltweit stand.[69] Die steigende Zahl an Heimtierbesitzern ist diversen Gründen wie der Sicherheit oder der Kompensation des Alleinseins geschuldet.[70] Insbesondere im Coronajahr 2020 ist eine drastische Zunahme an Heimtieren auch in Südafrika festzustellen.[71]

---

64 Der deutsche Heimtiermarkt 2022, S. 3; Der deutsche Heimtiermarkt 2019, S. 3.

65 ZZF Jahresbericht 2020/2021, S. 53.

66 Ifop Umfrage für Woopets, S. 6: Die Umfrage wurde bei einer Stichprobe von 3.018 Personen durchgeführt, die repräsentativ für die französische Bevölkerung ab 18 Jahren ist.

67 Der internationale Heimtiermarkt 2021, S. 1.

68 Ifop Umfrage für Woopets, S. 10.

69 *Maharaj*, Is the humanisation trend wagging the SA pet care market?; *Munyadziwa/Singh*, Current Allergy & Clinical Immunology 2021, S. 87; *Du Preez*, Farmer's Weekly 2018, S. 32.

70 *Maharaj*, Is the humanisation trend wagging the SA pet care market?.

71 *Maharaj*, The tail wagging the dog.

c) *Die wirtschaftliche Bedeutung der Heimtierhaltung*

Die wirtschaftliche Bedeutung der Heimtierhaltung wird in den Verkaufszahlen von Produkten rund um das Tier sowie in den aufgewendeten Tierkosten deutlich.[72]

aa) Deutschland

Die Heimtierbranche verzeichnet von Jahr zu Jahr einen wachsenden Umsatz. Der Gesamtumsatz des Heimtierbedarfsmarktes, der sich aus dem stationären Handel und dem Onlinehandel zusammensetzt,[73] betrug im Jahr 2022 ca. 6,5 Milliarden Euro, was einen Wachstumsschub von 8 % zum Vorjahr darstellt.[74] Dieser Umsatzanstieg ist maßgeblich auf die Coronapandemie und die sich dabei weiterentwickelte Bereitschaft der deutschen Bevölkerung, für ihre Heimtiere zu sorgen, zurückzuführen.[75]

Zu den Umsätzen des Heimtierbedarfsmarktes kommen die Umsätze im Bereich der Tiergesundheit. Umsatzschätzungen des IHV gehen in diesem Bereich für das Jahr 2018 von einem Gesamtumsatz von knapp 2,6 Milliarden Euro aus.[76] Bei den Hundehalterhaftpflichtversicherungen ist von einem Umsatz von ca. 400 Millionen Euro jährlich auszugehen.[77]

bb) Frankreich

In Frankreich wurden im Jahr 2021 insgesamt knapp 3,5 Milliarden Euro für Heimtiernahrung ausgegeben.[78] Damit stellt der Nahrungssektor den mit Abstand

---

72 *Ohr*, Heimtierstudie 2019, Göttingen, S. 20.

73 Der deutsche Heimtiermarkt 2022, S. 1; Der deutsche Heimtiermarkt 2021. S. 1: Im Jahr 2022 betrug der Umsatz des Heimtierbedarfsmarktes im stationären Handel 5,13 Milliarden Euro und im Jahr 2021 4,79 Milliarden Euro. Dazu kommen die Umsätze aus dem Onlinehandel, die Schätzungen zufolge 2021 ca. 1.055 Millionen Euro und 2022 ca. 1.203 Millionen Euro betrugen.

74 Der deutsche Heimtiermarkt 2022, S. 1; Der deutsche Heimtiermarkt 2021. S. 1.

75 Splendid Research, Die Deutschen und ihre tierischen Gefährten, S. 12: Aus den Marktdaten geht hervor, dass eine solche Bereitschaft schon in den Jahren zuvor bestand.

76 *Ohr*, Heimtierstudie 2019, Göttingen, S. 24 f.: Der Gesamtumsatz umfasst sowohl die Tierarztkosten als auch die von Tierheilpraktikern und Tierphysiotherapeuten erwirtschafteten Umsätze.

77 *Ohr*, Heimtierstudie 2019, Göttingen, S. 25, 38: Zählt man die Kosten für Tierbestattungen, Tierschulen, Tierfriseure und sonstige Aufwendungen rund um das Tier hinzu, ergeben sich Gesamtumsätze im Rahmen der Heimtierhaltung in Höhe von ca. 10,7 Milliarden Euro, was etwa 0,32 % des Bruttoinlandsprodukts darstellt.

78 Der internationale Heimtiermarkt 2021, S. 2.

größten Teil des Marktes dar. Insbesondere das zwischen den Jahren 2019 und 2020 festgestellte Wachstum in dieser Branche spricht für die prognostizierte kontinuierliche Umsatzsteigerung in den kommenden Jahren.[79]

cc) Südafrika

Auch auf dem südafrikanischen Heimtiermarkt sind die Verbraucher zunehmend bereit, mehr Geld für ihre Heimtiere auszugeben, um deren Gesundheit und Wohlbefinden zu gewährleisten.[80] Jährlich werden in Südafrika etwa 290 Millionen Euro (5 Milliarden ZAR) für Heimtiernahrung ausgegeben, was deutlich unter dem derzeitigen weltweiten Wachstum[81] liegt.[82] Es wird jedoch erwartet, dass der südafrikanische Markt eine geschätzte jährliche Gesamtwachstumsrate von 2,2 % bis 2025 erreichen wird.[83]

d) Zwischenergebnis

Die sozioökonomischen und wirtschaftlichen Fakten zur Heimtierhaltung zeigen, dass in allen drei Ländern in den letzten Jahren die Anzahl an Heimtieren und der Umsatz im Heimtierbedarfsmarkt drastisch zugenommen haben und in der kommenden Zeit weiter steigen werden. Insbesondere das Coronajahr 2020 hat länderübergreifend die Menschen dazu bewegt, sich ein Heimtier zuzulegen und die Heimtierpopulation sowie die Bereitschaft, für das Tier Geld auszugeben, innerhalb kürzester Zeit stark wachsen lassen.[84] Der durch die Coronapandemie verursachte Heimtierboom unterstreicht die Aktualität sowie die zunehmende Wichtigkeit des hier untersuchten Themas der haftungsrechtlichen Fragen rund um die Tierhaltung.

---

79 Der internationale Heimtiermarkt 2021, S. 1 f.

80 *Maharaj*, The tail wagging the dog.

81 *Maharaj*, The tail wagging the dog: Der Gesamtwert des Marktes lag im Jahr 2020 bei etwa 207,9 Milliarden US-Dollar. Prognostiziert wird, dass der Markt weltweit mit einer jährlichen durchschnittlichen Wachstumsrate von 5,6 % wächst und im Jahr 2028 ca. 325,7 Milliarden US-Dollar erreichen wird.

82 *Maharaj*, Is the humanisation trend wagging the SA pet care market?.

83 *Maharaj*, The tail wagging the dog.

84 *Maharaj*, The tail wagging the dog.

2. *Die Nutztierhaltung*

a) *Definition der Nutztierhaltung*

Die Nutztierhaltung ist den Erläuterungen unter 1. zufolge von der Heimtierhaltung und den frei lebenden Wildtieren zu unterscheiden, unterfällt jedoch der Kategorie der Haustierhaltung.

In Deutschland sind Nutztiere gem. § 833 S. 2 BGB Haustiere, die dem Beruf, der Erwerbstätigkeit oder dem Unterhalt des Tierhalters zu dienen bestimmt sind. Entscheidend ist für alle drei Unterfälle, dass das Tier einem kommerziellen Zweck dienen soll.[85]

Eine ausdrückliche Definition von Nutztieren findet sich im französischen Recht nicht. Der europäische Gesetzgeber hat jedoch das Nutztier als ein Tier definiert, „das vom Menschen gehalten, gemästet oder gezüchtet wird und zur Gewinnung von Lebensmitteln, Wolle, Pelz, Federn, Fellen oder sonstigen von Tieren gewonnenen Erzeugnissen oder zu sonstigen landwirtschaftlichen Zwecken genutzt wird."[86] Auch wenn die Definitionen dieser Verordnung nicht in den Erlass des Landwirtschaftsministers[87] aufgenommen wurden, der die Verordnung in das französische Recht umsetzt, versteht man auch im französischen Recht die Nutztiere als einem kommerziellen Zweck dienende Tiere.[88] Ebenso wird für die Nutztierhaltung in Südafrika auf den wirtschaftlichen Zweck der Haltung abgestellt.[89]

Definitionsgemäß ist die Nutztierhaltung damit länderübergreifend die Haltung eines von Menschen gezähmten Tieres, das einem wirtschaftlichen Zweck zu dienen bestimmt ist und einerseits von frei lebenden Wildtieren und andererseits von Heimtieren zu unterscheiden ist.

b) *Sozioökonomische Fakten zur Nutztierhaltung*

Die Zahl der Nutztiere variiert stark von Land zu Land, sie hat sich im Laufe der Zeit verändert und spiegelt die Bedeutung wider, die der Viehzucht jeweils zuteilwird.

---

85 *Wagner*, in: MüKoBGB, § 833 Rn. 49.

86 Verordnung (EG) Nr. 1069/2009.

87 Arrêté du 8. Dezember 2011.

88 *Cintrat*, La santé de l'animal d'élevage, S. 6.

89 *Nyika*, Animal research ethics in Africa: An overview, S. 49.

aa) Deutschland

Seit der Entstehung des aktuellen § 833 BGB am Anfang des 20. Jahrhunderts hat sich die bestandsmäßige Lage in der Viehzucht in Deutschland gewandelt.

Die Zahl der Nutztiere in Deutschland ist in den letzten 100 Jahren insgesamt stark gesunken. Bis auf Geflügel und Schweine, deren Bestände aufgrund des im letzten Jahrhundert zugenommenen Schweinefleisch- und Geflügelkonsums beträchtlich gestiegen sind,[90] ist die Bestandszahl aller anderen gehaltenen Tierarten stark reduziert worden.[91] Der Rückgang der Bestände der verschiedenen Nutztierarten[92] ist auf die fortschreitende Industrialisierung und die damit einhergehende Ersetzung der Nutztiere durch Maschinen zurückzuführen.

Der Rückgang gehaltener Nutztiere in Deutschland wird besonders deutlich, wenn man die Entwicklung der Zahl der Großvieheinheiten (GVE)[93] aller Nutztiere zusammengenommen analysiert. Lag der Viehbestand im Jahr 1900 bei 20,7 Millionen GVE, ist er im Laufe der Zeit konstant gesunken und betrug im Jahr 2023 nur noch 11,4 Millionen GVE.[94] Festzustellen ist damit, dass die Gesamtanzahl an Nutztieren in Deutschland im letzten Jahrhundert um knapp 45 % reduziert wurde.

90 Deutscher Bauernverband Situationsbericht 2023/24, S. 21.

91 Siehe hierzu Deutscher Bauernverband Situationsbericht 2023/24, S. 21, 52: Im Jahr 1900 gab es noch 4,2 Millionen Pferde, 3,3 Millionen Ziegen und 9,7 Millionen Schafe, während es im Jahr 2023 nur noch 0,5 Millionen Pferde, 0,2 Millionen Ziegen und 1,5 Millionen Schafe gab. Im Jahr 2020 gab es nur noch knapp 54.300 Haltungen mit Milchkühen, im 10-Jahres-Vergleich stellt dies einen Rückgang von 40 % dar.

92 Rechnerisch ergibt sich in den letzten 100 Jahren ein Rückgang der Bestände an Schafen um 84 %, an Ziegen um 96 %, an Pferden um 90,5 % und an Rindern um 38,6 %.

93 Umrechnungsschlüssel: 1 Großvieheinheit (GVE) entspricht ca. 500 kg Lebendmasse einzelner oder in Gruppe zusammengefasster Tiere.

94 Deutscher Bauernverband Situationsbericht 2023/24, S. 21.

bb) Frankreich

Der Rückgang an Nutztieren ist auch in Frankreich zu beobachten.[95] Die Anzahl an Milchkühen beispielsweise hat sich in den letzten 40 Jahren um über die Hälfte und der Bestand an Schafen um fast die Hälfte reduziert.[96]

Die früher zur Landwirtschaft benutzten Tiere, wie z. B. Ochsen und Pferde, die die Äcker gepflügt haben, wurden im Rahmen der Industrialisierung und Mechanisierung der Landwirtschaft ersetzt. Die technische Weiterentwicklung in allen Wirtschaftssektoren führte auch zu einer Revolution in der Landwirtschaft und ihrer Funktionsweise.[97] Im Zuge dessen wurden in Frankreich vermehrt Traktoren produziert.[98] Der zunehmende Einsatz von Traktoren führte gleichzeitig dazu, dass die Zugkraft der Tiere immer weniger benötigt wurde und deshalb innerhalb von 30 Jahren die gesamte tierische Zugkraft durch Traktoren ersetzt wurde.[99]

Nicht nur in der Landwirtschaft wurden Nutztiere durch Maschinen ersetzt, auch die zahlreichen Pferde, die als Transportmittel fungierten, wurden durch die aufblühende Automobilindustrie ausgetauscht.[100]

cc) Südafrika

Der in Deutschland und Frankreich festgestellte Rückgang an Nutztieren in den letzten Jahrzehnten ist mit der Situation in Südafrika nicht vergleichbar, vielmehr ist in Südafrika ein bedeutender Zuwachs bei fast allen Nutztierarten zu beobachten.[101]

---

95 Siehe hierzu FranceAgriMer, Bilan 2022/Perspectives 2023, S. 16, 69: Im Mai 2022 gab es 3,27 Millionen Milchkühe und 12,66 Millionen Schweine. Ende 2018 wurden 7,17 Millionen Schafe und 1,25 Millionen Ziegen gehalten.

96 Siehe hierzu FranceAgriMer, Bilan 2022/Perspectives 2023, S. 16 und FranceAgriMer, Bilan 2019/Perspectives 2020, S. 166, 168: Im Vergleich zu den 3,27 Millionen Milchkühen im Mai 2022 waren es 1980 noch 7,45 Millionen Milchkühe. Der Rückgang an Schafen zwischen 1980 und 2019 beträgt 44,7 %.

97 *Carillon*, Économie rurale 1959, S. 37.

98 *Byé*, Économie rurale 1979, S. 47.

99 Siehe hierzu *Byé*, Économie rurale 1979, S. 49: 2,4 Millionen Zugpferde und 200.000 Ochsenpaare wurden durch 1,45 Millionen Traktoren ersetzt.

100 *Fridenson*, Matériaux pour l'histoire de notre temps, n° 47, 1997, S. 10.

101 Siehe hierzu Abstract of Agricultural Statistics 2010, S. 58, 62, 63; Abstract of Agricultural Statistics 2023, S. 58, 62: Im Jahr 1970 gab es in Südafrika 7,9 Millionen Rinder, 930.000 Schweine, 33 Millionen Schafe und 2,5 Millionen Ziegen. Im Jahr 2022 hingegen gab es in Südafrika 12,2 Millionen Rinder, was 35 % mehr als 50 Jahre zuvor sind. Ähnlich ist der Anstieg bei Schweinen, die im Jahr 2021 30 % mehr sind als noch im Jahr 1970.

Die in Südafrika zunehmende Zahl an Nutztieren beruht auf mehreren zusammenhängenden Aspekten. Anders als in den europäischen Ländern werden die Nutztiere in Südafrika länger gehalten. Die Anzahl der geschlachteten Tiere ist proportional deutlich geringer als in Deutschland oder Frankreich. Rinder beispielsweise werden in Südafrika im Durchschnitt zwischen 8 und 10 Jahre gehalten, bevor sie geschlachtet werden.[102] Auch Schafe und Ziegen werden im Vergleich zu den Tieren in Europa lange gehalten (durchschnittlich über 3 Jahre). Der stetige Zuwachs sowie die vergleichbar lange Haltung lassen sich durch die zahlreichen Funktionen, die den Nutztieren zugewiesen werden, erklären. Ziegen werden etwa nicht nur für ihr Fleisch und ihre Milch gehalten, sondern dienen darüber hinaus als Geldeinnahmequelle, um Hochzeiten oder Bildung zu finanzieren. Herden sind in Südafrika nicht in erster Linie Fleischherden, vielmehr werden sie zu ungefähr gleichen Teilen für ihre Zugkraft sowie die Produktion von Dünger, Fleisch und Milch gehalten.[103] Da die technische Entwicklung noch nicht so fortgeschritten ist, wie z. B. in Deutschland oder Frankreich, werden die Tiere in Südafrika weiterhin als wichtiges Arbeitswerkzeug genutzt. Ihre Zugkraft dient dem Transport sowie der landwirtschaftlichen Arbeit und macht die Nutztiere deshalb unverzichtbar.

c) Die wirtschaftliche Bedeutung der Nutztierhaltung

Die sozioökonomischen Fakten zur Nutztierhaltung hängen stark von der wirtschaftlichen Bedeutung der Nutztierhaltung und der Landwirtschaft im jeweiligen Land ab. Der im folgenden Abschnitt dargelegte wirtschaftliche Aspekt gibt einen Einblick in die der Nutztierhaltung zuteilwerdende Wichtigkeit in den jeweiligen Ländern.

aa) Deutschland

Die wirtschaftliche Bedeutung des Agrarsektors hat in Deutschland im letzten Jahrhundert kontinuierlich und enorm abgenommen.[104] Der Anteil der

---

102 *Meltzer*, Livestock in Africa, Agriculture and Human Values, S. 6.

103 *Meltzer*, Livestock in Africa, Agriculture and Human Values, S. 7.

104 Siehe hierzu Deutscher Bauernverband Situationsbericht 2023/24, S. 18, 20: Die Anzahl der in der Landwirtschaft Erwerbstätigen lag zu Beginn des 20. Jahrhunderts bei 38 % der arbeitenden Bevölkerung und betrug im Jahr 2022 nur noch 1,2 %. Gab es 1900 noch über 5,6 Millionen landwirtschaftliche Betriebe in Deutschland, waren es 2023 nur noch 254.300. Damit hat sich die Zahl an landwirtschaftlichen Betrieben in den letzten 100 Jahren um 95,5 % reduziert. Auch die damit verbundene landwirtschaftliche Nutzfläche ist im letzten Jahrhundert von 26 Millionen Hektar (1900) auf rund 16,5 Millionen Hektar (2023) reduziert worden.

Agrarwirtschaft am Bruttoinlandsprodukt in Deutschland lag im Jahr 1900 bei 29 % und betrug im Jahr 2022 nur noch 1,0 %.[105]

bb) Frankreich

In Frankreich hat die landwirtschaftliche Bevölkerung im letzten Jahrhundert ebenfalls drastisch abgenommen.[106] Dasselbe gilt auch für die landwirtschaftlich benutzte Fläche.[107] Der Agrarsektor nimmt in der französischen Wirtschaft nur noch einen marginalen Platz ein und trug im Jahr 2022 nur noch 1,9 % zum Bruttoinlandsprodukt bei, im Gegensatz zu 10,5 % im Jahr 1960.[108]

cc) Südafrika

Die wirtschaftliche Bedeutung des Agrarsektors in Südafrika ist anders gelagert als in Deutschland oder Frankreich. Die Landwirtschaft ist in Südafrika auch heute noch ein wichtiger Bestandteil des Arbeitsmarktes. Zwar ist auch in Südafrika der Trend einer rückläufigen Beschäftigung in der Landwirtschaft zu erkennen,[109] jedoch arbeiteten 2019 immer noch über 5 % der Erwerbstätigen in der Landwirtschaft.[110]

Die Viehzucht ist als wesentlicher Nahrungs- und Kleidungslieferant ein wichtiger wirtschaftlicher Faktor für das Land. 80 % der landwirtschaftlichen Fläche in Südafrika eignen sich für die Viehzucht, wobei diese 40 % des landwirtschaftlichen Einkommens ausmacht.[111] Die Viehzucht ist in Entwicklungsländern für die Bevölkerung von entscheidender Bedeutung, da sie zur Existenzsicherung beiträgt und einen Ausweg aus der Armut darstellen kann.[112] Ähnlich ist die Situation vor allem in den ländlichen Gebieten Südafrikas, in denen Nutztiere

---

105 Deutscher Bauernverband Situationsbericht 2019/20, S. 16; Deutscher Bauernverband Situationsbericht 2023/24, S. 63.

106 Siehe hierzu *Molinier*, Économie et Statistique 1977, S. 80 und Graph'Agri 2021, S. 9: Anfang des 20. Jahrhunderts arbeiteten 42 % der Bevölkerung in der Landwirtschaft, wohingegen im Jahr 2020 nur noch 2,9 % der Erwerbstätigen in der Landwirtschaft tätig waren.

107 Siehe hierzu *Bourgeois/Demotes-Mainard*, Économie rurale 2000, S. 16 und Graph'Agri 2022, S. 15: Betrug die landwirtschaftlich benutzte Fläche in Frankreich im Jahr 1950 etwas über 34 Millionen Hektar, sind es heute noch 28,6 Millionen Hektar.

108 Graph'Agri 2021, S. 9; Graph'Agri 2023, S. 9.

109 *Mbatha*, Journal of African Foreign Affairs 2020, S. 78.

110 *Mbatha*, Journal of African Foreign Affairs 2020, S. 87, 88.

111 *Oduniyi/Rubhara/Antwi*, Sustainability 2020, 12, 2582, S. 2.

112 *Meissner/Scholtz/Palmer*, South African Journal of Animal Science 2013, S. 287.

als Sicherheit für Kredite oder Finanzierungsmittel dienen und gleichzeitig die Hauptnahrungsquelle darstellen.

II. Die soziale Bedeutung der Tierhaltung

1. Die Wirkung von Tieren auf das körperliche und psychische Wohlbefinden des Menschen

Die Bedeutung der Tiere für den Menschen hat sich in den letzten Jahrzehnten gewandelt. Tiere, die in der Vergangenheit lediglich eine Funktion erfüllen sollten, und deren Zweck primär finanzieller Natur war, leiten heutzutage ihren Wert vielmehr aus der emotionalen Beziehung zum Menschen ab.[113]

Die Heimtierhaltung kann positive Effekte auf die Gesundheit der Menschen haben. Die Haltung eines Tieres kann körperliche Aktivitäten fördern sowie die Freizeitgestaltung beeinflussen und zu einer Routine zwingen. Neben den Auswirkungen auf die menschliche Physis ruft die Anwesenheit eines Tieres auch psychische Effekte im Menschen hervor.[114] Ein Tier kann dem Menschen das Gefühl geben, als solcher bedingungslos akzeptiert zu werden.[115] Darüber hinaus kann das Halten eines Tieres das Verantwortungsbewusstsein fördern, da das Tier ein Lebewesen ist, für welches der Mensch zu sorgen hat.[116]

Die Wichtigkeit der Heimtiere für die Menschen wird insbesondere deutlich, wenn man berücksichtigt, dass ein Drittel aller Alleinstehenden in Deutschland ein oder mehrere Heimtiere besitzt. Das Heimtier fungiert als sozialer Partner und soll die eventuell bestehende Einsamkeit kompensieren.[117] Außerdem haben Studien belegt, dass Heimtiere Menschen glücklicher und ausgeglichener machen, Ablenkung vom oftmals stressigen Alltag schaffen, Trost spenden und Zuversicht vermitteln.[118]

---

113 *Tuma-Koch*, Die Sonderstellung von Tieren im ZR, S. 100.

114 Siehe hierzu vertiefend *Greiffenhagen*, Tiere als Therapie, S. 38 ff.

115 *Müller*, Die Bedeutung von Tieren für die therapeutische Arbeit mit älteren Menschen, S. 18; *Greiffenhagen*, Tiere als Therapie, S. 46, 50.

116 *Müller*, Die Bedeutung von Tieren für die therapeutische Arbeit mit älteren Menschen, S. 23; *Giebel/Braun/Mittelmeier*, Unfälle beim Pferdesport, S. 4; *Weber/Schwarzkopf*, Heimtierhaltung, S. 9.

117 Presseinfo vom 15.04.2020.

118 Presseinfo vom 15.04.2020.

Auch in Frankreich gaben 89 % der Befragten in einer 2016 durchgeführten Umfrage an, dass Heimtiere die Gesundheit und das körperliche Wohlbefinden verbessern können.[119] Ebenso zeigen in Südafrika durchgeführte Studien, dass der Kontakt zu Tieren dabei hilft, Stress und Ängste abzubauen und die Tierhaltung erhebliche emotionale Vorteile mit sich bringt. Ähnlich wie in Deutschland und Frankreich haben die südafrikanischen Studien gezeigt, dass die Heimtiere das Selbstwertgefühl und das emotionale Wohlbefinden ihrer Tierhalter stärken und eine positive Wirkung von Heimtieren bei Kindern beobachtet werden kann.[120]

2. Die Wirkung von Tieren auf das soziale Umfeld des Menschen

Das Halten von Tieren kann darüber hinaus positive Wirkungen auf das soziale Umfeld des Halters haben. Die Tierhaltung fördert somit nicht nur die physische und psychische Gesundheit der Halter, sondern trägt erheblich zur Förderung zwischenmenschlicher sozialer Kontakte bei.[121] Insbesondere im Rahmen von Spaziergängen mit einem Hund wurde festgestellt, dass Passanten häufiger das Gespräch mit einem Hundehalter suchen als mit Spaziergängern ohne Hund.[122] Auch eine soziale Anerkennung kann mit der Tierhaltung einhergehen. So kann z. B. das Halten von bestimmten Hunde- oder Pferderassen die soziale Wertschätzung des Halters erhöhen.[123]

III. Fazit

Sowohl die wirtschaftliche als auch die soziale Bedeutung der Tierhaltung hat in den untersuchten Rechtsordnungen im letzten Jahrhundert einen Wandel erlebt.

Der in allen drei Ländern gewachsene Heimtiermarkt sowie der Übergang des Heimtieres von einem Funktionsträger zu einem Kameraden zeigen, dass Heimtiere im Jahrhundertvergleich länderübergreifend eine andere Stellung in der

---

119 Ifop Umfrage für Purina, S. 15.

120 *Du Preez*, Farmer's Weekly 2018, S. 32.

121 *Ohr*, Heimtierstudie 2019, Göttingen, S. 70; *Weber/Schwarzkopf*, Heimtierhaltung, S. 7.

122 *Müller*, Die Bedeutung von Tieren für die therapeutische Arbeit mit älteren Menschen, S. 23, 70; *Weber/Schwarzkopf*, Heimtierhaltung, S. 9.

123 *Müller*, Die Bedeutung von Tieren für die therapeutische Arbeit mit älteren Menschen, S. 23.

Gesellschaft eingenommen haben, die weit über die des Heimtierdaseins hinausgeht und Tiere zwischen einen Menschen und eine bloße Sache stellt. Den in der Zahl stark zunehmenden Heimtieren werden andere Aufgaben und Funktionen zuteil, die diese weiter in das alltägliche Leben des Menschen rücken.

Länderübergreifend haben insbesondere die COVID-19-Ausgangssperren sowie die COVID-19-Kontaktbeschränkungen die Zahl der Heimtierbesitzer erhöht und damit den Umsatz des Heimtiermarktes stark wachsen lassen, da die Verbraucher die Heimtiere als Gefährten suchen, um die Auswirkungen der Einschränkungen zu kompensieren. Der Trend, in das Wohlbefinden des Tieres zu investieren und dem Tier eine gewandelte soziale Stellung einzuräumen, setzt sich damit in den aktuellen Zeiten verstärkt fort.

Auch im Rahmen der Nutztierhaltung ist im letzten Jahrhundert ein Wandel sowohl bestandsmäßig als auch in wirtschaftlicher Hinsicht zu beobachten. Anders als in Deutschland und Frankreich, wo die Bedeutung der Nutztiere im Laufe der Jahre stark abgenommen hat, hat Südafrika ein Wachstum an Nutztieren zu verzeichnen. Dies schlägt sich auf den Einsatz der Nutztiere in der aktuellen Gesellschaft der drei Länder nieder. Anders als in Südafrika, wo die Nutztierhaltung sich schon in der Landschaft deutlich bemerkbar macht, wurde insbesondere im Rahmen der Industrialisierung in Deutschland und Frankreich von Nutztieren als Arbeits- oder Fortbewegungsmittel Abstand genommen. Die Nutztiere sind deshalb seitdem in beiden Ländern deutlich seltener in Menschennähe anzutreffen als in Südafrika.

Der Stellungswandel des Heimtieres sowie die unterschiedliche Entwicklung der Nutztierhaltung in den jeweiligen Ländern werden im Folgenden bedeutsam, um die damalige Errichtung der jeweiligen Tatbestände nachvollziehen zu können und um die Zeitgemäßheit derselben sowie die daraus entstehenden aktuellen Rechtsprobleme verstehen und beurteilen zu können.

C. Ausgestaltung in Deutschland, Frankreich und Südafrika

Der Tatbestand der Tierhalterhaftung ist in der deutschen, französischen und südafrikanischen Rechtsordnung unterschiedlich ausgestaltet worden.

I. Gespaltene Ausgestaltung in Deutschland

Die Tierhalterhaftung ist in § 833 BGB geregelt und besteht aus zwei Sätzen, die zwei verschiedene Haftungsgrundsätze enthalten. Die unübliche Zusammensetzung der Norm ist das Ergebnis einer von Auseinandersetzungen geprägten Entwicklung des ursprünglichen Entwurfs.

1. *Historische Entwicklung*

a) *Erster Entwurf von 1888*

Am 22. Juni 1874 wurde die Erste Kommission vom Bundesrat zur Erstellung des ersten Entwurfs eines deutschen Bürgerlichen Gesetzbuches berufen.[124] Die Norm zur Tierhalterhaftung, E I § 734, sollte ursprünglich lauten:

> § 734. „Wer ein Thier hält, ist verpflichtet, unter Anwendung der Sorgfalt eines ordentlichen Hausvaters diejenigen Vorsichtsmaßregeln zu treffen, welche erforderlich sind, um das Thier an der Zufügung von Beschädigungen zu hindern. Wird diese Pflicht verletzt, so ist der Halter des Thieres zum Ersatz des daraus entstehenden Schadens nach Maßgabe der §§ 704, 722 bis 726 und des § 728 Abs. 1 verpflichtet.
>
> Die gleiche Verantwortlichkeit trifft denjenigen, welcher die Führung der Aufsicht für den Halter des Thieres übernommen hat."[125]

Die Erste Kommission entwickelte mit dieser Fassung des E I § 734 ein eigenes Konzept der Tierhalterhaftung und gab die im römischen Haftungssystem geltenden Grundsätze fast vollständig auf.[126] Das römische Recht legte mit der *actio de pauperie* eine verschuldensunabhängige Haftung des Tierhalters für Schäden fest, die das Tier wider seiner Natur verursacht hatte.[127] Auf Rechtsfolgenseite sah das römische Recht alternativ Schadensersatz oder die Auslieferung des Tieres an den Geschädigten, die sog. Noxalhaftung, vor.[128] In ihrem Entwurf wandte sich die Kommission auf Tatbestandsseite vollkommen von dem Prinzip der verschuldensunabhängigen Haftung und auf Rechtsfolgenseite von der Noxalhaftung ab.[129] Das Verschuldensprinzip sollte ausnahmslos sowohl für den Tierhalter als auch für den Tierhüter gelten.[130] Eine Beweislastumkehr zum Nachteil des Tierhalters

---

124 *Jakobs/Schubert*, Entstehungsgeschichte des BGB, S. 36; zur Zusammensetzung der Kommission siehe: *Schlosser*, Grundzüge der Neueren PRG, S. 154.

125 *Spickhoff*, in: BeckOGK BGB, § 833 Rn. 10–11; *Litten*, Die Ersatzpflicht des Tierhalters, S. 11.

126 *Seiler*, Festschrift für Albrecht Zeuner zum 70. Geburtstag, S. 282; *Wagner*, in: MüKoBGB, § 833 Rn. 1.

127 *Wagner*, in: MüKoBGB, § 833 Rn. 1.

128 *Seiler*, Festschrift für Albrecht Zeuner zum 70. Geburtstag, S. 282.

129 *Deutsch*, Haftungsrecht, S. 31.

130 *Benöhr*, Festschrift für Max Kaser, S. 690; *Rinck*, Gefährdungshaftung, S. 1: Das deutsche Zivilrecht ging zum Zeitpunkt der Beratungen des BGB davon aus, dass ein Schaden nur im Falle von Verschulden zu ersetzen sei. Bezeichnend für diese Einstellung ist die Formulierung von Jhering: „Nicht der Schaden verpflichtet zum Schadensersatz, sondern die Schuld."

wurde nicht vorgesehen, der Entwurf folgte in dieser Hinsicht den allgemeinen Grundsätzen der Beweislastregeln.[131]

Der Entwurf wurde nach der Veröffentlichung im Jahr 1888 stark kritisiert.[132] So bemängelte z. B. *Otto von Gierke* die nicht vorhandene abweichende Regelung für wilde Tiere sowie die sich aus der mangelnden Verschuldensvermutung und aus der daraus folgenden und vorgegebenen absoluten Verschuldenshaftung ergebende fehlende Gerechtigkeit.[133] Etwaige Unbilligkeiten, wie in etwa, dass der Geschädigte den richtigen Schuldigen ermitteln und dessen Verfehlung nachweisen müsse oder dass den Eigentümer als solchen keine Haftung treffe, würden nicht berücksichtigt.[134] Gerügt wurde auch der gewählte Maßstab der Sorgfaltspflicht, die der eines „ordentlichen Hausvaters" entsprechen sollte, jedoch weder im Entwurf noch in den Motiven definiert war.[135]

Der Beratung durch die Zweite Kommission[136] wurde eine Neufassung des ersten Entwurfs durch die Vorkommission des Reichsjustizamtes vorangestellt. Die Kommission sprach sich dabei auch für eine verschuldensunabhängige Garantiehaftung aus, beschränkte diese aber auf Schäden, die durch Luxustiere verursacht werden.[137] Hinsichtlich der Haftung für Schäden, die durch Haustiere entstanden sind, hielt die Kommission aus Billigkeitsgründen eine Beweislastumkehr für angebracht. Dies wurde am Ende der Beratung in E I RJA § 734 festgehalten, der den E I § 734 ersetzte:[138]

§ 734. „Wer ein Thier hält, ist, wenn das Leben, der Körper oder die Gesundheit eines Menschen verletzt oder eine Sache beschädigt, verpflichtet, dem Verletzten den daraus entstandenen Schaden zu ersetzen. Die Schadensersatzpflicht tritt nicht ein, wenn der

131 *Schmalhorst*, Die Tierhalterhaftung im BGB von 1896, S. 52.

132 *Schmalhorst*, Die Tierhalterhaftung im BGB von 1896, S. 52; *Schlosser*, Grundzüge der Neueren PRG, S. 155 mit vertiefenden Ausführungen zu der vom ersten Entwurf erfahrenen Kritik durch die Öffentlichkeit.

133 *v. Gierke*, Der Entwurf eines bürgerlichen Gesetzbuchs und das deutsche Recht, S. 270.

134 *Schmalhorst*, Die Tierhalterhaftung im BGB von 1896, S. 56.

135 *Menger*, Das Bürgerliche Recht und die besitzlosen Volksklassen, S. 203.

136 Zur Zusammensetzung der Zweiten Kommission siehe vertiefend: *Schlosser*, Grundzüge der Neueren PRG, S. 156 f.

137 *Schmalhorst*, Die Tierhalterhaftung im BGB von 1896, S. 58.

138 Hinzugefügt wurde außerdem E I RJA § 734 a, der die Haftung des Tierhüters festlegte und im Wesentlichen der Regelung des E I § 734 Abs. 2 entsprach, jedoch eine Exkulpationsmöglichkeit bei Einhaltung der im Verkehr erforderlichen Sorgfalt vorsah. Auf die Regelung der Haftung des Tierhüters wird im Folgenden nicht weiter eingegangen, da sie nicht Gegenstand dieser Arbeit ist.

Schaden durch ein Hausthier zugefügt ist und derjenige, welcher das Hausthier hält, bei dessen Beaufsichtigung die im Verkehr übliche Sorgfalt beobachtet hatte oder der Schaden auch bei Anwendung dieser Sorgfalt entstanden sein würde. Den Hausthieren stehen die Bienen gleich.

Wird das Thier von mehreren gehalten, so haften sie als Gesammtschuldner.

Wer aufgrund dieser Vorschriften Schadensersatz geleistet hat, kann von demjenigen, welcher für die Beschädigung nach den allgemeinen Grundsätzen über den Schaden aus unerlaubter Handlungen verantwortlich ist, Ersatz verlangen."[139]

b) *Zweiter Entwurf von 1895*

Am 4. Dezember 1890 beschloss der Bundesrat, den ersten Entwurf einer Zweiten Kommission zur Beratung vorzulegen.[140] Zur Tierhalterhaftung wurden während der Beratungen der Zweiten Kommission drei Anträge gestellt.[141] Der Antrag Nr. 1 von *Struckmann* plädierte für die Ersetzung des ersten Entwurfs durch den E I RJA § 734 :

§ 734. „Wer ein Thier hält, ist, wenn das Leben, der Körper oder die Gesundheit eines Menschen verletzt oder eine Sache beschädigt, verpflichtet, dem Verletzten den daraus entstandenen Schaden zu ersetzen. Die Schadensersatzpflicht tritt nicht ein, wenn der Schaden durch ein Hausthier zugefügt ist und derjenige, welcher das Hausthier hält, bei dessen Beaufsichtigung die im Verkehr übliche Sorgfalt beobachtet hatte oder der Schaden auch bei Anwendung dieser Sorgfalt entstanden sein würde. Den Hausthieren stehen die Bienen gleich.

Wird das Thier von mehreren gehalten, so haften sie als Gesammtschuldner.

Wer aufgrund dieser Vorschriften Schadensersatz geleistet hat, kann von demjenigen, welcher für die Beschädigung nach den allgemeinen Grundsätzen über den Schaden aus unerlaubter Handlungen verantwortlich ist, Ersatz verlangen."[142]

Der Antrag Nr. 2 von *Conrad* sah vor, den zweiten Satz in Absatz 1 des E I § 734 zu streichen, also:[143]

§ 734. „Wer ein Thier hält, ist verpflichtet, unter Anwendung der Sorgfalt eines ordentlichen Hausvaters diejenigen Vorsichtsmaßregeln zu treffen, welche erforderlich sind, um

---

139 *Mugdan*, Die gesamten Materialien zum Bürgerlichen Gesetzbuch, Bd. 2, S. 1124.

140 *Jakobs/Schubert*, Entstehungsgeschichte des BGB, S. 57; *Jakobs/Schubert*, Recht der Schuldverhältnisse III, S. 966.

141 *Schmalhorst*, Die Tierhalterhaftung im BGB von 1896, S. 60.

142 *Mugdan*, Die gesamten Materialien zum Bürgerlichen Gesetzbuch, Bd. 2, S. 1124.

143 *Mugdan*, Die gesamten Materialien zum Bürgerlichen Gesetzbuch, Bd. 2, S. 1124; *Schmalhorst*, Die Tierhalterhaftung im BGB von 1896, S. 61; *Jakobs/Schubert*, Recht der Schuldverhältnisse III, S. 966.

> das Thier an der Zufügung von Beschädigungen zu hindern. ~~Wird diese Pflicht verletzt, so ist der Halter des Thieres zum Ersatz des daraus entstehenden Schadens nach Maßgabe der §§ 704, 722 bis 726 und des § 728 Abs. 1 verpflichtet~~."

Im Antrag Nr. 3 beantragte *Jacubezky* unter a) in dem Antrag Nr. 1 dem Abs. 1 S. 1 unter Streichung des zweiten und dritten Satzes den Satzteil hinzuzufügen: „es sei denn, daß der Schaden durch Verschulden des Verletzten oder in Folge höherer Gewalt entstanden ist" sowie den Abs. 3 folgendermaßen zu fassen:

> „Ist für die Beschädigung neben demjenigen, welcher das Thier hält, ein Dritter nach den allgemeinen Vorschriften über die Schadensersatzpflicht aus unerlaubten Handlungen verantwortlich, so haften beide als Gesammtschuldner. In ihrem Verhältnis zu einander ist der Dritte allein verpflichtet."

Der Haftungstatbestand sollte nach dem Antrag Nr. 3 a)[144] wie folgt lauten:

> § 734. „Wer ein Thier hält, ist, wenn das Leben, der Körper oder die Gesundheit eines Menschen verletzt oder eine Sache beschädigt, verpflichtet, dem Verletzten den daraus entstandenen Schaden zu ersetzen, es sei denn, daß der Schaden durch Verschulden des Verletzten oder in Folge höherer Gewalt entstanden ist.
>
> Wird das Thier von mehreren gehalten, so haften sie als Gesammtschuldner.
>
> Ist für die Beschädigung neben demjenigen, welcher das Thier hält, ein Dritter nach den allgemeinen Vorschriften über die Schadensersatzpflicht aus unerlaubten Handlungen verantwortlich, so haften beide als Gesammtschuldner. In ihrem Verhältnis zu einander ist der Dritte allein verpflichtet."

Die Kommission setzte sich mit den Anträgen auseinander und legte sich schließlich mehrheitlich auf eine gespaltene Konstellation fest. Angenommen wurden nach der Auseinandersetzung E I RJA § 734 Abs. 1 und Abs. 2 mit Ausnahme des letzten Satzes in Abs. 1, der sich auf die Bienenzucht bezog.[145] An Stelle des § 734 Abs. 3 des Antrages 1 wurde die im Antrag 3 a) als Absatz 3 vorgeschlagene Bestimmung angenommen; der im Antrag 3 a) zu § 734 Abs. 1 beantragte Zusatz fand keine Billigung.

§ 734 lautete wie folgt:[146]

> § 734. „Wird durch ein Thier ein Mensch getödtet oder der Körper oder die Gesundheit eines Menschen verletzt oder eine Sache beschädigt, so ist derjenige, welcher das Thier hält, verpflichtet, dem Verletzten den daraus entstandenen Schaden zu ersetzen. Die Ersatzpflicht tritt nicht ein, wenn der Schaden durch ein Hausthier entstanden ist

---

144 Auf den Antrag Nr. 3 b) wird nicht eingegangen, da dieser sich auf die Regelung zur Haftung des Tierhüters in E J RJA 734 a bezog.

145 *Mugdan*, Die gesamten Materialien zum Bürgerlichen Gesetzbuch, Bd. 2, S. 1124.

146 *Jakobs/Schubert*, Recht der Schuldverhältnisse III, S. 966.

> und derjenige, welcher das Thier hält, bei dessen Beaufsichtigung die im Verkehr erforderliche Sorgfalt beobachtet hat oder der Schaden auch bei Anwendung dieser Sorgfalt entstanden sein würde.
>
> Wird das Thier von mehreren gehalten, so haften sie als Gesammtschuldner.
>
> Ist für die Beschädigung neben demjenigen, welcher das Thier hält, ein Dritter nach den allgemeinen Vorschriften über die Schadensersatzpflicht aus unerlaubten Handlungen verantwortlich, so haften beide als Gesammtschuldner. In ihrem Verhältnis zu einander ist der Dritte allein verpflichtet."

Im zweiten Entwurf ist die Vorschrift schließlich in E II § 756 wie folgt gefasst worden:

> § 756. „Wird durch ein Thier ein Mensch getödtet oder der Körper oder die Gesundheit eines Menschen verletzt oder eine Sache beschädigt, so ist derjenige, welcher das Thier hält, verpflichtet, dem Verletzten den daraus entstandenen Schaden zu ersetzen. Die Ersatzpflicht tritt nicht ein, wenn der Schaden durch ein Hausthier entstanden ist und derjenige, welcher das Thier hält, bei dessen Beaufsichtigung die im Verkehr erforderliche Sorgfalt beobachtet hat oder der Schaden auch bei Anwendung dieser Sorgfalt entstanden sein würde."

Der zweite und dritte Absatz[147] fehlen im E II wegen der im E II gebildeten Vorschrift des § 764 (heute § 840 BGB).[148]

Satz 1 der Norm sah damit eine Gefährdungshaftung für Schäden durch Tiere, die keine Haustiere waren, vor. Dies begründete die Kommission mit den der Haltung wilder oder gefährlicher Tiere immanenten außergewöhnlichen Gefahren. In Satz 2 war eine Haftung mit vermutetem Verschulden für Schäden geregelt, die durch Haustiere verursacht wurden, von der sich der Tierhalter exkulpieren konnte. Die unterschiedliche Behandlung von Haustieren und wilden Tieren rechtfertigte die Kommission mit der Überlegung, dass die Haustierhaltung durch die moderne Entwicklung bedingt sei, sich die Allgemeinheit auf die Haustierhaltung eingestellt habe und diese ihr zugutekomme.

Der in der zweiten Lesung gestellte Antrag, die Worte im E II § 756 „der Schaden durch ein Hausthier entstanden ist und" zu streichen und den zweiten Satz

---

147 „Wird das Thier von mehreren gehalten, so haften sie als Gesammtschuldner. Ist für die Beschädigung neben demjenigen, welcher das Thier hält, ein Dritter nach den allgemeinen Vorschriften über die Schadensersatzpflicht aus unerlaubten Handlungen verantwortlich, so haften beide als Gesammtschuldner. In ihrem Verhältnis zu einander ist der Dritte allein verpflichtet."

148 *Jakobs/Schubert*, Recht der Schuldverhältnisse III, S. 967.

dahingehend zu ändern, dass er auf alle Tierarten Anwendung findet, wurde von der Kommission abgelehnt.[149]

c) *Die Beratung in der Reichstagskommission und im Reichstag*

Nachdem der zweite Entwurf dem Bundesrat vorgelegt und von diesem an den Justizausschuss weitergeleitet worden war, folgte die Übergabe des dritten Entwurfs als Regierungsvorlage. Die Regelung zur Tierhalterhaftung befand sich nun in E III § 817, der abgesehen von *zwei eingefügten Worten* E II § 756 entsprach:[150]

> § 817. „Wird durch ein Thier ein Mensch getödtet oder der Körper oder die Gesundheit eines Menschen verletzt oder eine Sache beschädigt, so ist derjenige, welcher das Thier hält, verpflichtet, dem Verletzten den *daraus* entstandenen Schaden zu ersetzen. Die Ersatzpflicht tritt nicht ein, wenn der Schaden durch ein Hausthier entstanden ist und derjenige, welcher das Thier hält, bei dessen Beaufsichtigung die im Verkehr erforderliche Sorgfalt beobachtet hat oder *wenn* der Schaden auch bei Anwendung dieser Sorgfalt entstanden sein würde."

Im Rahmen der Beratungen der Reichstagskommission und des Reichstags wurde lediglich der Satz 2 der Regelung bezüglich der Exkulpationsmöglichkeit bei Haustieren in Frage gestellt. In der ersten Lesung wurden der Satz 2 und die darin vorgesehene Privilegierung für Haustiere auf Antrag von *Gröber* gestrichen, der insbesondere auf die durch die Tierhaltung übernommene Gefahrenlast abstellte.[151] Die Streichung wurde vom Antragsteller und von weiteren Mitgliedern mit der öffentlichen Sicherheit und einem Vergleich zu der sich schon bewährten gleichen Bestimmung des französischen Rechts begründet.[152]

Der in der zweiten Lesung seitens *von Buchka* gestellte Antrag,[153] den E III § 817 in der Fassung der Regierungsvorlage mit dem Satz 2 wiederherzustellen, wurde abgelehnt.[154] Am 30. Juni 1896 fand die dritte Beratung über E III

---

149 *Mugdan*, Die gesamten Materialien zum Bürgerlichen Gesetzbuch, Bd. 2, S. 1125; *Jakobs/Schubert*, Recht der Schuldverhältnisse III, S. 967.

150 *Schmalhorst*, Die Tierhalterhaftung im BGB von 1896, S. 64.

151 *Jakobs/Schubert*, Recht der Schuldverhältnisse III, S. 968; *Litten*, Die Ersatzpflicht des Tierhalters, S. 12.

152 Bericht der Reichstagskommission, S. 103.

153 Bericht der Reichstagskommission, S. 103: Dem Antrag wurde entgegengehalten, dass auch die Tierhalter, die Tiere zu gewerblichen Zwecken halten, die damit für andere verbundenen Gefahren übernehmen müssen.

154 *Jakobs/Schubert*, Recht der Schuldverhältnisse III, S. 968.

§ 817 im Plenum des Reichstages statt.[155] Während der Lesung beantragte *von Kardoff*, die vorliegende Fassung des E III § 817 abzulehnen und die Regierungsvorlage wiederherzustellen.[156] Des Weiteren stellte *Schmidt* zu diesem Antrag den Unterantrag, in Satz 2 den Zusatz „zur Ausübung eines Gewerbes oder Berufes nothwendiges Hausthier" einzuschieben:[157]

> § 817. „[…] Die Ersatzpflicht tritt nicht ein, wenn der Schaden durch ein *zur Ausübung eines Gewerbes oder Berufes nothwendiges* Hausthier entstanden ist und derjenige, welcher das Thier hält, bei dessen Beaufsichtigung die im Verkehr erforderliche Sorgfalt beobachtet hat oder wenn der Schaden auch bei Anwendung dieser Sorgfalt entstanden sein würde."

Es entstand eine Debatte über die Einführung des Satzes 2, bei welcher die Befürworter der gestellten Anträge damit argumentierten, dass die Streichung des Satzes 2 zu einer existenzbedrohlichen Lage bei den Bauern führen könnte.[158] Es handele sich demnach um eine Entscheidung, die die zu ihrem Schutz auf die Hunde angewiesene Landwirtschaft erheblich schädigen würde.[159] *Von Buchka* führte an, dass die Haltung landwirtschaftlicher Tiere nicht nur dem eigenen Interesse der Bauern diene, sondern im allgemeinen ökologischen Landesinteresse notwendig sei und es sich deshalb bei der verschuldensunabhängigen Haftung um eine „schreiende Ungerechtigkeit" handele.[160] Die Gegner der Anträge und damit der Wiedereinführung des Satzes 2 stellten sich auf den Standpunkt, dass es sich bei den meisten Fällen, in denen durch Hunde schwere Verletzungen verursacht wurden, um Luxushunde handelte und derjenige den Schaden tragen soll, der von dem Tier dauerhaft profitiert, das Vergnügen und den Nutzen hat.[161] Die Diskussion endete mit einer Abstimmung über die mündlich gestellten Anträge, die beide mehrheitlich angenommen wurden.[162] Damit war der Kommissionsbeschluss der zweiten Lesung durch die Regierungsvorlage mit dem von *Schmidt* beantragten Einschub ersetzt und der Satz 2 wieder eingeführt worden.[163] Die Regierungsvorlage wurde damit mit der Einschränkung beschlossen, dass eine

155 *Mugdan*, Die gesamten Materialien zum Bürgerlichen Gesetzbuch, Bd. 2, S. 1403–1411.
156 *Mugdan*, Die gesamten Materialien zum Bürgerlichen Gesetzbuch, Bd. 2, S. 1404.
157 *Mugdan*, Die gesamten Materialien zum Bürgerlichen Gesetzbuch, Bd. 2, S. 1406.
158 *Mugdan*, Die gesamten Materialien zum Bürgerlichen Gesetzbuch, Bd. 2, S. 1403.
159 *Mugdan*, Die gesamten Materialien zum Bürgerlichen Gesetzbuch, Bd. 2, S. 1404.
160 *Mugdan*, Die gesamten Materialien zum Bürgerlichen Gesetzbuch, Bd. 2, S. 1405.
161 *Mugdan*, Die gesamten Materialien zum Bürgerlichen Gesetzbuch, Bd. 2, S. 1404 f.
162 *Mugdan*, Die gesamten Materialien zum Bürgerlichen Gesetzbuch, Bd. 2, S. 1407.
163 *Mugdan*, Die gesamten Materialien zum Bürgerlichen Gesetzbuch, Bd. 2, S. 1407.

mildere Haftung nur in Bezug auf ein „zur Ausübung des Berufes oder Gewerbes" des Tierhalters „notwendiges Haustier" in Betracht komme.[164]

Am darauffolgenden Tag, dem letzten Tag der Beratung des BGB, musste jedoch erneut eine Abstimmung über den E III § 817 stattfinden, da die Geschäftsordnung des Reichstages vorsah, dass Beschlüsse, die aufgrund nicht gedruckt vorliegender Anträge gefasst wurden, nach der Drucklegung nochmals zur Abstimmung kommen müssen.[165] In dieser Sitzung wurde der Antrag *Kardoff-Schmidt* entgegen der Abstimmung am Vortag abgelehnt, sodass E III § 817 ohne den Satz 2 beschlossen wurde und wie folgt lautete:[166]

> § 817. „Wird durch ein Thier ein Mensch getödtet oder der Körper oder die Gesundheit eines Menschen verletzt oder eine Sache beschädigt, so ist derjenige, welcher das Tier hält, verpflichtet, dem Verletzten den daraus entstehenden Schaden zu ersetzen."

d) Gesetzesnovelle von 1908: Entlastungsmöglichkeit bei Nutztieren

In dem am 1. Januar 1900 in Kraft getretenen BGB war die Tierhalterhaftung in § 833 BGB als reine Gefährdungshaftung geregelt:

> § 833. „Wird durch ein Thier ein Mensch getödtet oder der Körper oder die Gesundheit eines Menschen verletzt oder eine Sache beschädigt, so ist derjenige, welcher das Tier hält, verpflichtet, dem Verletzten den daraus entstehenden Schaden zu ersetzen."[167]

In den darauffolgenden Jahren wurden Stimmen der landwirtschaftlichen Bevölkerung laut, insbesondere aus den Bereichen der Tierzucht und des Transportgewerbes, die sich für die Einführung des Satzes 2, die schon in der dritten Lesung befürwortet worden war, einsetzten.[168] *Von Treuenfels* stellte mit 39 weiteren Abgeordneten am 4. Dezember 1903 einen Antrag, nach welchem der Satz 2 mit folgendem Wortlaut dem § 833 BGB hinzugefügt werden sollte:

---

164 *Litten*, Die Ersatzpflicht des Tierhalters, S. 13.

165 Stenographische Berichte Berlin 1896, S. 886; *Litten*, Die Ersatzpflicht des Tierhalters, S. 13; *Benöhr*, Festschrift für Max Kaser, S. 711.

166 Bericht der Reichstagskommission, S. 380; *Mugdan*, Die gesamten Materialien zum Bürgerlichen Gesetzbuch, Bd. 2, S. 1411; Stenographische Berichte Berlin 1896, S. 887; *Litten*, Die Ersatzpflicht des Tierhalters, S. 13.

167 Bürgerliches Gesetzbuch vom 18. August 1896.

168 *Schmalhorst*, Die Tierhalterhaftung im BGB von 1896, S. 145; *Lehmann/Auer*, VersR 2011, 846 (847); *Litten*, Die Ersatzpflicht des Tierhalters, S. 10; *Schlund*, Festschrift für Karl Schäfer, S. 224; *Benöhr*, Festschrift für Max Kaser, S. 711.

> „Die Ersatzpflicht tritt nicht ein, wenn der Schaden durch ein Haustier verursacht wird und derjenige, welcher das Tier hält, bei dessen Beaufsichtigung die im Verkehr erforderliche Sorgfalt beobachtet, oder wenn der Schaden auch bei Anwendung dieser Sorgfalt entstanden sein würde.“[169]

Auch im Reichstag wurden Bedenken gegen § 833 BGB geäußert. *Schmidt* plädierte für eine Berichtigung dieser Norm und wies dabei darauf hin, dass es mehrere Jahrzehnte dauern würde, bis das Bürgerliche Gesetzbuch geändert werden würde.[170] Er ging weiter auf die Situation der Landwirte ein, die auf die Haustiere angewiesen seien, und führte aus, dass die „Abnormalität“ des § 833 BGB zu abnormalen Urteilen geführt habe und in Zukunft auch wieder führen werde.[171]

In der darauffolgenden Sitzung ergriff *Gamp* das Wort und erklärte, dass für ihn feststehe, dass der § 833 BGB nur durch ein Versehen ohne den Satz 2 Gesetz geworden sei und dies damals von keinem so gewollt war.[172] Nach dem Erlass des Bürgerlichen Gesetzbuches hätten sich die Großgrundbesitzer gegen Tierschäden versichert, während dies für die kleinen Grundbesitzer finanziell nicht tragbar sei und diese sich deshalb existenzbedrohlichen Risiken ausgesetzt sehen. Er wies weiter auf die mit einem Gesetzesänderungsvorschlag einhergehenden Schwierigkeiten hin und schlug vor, einen Initiativantrag des Reichstags auf Änderung des § 833 BGB einzubringen.

In der Sitzung vom 4. März 1905 wurde über den Antrag des Abgeordneten *von Treuenfels* betreffend die Abänderung des § 833 BGB beraten. *Von Treuenfels* kritisierte die Durchbrechung des im BGB durchgehend geltenden Culpa-Prinzips und wies darauf hin, dass das Halten von Tieren durch die verschuldensunabhängige Haftung implizit unter Strafe gestellt werde.[173] Neben mehreren Abgeordneten, die die Annahme des Antrages befürworteten, meldete sich der Abgeordnete *Lucas* zu Wort und beantragte die Einsetzung einer Kommission von 14 Mitgliedern, um zu klären, ob eine Änderung des § 833 BGB angebracht sei. Er erwähnte dabei auch den von *Schmidt* in der dritten Lesung des BGB gestellten Antrag bezüglich der Unterscheidung zwischen Luxus- und Haustieren und schlug vor, diesen ebenfalls von der Kommission prüfen zu lassen.[174] Gegen die Antragstellung sprach sich der Abgeordnete *Stadthagen* aus und betonte dabei, dass die Tierhaltung das Ergreifen von Vorsichtsmaßnahmen erfordere und eine Haftung

169 Antrag Nr. 32, Anlagen zu den stenographischen Berichten, Band 1, S. 71.
170 118. Sitzung; Stenographische Berichte, Bd. 5, S. 3778.
171 118. Sitzung; Stenographische Berichte, Bd. 5, S. 3778, 3779.
172 119. Sitzung; Stenographische Berichte, Bd. 5, S. 3784.
173 155. Sitzung; Stenographische Berichte, Bd. 7, S. 4995.
174 155. Sitzung; Stenographische Berichte, Bd. 7, S. 4998.

gerechtfertigt sei, wenn solche nicht getroffen wurden.[175] Am Ende der Sitzung stimmte die Mehrheit der Abgeordneten für den Antrag auf Überweisung an eine Kommission von 14 Mitgliedern.

Die am 9. März 1905 konstituierte Kommission beriet sich über den Antrag und beendete die Vorberatung mit der Resolution an den Reichstag, die verbündeten Regierungen zu ersuchen, einen Gesetzesentwurf vorzulegen, durch welchen dem § 833 BGB ein zweiter Satz mit einer Exkulpationsmöglichkeit für Halter von Haustieren hinzugefügt werden sollte.[176] Am 24. Mai 1905 befasste sich der Reichstag mit dem Antrag des Abgeordneten *von Treuenfels*.[177] Am Ende der Debatte wurde die Resolution der Kommission mit der Mehrheit der Stimmen angenommen.[178]

Im Anschluss daran wurde die Resolution dem Bundesrat vorgelegt und dem VI. und dem IV. Ausschuss überwiesen.[179] Nach Vorlage des Gesetzesentwurfs betreffend die Änderung des § 833 BGB beschloss der Bundesrat seine Zustimmung zu erteilen.[180] In der ersten Beratung im Reichstag stand die Mehrheit der Redner der Änderungsvorlage wohlwollend gegenüber, ein Antrag auf Kommissionsberatung wurde nicht gestellt, sodass die Vorlage in zweiter Lesung im Plenum beraten werden sollte.[181] Eine zweite Beratung fand jedoch nicht statt, da der Reichstag am 13. Dezember 1906 aufgelöst wurde.[182]

Am 21. Februar 1907 stellte der Abgeordnete *von Treuenfels* erneut den Antrag, dem Gesetzesentwurf betreffend eine Änderung des § 833 BGB durch Hinzufügung des Satzes 2 zuzustimmen.[183] Am 17. April 1907 wurde mit einer Resolution an den Reichstag verlangt, die verbündeten Regierungen zu ersuchen, einen dem am 21. Februar 1907 gestellten Antrag des Abgeordneten *von Treuenfels* entsprechenden Gesetzesentwurf vorzulegen.[184] Die Resolution wurde am 23. April 1907 mehrheitlich von den Abgeordneten angenommen.[185]

---

175 155. Sitzung; Stenographische Berichte, Bd. 7, S. 5005.

176 Bericht der XV. Kommission Nr. 727, Stenographische Berichte, 7. Anlagenband, S. 4123.

177 191. Sitzung; Stenographische Berichte, Bd. 7, S. 6116.

178 191. Sitzung; Stenographische Berichte, Bd. 7, S. 6130.

179 *Schmalhorst*, Die Tierhalterhaftung im BGB von 1896, S. 151.

180 *Schmalhorst*, Die Tierhalterhaftung im BGB von 1896, S. 155.

181 87. Sitzung; Stenographische Berichte, Bd. 3, S. 2700.

182 *Umbach*, Parlamentsauflösung in Deutschland, S. 254.

183 Antrag Nr. 73, Anlagen zu den stenographischen Berichten, Band 239, S. 466.

184 Antrag Nr. 304, Anlagen zu den stenographischen Berichten, Band 241, S. 1810.

185 36. Sitzung, Stenographische Berichte, Bd. 228, S. 1034.

Nachdem der Gesetzesentwurf am 2. Oktober 1907 beim Bundesrat eingereicht und von diesem beschlossen worden war, folgte die Einbringung beim Reichstag am 10. Dezember 1907.[186] Im Rahmen der dritten Beratung der Reichstagsverhandlungen am 7. Mai 1908 fand dann die Schlussabstimmung statt, bei welcher der Gesetzesentwurf mehrheitlich angenommen wurde.[187]

Die Änderung des § 833 BGB mit der Einführung des folgenden Satzes 2 wurde am 30. Mai 1908 im Reichsgesetzblatt veröffentlicht:[188]

> „Die Ersatzpflicht tritt nicht ein, wenn der Schaden durch ein Haustier verursacht wird, das dem Berufe, der Erwerbstätigkeit oder dem Unterhalte des Tierhalters zu dienen bestimmt ist, und entweder der Tierhalter bei der Beaufsichtigung des Tieres die im Verkehr erforderliche Sorgfalt beobachtet oder der Schaden auch bei Anwendung dieser Sorgfalt entstanden sein würde."[189]

2. *Aktuelle Rechtslage*

Der aktuelle § 833 BGB gleicht dem Tatbestand der Tierhalterhaftung von 1908 und lautet:

> § 833. „[1]Wird durch ein Tier ein Mensch getötet oder der Körper oder die Gesundheit eines Menschen verletzt oder eine Sache beschädigt, so ist derjenige, welcher das Tier hält, verpflichtet, dem Verletzten den daraus entstehenden Schaden zu ersetzen. [2]Die Ersatzpflicht tritt nicht ein, wenn der Schaden durch ein Haustier verursacht wird, das dem Beruf, der Erwerbstätigkeit oder dem Unterhalt des Tierhalters zu dienen bestimmt ist, und entweder der Tierhalter bei der Beaufsichtigung des Tieres die im Verkehr erforderliche Sorgfalt beobachtet oder der Schaden auch bei der Anwendung dieser Sorgfalt entstanden sein würde."

Der Tatbestand des § 833 BGB enthält in seinem Satz 1 eine Gefährdungshaftung und in seinem Satz 2 eine Haftung für vermutetes Verschulden. Die Grundlagen sowie die wesentlichen Unterscheidungsmerkmale beider Haftungsarten gilt es in diesem Abschnitt darzustellen.

---

186 *Schmalhorst*, Die Tierhalterhaftung im BGB von 1896, S. 172.

187 152. Sitzung; Stenographische Berichte, Bd. 232, S. 5224.

188 *Schmalhorst*, Die Tierhalterhaftung im BGB von 1896, S. 179; *Larenz/Canaris*, Lehrbuch des Schuldrechts II, 2, S. 484; *Kötz*, Gutachten und Vorschläge zur Überarbeitung des SR, S. 1803; *Rinck*, Gefährdungshaftung, S. 7.

189 BArchiv R 3001/1218, Blatt 170.

a) *Gefährdungshaftung*[190] *gem. § 833 S. 1 BGB*

Der Satz 1 in § 833 BGB stellt den einzigen im BGB anerkannten Fall der Gefährdungshaftung dar.[191] Die Gefährdungshaftung stellt eine verschuldensunabhängige Haftung dar, welche die Unterhaltung einer Gefahrenquelle voraussetzt.[192] § 833 S. 1 BGB gilt nur für Tiere, die nicht als Haustiere dem Beruf, der Erwerbstätigkeit oder dem Unterhalt des Tierhalters zu dienen bestimmt sind, sog. Luxustiere.[193] Die Gefährdungshaftung beruht, anders als in Frankreich, das Art. 1242 Abs. 1 C. civ.[194] als Generaltatbestand behandelt, nicht auf einer allgemeinen Rechtsgrundlage, sondern ergibt sich aus einer Reihe von speziell entwickelten Sonderhaftungstatbeständen.[195]

Die verschuldensunabhängige Haftung findet ihre Rechtfertigung in mehreren Kriterien, wobei hier auf vier für die Tierhalterhaftung maßgebliche eingegangen werden soll.

aa) Das Halten einer Gefahrenquelle

Die durch die Gefahrenquelle entstandenen Schäden sollen von demjenigen getragen werden, der die Gefahrenquelle geschaffen, aufrechterhalten bzw. übernommen hat.[196] Die Gefahrenquelle ist nicht vollumfänglich beherrschbar, weshalb derjenige, der näher an der Gefahrenquelle ist und diese noch am ehesten beherrschen kann, auch die durch die Gefahrenquelle entstandenen Schäden

---

190 Für weitergehende Ausführungen und Erklärungsversuche zur Tierhalterhaftung als Gefährdungshaftung siehe *Berglar*, Der Begriff des Tierhalters, S. 64 ff.

191 *Fuchs*, Deliktsrecht, S. 238; *Pfab*, VersR 2006, 894; *Deutsch/Ahrens*, Deliktsrecht, § 25 Rn. 533; *Benöhr*, Festschrift für Max Kaser, S. 689; *Grunewald/Riesenhuber*, BGB, Rn. 770.

192 *Hager*, in: Staudinger BGB, Vor. zu §§ 823 ff. Rn. 30.

193 *Spickhoff*, in: BeckOGK BGB, § 833 Rn. 32; *Hager*, in: Staudinger BGB, Vor. zu §§ 823 ff. Rn. 28; Luxustiere umfassen einerseits Heimtiere und andererseits Tiere, die aus Liebhaberei gehalten werden, sich aber nicht in Privatwohnungen aufhalten, siehe dazu Schema Nr. 1.

194 Ehemaliger Art. 1384, aufgehoben durch Verordnung des Rates Nr. 2016–131 vom 10.02.2016, mit Wirkung zum 1.10 2016.

195 *Wagner*, in: MüKoBGB, Vor. zu § 823 Rn. 17; *Knetsch*, in: French Civil Liability, S. 136.

196 *Wagner*, in: MüKoBGB, Vor. zu § 823 Rn. 19; *Lorenz*, Die Gefährdungshaftung des Tierhalters nach § 833 Satz 1 BGB, S. 36; *Deutsch*, Haftungsrecht, S. 365; *Litten*, Die Ersatzpflicht des Tierhalters, S. 15.

tragen soll.[197] Hierbei ist nicht die konkret realisierte Gefahr maßgeblich, vielmehr kommt es auf die abstrakt geschaffene Gefahr des Haltens und Aufrechterhaltens der Quelle an.[198] Im Gegensatz zur Verschuldenshaftung ist durch die Ausgestaltung als Gefährdungshaftung bezweckt, den Tierhalter zur überdurchschnittlichen Kontrolle der Gefahrenquelle anzuregen. Während die Verschuldenshaftung den Haftenden dazu bringen soll, die im Verkehr erforderliche Sorgfalt zu beachten, soll die Gefährdungshaftung dazu führen, den Halter der Gefahrenquelle auch für solche Schäden haftbar zu machen, die trotz Anwendung der erforderlichen Sorgfalt nicht verhindert werden können.[199] Mit einer Gefährdungshaftung lässt sich damit nicht nur das Sorgfalts-, sondern auch das Aktivitätsniveau des Tierhalters steuern.[200] Eine Steuerung des Aktivitätsniveaus durch Gefährdungshaftung ist notwendig, wenn Schäden selbst bei Einhaltung der Anforderungen der im Verkehr erforderlichen Sorgfalt auftreten können.[201]

Die Gefährdungshaftung findet vor allem in Gebieten Anwendung, die mit dem technischen Fortschritt in Verbindung stehen, da dort risikobehaftete Gefahrenquellen entstehen. Sie stellt eine Reaktion auf die durch die Industriegesellschaft geschaffenen Gefahren dar.[202] Gefährdungshaftungstatbestände wurden z. B. für Atomenergieanlagen, Kraftfahrzeuge, Eisenbahnen oder Flugzeuge entwickelt, die allesamt nicht voll beherrschbare Gefahrenquellen darstellen.[203] Neuartige Gefahrenquellen, die ein besonders hohes Verletzungsrisiko in sich bergen und nicht vollumfänglich steuerbar sind, sollen durch die Spezialnormen haftungsrechtlich eingefangen werden.[204] Es handelt sich damit bei der Gefährdungshaftung um eine gesteigerte Verantwortung für übermäßige Gefahren aufgrund der Kontrolle über eine bestimmte Gefahrenquelle.[205] Wie unter A. II. erläutert, weisen Tiere

---

197 *Wagner*, in: MüKoBGB, Vor. zu § 823 Rn. 20; *Eberl-Borges*, in: Staudinger BGB, § 833 Rn. 5.

198 *Larenz/Canaris*, Lehrbuch des Schuldrechts II, 2, S. 605.

199 *Söbbing*, Fundamentale Rechtsfragen zur künstlichen Intelligenz, Kap. L. „Haftung"; *Larenz/Canaris*, Lehrbuch des Schuldrechts II, 2, S. 605; *Wagner*, in: MüKoBGB, § 833 Rn. 2.

200 *Wagner*, in: MüKoBGB, Vor. zu § 823 Rn. 60.

201 *Wagner*, in: MüKoBGB, § 833 Rn. 2.

202 *Deutsch/Ahrens*, Deliktsrecht, § 1 Rn. 7

203 *Deutsch*, Haftungsrecht, S. 30, 364; *Larenz/Canaris*, Lehrbuch des Schuldrechts II, 2, S. 600.

204 *Wagner*, in: MüKoBGB, Vor. zu § 823 Rn. 20; *Lorenz*, Die Gefährdungshaftung des Tierhalters nach § 833 Satz 1 BGB, S. 37.

205 *Deutsch/Ahrens*, Deliktsrecht, § 1 Rn. 7

ein unberechenbares Gefährdungspotenzial auf und stellen deshalb eine solche Gefahrenquelle dar, die durch die Gefährdungshaftung ausgeglichen werden soll.

bb) Die Nutzungsziehung aus der Gefahrenquelle

Neben der Gefahrenquelle wird der daraus gezogene Nutzen als Haftungsgrund herangezogen. Dabei spielt der Gedanke der „unnötigen" Gefahr eine wichtige Rolle. Wenn das Halten des Tieres allein den individuellen Interessen des Halters dient, ist die Gefährdung aus Sicht des Rechtsverkehrs „unnötig."[206] Um das damit entstandene Ungleichgewicht auszugleichen, greift das Vor- und Nachteilsprinzip, das demjenigen die Nachteile zuschreibt, der Vorteile aus der Situation zieht.[207] Das Prinzip dient als Ausgleich für das geschaffene Risiko und nimmt den der Gefahrenquelle ausgesetzten Personen den Schaden, in welchem sich die realisierte Gefahr niedergeschlagen hat.[208] Derjenige, der von der Gefahrenquelle profitiert, soll die damit einhergehenden Risiken und insbesondere in wirtschaftlicher Hinsicht das Verletzungsrisiko der Tierhaltung tragen.[209] Dieser Gedanke ist Ausdruck einer geregelten Einstandspflicht für grundsätzlich nicht vollumfänglich beherrschbare Risiken und entspringt dabei der Überlegung, dass keinem gestattet werden soll, auf Kosten anderer eine übermäßige Gefahr zu schaffen oder auszunutzen.[210] Er ist sowohl bei professioneller als auch bei privater Nutzung der Gefahrenquelle anzuwenden. Der professionelle Nutzer kann die der Gefahrenquelle innewohnenden Risiken auf die Kunden umwälzen, der private Nutzer hat die Risiken als Preis für das gewonnene Vergnügen zu zahlen.[211] Damit soll gewährleistet werden, dass nur solche Gefahrenquellen betrieben werden, deren Nutzen die Summe aus Unterhaltsaufwand, Sorgfalts- und Schadenskosten, übersteigt.[212]

---

206 *Mayrhofer*, Außervertragliche Haftung für fremde Autonomie, S. 217.

207 *Larenz/Canaris*, Lehrbuch des Schuldrechts II, 2, S. 605; *Ossenbühl/Cornils*, Staatshaftungsrecht, S. 449.

208 *Deutsch/Arhens*, Deliktsrecht, § 1 Rn. 7; *Wagner*, in: MüKoBGB, § 833 Rn. 2.

209 *Hager*, in: Staudinger BGB, Vor. zu §§ 823 ff. Rn. 28; *Cosack*, VersR 1992, 1439; *Wagner*, in: MüKoBGB, § 833 Rn. 2.

210 *Deutsch/Ahrens*, Deliktsrecht, § 1 Rn. 7; *Brüggemeier*, Prinzipien des HaftungsR, S. 82.

211 *Larenz/Canaris*, Lehrbuch des Schuldrechts II, 2, S. 605.

212 *Wagner*, in: MüKoBGB, § 833 Rn. 2.

cc) Die finanzielle Risikominimierung auf Seiten des Geschädigten

Die durch die Gefahrenquelle entstehenden Risiken sollen nicht dem zufällig Geschädigten zur Last fallen. Dem Geschädigten, der der Gefahr nicht ausweichen konnte und sich nicht bzw. nicht hinreichend gegen diese schützen kann, soll ein Ersatzanspruch zustehen, der nicht von einem Fehlverhalten eines anderen abhängt, sondern allein an die geschaffene Gefahr anknüpft.[213] Die Gefährdungshaftung und der damit einhergehende Ersatzanspruch dienen als Ausgleich für dieses Risiko in finanzieller Hinsicht.[214] Es soll durch die Ausgestaltung als Gefährdungshaftung ein „Gütergleichgewicht" entstehen.[215] Die durch die Gefahrenquelle entstandenen Schäden sollen dem zur Last fallen, der die Herrschaft über diese hat.[216] Insofern soll die Gefährdungshaftung den Geschädigten auch vor dem Risiko der Durchsetzung schützen. Der Geschädigte ist gerade nicht verpflichtet, den schuldhaft Handelnden zu identifizieren.[217] Die Gefährdungshaftung soll eine Kompensation dafür sein, dass die Nutzung der Gefahrenquelle erlaubt ist, obwohl die Entstehung von Schäden trotz der Anwendung der erforderlichen Sorgfalt nicht immer verhindert werden kann.[218] Ziel ist es, insbesondere das entstandene Ungleichgewicht zwischen dem Nutzer und dem Gefährdeten auszugleichen, indem die häufig unvermeidbaren, aber trotzdem in Kauf genommenen Schadensrisiken angemessen zwischen den Parteien verteilt werden.[219]

dd) Die Schadensverlagerung auf Versicherungen

Die Gefährdungshaftung und die damit einhergehende gesteigerte Verantwortung sind dem Tierhalter nicht nur deshalb zuzumuten, weil er die Möglichkeit hat, den Schaden abzuwenden, sondern auch weil er sich dagegen mit Hilfe von Versicherungen absichern kann.[220] Die Vorsorgemöglichkeit in Form von Versicherungen unterscheidet die Position des der Gefahr Ausgesetzten und Verletzten von der des Tierhalters, da nur der Tierhalter sich gegen die aus der Tierhaltung

---

213 *Larenz/Canaris*, Lehrbuch des Schuldrechts II, 2, S. 606.

214 *Schmalhorst*, Die Tierhalterhaftung im BGB von 1896, S. 40; *Wagner*, in: MüKoBGB, Vor. zu § 823 Rn. 19.

215 *Deutsch*, Haftungsrecht, S. 366.

216 *Mayrhofer*, Außervertragliche Haftung für fremde Autonomie, S. 212.

217 *Mayrhofer*, Außervertragliche Haftung für fremde Autonomie, S. 212.

218 *Cosack*, VersR 1992, 1439; *Brüggemeier*, Prinzipien des HaftungsR, S. 80.

219 *Cosack*, VersR 1992, 1439; *Jansen*, Die Struktur des HaftungsR, S. 372.

220 Begründung des Entwurfs eines Gesetzes zur Änderung schadensersatzrechtlicher Vorschriften, S. 7; *Zachert*, Gefährdungshaftung, S. 23; vertiefend zur Unfallversicherung bei der privaten Reittierhaltung siehe *Leube*, NZS 1996, 14.

entstehenden Schäden finanziell absichern kann. Im Rahmen der Gefährdungshaftung ist eine Schadensstreuung mittels einer Haftpflichtversicherung auch dann möglich, wenn wie bei der Tierhalterhaftung keine Versicherungspflicht besteht.[221] Dem Tierhalter ist es neben dem Abschluss einer Versicherung auch überlassen, über die Höhe der Versicherungsprämien zu entscheiden, Vorsorgeentscheidungen zu treffen oder die risikobehaftete Tierhaltung aufzugeben.[222]

Die Schadensverlagerung auf die Versicherung zeigt sich beispielsweise in den §§ 104 ff. der gesetzlichen Unfallversicherung des SGB VII, die die Anwendung des privaten Schadensersatzrechts verdrängen und damit verhindern, dass der Geschädigte sich sowohl an den Schädiger als auch an die Unfallversicherung halten kann. Einem Pferdepfleger beispielsweise stehen aufgrund der in §§ 104 ff. SGB VII geregelten beschränkten Unternehmerhaftung keine Schmerzensgeldansprüche gegen den Arbeitgeber zu.[223]

b) Privilegierte Verschuldenshaftung mit umgekehrter Beweislast gem. § 833 S. 2 BGB

§ 833 S. 2 BGB sieht eine Verschuldenshaftung für Schäden vor, die von einem dem Beruf, der Erwerbstätigkeit oder dem Unterhalt dienenden Haustier verursacht worden sind, sofern eine Pflichtverletzung des Tierhalters vorliegt.[224] Die Beweislast hierfür ist jedoch zu Lasten des Tierhalters umgekehrt.[225] § 833 S. 2 BGB stellt mit dieser Beweislastumkehr einen sog. qualifizierten Sondertatbestand dar.[226] Mit der geregelten Verschuldensvermutung unterscheidet sich dieser Sondertatbestand von der reinen Verschuldenshaftung, bei welcher das Verschulden der in Anspruch genommenen Person nachgewiesen werden muss.[227] § 833 S. 2 BGB stellt damit eine Haftung dar, die zwischen der reinen Verschuldenshaftung und der reinen Gefährdungshaftung steht.[228] Die Besonderheit der Regelung wird deutlich, wenn man diese ins Verhältnis mit der Ausgestaltung der Tierhalterhaftung in anderen europäischen Ländern setzt, in denen die Tierhalterhaftung in Form der Gefährdungshaftung üblich ist.[229]

---

221 *Deutsch/Ahrens*, Deliktsrecht, § 24 Rn. 514.
222 *Brüggemeier*, Prinzipien des HaftungsR, S. 81.
223 *Hohlbein Bredenschey/Salzbrunn*, VW 2009, 1432.
224 *Wagner*, in: MüKoBGB, BGB, § 833 Rn. 45.
225 *Zachert*, Gefährdungshaftung, S. 29; *Wagner*, in: MüKoBGB, BGB, § 833 Rn. 45.
226 *Deutsch/Ahrens*, Deliktsrecht, § 21 Rn. 443.
227 *Deutsch/Ahrens*, Deliktsrecht, § 21 Rn. 443.
228 *Spickhoff*, JuS 2016, 865 (866).
229 *Eberl-Borges*, in: Staudinger BGB, § 833, Rn. 10.

Die Motivation und Begründung der besonders geregelten Beweislastumkehr in § 833 S. 2 BGB liegt darin, dass nach dem Inkrafttreten des BGB eine Lösung gesucht wurde, um die landwirtschaftlichen Betriebe zu entlasten und den sich gegen den reinen Gefährdungshaftungstatbestand der Tierhalterhaftung stellenden Stimmen zu entsprechen.[230] Zu diesem Zweck wurde § 833 S. 2 BGB dem Gefährdungshaftungstatbestand des § 833 S. 1 BGB an die Seite gestellt.

II. Ausgestaltung als verschuldensunabhängige Haftung in Frankreich

1. Historische Entwicklung: von der widerlegbaren zur unwiderlegbaren Verschuldensvermutung

Die heutige Ausgestaltung der Tierhalterhaftung als verschuldensunabhängige Haftung entspricht nicht der ursprünglichen Idee der Literatur und Rechtsprechung, sondern ist auf eine langjährige Entwicklung des Verständnisses der Tierhalterhaftung zurückzuführen.

a) Anfängliche Ausgestaltung

Die Tierhalterhaftung in Frankreich hatte vor ihrer konkreten Ausgestaltung im Art. 1385 C. civ.[231] einen strafrechtlichen Ursprung und entwickelte sich dann zu einer Verschuldenshaftung, die insbesondere auf dem Überwachungsfehler des Halters beruhte.[232] Den Tierhaltern wurde aufgebürdet, alle Schäden, die durch die Tiere angerichtet werden konnten, zu verhindern. Die Verschuldenshaftung aufgrund eines Überwachungsfehlers ging so weit, dass sie auch gelten sollte, wenn der Eigentümer das Tier einem Dritten überlassen hat. Auch in diesen Fällen war der Tierherr gehalten, Schäden zu verhindern, die durch die Haltung des Tieres entstehen konnten.[233]

Die Regelung des Art. 1385 C. civ. befand sich im Dritten Teil des damaligen C. civ. und lautete:

> Art. 1385. „Le propriétaire d'un animal, ou celui qui s'en sert, pendant qu'il est à son usage est responsable du dommage que l'animal a causé, soit que l'animal fût sous sa garde, soit qu'il fût égaré ou échappé.“[234]

---

230 Siehe hierzu ausführlich unter 1. Kap. C. I. 1. d).

231 Heute Art. 1243 C. civ.

232 *Deroussin*, Histoire du droit des obligations, S. 853; *Julien*, Dalloz 2018, Rn. 2.

233 *Deroussin*, Histoire du droit des obligations, S. 854.

234 Zitiert nach Code Civil des Français, Édition originale et seule officielle, Paris 1804; wortlautidentisch mit dem am 01.10.2016 in Kraft getretenen Art. 1243 C. civ.

b) *Die Einordnung des Art. 1385 C. civ. innerhalb der Art. 1382 C. civ. f.*

Die Tierhalterhaftung, geregelt in Art. 1385 C. civ., wurde zunächst als Regelung verstanden, die lediglich eine besondere Anwendung der Art. 1382 C. civ. und Art. 1383 C. civ.[235] darstellte.[236] Diese Annahme wurde anschließend zugunsten des Gedankens aufgegeben, die Norm müsse dem Geschädigten einen Vorteil gegenüber dem allgemeinen Recht bieten.[237] Die Rechtsprechung entwickelte daraufhin die Verschuldenshaftung weiter, indem sie den Nachweis des fehlenden Verschuldens zur Exkulpation ausreichen ließ und somit Art. 1385 C. civ. als einfache Verschuldensvermutung interpretierte.[238] Fehlte es am Verschulden und konnte der Eigentümer oder der Tieraufseher dies beweisen, wurde die gegen ihn gerichtete Verschuldensvermutung widerlegt.[239]

c) *Die Wandlung durch das Urteil* Montagnié

Die Tierhalterhaftung ist seit der Kodifizierung im Jahr 1804 von einer überwiegend sanktionierenden zu einer entschädigenden Funktion übergegangen und wurde hinsichtlich ihrer Anwendung verschärft.

Die bis dahin angenommene Ausgestaltung der Tierhalterhaftung in Art. 1385 C. civ. als einfache Verschuldensvermutung wurde durch ein für den weiteren Verlauf entscheidendes Urteil aus dem Jahr 1885 geprägt.[240] Der französische Kassationsgerichtshof entschied in dem Urteil *Montagnié*, dass der Nachweis des fehlenden Verschuldens der in Anspruch genommenen Person zur Entlastung nicht mehr ausreicht.[241] Grundlage der Tierhalterhaftung war seit diesem Urteil nicht mehr das Verschulden des Tierhalters, sondern die Haltung des Tieres als solche.[242] Die in dem Urteil gewählte Haftungsgrundlage wurde im Anschluss daran auch von den anderen Gerichten und von dem französischen Kassationsgerichtshof selbst auf andere Haftungsfälle angewandt.[243] Der französische

---

235 Heute entsprechend Art. 1240 C. civ. und Art. 1241 C. civ.

236 *Deroussin*, Histoire du droit des obligations, S. 857; *Julien*, Dalloz 2018, Rn. 2, 32; *Mazeaud/Mazeaud*, Traité théorique et pratique, S. 10.

237 *Julien*, Dalloz 2018, Rn. 3.

238 *Julien*, Dalloz 2018, Rn. 3.

239 *Deroussin*, Histoire du droit des obligations, S. 858; *Julien*, Dalloz 2018, Rn. 3; Req. 23. Dezember 1879, D.P. 1880, 1, 134.

240 *Deroussin*, Histoire du droit des obligations, S. 858; *Julien*, Dalloz 2018, Rn. 3; *Terré/Simler/Lequette/Chénedé*, Droit civil, S. 1052.

241 Civ. 27. Oktober 1885, D.P. 1886, 1, 33.

242 *Marguénaud*, Le droit animalier, S. 111; *Julien*, Dalloz 2018, Rn. 32.

243 Civ. 19. Januar 1910, D. 1911, 1, 131.

Kassationsgerichtshof entschied daraufhin, dass die Haftung vom Eigentümer auch auf den Tieraufseher bzw. die Person, die im Zeitpunkt des Schadens Vorteile aus der Haltung zieht, ausgeweitet werden muss.[244]

d) Die Angleichung des Art. 1385 C. civ. an Art. 1384 Abs. 1 C. civ.[245]

Abgewendet von dem Verschuldensnachweis als Grundlage für die Haftung, diente der Art. 1385 C. civ. als Vorlage für die darauffolgende Entwicklung des Verständnisses des Art. 1384 Abs. 1 C. civ. als allgemeiner Sachhalterhaftung.[246]

Die Regelung des Art. 1384 Abs. 1 C. civ. befand sich im Dritten Teil des damaligen C. civ. und lautete:

> Art. 1384. „On est responsable non seulement du dommage que l'on cause par son propre fait, mais encore de celui qui est causé par le fait des personnes dont on doit répondre, ou des choses que l'on a sous sa garde."[247]

Ursprünglich galt Art. 1384 Abs. 1 C. civ. nur als Transitions- und Einleitungsvorschrift für die darauffolgenden Artikel.[248] Es sollte mit dem Art. 1384 C. civ. nur eine Einführung in die in den Artikeln 1385 C. civ. und 1386 C. civ. geregelten Fälle der Haftung für Dritte, für Tiere und für Gebäude erfolgen. Mit dem Urteil *Teffaine*[249] begann die Rechtsprechung dem Art. 1384 Abs. 1 C. civ. eine eigenständige Bedeutung zuzusprechen und von der Einstufung desselben als bloßen Einleitungstext Abstand zu nehmen.[250] In der Folgezeit erfuhr der Art. 1384 Abs. 1 C. civ. durch die Rechtsprechung die Qualifizierung als

---

244 Civ. 3. Dezember 1872, D.P. 1873, 1, 337; Civ. 2. Mai 1911, D.P. 1911, 1, 367.

245 Heute Art. 1242 Abs. 1 C. civ.

246 *Marguénaud*, Le droit animalier, S. 110; *Grynbaum*, Dalloz 2011, Rn. 106.

247 Zitiert nach Code Civil des Français, Édition originale et seule officielle, Paris 1804; wortlautidentisch mit dem am 01.10.2016 in Kraft getretenen Art. 1242 Abs. 1 C. civ.

248 *Borghetti*, Die Reform des französischen Haftungsrechts, S. 59.

249 Civ. 16. Juni 1896, D.P. 1897, 1, 433: Ein Arbeiter wurde durch die Explosion eines Kessels des Schleppers, auf dem er arbeitete, getötet. Der französische Kassationsgerichtshof bejahte auf Grundlage des Art. 1384 Abs. 1 C. civ. die verschuldensunabhängige Haftung des Bootseigentümers.

250 *Grynbaum*, Dalloz 2011, Rn. 14, 15; *Julien*, Dalloz 2018, Rn. 1; *Terré*, Droit civil, Rn. 982; *Marguénaud*, Le droit animalier, S. 109; *Borghetti*, Die Reform des französischen Haftungsrechts, S. 59; *Fabre-Magnan*, Droit des obligations, S. 180.

eigenständige Anspruchsgrundlage in Form der allgemeinen Sachhalterhaftung.[251] Der Halter einer Sache haftete im Anschluss an das Urteil auch dann, wenn es sich nicht um ein Tier oder ein Gebäude handelte.

Das Urteil *Jand'heur* aus dem Jahr 1930 führte zu einer sachlichen Eingrenzung der Sachhalterhaftung. Das Urteil definierte die Sachhalterhaftung und setzte ausdrücklich die für den Art. 1384 Abs. 1 C. civ. geltende Haftungsregelung fest.[252] In dem Urteil entschied der französische Kassationsgerichtshof, dass es für die Haftungsbegründung nicht auf die Fehlerhaftigkeit der Sache ankomme,[253] da die Haftung aus Art. 1384 C. civ. an die Obhut an der Sache und nicht an die Sache selbst anknüpfe.[254] In einem weiteren Urteil des französischen Kassationsgerichtshofs glich dieser den Begriff der „garde" aus Art. 1384 Abs. 1 C. civ. an den des „gardien" aus Art. 1385 C. civ. an und legte damit fest, dass es nicht auf die Eigentümerschaft ankomme, sondern auf die faktische Einwirkungsmöglichkeit auf die Sache, weil der Begriff nicht in zwei aufeinanderfolgenden Artikeln eine unterschiedliche Bedeutung haben könne.[255]

Die Anwendung der Sachhalterhaftung aus Art. 1384 Abs. 1 C. civ. entwickelte sich im Laufe der Zeit rasant weiter, was zugleich zu einem rapiden Rückgang des bis dahin bestehenden Bedürfnisses, auf Art. 1385 C. civ. zurückzugreifen, führte.[256] Der einst als Vorlage für die Sachhalterhaftung aus Art. 1384 C. civ.

---

251 *Julien*, Dalloz 2018, Rn. 1 ; *Renault-Brahinsky*, Droit des obligations, S. 167; *Conte*, La responsabilité civile délictuelle, S. 94; *Mazeaud/Mazeaud*, Traité théorique et pratique, S. 53; *Bacache-Gibeili*, Les obligations, S. 229; *Terré/Simler/Lequette/Chénedé*, Droit civil, S. 1052.

252 Cass. ch. réunies, 13. Februar 1930, D.P. 1930, 1, 57: „*Vu l'article 1384, alinéa 1er, du Code civil; Attendu que la présomption de responsabilité établie par cet article [...] ne peut être détruite que par la preuve d'un cas fortuit ou de force majeure ou d'une cause étrangère qui ne lui soit pas imputable: qu'il ne suffit pas de prouver qu'il n'a commis aucune faute ou que la cause du fait dommageable est demeurée inconnue.*"

253 Cass. ch. réunies, 13. Februar 1930, D.P. 1930, 1, 57: „*[...] la loi [...] ne distingue pas suivant que la chose qui a causé le dommage était ou non actionnée par la main de l'homme; qui'il nest pas nécessaire qu'elle ait un vice inhérent à sa nature et susceptible de causer le dommage, l'article 1384 rattachant la responsabilité à la garde de la chose, non à la chose elle-même [...].*"

254 *Grynbaum*, Dalloz 2011, Rn. 17; *Rottler*, Die Tierhalterhaftung und ihre Begrenzung, S. 60; *Marguénaud*, Le droit animalier, S. 109; *Conte*, La responsabilité civile délictuelle, S. 96.

255 *Marguénaud*, Le droit animalier, S. 112.

256 *Julien*, Dalloz 2018, Rn. 4; *Marguénaud*, Le droit animalier, S. 109; *Mazeaud/Mazeaud*, Traité théorique et pratique, S. 51; *Roland/Boyer*, Obligations, S. 282.

dienende Art. 1385 C. civ. verlor mit der Zeit und der Entwicklung des Art. 1384 Abs. 1 C. civ. an Bedeutung und wird heute, geregelt in Art. 1243 C. civ., nur noch unter den gleichen Voraussetzungen wie die in Art. 1242 Abs. 1 C. civ. geregelte Sachhalterhaftung für den Fall eines durch ein Tier entstandenen Schadens angewandt.[257] Die Entwicklung der Rechtsprechung führte zu dem Paradox der heute zentralen Bedeutung des Art. 1242 Abs. 1 C. civ., der aus den Grundsätzen des Art. 1243 C. civ. entwickelt wurde, dessen einzige Besonderheit wiederum lediglich in der Existenz einer ausdrücklichen Regelung liegt.[258] Es gelten die für die allgemeine Sachhalterhaftung entwickelten Grundsätze und Voraussetzungen. Die einzigen Besonderheiten ergeben sich aus der Tatsache, dass Tiere lebendige Wesen sind und sich ohne Krafteinwirkung des Menschen bewegen können.[259] Wird ein Schaden durch eine leblose Sache verursacht, ist Art. 1242 Abs. 1 C. civ. anzuwenden; wurde der Schaden hingegen von einem Tier verursacht, also einer lebendigen Sache, kommt Art. 1243 C. civ. unter den gleichen Voraussetzungen zum Zuge.[260]

2. *Aktuelle Rechtslage: unwiderlegbare Vermutung mit Ausnahme bestimmter Verteidigungsmittel*

a) *Allgemeine Entwicklung von der Verschuldenstheorie zur Kausalhaftungstheorie*

Die Entwicklung der Tierhalterhaftung im 19. Jahrhundert ist durch den Theorienstreit der Haftungsart der Tierhalterhaftung geprägt. Dieser Streit ist bis heute nicht endgültig entschieden, hat jedoch kaum praktische Auswirkungen.[261]

Die Verschuldenslehre prägte das 19. Jahrhundert,[262] was sich in vielen länderübergreifenden Gesetzbüchern dieser Zeit widerspiegelt, die besagen, dass nur eine mit Verschulden des Beklagten einhergehende unerlaubte Handlung die

257 *Grynbaum*, Dalloz 2011, Rn. 106.

258 *Julien*, Dalloz action 2020, Rn. 2222.12; *Marguénaud*, Le droit animalier, S. 110; *Terré/Simler/Lequette/Chénédé*, Les obligations, S. 1051.

259 *Julien*, Dalloz 2018, Rn. 5.

260 *Julien*, Dalloz 2018, Rn. 4 f.

261 *Rottler*, Die Tierhalterhaftung und ihre Begrenzung, S. 62.

262 *Terré/Simler/Lequette/Chénedé*, Droit civil, S. 12; *Le Tourneau*, Dalloz 2009, Rn. 161; *Van der Walt*, A few thoughts on the basis of delictual liability, 3: „This principle reached its climax in the nineteenth century with the absolute acceptance of the principle 'no liability without fault' as a holy axiom of the dogma of the law of tort."

deliktische Haftung desselben begründen kann.[263] Mit dem Wandel der Lebensverhältnisse gegen Ende des 19. Jahrhunderts und den sich daraus ergebenden größeren Gefahren für die Allgemeinheit wurde die Entwicklung der verschuldensunabhängigen Haftung in Europa wünschenswert.[264] Die Rechtfertigung der verschuldensunabhängigen Haftung erfolgte durch verschiedene Theorien.[265] Insbesondere die zwei deutschen Juristen Merkel und Rümelin haben versucht, der verschuldensunabhängigen Haftung eine theoretische Grundlage zu geben und diese wissenschaftlich zu begründen.

Merkel vertrat dabei „das Prinzip des aktiven Interesses", heute als Interessentheorie bekannt, wonach das Interesse bzw. der Nutzen an der schadensverursachenden Tätigkeit die verschuldensunabhängige Haftung rechtfertigt.[266] Der Grundgedanke dieser Theorie ist, dass derjenige, der in seinem eigenen Interesse handelt und dabei einen Schaden verursacht, nicht nur die Vorteile seines Handelns erlangt, sondern auch die Lasten und Nachteile trägt.[267] Es handele sich dabei laut Merkel um die Verteilung des Schadens, der aus rechtmäßigen Handlungen für einen anderen erwachsen ist.[268] Merkel führte die Ersatzpflicht bei nicht schuldhaftem Verhalten auf zwei Momente zurück: die Handlung und das Interesse.[269] Im Normalfall würden sowohl Handlung als auch Interesse auf eine Person zusammentreffen. Anders sei dies bei einem schädigenden Ereignis, das seine Begründung nicht im Interesse des Geschädigten findet, sondern in demjenigen des Handelnden. In diesem Fall solle sich der Geschädigte an denjenigen halten, durch dessen Wille und in dessen Interesse die schädigenden Kräfte in Bewegung gesetzt worden seien.[270]

Rümelin hingegen sah das erheblich gesteigerte Risiko, das am deutlichsten bei Unternehmungen des modernen Wirtschaftslebens, bei Eisenbahnen, Bergwerken etc. hervortreten würde, als Grundlage der verschuldensunabhängigen

263 *Le Tourneau*, Dalloz 2009, Rn. 161; *Van der Walt*, Strict liability in the South African law of delict, S. 50.

264 *Terré/Simler/Lequette/Chénedé*, Droit civil, S. 12; *Van der Walt*, Strict liability in the South African law of delict, S. 51.

265 *Le Tourneau*, Dalloz 2009, Rn. 161; *Van der Walt*, Strict liability in the South African law of delict, S. 54.

266 *Merkel*, Die Kollision rechtmässiger Interessen, S. 145; *Rinck*, Gefährdungshaftung, S. 4; *Van der Walt*, Strict liability in the South African law of delict, S. 54.

267 *Merkel*, Die Kollision rechtmässiger Interessen, S. 144 ff; *Rinck*, Gefährdungshaftung, S. 4; *Van der Walt*, A few thoughts on the basis of delictual liability, S. 13.

268 *Merkel*, Die Kollision rechtmässiger Interessen, S. 145.

269 *Merkel*, Die Kollision rechtmässiger Interessen, S. 149 f.

270 *Merkel*, Die Kollision rechtmässiger Interessen, S. 149 ff.

Haftung an.[271] Diese Unternehmungen sollten nicht wegen der ihnen immanenten Gefahren verboten werden, vielmehr müssten sie ersatzpflichtig gemacht werden. Das Bedürfnis nach einer Ersatzpflicht sei umso mehr gegeben, als die Betriebsunternehmer nicht versuchen, sich vor Schäden zu decken, sondern Gewinn erstreben wollen.[272] Entscheidend sollte demnach sein, ob ein Verschulden typischerweise zu einer Gefährdung der Umwelt führt. Abgewogen werden müssten einerseits die Verbreitung und das Bedürfnis nach der gefährdenden Wirksamkeit und andererseits das Maß der erzeugten Gefahr.[273] Je ungewöhnlicher das gefahrbringende Verhalten und je größer die dadurch drohenden Gefahren seien, desto stärker sei die Tendenz nach einer Gefährdungshaftung.[274] Haftbar sollte dabei derjenige sein, der die Gefahr beherrscht hat.[275]

Die Tendenz in Frankreich ist von der vorherrschend im 19. Jahrhundert vertretenen Verschuldenstheorie zu einer heute überwiegend angenommenen Kausalhaftungstheorie (sog. „théorie du risque"), die das durch die Haltung entstehende Schadensrisiko als Zurechnungsgrund ansieht, übergegangen.[276] Die Kausalhaftungstheorie knüpft dabei an das Halten einer Quelle besonderer Gefahr an und entspricht damit einer Gefährdungshaftung. Vorschläge zur Rechtfertigung einer verschuldensunabhängigen Haftung kamen auch von Saleilles und Josserand, die die „théorie du risque crée" entwickelten.[277] Die Theorie bestand darin, demjenigen, der von einer Tätigkeit und dem damit geschaffenen Risiko profitiert, auch die durch sie verursachten Kosten, einschließlich der Entschädigung der entstandenen Schäden, aufzuerlegen, ohne dass ein Verschulden des Handelnden nachgewiesen werden musste.[278]

---

271 *Rümelin*, Die Gründe der Schadenszurechnung, S. 45; *Van der Walt*, Strict liability in the South African law of delict, S. 55; *Van der Walt*, A few thoughts on the basis of delictual liability, S. 13.

272 *Rümelin*, Die Gründe der Schadenszurechnung, S. 45.

273 *Rümelin*, Die Gründe der Schadenszurechnung, S. 49.

274 *Rümelin*, Die Gründe der Schadenszurechnung, S. 49.

275 *Rinck*, Gefährdungshaftung, S. 4.

276 *Rottler*, Die Tierhalterhaftung und ihre Begrenzung, S. 62 f.; *Payllier*, Der Tierhalter und dessen besondere Befreiungsmöglichkeiten, S. 134.

277 *Grynbaum*, Dalloz 2011, Rn. 22; *Van der Walt*, Strict liability in the South African law of delict, S. 55.

278 *Grynbaum*, Dalloz 2011, Rn. 23; *Le Tourneau*, Dalloz 2009, Rn. 161.

b) *Von der „théorie du risque" zur „responsabilité de plein droit"*

Bei der „théorie du risque" handelt es sich um eine objektive und nicht mehr subjektive Theorie.[279] Das oben aufgeführte Urteil *Jand'heur*, das die allgemeine Sachhalterhaftung definiert und als Haftungsregime festlegt, geht von einer objektiven Haftung aus. Es gibt damit der Kausalhaftungstheorie[280] den Vorzug, da eine objektive Haftung mit der Verschuldensvermutung als Haftungsgrundlage unvereinbar ist.[281]

Durchgesetzt hat sich im Anschluss daran der Begriff der „responsabilité de plein droit",[282] der die Autonomie der allgemeinen Sachhalterhaftung unterstreichen soll. Die Rechtsprechung ging damit über eine bloße Verschuldensvermutung („présomption de faute") hinaus und definierte die Sachhalterhaftung als eine unwiderlegliche Haftungsvermutung („présomption de responsabilité").[283] Die Sachhalterhaftung stellt damit eine Haftung dar, die an das bloße Innehaben einer Sache geknüpft ist und eine Pflichtverletzung weder voraussetzt noch vermutet. Diese Haftung hat mit der Gefährdungshaftung gemein, dass sie keine Pflichtverletzung voraussetzt und auf das Verschuldenserfordernis verzichtet, unterscheidet sich von ihr jedoch dadurch, dass sie nicht an das Halten einer Quelle besonderer Gefahr anknüpft.[284] Anders als bei der Gefährdungshaftung, bei welcher der Schädiger haftet, weil er eine Quelle erhöhter Gefahr schuf oder kontrolliert und damit für seine Umwelt ein nicht vollständig zu unterdrückendes Schadensrisiko geschaffen hat, reicht für die französische Sachhalterhaftung das bloße Innehaben einer Sache aus, die einen Schaden verursacht hat.[285]

Anerkannte Verteidigungsmittel, die dem Sach- bzw. Tierhalter zur Verfügung stehen, stellen dabei lediglich die allgemeinen Entlastungsgründe der höheren Gewalt, des Drittverschuldens und der Schadensverursachung durch den Geschädigten dar.[286] Der Tierhalterhaftung eigene Befreiungsgründe zu Gunsten des Haftenden bestehen nicht.[287]

---

279 *Terré/Simler/Lequette/Chénedé*, Droit civil, S. 983.

280 Das Urteil verwendet den Begriff der „présomption de responsabilité", um das Haftungsregime im Rahmen der eingeführten allgemeinen Sachhalterhaftung zu definieren.

281 *Grynbaum*, Dalloz 2011, Rn. 19; *Terré*, Droit civil, Rn. 983.

282 Civ. 04. Januar 1957, Bull, civ. II, n° 17; Civ. 13. Februar 1957, Bull. civ. II, n° 89.

283 *Grynbaum*, Dalloz 2011, Rn. 18.

284 *Wagner*, HWB – EuP 2009, Gefährdungshaftung.

285 *Wagner*, HWB – EuP 2009, Sachhalterhaftung.

286 *Julien*, Dalloz 2018, Rn. 34; *Julien*, Dalloz action 2020, Rn. 2222.51.

287 *Payllier*, Der Tierhalter und dessen besondere Befreiungsmöglichkeiten, S. 135.

3. *Die geplante Reform*

a) *Überblick über die Etappen auf dem Weg zur Reform*

Die französischen Regelungen zum Haftungsrecht sind seit dem Inkrafttreten des C. civ. im Jahre 1804 bis auf die neue Nummerierung im Zuge der Reform von 2016 im Wesentlichen unverändert geblieben, weshalb eine Reformierung dieser Regelungen bevorsteht. Das aktuelle Projekt der Reformierung ist in seinem Ursprung auf die Juristen *Catala* und *Terré* zurückzuführen, die im Jahr 2005[288] und im Jahr 2008[289] einen Vorentwurf bzw. Entwurf vorgelegt haben.[290] Während das sog. *Avant-projet Catala*[291] das Haftungsrecht als Teilaspekt behandelte, ging es in dem *Projet Terré* ausschließlich um die „responsabilité civile."[292] Im Anschluss daran stellte das Justizministerium am 29. April 2016 einen Vorentwurf (AP) des Reformvorhabens vor.[293] Darauf folgte am 13. März 2017 die Präsentation des Entwurfs des Justizministeriums (PR).[294]

Da die erwartete Reform im Jahr 2020 immer noch ausstand, beschlossen drei Senatoren, einen Gesetzesentwurf zur Reform der französischen Regelungen zum Haftungsrecht einzureichen und haben einen solchen Gesetzesentwurf während einer außerordentlichen Sitzung des Senats am 29. Juli 2020 in den französischen Senat eingebracht.[295] Dieser Gesetzesvorschlag zur Reform des Haftungsrechts ist aus einem ausführlichen Bericht (*rapport d'information*) der *commission des lois* des Senats hervorgegangen, der sich schon dem Titel nach auf „23 propositions pour faire aboutir une réforme anoncée" konzentriert.[296] Der Reformentwurf des Justizministeriums (PR) geht jedoch weiter und ist umfassender gedacht als der Gesetzesvorschlag der Senatoren.[297] In der Begründung des Gesetzesvorschlages

---

288 *Catala*, Avant-projet de réforme du droit des obligations.

289 *Terré*, Pour une réforme du droit de la responsabilité civile.

290 Siehe *Dubarry*, JBL 2016, S. 549–563 für eine Analyse beider Entwürfe.

291 Weiterführend zum Avant-projet Catala siehe *Fauvarque-Cosson/Mazeaud*, Revue de droit uniforme 2006, S. 103 ff.

292 *Huber/Kleinschmidt*, Die Reform des französischen Haftungsrechts, S. 2 f.

293 Ministère de la justice, Avant-projet de loi „Réforme de la responsabilité civile", nachfolgend mit AP abgekürzt.

294 Ministère de la justice, Projet de réforme de la responsabilité civile, nachfolgend mit PR abgekürzt.

295 Proposition de loi portant réforme de la responsabilité civile vom 29.07.2020.

296 Rapport d'information „Responsabilité civile : 23 propositions pour faire aboutir une réforme anoncée" vom 22.07.2020; *Huber/Kleinschmidt*, Die Reform des französischen Haftungsrechts, S. 5.

297 *Huber/Kleinschmidt*, Die Reform des französischen Haftungsrechts, S. 5.

der Senatoren wird entsprechend ausdrücklich festgestellt, dass lediglich die Bestimmungen des Entwurfes des Justizministeriums (PR) ausgewählt wurden, die schnell in den C. civ. aufgenommen werden können, und kontroverse Punkte deshalb in dem Vorschlag fehlen würden.[298]

Wann mit der Reform tatsächlich zu rechnen ist, ist derzeit unklar. Anders als die durch Rechtsverordnung („ordonnance") vorgenommene Vertragsrechtsreform vom 10. Februar 2016 sollte die Reform des Haftungsrechts wegen der tangierten politischen und sozialen Angelegenheiten in diesem Rechtsbereich durch Gesetz erfolgen.[299]

Seit seiner Einbringung am 29. Juli 2020 hat der Gesetzesentwurf der Senatoren keine parlamentarische Debatte erfahren. Eine erste Lesung durch den Senat hat bisher nicht stattgefunden. Gem. Art. 28 Abs. 2 der Geschäftsordnung des Senats werden Gesetzesanträge des Senats, über die der Senat nicht entschieden hat, mit der Eröffnung der dritten ordentlichen Sitzungsperiode, die auf diejenige folgt, in der sie eingereicht wurden, von Rechts wegen hinfällig. Mangels parlamentarischer Debatte ist der Reformentwurf der Senatoren inzwischen hinfällig. Aufgrund der Hinfälligkeit des Reformentwurfes der Senatoren bleibt es abzuwarten, wann über den ursprünglichen Reformentwurf des Justizministeriums vom 13. März 2017 entschieden wird.

Das in dieser Arbeit zu der Reform Erörterte sowie die Analyse der zu erwartenden Regelungen stehen auf der Grundlage des ministeriellen Reformentwurfs von 2017, der trotz zu erwartender Änderungen eine aussagekräftige Basis für weiterführende und rechtsvergleichende Diskussionsansätze darstellt.

b) Überblick über den Inhalt der Reform

Der Reformentwurf entspricht einer Mischung von Kodifizierung der über die Jahre in der Rechtsprechung entwickelten Lösungen und Einführung materiellrechtlicher Neuerungen.[300] Neben der formellen Neunummerierung der wenigen schon bestehenden Vorschriften zum Haftungsrecht erfolgt die Regelung des vertraglichen und außervertraglichen Haftungsrechts als einheitlicher Teil des C. civ.

---

298 Exposé des motifs.

299 Rapport au Président de la République: „*La réforme de la responsabilité civile contractuelle et extracontractuelle fera l'objet d'un projet de loi ultérieur qui sera débattu devant le Parlement, en raison des enjeux politiques et sociaux qui sont liés à ce domaine du droit.*"

300 *Borghetti*, D. 2017, 770.

in den Art. 1231 ff. C. civ.[301] In materiell-rechtlicher Hinsicht bleibt das französische Haftungsrecht im Wesentlichen unverändert, da die schon bekannten und von der Rechtsprechung stets angewandten Lösungen kodifiziert werden.[302] Dennoch enthält der Entwurf auch Neuerungen wie beispielsweise die Einführung des Grundsatzes der Naturalrestitution,[303] die Verurteilung des Schädigers zur Zahlung einer Zivilstrafe („amende civile"),[304] die Aufnahme einheitlicher Regelungen zu Haftungsbeschränkungen bzw. Haftungsausschlüssen[305] sowie zum Umfang des Schadensersatzes.[306]

c) *Auswirkung der geplanten Reform auf die Tierhalterhaftung*

Die in Art. 1243 C. civ. geregelte Tierhalterhaftung wird in dem Reformentwurf abgeschafft. Sowohl ein eigenständiger Artikel, der die Tierhalterhaftung ausdrücklich regelt, als auch die Benennung der Tierhalterhaftung als ein Haftungsregime im Rahmen eines anderen Artikels fehlen in dem Reformentwurf. Der Entwurf sieht vielmehr in seinem Art. 1243 PR eine allgemeine Sachhaftungsklausel vor, unter die die Tierhalterhaftung zu subsumieren ist. Der die allgemeine Sachhalterhaftung regelnde Art. 1243 PR lautet:

> Art. 1243. „On est responsable de plein droit des dommages causés par le fait des choses corporelles que l'on a sous sa garde.
>
> Le fait de la chose est présumé dès lors que celle-ci, en mouvement, est entrée en contact avec le siège du dommage.
>
> Dans les autres cas, il appartient à la victime de prouver le fait de la chose, en établissant soit le vice de celle-ci, soit l'anormalité de sa position, de son état ou de son comportement.
>
> Le gardien est celui qui a l'usage, le contrôle et la direction de la chose au moment du fait dommageable. Le propriétaire est présumé gardien."

Mit dieser Regelung bringt der Gesetzgeber die oben festgestellte Anlehnung der Tierhalterhaftung an die allgemeine Sachhalterhaftung in Art. 1242 C. civ. zum Ausdruck und setzt die Tatsache, dass die einzige Besonderheit der Tierhalterhaftung in der Existenz einer ausdrücklichen Regelung liegt, zu Gunsten der

---

301 Zur weiterführenden Darstellung des genauen Inhalts des Reformentwurfs sowie des Vorentwurfs siehe *Borghetti*, D. 2017, 770; *Borghetti*, D. 2016, 1386; *Borghetti*, D. 2016, 1442; *Viney*, D. 2016, 1378.

302 *Zwickel*, RIW 2017, 105.

303 Siehe hierzu Art. 1259 ff. PR.

304 Siehe hierzu Art. 1266–1 PR.

305 Siehe hierzu Art. 1281 ff. PR.

306 Siehe hierzu Art. 1260 ff. PR.

Effizienz um.[307] Die Beibehaltung eines von der allgemeinen Sachhalterhaftung unterschiedlichen Regimes ist im Hinblick auf die bisherige Entwicklung der Tierhalterhaftung hin zu einer bloßen besonderen Anwendung der allgemeinen Sachhalterhaftung überflüssig. Dies hat der Gesetzgeber erkannt und in dem Reformentwurf in Form einer allgemeinen Sachhalterhaftung, worunter auch die Tierhalterhaftung fällt, umgesetzt. Neben dieser grundsätzlichen formellen Umstrukturierung der Tierhalterhaftung im C. civ. wurde die Gelegenheit genutzt, die von der Rechtsprechung entwickelten Grundsätze und Definitionen in den Gesetzestext mitaufzunehmen.[308] Im Hinblick auf die Tierhalterhaftung ist der Reformentwurf damit als konservativ zu werten. Die von der Rechtsprechung entwickelten Strukturen und Ansätze zur Tierhalterhaftung werden nicht geändert, sondern vielmehr bestätigt. Dies entspricht auch der Konzipierung des Reformentwurfs als eine Kodifikation des bestehenden Rechts.[309] Neben der Abschaffung und Eingliederung der Tierhalterhaftung in die allgemeine Sachhalterhaftung und den daraus folgenden Änderungen wirken sich jedoch auch die im Reformentwurf eingeführten materiell-rechtlichen Neuerungen im Haftungsrecht zum Teil auf das untersuchte Haftungsregime aus. Insbesondere die für die deliktische Haftung entwickelten Neujustierungen gelten auch für die Tierhalterhaftung und führen damit zu beachtenden Änderungen in der bisherigen Handhabung.

III. Differenzierte Ausgestaltung in Südafrika

Anders als das deutsche oder das französische Rechtssystem basiert das südafrikanische nicht auf einem Gesetzbuch wie dem BGB oder dem C. civ., sondern auf einem gemischten Rechtssystem, das sich aus Teilen des römisch-holländischen Rechts und aus Teilen des englischen Rechts (Common Law) zusammensetzt.[310] Daneben gilt auf gleicher Stufe das Gewohnheitsrecht, das verfassungsrechtlich anerkannt ist.[311] Im allgemeinen Zivilrecht greift das sonst vom englischen System geprägte südafrikanische Recht, trotz dieses Einflusses, auf römisches Recht

---

307 Siehe hierzu 1. Kap. C. II. 1. d).

308 Um eine Kopflastigkeit der Arbeit zu vermeiden, werden die einzelnen Auswirkungen des Reformentwurfs auf die Tierhalterhaftung und ihre Teilaspekte an der jeweiligen relevanten Stelle in Form eines Ausblicks behandelt.

309 *Borghetti*, Die Reform des französischen Haftungsrechts, S. 66.

310 *Wilson*, Animal Law in South Africa, S. 38; *Ahmed*, PER/PELJ 2019(22), S. 4; *Haase*, Einführung in das Recht der Rep. SA, S. 1; *v. Frentz*, Lex Aquilia und Negligence, S. 31.

311 *Wilson*, Animal Law in South Africa, S. 38; *Haase*, Einführung in das Recht der Rep. SA, S. 17.

zurück. Auch die Ausgestaltung der Tierhalterhaftung in Südafrika beruht auf römischem Recht[312] und wurde im Laufe der Zeit durch den Gesetzgeber und die Gerichte angepasst.[313] Das südafrikanische Recht sieht im Hinblick auf die Tierhalterhaftung vier verschiedene *actiones* vor, die jeweils eine Schadensersatzpflicht für Schäden, die durch Tiere verursacht wurden, regeln.[314]

1. Actio de pauperie

a) Ursprung im römischen Recht

Die *actio de pauperie* hat ihren Ursprung in dem im römischen Recht geltenden Zwölftafelgesetz.[315] Dieses sah eine verschuldensunabhängige Haftung des Tierhalters für Schäden vor, die das Tier *contra naturam*[316] verursacht hatte.[317] Die Haftung beschränkte sich auf vierfüßige Tiere, die der Gattung des Viehs angehörten, und umfasste darüber hinaus noch den Hund.[318] Die *actio* fand nur auf Haustiere, nicht auf wilde Tiere Anwendung.[319]

Die Haftung im Rahmen der *actio de pauperie* basierte auf der Eigentümerschaft und war damit unabhängig vom Verschulden.[320] Wesentliches Merkmal der *actio de pauperie* im römischen Recht war, dass Haftender derjenige war, der zum Zeitpunkt der *litis contestatio*[321] Eigentümer des Tieres war.[322] Sollte ein Eigentümerwechsel zwischen dem Schadensvorfall und der *litis contestatio* stattgefunden haben, haftete damit nicht derjenige, der Eigentümer des Tieres zum Zeitpunkt der Schadenszufügung war, sondern der neue Eigentümer.[323]

---

312 *Macintosh/Scoble*, Negligence in delict, S. 153.

313 *Neethling/Potgieter/Visser*, Law of delict, S. 381.

314 *McKerron*, The law of delict, S. 251; *Scott*, SALJ 2017, S. 712.

315 *Kaser/Knütel/Lohsse*, Römisches PR, S. 363; *Hosten/Edwards/Nathan/Bosman*, Introduction to SA law, S. 497.

316 Siehe hierzu ausführlich unter 2. Kap. D. IV. 1.

317 *McKerron*, The law of delict, S. 251; *Bamberg*, Die Haftung der Tierhalter, deren Tiere sich gegenseitig verletzen, S. 5; *Bresler*, The Veterinarian and the Law, S. 121.

318 *McKerron*, The law of delict, S. 251.

319 *Muir*, SLR 2016, 136.

320 *Ashton-Cross*, Liability in Roman Law, S. 401; Law *McKerron*, The law of delict, S. 251.

321 Unter *litis contestatio* versteht man die Streitbefestigung, bei welcher in Spruchformeln der Streit und der Streitgegenstand festgelegt werden; vgl. *Apathy/Klingenberg/Pennitz*, Einführung in das römische Recht, S. 284.

322 *McKerron*, The law of delict, S. 251.

323 *Macintosh/Scoble*, Negligence in delict, S. 157; *McKerron*, The law of delict, S. 251; *Maasdorp*, The Law of Delicts, S. 49.

Die *actio de pauperie* stellte auf Rechtsfolgenseite eine Noxalhaftung dar,[324] bei welcher der Eigentümer des Tieres die Wahl hatte, Schadensersatz zu leisten oder das Tier auszuliefern.[325]

b) *Wandelung im südafrikanischen Recht*

Die Ausgestaltung der *actio de pauperie* im römischen Recht hat im südafrikanischen Recht in wesentlichen Punkten Abänderungen erfahren. Zwar wurde der verschuldensunabhängige Charakter der *actio de pauperie* beibehalten,[326] jedoch ist der Anwendungsbereich der *actio* weiter. Die Haftung erstreckt sich nunmehr nicht lediglich auf vierfüßige Tiere, sondern umfasst alle Haustiere. Dabei deckt der Begriff des Haustieres unter anderem auch Vieh, Pferde und Esel ab.[327] In Gefangenschaft gehaltene wilde Tiere sind indes nicht von der Haftungsregelung umfasst.[328]

Die Zweifel, dass die *actio de pauperie* wegen Nichtbenutzung abgeschafft wurde, wurden mehrfach widerlegt.[329] Der Cape Supreme Court entschied im Jahr 1904 in *Parker v. Reed*, dass die *actio de pauperie* insoweit obsolet sei, als die Haftung sich aus der bloßen Eigentümerschaft ergebe und die Auslieferung des Tieres zur Abgeltung ausreichend sei.[330] Diese Entscheidung wurde fast 30 Jahre lang als Maßstab herangezogen und die Tierhaftungsfälle wurden auf dieser Grundlage entschieden. Im Jahr 1927 kam die *actio de pauperie* in der Sache *O'Callaghan* v. *Chaplin* vor die Berufungsinstanz. Das Gericht entschied, dass die *actio de pauperie* noch anwendbar sei und die Haftung sich aus dem Eigentum selbst und nicht aus dem Verschulden des Tiereigentümers ergebe.[331] Im Einklang mit der Entscheidung *Parker* v. *Reed* wurde auf die Möglichkeit, das Tier auszuliefern,

---

324 Vertiefend zu Noxalklagen im römischen Recht siehe *Bekker*, Die Aktionen des römischen Privatrechts, S. 183 ff.

325 *Apathy/Klingenberg/Pennitz*, Einführung in das römische Recht, S. 210; *Bekker*, Die Aktionen des römischen Privatrechts, S. 185; *Bresler*, The Veterinarian and the Law, S. 121; *Rinck*, Gefährdungshaftung, S. 22; *Kaser/Knütel/Lohsse*, Römisches PR, S. 363.

326 *du Plessis/Kok*, South African Law, S. 96.

327 *Neethling/Potgieter/Visser*, Law of delict, S. 382; zur Erläuterung des Haustierbegriffes siehe unter 1. Kap. B. I. 1. a).

328 *Maasdorp*, The Law of Delicts, S. 48.

329 *O'Callaghan v. Chaplin*, 1927 A.D., 321.

330 *McKerron*, The law of delict, S. 251; *Maasdorp*, The Law of Delicts, S. 47.

331 *Maasdorp*, The Law of Delicts, S. 48; *Macintosh/Scoble*, Negligence in delict, S. 157; *Neethling/Potgieter/Visser*, Law of delict, S. 382.

anstatt Schadensersatz zu zahlen, verzichtet.[332] Damit hat die *actio de pauperie* ihren aus dem römischen Recht stammenden Charakter als Noxalhaftung endgültig verloren[333] und sieht für den Eigentümer des Tieres nur noch die Möglichkeit vor, Schadensersatz zu leisten. Die in *O'Callaghan* v. *Chaplin* festgelegten Grundsätze wurden 1930 in *S.A.R.* v. *Edwards* bestätigt und angewandt und seitdem nicht mehr aufgegeben.[334] Anders als im römischen Recht hat nunmehr auch die Person zu haften, die zum Zeitpunkt des Schadensereignisses Eigentümerin des Tieres war; irrelevant ist damit, wer Eigentümer des Tieres zum Zeitpunkt der *litis contestatio* ist.[335]

Die Wandelung dieser wesentlichen Punkte macht aus der *actio de pauperie* eine verschuldensunabhängige Haftung, die bei Schäden in Anspruch genommen werden kann, die das Tier *contra naturam* verursacht hat und sich insbesondere dadurch von den anderen in Betracht kommenden *actiones* unterscheidet.[336]

2. Actio de pastu

a) Ursprung im römischen Recht

Auch die *actio de pastu* entspringt ursprünglich dem Zwölftafelgesetz und ist auf Fälle zugeschnitten, in welchen gezähmte Tiere unbefugt das Land einer Person betreten und dabei Schäden anrichten.[337] Die Haftung im Rahmen der im römischen Recht geltenden *actio de pastu* beruhte auf dem Eigentum am Tier, nicht auf dem Verschulden des Tierhalters und sah auf Rechtsfolgenseite die Möglichkeit der Auslieferung des Tieres vor.[338] Über diese Ausgestaltung als Noxalhaftung hinaus glich die *actio de pastu* der *actio de pauperie* insoweit, als das Verschulden nicht erforderlich war.[339]

---

332 *Macintosh/Scoble*, Negligence in delict, S. 157; *Maasdorp*, The Law of Delicts, S. 49; *McKerron*, The law of delict, S. 252.

333 *Zimmermann*, Das römisch-holländische Recht in SA, S. 149.

334 *McKerron*, The law of delict, S. 252.

335 *Macintosh/Scoble*, Negligence in delict, S. 157; *McKerron*, The law of delict, S. 253.

336 Siehe hierzu ausführlich unter 2. Kap. D. IV. 1.

337 *McKerron*, The law of delict, S. 254; *Miller*, SALJ 1971, S. 177; *Wacke*, De Jure 1987, S. 94; *Bresler*, The Veterinarian and the Law, S. 122; *Dernburg*, Pandekten, S. 366.

338 *Macintosh/Scoble*, Negligence in delict, S. 166; *Jackson*, Historical Sketch, S. 137.

339 *Ashton-Cross*, Liability in Roman Law, S. 402; *McKerron*, The law of delict, S. 255.

b) *Wandelung im südafrikanischen Recht*

Abweichend vom römischen Recht gilt die *actio de pastu* im südafrikanischen Recht ohne die Möglichkeit, eine Schadensersatzleistung durch die Auslieferung des Tieres zu umgehen.[340] Der von der *actio de pastu* umfasste Schaden beschränkt sich auf Schäden, die durch das Grasen entstanden sind.[341] Schäden, die nicht durch Grasen entstanden sind oder von Tieren herrühren, die nicht grasen, werden von der *actio de pastu* nicht erfasst.[342]

Die Bedeutung der *actio de pastu* hat im Laufe der Zeit stark abgenommen. Im römisch-niederländischen Recht durfte der Grundstückseigentümer das Tier, das sein Grundstück betreten und beschädigt hatte, so lange beschlagnahmen, bis der Schaden ersetzt war.[343] Dieses Recht, die Tiere zu beschlagnahmen, wurde daraufhin in Südafrika in lokalen Beschlagnahmeakten geregelt, die teilweise in den Anwendungsbereich der *actio de pastu* fallen, diese jedoch nicht ausschließen.[344] Die *actio de pastu* ist bis heute trotz ihrer geringeren Bedeutung jedoch nicht aufgehoben worden und noch Teil des geltenden Rechts.[345]

3. Actio de feris

a) *Ursprung im römischen Recht*

Um die Menschen an öffentlichen Orten vor Gefahren zu schützen, die von bestimmten Tieren ausgehen, sah der Ädilen-Erlass die *actio de feris* vor.[346] Die Einführung der *actio de feris* erfolgte insbesondere aufgrund der in Rom immer steigenden Haltung von gefährlichen wilden Tieren durch Einzelpersonen, wie beispielsweise Veranstalter von Zirkusvorstellungen.[347] Wurden Personen durch diese wilden Tiere verletzt oder gar getötet, gab es im römischen Recht keine Möglichkeit, Schadensersatz zu verlangen. Die *actio de pauperie* galt nur für bestimmte

---

340 *Macintosh/Scoble*, Negligence in delict, S. 167.

341 *Neethling/Potgieter/Visser*, Law of delict, S. 384; *Macintosh/Scoble*, Negligence in delict, S. 167; *Hosten/Edwards/Nathan/Bosman*, Introduction to SA law, S. 498.

342 *Macintosh/Scoble*, Negligence in delict, S. 167.

343 *McKerron*, The law of delict, S. 255.

344 *Neethling/Potgieter/Visser*, Law of delict, S. 385; *Macintosh/Scoble*, Negligence in delict, S. 167; *McKerron*, The law of delict, S. 255.

345 *Neethling/Potgieter/Visser*, Law of delict, S. 385; *McKerron*, The law of delict, S. 255; *Macintosh/Scoble*, Negligence in delict, S. 167; *Hosten/Edwards/Nathan/Bosman*, Introduction to SA law, S. 498.

346 *Jackson*, Historical Sketch, S. 129; *Bresler*, The Veterinarian and the Law, S. 122; *Hosten/Edwards/Nathan/Bosman*, Introduction to SA law, S. 498.

347 *Scott*, THRHR 2018, 511.

Haustiere und sah das Erfordernis der Handlung *contra naturam sui generis* vor, was bei wilden Tieren nicht möglich war, da man davon ausging, dass es in der Natur eines wilden Tieres liegt, dem Menschen Schaden zuzufügen.[348]

Der Erlass regelte eine verschuldensunabhängige Haftung ohne die Möglichkeit, diese durch Auslieferung des Tieres abzuwenden.[349] Damit war die *actio de feris* nicht als Noxalhaftung ausgestaltet. Sie sah vielmehr bei tödlichen Verletzungen einen Schmerzensgeldanspruch vor, bei nicht tödlichen Verletzungen wurde die Rechtsfolge in das Ermessen des Richters gestellt und bei Sachschäden war der doppelte Sachwert zu erstatten.[350] Die Liste der von dem Erlass betroffenen Tiere umfasste Hunde, Wildschweine, Schweine, Bären und Löwen.[351] Die Haftung beruhte weder auf dem Eigentum am Tier noch am Verschulden, sondern knüpfte an den Verstoß gegen die im Erlass festgesetzte Regel, ein solches Tier nicht an einen öffentlichen Ort zu bringen, an.[352]

b) *Wandelung im südafrikanischen Recht*

Das erste südafrikanische Urteil, in dem die *actio de feris* erwähnt wurde, ist *Le Roux* v. *Fick*,[353] in dem der Besitzer eines Hundes Schadensersatz für die während eines Spazierganges auf einer öffentlichen Straße erfolgte Tötung eines Straußes durch seinen Hund an den Eigentümer des Straußes leisten musste.[354] Der erste auf die Frage des Schadensersatzanspruches aufgrund eines von einem wilden Tier verursachten Schadens eingehende Fall findet sich in *Bristow* v. *Lycett*.[355] In diesem Fall besuchte die Klägerin die Wildtierfarm des Beklagten, in der verschiedene Tierarten, darunter ein junger Elefant, frei herumlaufend gehalten wurden. Der Elefant stieß die Klägerin mit seinem Rüssel so stark in den Rücken, dass sie stürzte und sich das Handgelenk brach.

Ob die *actio de feris* jemals Teil des südafrikanischen Rechts war, wurde nie ausdrücklich geregelt, lediglich die vielfachen Urteile, die sich in Form von

---

348 *Scott*, THRHR 2018, 511.

349 *Jackson*, Historical Sketch, S. 134.

350 *Macintosh/Scoble*, Negligence in delict, S. 161; *Jackson*, Historical Sketch, S. 134; *McKerron*, The law of delict, S. 255; *Scott*, THRHR 2018, 512.

351 *Cooper*, The Institutes of Justinian, S. 358; *Scott*, THRHR 2018, 512.

352 *McKerron*, The law of delict, S. 255; *Neethling/Potgieter/Visser*, Law of delict, S. 385.

353 *Le Roux* v. *Fick*, 1879, Buch 29, 37–42.

354 *Scott*, THRHR 2018, 512.

355 *Bristow* v. *Lycett*, 1971, 4 All SA, 223 (RAD): Das Urteil stammt jedoch aus Rhodesien (heutige Republik Simbabwe), weshalb es nicht ohne weiteres für das südafrikanische Recht herangezogen werden kann.

Obiter Dicta darauf beziehen, deuten darauf hin.[356] Es ist ebenso ungewiss, ob die *actio de feris* noch Teil des südafrikanischen Rechts ist.[357] Dies scheint zwar wahrscheinlich,[358] jedoch findet sie nur noch auf wilde Hunde und nicht mehr auf alle Hunde Anwendung.[359] Die *actio de feris* greift dann, wenn eine Person, die nicht Eigentümer des Tieres sein muss, sondern lediglich die Kontrolle über das Tier hat, es an einen öffentlichen Ort bringt und durch die Anwesenheit des gefährlichen Tieres ein Schaden entsteht.[360] Dabei muss der Schaden aus der Neigung des Tieres, Menschen anzugreifen, entstanden sein und nicht z. B. durch die bloße Behinderung des Verkehrs.[361]

Mit den verbleibenden Zweifeln, ob die *actio de feris* tatsächlich bis heute im südafrikanischen Recht Bestand hat, stellt sich die Frage nach den Vorteilen, die sich aus der Beibehaltung derselben ergeben. Trotz der Ähnlichkeiten und teilweisen Überlappungen zwischen der *actio de pauperie* und der *actio de feris* findet die *actio de pauperie* wegen des Merkmals *contra naturam sui generis* keine Anwendung bei wilden Tieren.[362] Folge des Wegfalls der *actio de feris* wäre dann aber die Anwendung der verschuldensabhängigen *actio legis Aquiliae*[363] bei durch wilde Tiere verursachten Schadensersatzfällen. Eine strikte Haftung für Schäden, die durch Haustiere verursacht wurden, und eine verschuldensabhängige Haftung für Schäden, die durch das Verhalten wilder Tiere entstanden sind, anzuwenden, ist jedoch nicht nachvollziehbar und widerspricht dem Gerechtigkeitsempfinden, sodass zumindest der alleinige Wegfall der *actio de feris* nicht zu wünschenswerten Ergebnissen führt.[364]

---

356 *Scott*, THRHR 2018, 512.

357 *Neethling/Potgieter/Visser*, Law of delict, S. 385.

358 *Hosten/Edwards/Nathan/Bosman*, Introduction to SA law, S. 498; *O'Callaghan* v. *Chaplin*, 1927 A.D. 310, 314, 325, 330, 367; An dem aktuellen Status und dem Überleben der *actio de feris* im südafrikanischen Recht zweifelnde Stimmen finden sich in *Van der Westhuizen* v. *Burger*, 2018 (2), SA 87(SCA) mit der Schlussfolgerung von Ponnan JA: „it would probably require someone with a more profound knowledge of this area of the law to pronounce on the possible obsolescence of the remedy" (para 35).

359 *McKerron*, The law of delict, S. 255; *Macintosh/Scoble*, Negligence in delict, S. 162

360 *Macintosh/Scoble*, Negligence in delict, S. 162.

361 *Macintosh/Scoble*, Negligence in delict, S. 162.

362 *Nicholas*, Acta Juridica 1958, 190.

363 Hierzu sogleich unter 4.

364 *Scott*, THRHR 2018, 526.

4. Actio legis Aquiliae[365]

a) *Ursprung im römischen Recht*[366]

Die *lex Aquilia* war in drei Kapitel unterteilt.[367] Das erste Kapitel der *lex Aquilia* befasste sich mit der rechtswidrigen Tötung von Sklaven und vierbeinigen Herdentieren (wörtlich: vierfüßige Tiere aus der Klasse der Rinder). Über den Inhalt des zweiten Kapitels, das letztlich außer Gebrauch geriet, wurde in der Vergangenheit viel spekuliert und gemutmaßt, ohne zu einem sicheren Ergebnis zu gelangen.[368] Das dritte Kapitel regelte alle anderen rechtswidrigen Sachbeschädigungen.[369] Das Verschulden war in der ursprünglichen *lex Aquilia* nicht ausdrücklich als Begriff vorgesehen, sondern fand im Rahmen der Widerrechtlichkeit („*iniuria*") Berücksichtigung. Erst später wurde das Verschulden als besonderes Tatbestandsmerkmal der *lex Aquilia* anerkannt.[370]

b) *Wandelung im südafrikanischen Recht*

Im südafrikanischen Recht handelt es sich bei der *actio legis Aquiliae* um eine Generalklausel, die zu einer Schadensersatzpflicht für alle rechtswidrig und

365 Auch Haftung für *damnum iniuria datum* oder zu Unrecht verursachter Schaden genannt, siehe *Fagan*, Aquilian Liability, S. IX.

366 Für eine ausführliche Erläuterung der historischen Entwicklung der *actio legis Aquiliae* vom römischen Recht bis heute siehe *Corbett*, N. Ir. Legal Q., 1998, S. 23–37.

367 Englische Übersetzung der *actio legis Aquiliae* aus Justinians Digesten in *Corbett*, N. Ir. Legal Q., 1998, S. 24: 1. „If anyone kills unlawfully a slave or servant-girl belonging to someone else or a four-footed beast of the class of cattle ('peduces'), let him be condemned to pay the owner the highest value that the property had attained in the preceding year.

…

3. In the case of all other things apart from slaves or cattle that have been killed, if anyone does damage to another by wrongfully burning, breaking or spoiling his property, let him be condemned to pay to the owner whatever the damage shall prove to be worth in the next thirty days."

Benöhr, Festschrift für Max Kaser, S. 692.

Englische Übersetzung der *actio legis Aquiliae* aus Justinians Digesten in *Corbett*, N. Ir. Legal Q., 1998, S. 24: 1. „If anyone kills unlawfully a slave or servant-girl belonging to someone else or a four-footed beast of the class of cattle ('peduces'), let him be condemned to pay the owner the highest value that the property had attained in the preceding year."

368 *Zimmermann*, Lex Aquilia I, S. 953.

369 *Zimmermann*, Lex Aquilia I, S. 956.

370 *Benöhr*, Festschrift für Max Kaser, S. 692.

schuldhaft verursachten Vermögensschäden führt.[371] Die *actio legis Aquiliae* greift, wenn eine Person ein Unrecht gegenüber einer anderen Person begangen hat, indem sie ihr vorsätzlich oder fahrlässig unter Verletzung einer gesetzlich anerkannten außervertraglichen Pflicht, dies zu unterlassen, einen Schaden an ihrer Person oder ihrem Eigentum zugefügt hat.[372]

Auf die *actio legis Aquiliae* wird bei Schäden zurückgegriffen, die Haustiere verursacht haben, die aber weder unter die *actio de pauperie* noch unter die *actio de pastu* fallen.[373] Darüber hinaus greift die *actio legis Aquiliae* als Auffangtatbestand bei Schäden, die durch wilde Tiere verursacht wurden und nicht in den Anwendungsbereich der *actio de feris* fallen.[374] Der Haftende muss nicht zwingend Eigentümer des schädigenden Tieres sein, es muss jedoch eine solche Beziehung zwischen dem Haftenden und dem Tier bestehen, die diesem die Pflicht aufbürdet, das Tier davon abzuhalten, Schäden anzurichten.[375]

Haftungsgrundlage der *actio legis Aquiliae* ist das Verschulden.[376] Um die Haftung zu begründen, muss der Nachweis geführt werden, dass der Beklagte von der Gefährlichkeit oder Böswilligkeit des Tieres und dem daraus herrührenden Schadensrisiko wusste oder hätte wissen müssen.[377] Das Schadensrisiko kann dabei vom konkreten Tier oder von den Eigenschaften der Tierart ausgehen, der das Tier angehört.

5. *Die Relevanz der* actiones *im Vergleich*

Auch wenn die *actiones* jeweils ihren eigenen Anwendungsbereich haben, überschneiden sich diese teilweise.[378] Diese Überschneidungen führen dazu, dass gewisse *actiones* von anderen in den Hintergrund gedrängt werden und kaum mehr in Anspruch genommen werden. Die relevanteste *actio* ist die *actio de pauperie*, da sie den weitesten Anwendungsbereich hat und nicht als Auffangtatbestand ausgestaltet ist. Die *actio de pastu* hingegen hat an Bedeutung verloren und wird in vielen Fällen durch die jeweiligen Beschlagnahmeakte verdrängt. Die Relevanz der *actio de feris* heutzutage ist ebenfalls sehr gering, da für fast

---

371 *v. Frentz*, Lex Aquilia und Negligence, S. 31.

372 *Fagan*, Aquilian Liability, S. IX; *Fagan*, SALJ 2014, S. 288; *Zimmermann*, Das römisch-holländische Recht in SA, S. 139.

373 *McKerron*, The law of delict, S. 256.

374 *McKerron*, The law of delict, S. 256.

375 *Macintosh/Scoble*, Negligence in delict, S. 153.

376 *McKerron*, The law of delict, S. 256.

377 *Macintosh/Scoble*, Negligence in delict, S. 153.

378 *McKerron*, The law of delict, S. 251.

jeden Fall, auf den sie anwendbar wäre, die *actio legis Aquiliae* oder die *actio de pauperie* ein gleich effektives Mittel darstellt.[379] Auch die *actio legis Aquiliae* ist aufgrund ihrer Ausgestaltung als Auffangtatbestand subsidiär und damit von geringerer Bedeutung.

IV. Fazit

Die Tierhalterhaftung ist damit in den verglichenen Rechtsordnungen unterschiedlich ausgestaltet worden. Die Regelungen haben alle im Laufe der Zeit eine Entwicklung durchlebt und einen Prozess durchlaufen, der von Auseinandersetzungen geprägt war und mit der historischen und sozialen Weiterentwicklung des jeweiligen Landes zusammenhängt. Die aktuelle Ausgestaltung der Tierhalterhaftung in den jeweiligen Ländern gleicht in keiner der behandelten Rechtsordnungen der ursprünglich ausgearbeiteten Regelung. Sie entspricht vielmehr dem sich im Laufe der Zeit gewandelten Zweck der Tierhalterhaftung. Im Gegensatz zu der deutschen Regelung, die eine gespaltene Lösung zwischen einerseits der Gefährdungshaftung und andererseits der Verschuldenshaftung im Rahmen einer Privilegierung gewählt hat, und der südafrikanischen Rechtsordnung, die eine Aufspaltung in Form verschiedener *actiones* vorsieht, geht der französische C. civ. von einer einheitlichen Regelung aus, die nicht zwischen den Tierarten unterscheidet und keine Privilegierung etwaiger Art festlegt. Die südafrikanische Ausgestaltung in Form von *actiones* weist einen anderen Lösungsweg als die in jeweils einer Regelung verankerten Tierhalterhaftungen in Deutschland und Frankreich auf.

Ob sich eine einheitliche, eine gespaltene oder eine auf verschiedene *actiones* verteilte Tierhalterhaftung am besten zur Bewältigung der mit der Tierhaltung einhergehenden Haftungsproblematik eignet, lässt sich an diesem Punkt noch nicht beurteilen und soll im Laufe der Arbeit eruiert werden.

D. Fazit zum 1. Kapitel

Die Ausgestaltung der Regelungen der Tierhalterhaftung ist einem uneinheitlichen Prozess geschuldet, der sich an den sozioökonomischen, wirtschaftlichen und sozialen Hintergründen orientiert und dessen Ziel es ist, den sich im Rahmen der Tierhaltung stellenden Problemen durch eine optimierte Regelung gerecht zu werden. Die Natur der Tierhalterhaftung ist aufgrund der differenzierten Entwicklung der Bedeutung der Heim- und Nutztierhaltung sowie der Konzepte

379 *McKerron*, The law of delict, S. 255.

der verschuldensunabhängigen bzw. verschuldensabhängigen Haftung in den untersuchten Rechtsordnungen nicht einheitlich, sondern an die jeweiligen Verhältnisse zum Zeitpunkt des Inkrafttretens der Norm angepasst. Die in den Gesetzen verankerten Regelungen des § 833 BGB und des Art. 1243 C. civ. sowie die oben definierten *actiones* im südafrikanischen Recht stellen die Grundlage für die anschließend durch die Rechtsprechung vorzunehmende Entwicklung der Haftungstatbestände und stetigen Anpassung derselben dar und dienen als Ausgangspunkt der rechtsvergleichenden Beurteilung der Regelungen im Rahmen dieser Arbeit.

2. Kapitel: Der haftungsbegründende Tatbestand der Tierhalterhaftung

A. Geschützte Interessen

Im deutschen Recht sieht § 833 S. 1 BGB eine abschließende Aufzählung der geschützten Interessen vor.[380] Neben der Tötung, der Körper- oder Gesundheitsverletzung ist auch die Sachbeschädigung eine Rechtsgutsverletzung, die unter die von § 833 BGB geschützten Interessen fällt.[381] Unter Sachbeschädigung werden auch die Entziehung (wie etwa die Verschleppung durch ein Tier) sowie die Beeinträchtigung der Substanz oder des Nutzwertes einer Sache gefasst.[382] Eine solche Beeinträchtigung wurde beispielsweise beim ungewollten Decken eines Tieres angenommen.[383] Sonstige Rechtsgüter werden von § 833 BGB nicht geschützt. Insbesondere reine Vermögensschäden setzen die Ersatzpflicht nicht in Gang.[384]

Anders als im deutschen Recht gibt es im französischen Recht keine Auflistung geschützter Interessen. Vielmehr führt jeder Eingriff zu einem ersetzbaren Schaden. Damit fallen im Rahmen der französischen Tierhalterhaftung anders als im deutschen Recht reine Vermögensschäden auch unter die geschützten Interessen.[385]

Im südafrikanischen Recht wird von den *actiones* nicht nur die unmittelbar durch das Tier verursachte Verletzung berücksichtigt, sondern auch die Schäden, die sich im späteren Verlauf aus der Verletzung ergeben.[386] So wurde beispielsweise einer Person, die von einem Hund gebissen wurde, nicht nur ein Anspruch auf Schadensersatz für die unmittelbare Verletzung, sondern auch für spätere körperliche Störungen, die durch den emotionalen Schock („emotional

380 *Eberl-Borges*, in: Staudinger BGB, § 833 Rn. 24.

381 Siehe hierzu den Wortlaut des § 833 Abs. 1 BGB.

382 *Eberl-Borges*, in: Staudinger BGB, § 833 Rn. 25.

383 BGHZ 67, 129, 134 = NJW 1976, 2130, 2131.

384 *Hofmann*, Haftpflichtrecht für die Praxis, S. 124; *Larenz/Canaris*, Lehrbuch des Schuldrechts II, 2, S. 485; *Sprau*, in: Grüneberg, BGB, Einf. v. § 823 Rn. 1.

385 *Borghetti*, Die Reform des französischen Haftungsrechts, S. 53; *Fages*, Droit des obligations, S. 331; *Terré/Simler/Lequette/Chénédé*, Les obligations, S. 1017.

386 *S.A.R.* v. *Edwards*, 1930 A.D. 3.

shock")[387] verursacht wurden, zugesprochen.[388] Mit der *actio de pauperie* und der *actio de feris* können sowohl Vermögensschäden als auch Personenschäden geltend gemacht werden.[389] Im Rahmen der *actio de pastu* weist das südafrikanische Recht die Besonderheit auf, dass ein Schaden durch den Weidevorgang hervorgerufen wird und ein solcher dabei nicht nur durch das Grasen, sondern auch durch das Zertrampeln des Bodens oder das Zerstören von Ästen gegeben ist.[390] Die *actio legis Aquiliae* wurde im Laufe des 20. Jahrhunderts auch auf reine Vermögensschäden erweitert.[391]

---

387 *Raheel/ Loma*, Claims for ‚Emotional Shock' suffered by primary and secondary victims, S. 185: Ein emotionaler Schock, den eine Person erlitten hat, ist eine lang anhaltende, schwerwiegende, negative emotionale Reaktion auf ein unerwartetes, beunruhigendes Ereignis, die zu psychologischen oder psychiatrischen Schäden führt, die nachgewiesen werden müssen.

388 *Creydt-Ridgeway* v. *Hoppert*, 1930 T.P.D. 664: In diesem Fall wurde die Klägerin vom Hund der Beklagten gebissen. Die Beklagte haftete nicht nur für die durch den Hundebiss verursachte Körperverletzung, sondern auch für den „emotionalen Schock" und seine Folgen und zwar unabhängig davon, inwieweit die psychologischen Schäden auf die Tatsache zurückzuführen sind, dass sie in jungen Jahren bereits gebissen wurde.

389 *Neethling/Potgieter/Visser*, Law of delict, S. 384 f.

390 *Neethling/Potgieter/Visser*, Law of delict, S. 384.

391 *Fagan*, Aquilian Liability, S. XXI; *Hutchison/van Heerden/Visser/van der Merwe*, Wille's principles of SA law, S. 657; *v. Frentz*, Lex Aquilia und Negligence, S. 274 ff. mit einer ausführlichen Darlegung der Entwicklung hin zur Ersatzfähigkeit reiner Vermögensschäden im südafrikanischen Recht. *V. Frentz* unterscheidet vier Fallgruppen zur Haftung für reine Vermögensschäden: 1. Vermögensschäden nur mittelbar Betroffener („relational economic loss"). 2. Vermögensschäden, die durch das Vertrauen auf eine fahrlässige Falschangabe entstanden sind. 3. Die modernen Stromkabelfälle, bei denen ein Stromausfall einen reinen Vermögensschaden verursacht, der nicht von der Verletzung eines Rechtsguts herrührt. 4. Vermögensschäden die durch andere berufliche Sorgfaltspflichtverletzungen verursacht worden sind, siehe *v. Frentz*, Lex Aquilia und Negligence, S. 347 ff.

B. Das Tier

I. Das länderübergreifende Verständnis des Tierbegriffs

1. Weiter Tierbegriff

Der Tierbegriff wird in der Tierhalterhaftung der drei verglichenen Rechtsordnungen weit gefasst.[392] In Deutschland umfasst die Tierhalterhaftung gem. § 833 BGB grundsätzlich alle Tiere.[393] Der Tierbegriff entstammt der Naturwissenschaft, weshalb grundsätzlich alle Tiere in diesem Sinne davon erfasst sind.[394] Der Gesetzeswortlaut des § 833 S. 1 BGB selbst definiert den Tierbegriff nicht und differenziert für die Anwendbarkeit der Tierhalterhaftung in keiner Weise, sondern verwendet den allgemeinen Begriff des Tieres.[395] Die Differenzierung findet vielmehr im Rahmen des Entlastungsbeweises nach § 833 S. 2 BGB statt, der auf Haustiere abzielt und damit eine Unterscheidung zu Nicht-Haustieren herstellt.[396] Dabei ist aber im Umkehrschluss daraus für die Anwendbarkeit gleichgültig, ob es sich um ein Haus-, ein Nutztier oder ein wildes Tier handelt.[397]

Der Tierbegriff im Rahmen der französischen Tierhalterhaftung entspricht grundsätzlich dem allgemeinen und herkömmlichen Verständnis des Begriffes.[398] Die Haftpflicht besteht dabei ebenso wie in der deutschen Rechtsordnung für alle Tiere, soweit es sich im biologischen Sinn um Tiere handelt.[399] Der Wortlaut des Art. 1243 C. civ. trifft ebenso keine Unterscheidung, sondern bezieht sich auf das Tier im Allgemeinen.[400]

Die *actiones* im südafrikanischen Recht gehen auch von einem weiten Tierbegriff aus. Der Begriff des Tieres wird dabei, anders als im römischen Recht, das teilweise eine Beschränkung auf vierfüßige Tiere (*quadrupes*), die der Gattung

392 *Schaub*, in: Prütting (Hrsg.), BGB, § 833 Rn. 2; *Julien*, Dalloz action 2020, Rn. 2222.41; *Muir*, SLR 2016, 136.

393 *Schaub*, in: Prütting (Hrsg.), BGB, § 833 Rn. 2.

394 *Sprau*, in: Grüneberg, BGB, § 833 Rn. 4; *Litten*, Die Ersatzpflicht des Tierhalters, S. 18 f.; *Fikentscher/Heinemann*, Schuldrecht, § 113 Rn. 1686.

395 Siehe hierzu § 833 S. 1 BGB: „*Wird durch ein Tier […].*"

396 Siehe hierzu § 833 S. 2 BGB: „*Die Ersatzpflicht tritt nicht ein, wenn der Schaden durch ein Haustier verursacht wird […].*"

397 *Krause*, in: Soergel/Spickhoff (Hrsg.), BGB, § 833 Rn. 3; *Sprau*, in: Grüneberg, BGB, § 833 Rn. 4.

398 *Roland/Boyer*, Obligations, S. 283; *Mazeaud/Mazeaud*, Traité théorique et pratique, S. 80, 86.

399 *Rottler*, Die Tierhalterhaftung und ihre Begrenzung, S. 64.

400 Siehe hierzu Art. 1243 C. civ.: „*Le propriétaire d'un animal […].*"

des *pecus* angehörten,[401] vorsah, im herkömmlichen Sinn verstanden. Es wird jedoch im Anwendungsbereich der *actiones* danach unterschieden, ob es sich um ein Haustier oder um ein wildes Tier handelt.[402] Anders als im deutschen oder französischen Recht ist die Anwendbarkeit der *actiones* für bestimmte Tiere damit ausgeschlossen und nicht unterschiedslos.

2. Sonderfall: Mikroorganismen

Einen Sonderfall für die Anwendung der Tierhalterhaftung stellen die Mikroorganismen dar, die nach dem gewöhnlichen Sprachgebrauch nicht zu den Tieren zählen. Die Anwendbarkeit der Regelungen zur Tierhalterhaftung auf diesen Sonderfall ist fragwürdig und soll im nächsten Abschnitt geklärt werden.

a) Deutschland

Es gab bisher nur einen Fall, bei welchem sich der BGH mit dem Problem des Mikroorganismus im Rahmen der Tierhalterhaftung konfrontiert sah: Eine Studentin der Tiermedizin behauptete, sich auf dem Gelände der Tierärztlichen Hochschule Hannover mit „leptospira bratislava" infiziert zu haben.[403] Der BGH hob das klageabweisende Urteil des OLG auf und verwies es aufgrund von Verfahrensfehlern zurück, erwähnte aber in einem *Obiter Dictum* die Möglichkeit von Schadensersatzansprüchen gem. §§ 823 Abs. 1, 831, 847 BGB.[404] Es wurde in dem Urteil jedoch nicht auf § 833 S. 1 BGB Bezug genommen, sodass die Frage der Anwendbarkeit dieser Norm vom BGH nicht geklärt wurde. Die Verweisung des BGH auf § 823 Abs. 1 BGB kann einerseits als Hinweis gedeutet werden, dass § 833 S. 1 BGB gerade nicht einschlägig ist, andererseits stehen beide Normen in Idealkonkurrenz,[405] sodass die Anwendung des § 833 S. 1 BGB durch die Bezugnahme auf § 823 Abs. 1 BGB nicht zwingend ausgeschlossen ist.[406] In der Literatur ist infolge der höchstrichterlich nicht geklärten Lage eine Debatte über die Einordnung der Kleinstlebewesen und Mikroorganismen entstanden, die es überblicksweise darzustellen gilt.

401 *McKerron*, The law of delict, S. 251.
402 *Neethling/Potgieter/Visser*, Law of delict, S. 382; *Muir*, SLR 2016, 136.
403 BGH 04.07.1989 – VI ZR 309/88 = NJW 1989, 2947 f.; zusammenfassend *Abeltshauser*, JuS 1991, 366 ff.
404 BGH 04.07.1989 – VI ZR 309/88 = NJW 1989, 2947 f.
405 *Larenz/Canaris*, Lehrbuch des Schuldrechts II, 2, S. 486.
406 *Nabinger*, Haftung für Mikroorganismen, S. 102.

aa) Darstellung des Streitstands

Der Streit um die Anwendbarkeit des § 833 BGB auf Mikroorganismen ist schon kurz nach Inkrafttreten des BGB entstanden und wurde insbesondere Mitte der siebziger Jahre wieder aufgegriffen.[407]

Die Befürworter stellen auf die Gefährlichkeit der Mikroorganismen ab, die aufgrund ihrer Unkontrollierbarkeit derjenigen der Makroorganismen gleicht.[408] Es wird angeführt, dass Tiere niedriger Ordnung von Tieren höherer Ordnung nur schwer abzugrenzen seien.[409] Entscheidend sei, dass durch ein Lebewesen eine Gefahr geschaffen werde, die aber unterschiedlich sein könne und bei Mikroorganismen in der schnellen und exponentiellen Vermehrung und Produktion von Giftstoffen liege.[410]

Gegen die Anwendbarkeit der Tierhalterhaftung auf Mikroorganismen wird der Normzweck, die Menschen vor aktivem Tierverhalten zu schützen, herangezogen, und angeführt, dass dies bei Mikroorganismen nicht möglich sei.[411] Im Gegensatz zu Tieren wie Pferde oder Hunde dringen Mikroorganismen in den Körper ein und entfalten ihre Wirkung von innen heraus, sodass die körperliche Integrität nicht äußerlich, sondern innerlich angegriffen wird.[412] Der Normzweck trifft nach dieser Ansicht nicht auf diese Art der Beeinträchtigung zu, weshalb auch eine Analogie auszuscheiden habe. Angebracht werden weiter die Spezialregelungen im GenTG und IfSG, die gegen den Willen des Gesetzgebers, eine Gefährdungshaftung für Mikroorganismen Anwendung finden zu lassen, sprechen.[413] Weiter wird angeführt, dass die Erstreckung der Tierhalterhaftung auf Mikroorganismen und Viren nur mit Hilfe einer unzulässigen Analogie möglich sei.[414] Die als Gefährdungshaftung ausgestalteten Vorschriften stellen abschließende Regelungen dar, weshalb die Rechtsprechung und ein weiter Teil der Literatur ein Vorgreifen des Richters und die damit einhergehende Ausdehnung auf nicht gesetzlich geregelte Fälle ablehnen.[415] Angebracht wird weiter,

407 *Eberl-Borges*, in: Staudinger BGB, § 833 Rn. 13.

408 *Eberl-Borges*, in: Staudinger BGB, § 833 Rn. 13; *Wilhelmi*, in: Erman, § 833 Rn. 2.

409 *Spindler*, in: BeckOK BGB, § 833 Rn. 5.

410 *Deutsch*, NJW 1990, 751; *Eberl-Borges*, in: Staudinger BGB, § 833 Rn. 14.

411 *Kreft*, in: BGB-RGRK, § 833 Rn. 8 f.; *Eberl-Borges*, in: Staudinger BGB, § 833 Rn. 13.

412 *Wagner*, in: MüKoBGB, § 833 Rn. 10.

413 *Schaub*, in: Prütting (Hrsg.), BGB, § 833 Rn. 2; *Krause*, in: Soergel/Spickhoff (Hrsg.), BGB, § 833 Rn. 3.

414 *Deutsch*, NJW 1990, 751.

415 BGHZ 54, 332, 336 f.; *Eberl-Borges*, in: Staudinger BGB, § 833 Rn. 17; *Larenz/Canaris*, Lehrbuch des Schuldrechts II, 2, S. 486.

dass eine sachenrechtliche Zuordnung der Mikroorganismen faktisch nicht möglich sei und es deswegen schon an der für die Tierhalterhaftung erforderlichen Haltung fehle.[416]

bb) Eigene Stellungnahme

Eine Gesamtschau der vorgebrachten Argumente ergibt, dass eine Anwendbarkeit der Norm auf Mikroorganismen abzulehnen ist. Der vom Gesetzgeber verfolgte Zweck, Menschen vor aktivem Tierverhalten zu schützen,[417] greift nicht bei Lebewesen, die zur Entfaltung ihrer schädlichen Wirkung und insbesondere für ihre Vermehrung und Verbreitung einen Wirt benötigen. Die Norm ist vielmehr dahingehend konzipiert, Verhaltensweisen von Tieren zu erfassen, die aus sich heraus schädigen und eine Gefahrenquelle darstellen, ohne dabei auf andere Organismen angewiesen zu sein. Die durch die Wirt-Gast-Beziehung zum Ausdruck kommende Abhängigkeit, bei welcher der Wirt für den Gast Funktionen erfüllt und auf dessen Kosten der Gast lebt, entspricht nicht dem der Tierhalterhaftung zugrundeliegenden Gedanken des Schädigens durch aktives Verhalten, sondern spiegelt vielmehr ein gegenseitiges Zusammenspiel wider. Auch der zur Begründung der Gefährdungshaftung in § 833 S. 1 BGB angeführte Ausgleich für die bewusste Gefährdung der Allgemeinheit spricht gegen eine Anwendbarkeit der Norm auf Mikroorganismen. Der Wirt trägt den Mikroorganismus nicht bewusst in sich und zieht auch keinen Nutzen daraus, für welchen er der Allgemeinheit gegenüber ausgleichsweise haften soll.

b) Frankreich

aa) Fälle in der Rechtsprechung

Ob die Tierhalterhaftung auf Mikroorganismen anwendbar ist, ist auch in Frankreich bisher nicht höchstrichterlich entschieden worden. Ein Landbesitzer, dessen Land von Kaninchen geplagt war, die seine Ernten zerstörten, entschied sich dazu, zwei Kaninchen ein Virus zu injizieren, was zu einer seuchenartigen Ausrottung der Kaninchen in Frankreich und Belgien führte. Infolgedessen hatten einige Geschädigte, deren Kaninchen infolge der Seuche gestorben waren, gegen den Landbesitzer geklagt, um diesen für die angerichteten Schäden haftbar zu machen.[418] Jedoch wurde dabei nicht auf die Tierhalterhaftung in Bezug auf das Virus als schädigendes Tier zurückgegriffen, sondern die Haftung an Art. 1382

---

416 *v. Bar*, Gemeineuropäisches Deliktsrecht, S. 209.
417 *Eberl-Borges*, in: Staudinger BGB, § 833 Rn. 13.
418 CA Paris, 25. Januar 1956, Rev. forestière française, S. 213–216.

C. civ. festgemacht, sodass das Urteil keine Klarheit darüber verschafft, ob die Tierhalterhaftung in Fällen mit Mikroorganismen Anwendung findet.

Der französische Kassationsgerichtshof hielt Jahre später einen Schafshüter gem. Art. 1385 C. civ. für die Übertragung einer Krankheit auf andere Personen haftbar, jedoch wurde auch in diesem Urteil nicht auf die Bakterien als die für den Schaden ursächlichen Tiere, sondern auf die Schafe als übertragende und damit schädigende Tiere abgestellt.[419]

Die Tierhalterhaftung ausdrücklich abgelehnt hat ein Gericht im Fall eines von einem Praktikanten auf eine Rinderzucht übertragenen Bandwurms, was im Anschluss zur Schlachtung der Herde geführt hat.[420] Dieser Fall eignet sich jedoch aus zwei Gründen nicht, um festzustellen, ob die Tierhalterhaftung in Frankreich in Fällen mit Mikroorganismen Anwendung findet:

1. Ein Bandwurm ist kein Mikroorganismus.
2. Eine Haftung des Praktikanten nach Art. 1382 C. civ. schied mangels Verschuldens aus. Die Haftung nach Art. 1385 C. civ. wurde vom Berufungsgericht mit der einfachen Begründung abgelehnt, es handele sich bei einem Bandwurm nicht um ein domestiziertes Haustier. Mit dieser Argumentation kann die Tierhalterhaftung im Rahmen von Mikroorganismen jedoch nicht ausgeschlossen werden, da sich die Tierhalterhaftung gem. Art. 1243 C. civ., wie oben beschrieben, nicht auf domestizierte Tiere beschränkt, sondern gerade keine Unterscheidung hinsichtlich der Tierarten vorsieht.

Die generelle Tendenz der Gerichte scheint jedoch auf eine Nichtanwendung der Tierhalterhaftung auf Mikroorganismen abzuzielen, was sich entweder durch schlichte Nichterwähnung oder durch eine ablehnende Haltung äußert.

bb) Meinungsstand in der Literatur

In der Literatur wird die Anwendbarkeit der Tierhalterhaftung auf Mikroorganismen mit dem Argument abgelehnt, die Mikroorganismen würden sich im menschlichen Körper ohne das Wissen des Menschen einnisten, weshalb sie nicht gehaltene Tiere im Sinne des Art. 1243 C. civ. seien.[421] Argumentiert wird auch damit, dass die Einführung in den menschlichen Körper nicht ausreiche, um aus dem Mikroorganismus ein Tier zu machen, das unter die Tierhalterhaftung fällt,

419 Cass. civ. 2e, 21. Juli 1992, Bull. civ. II, n° 220, 109.
420 CA Angers, 12. Oktober 2011, n° 10/01811.
421 *Lucas-Baloup*, Le microbe: une res nullius cause étrangère?, RGDM 1999/2.91.

und es mangels Psychomotorik der Mikroorganismen keinen Sinn machen würde, sie der Tierhalterhaftung zu unterwerfen.[422]

cc) Eigene Stellungnahme

Auch in der französischen Rechtsordnung ist die Tierhalterhaftung nicht auf Mikroorganismen anzuwenden. Hierbei kann auch mit der schon in der Stellungnahme zum deutschen Recht erwähnten Abhängigkeit argumentiert werden. Die Mikroorganismen bedürfen eines Wirtes, um ihre schädliche Wirkung zu entfalten und sich zu verbreiten. Die Tierhalterhaftung soll jedoch auch im französischen Recht vor Schäden schützen, die Tiere aktiv und selbstständig durch ihr Verhalten anrichten, obwohl sie der Haltung durch den „gardien" unterliegen. Es soll damit gerade derjenige haften, der die Macht hat, das Tier zu nutzen, zu steuern und zu kontrollieren.[423] An genau diesen entscheidenden Merkmalen fehlt es jedoch bei Mikroorganismen. Sie sind grundsätzlich für das menschliche Auge unsichtbar, ihre Besiedlung ist dem Menschen meist unbekannt und eine Herrschaft über diese infolgedessen unmöglich.[424] Da der Mensch über diese Organismen in keiner Form Herrschaft ausüben kann, ist eine Haftung als Halter derselben nicht gerechtfertigt.

c) Südafrika

aa) Bisher fehlende Auseinandersetzung

Im südafrikanischen Recht wurde die Frage der Anwendbarkeit der *actiones* auf Mikroorganismen bisher weder in der Rechtsprechung noch in der Literatur behandelt. Diese Frage muss somit anhand des von den *actiones* verfolgten Zwecks und der bisherigen Handhabung derselben beantwortet werden. Die *actiones* entspringen dem römischen Recht, das sich auf die in der Gesellschaft häufig vorkommenden Unfälle und Schäden im Zusammenhang mit Tieren konzentrierte und einer Zeit entspricht, in welcher die Auswirkungen von Mikroorganismen auf Menschen und Tiere noch nicht so erforscht waren, wie dies in den letzten Jahrzehnten verstärkt der Fall war. Fraglich ist deshalb, ob die *actiones*, die sich ursprünglich nicht mit diesem Fall zu befassen hatten, so auszulegen sind, dass auch eine Haftung für Schäden durch Mikroorganismen davon erfasst sein soll.

---

422 *Marguénaud*, Le droit animalier, S. 120.

423 *Renault-Brahinsky*, Droit des obligations, S. 171.

424 *Lucas-Baloup*, Le microbe: une res nullius cause étrangère?, RGDM 1999/2.91.

bb) Auslegung der *actiones* im Hinblick auf die Behandlung von Mikroorganismen

(1) *Actio de pauperie*

Die *actio de pauperie* kommt zur Anwendung, wenn ein Haustier im weitesten Sinne einen Schaden verursacht, indem es *contra naturam sui generis*, d. h. entgegen der Natur seiner Art, handelt.[425] Ein Mikroorganismus fällt schon mangels Haustiereigenschaft nicht in den Anwendungsbereich der *actio de pauperie*. Darüber hinaus erfüllen Mikroorganismen nicht die Voraussetzung der Handlung *contra naturam sui generis*, da es gerade ihrer Natur entspricht, den menschlichen Körper oder ein anderes Tier zu befallen und darin Schäden anzurichten. Lediglich die Domestizierung könnte dem entgegenwirken, dies ist jedoch bei Mikroorganismen nicht möglich, sodass die *actio de pauperie* in keinem Fall auf Mikroorganismen anwendbar ist.

(2) *Actio de pastu*

Auch die *actio de pastu* findet auf Schäden, die durch Mikroorganismen verursacht wurden, keine Anwendung. Ziel der *actio de pastu* ist es, Schäden, die durch unbefugtes Betreten von Land durch Haustiere im weitesten Sinne entstanden sind, auszugleichen.[426] Die erfassten Schäden beschränken sich dabei auf die Schäden, die auf dem Land durch den Weidevorgang entstanden sind.[427] Eine Ausweitung auf andere Formen von Schäden als die Schäden und Kollateralschäden, die durch das Grasen entstanden sind, oder auf Tiere, die nicht weiden, ist nicht möglich.[428] Aus diesem Grund und weil die *actio de pastu* sich auch auf domestizierte Tiere beschränkt und wilde Tiere explizit aus ihrem Anwendungsbereich ausschließt, kann sie nicht auf Mikroorganismen angewendet werden.

(3) *Actio de feris*

Die Haftung nach der *actio de feris* beruht auf dem Verstoß gegen die im Erlass festgesetzte Regel, wilde Tiere oder andere für den Menschen gefährliche Tiere an einen öffentlichen Ort zu bringen und greift, wenn durch die Anwesenheit des gefährlichen Tieres ein Schaden entsteht. Die Haftung knüpft dabei nicht an das Eigentum oder das Verschulden, sondern an den bloßen Verstoß gegen den Erlass an. Die im römischen Recht geltende Liste der davon betroffenen Tiere

425 *Macintosh/Scoble*, Negligence in delict, S. 156.
426 *McKerron*, The law of delict, S. 254.
427 *Neethling/Potgieter/Visser*, Law of delict, S. 384.
428 *Coetzee & Sons* v. *Smit*, 1955 (2) S.A. 553 A.D.

zählte Tiere wie Löwen, Bären und Wölfe zu der für den Menschen gefährlichen Gattung. Die *actio* bezog sich generell gesprochen auf Tiere, die entweder frei oder angebunden Schäden anrichten können und nicht durch Leinen o. Ä. davon abgehalten werden können.[429] Die Liste zeigt, dass die *actio de feris* Lebewesen wie Mikroorganismen nicht in Betracht gezogen hat und vielmehr auf große und offensichtlich gefährliche bzw. nicht leicht zu bändigende Tiere abstellte. Dies bedeutet jedoch nicht, dass Mikroorganismen deshalb von der *actio de feris* nicht erfasst sein können. Vielmehr scheinen die Anforderungen der *actio de feris* an das Tier auch auf die Mikroorganismen zuzutreffen. Es handelt sich bei Mikroorganismen um Lebewesen, die für den Menschen gefährlich sein können und deren Gefährlichkeit sich nicht durch physische Mittel wie Leinen o. Ä. aufhalten lässt.

Die Anwendbarkeit der *actio de feris* auf Mikroorganismen scheitert jedoch daran, dass sie auf dem Verstoß gegen die im Erlass festgesetzte Regel, wilde Tiere oder andere für den Menschen gefährliche Tiere an einen öffentlichen Ort zu bringen, beruht. Einen solchen Verstoß einer Person vorzuwerfen, die nichts von dem in sich tragenden oder an ihrem sie begleitenden Tier haftenden Mikroorganismus wusste, steht nicht im Verhältnis mit dem eigentlich bestraften Verhalten, ein offensichtlich gefährliches Tier an einen öffentlichen Ort zu bringen. Auch kann aufgrund der sich aus der *actio de feris* ergebenden verschuldensunabhängigen Haftung nicht auf die Kenntnis der das Mikroorganismus an den öffentlichen Ort bringenden Person abgestellt werden. Eine Anwendbarkeit lediglich bei positiver Kenntnis oder Kennenmüssen würde den objektiven Charakter der *actio de feris* in ihr Gegenteil verkehren.

Sinn und Zweck der *actio de feris* ist es die Allgemeinheit vor Gefahren, die von Tieren wie Löwen, Bären o. Ä. ausgehen, zu schützen. Es soll mit der *actio de feris* damit verhindert werden, dass für den Menschen gefährliche Tiere an öffentliche Orte gebracht werden. Bei Mikroorganismen handelt es sich aber um Lebewesen, die sich im menschlichen Körper oder auch im Körper des mitgebrachten Tieres befinden und sich nicht davon trennen lassen. Anders als das offensichtlich gefährliche Tier, das aktiv an einen öffentlichen Ort gebracht wird, kann bei einem Mikroorganismus nicht entschieden werden, es nicht mitzubringen, um die Regeln des Erlasses zu befolgen.

Auch die aktuelle Entwicklung der *actio de feris* im südafrikanischen Recht, die von einem Rückgang derselben gezeichnet ist,[430] spricht gegen eine Ausweitung auf ursprünglich nicht von der *actio* erfasste Mikroorganismen. Eine so

429 *Macintosh/Scoble*, Negligence in delict, S. 161.
430 *Neethling/Potgieter/Visser*, Law of delict, S. 385.

weitreichende Folge, die faktisch einem Verbot des Besuchs öffentlicher Orte durch Menschen, die solche gefährlichen Mikroorganismen in sich tragen, gleichkommt, stellt im Hinblick auf die Tendenz der Beschränkung und des Rückgangs der *actio de feris* einen Widerspruch dar.

Auch fehlt es bei Mikroorganismen an der für die *actio de feris* erforderlichen Neigung, Menschen anzugreifen. Es handelt sich bei den durch einen Mikroorganismus eintretenden Schäden nicht um einen Angriff im klassischen Sinn, sondern vielmehr um einen schädigenden Befall des Körpers des Wirtes. Vor diesen Schäden soll die *actio de feris*, die auf die Neigung des Tieres, Menschen anzugreifen, abzielt und gerade nicht Schäden erfasst, die z. B. durch die bloße Behinderung des Verkehrs durch das Tier entstanden sind,[431] nicht schützen.

Aus den vorgebrachten Argumenten ist zu schließen, dass die *actio de feris* nicht auf Mikroorganismen anwendbar ist.

(4) *Actio legis Aquiliae*

Auch die *actio legis Aquiliae* findet bei Mikroorganismen keine Anwendung. Sofern sie als Auffangtatbestand für Schäden, die durch Haustiere verursacht wurden und weder unter die *actio de pauperie* noch unter die *actio de pastu* fallen, zur Anwendung kommt, scheitert eine Anwendbarkeit an der fehlenden Haustiereigenschaft von Mikroorganismen. Sofern sie bei Schäden, die durch wilde Tiere verursacht wurden und nicht in den Anwendungsbereich der *actio de feris* fallen, als Auffangtatbestand greift, scheitert eine Anwendbarkeit auf Mikroorganismen sowohl bei Nichtkenntnis als auch bei Kenntnis der Existenz der Mikroorganismen. Weiß der Mensch, wie in den meisten Fällen, nichts von dem Mikroorganismus, fehlt es an dem für die *actio legis Aquiliae* erforderlichen Verschulden.[432] Hat der Wirt hingegen Kenntnis von dem Mikroorganismus, fehlt es an der Fähigkeit, das Lebewesen davon abzuhalten, Schäden anzurichten, und an der ihm diese Pflicht aufbürdenden Beziehung zu dem Mikroorganismus.[433]

d) *Fazit zu Mikroorganismen in den untersuchten Rechtsordnungen*

Sowohl in der deutschen als auch in der französischen und in der südafrikanischen Rechtsordnung ist die Tierhalterhaftung nicht auf Schäden, die durch Mikroorganismen hervorgerufen wurden, anzuwenden. Die die Tierhalterhaftung in allen drei Rechtsordnungen kennzeichnende Kontrollierbarkeit und

---

431 *Macintosh/Scoble*, Negligence in delict, S. 162.

432 *McKerron*, The law of delict, S. 256.

433 *Macintosh/Scoble*, Negligence in delict, S. 153.

Steuerungsfähigkeit des Halters über das gehaltene Tier fehlt bei den nicht sichtbaren und die zugleich die Herrschaft über sie ausschließenden Organismen, weshalb eine Haftung nicht gerechtfertigt ist.

II. Länderspezifische Besonderheiten

1. Deutschland: die Privilegierung von Nutztieren in § 833 S. 2 BGB

In Deutschland wird in § 833 S. 2 BGB eine Ausnahmeregelung für Schäden durch Nutztiere getroffen, die eine Exkulpation des Tierhalters ermöglicht.[434]

a) Definition des Nutztieres gem. § 833 S. 2 BGB

Das Gesetz setzt in § 833 S. 2 BGB für die Privilegierung voraus, dass es sich bei dem Tier zunächst um ein Haustier handelt, das in einem zweiten Schritt dem Beruf, der Erwerbstätigkeit oder dem Unterhalt zu dienen bestimmt ist, um als Nutztier angesehen werden zu können. Der Begriff des Nutztieres selbst taucht im Gesetz nicht auf.[435]

aa) Das Haustier

In der ersten Entscheidung des Reichsgerichts zu § 833 S. 2 BGB im Jahr 1910 traf das Gericht eine ausdrückliche Unterscheidung zwischen „Haustieren, die dem Berufe, der Erwerbstätigkeit oder dem Unterhalt des Tieres bestimmt sind" und Luxustieren, ohne die beiden Begriffe jedoch genau zu definieren.[436] Eine Legaldefinition des Haustierbegriffes findet sich im BGB nicht.[437] Dies hat dazu geführt, dass unterschiedliche, aber im Kern ähnliche Ansätze verfolgt wurden, den Begriff zu definieren.[438]

Das Reichsgericht definierte Haustiere als diejenigen Gattungen von zahmen Tieren, die in der Hauswirtschaft zur dauernden Nutzung oder Dienstleistung gezüchtet, gehalten und gepflegt werden und dabei aufgrund von Erziehung und

---

434 *Spindler*, in: BeckOK BGB, § 833 Rn. 26.

435 Siehe § 833 S. 2 BGB.

436 *Schmalhorst*, Die Tierhalterhaftung im BGB von 1896, S. 198 mit dem Zitat aus der Entscheidung des Reichsgerichts vom 27.10.1910 (IV 619/09): *„Die Bestimmung in § 833 Satz 2 will damit, daß sie Haustiere, die dem Berufe, der Erwerbstätigkeit oder dem Unterhalte des Tieres bestimmt sind, zu einer besonderen Kategorie zusammenfaßt, den Gegensatz zu den Luxustieren bezeichnen, wie dies bei den Beratungen des Reichstags vielfach zutage getreten ist.*"

437 *Spindler*, in: BeckOK BGB, § 833 Rn. 27.

438 *Schmalhorst*, Die Tierhalterhaftung im BGB von 1896, S. 45.

Gewöhnung der Beaufsichtigung und dem beherrschenden Einfluss des Halters unterstehen.[439] Auch in der Literatur wurde vornehmlich auf die Zahmheit der Tiere und deren wirtschaftlichen Zweck abgestellt.[440]

Maßgeblich für die Abgrenzung von nichtprivilegierten Tieren sind der allgemeine Sprachgebrauch sowie die inländische Verkehrsauffassung.[441] Das Haustier ist vom wilden Tier zu unterscheiden und zeichnet sich dadurch aus, dass es von Natur aus zahm ist.[442] Gezähmte Tiere fallen somit nicht unter den Haustierbegriff.[443] Beispielhaft können Katzen, Hunde, Schafe, Ziegen, Rinder, Schweine, Esel und Pferde als Haustiere i. S. v. § 833 S. 2 BGB aufgezählt werden.[444]

bb) […] welches dem Beruf, der Erwerbstätigkeit oder dem Unterhalt zu dienen bestimmt ist

(1) Allgemeines

Um als Nutztier eingestuft zu werden, muss das Tier dem Gesetz nach dem Beruf, der Erwerbstätigkeit oder dem Unterhalt des Tierhalters zu dienen bestimmt sein. Liegt diese Voraussetzung vor, handelt es sich bei dem Tier um ein unter § 833 S. 2 BGB fallendes privilegiertes Haustier. Ist keine der drei Gruppen einschlägig, fällt das Tier nicht unter § 833 S. 2 BGB, sondern ist ein reines Luxustier.[445]

Der gemeinsame Faktor der drei in § 833 S. 2 BGB genannten Varianten, die zu einer Kategorisierung als Nutztier führen, ist der verfolgte wirtschaftliche Zweck.[446] Dieser muss sich in dem allgemein dem Tier gewidmeten Zweck wiederfinden, jedoch nicht zwingend tatsächlich zum Zeitpunkt des Unfalls vorgelegen haben.[447] Die augenblickliche Nutzung soll nicht entscheidend sein, da die Privilegierung unter konkreten Voraussetzungen eingreifen und gerade nicht von

439 RGZ 158, 391; RGZ 79, 246 (248).

440 *Von Reichel*, Wie haftet man für seine Tiere?, S. 19, 23; *Francke*, Die besondere Haftung des Tierhalters, S. 23; *Kayser*, in: Filthaut/Piontek/Kayser, HPflG, § 12 Rn. 229.

441 *Wagner*, in: MüKoBGB, § 833 Rn. 48.

442 *Wilhelmi*, in: Erman, § 833 Rn. 9.

443 *Wagner*, in: MüKoBGB, § 833 Rn. 48; *Wilhelmi*, in: Erman, § 833 Rn. 9; *Hofmann*, Haftpflichtrecht für die Praxis, S. 136: Keine Haustiere i. S. d. § 833 BGB sind damit beispielsweise gezähmte Rehe, Reptilien, gezähmte Raubtiere oder Bienen.

444 *Wilhelmi*, in: Erman, § 833 Rn. 9.

445 *Kayser*, in: Filthaut/Piontek/Kayser, HPflG, § 12 Rn. 229.

446 BGH, NJW-RR 2017, 725 Rn. 11; BGH, NJW 1982, 763; BGH, NJW 1986, 2501.

447 BGH, NJW 1971, 509; BGH, NJW-RR 1986, 572 (573); BGH, NJW-RR 2005, 1183.

Zufällen abhängen soll.[448] Die Haltung des Tieres darf auch nicht nur nebenbei dem wirtschaftlichen Zweck dienen, dies muss vielmehr überwiegend der Fall sein.[449] Es ist dabei aber nicht erforderlich, dass die Tierhaltung einen wesentlichen Teil des Lebensunterhalts des Tierhalters ausmacht.[450] Entscheidend ist, dass objektiv betrachtet die Möglichkeit besteht, nach einer gewissen Karenzzeit Gewinne zu erzielen.[451]

(2) Spezifisches zu den drei Varianten sowie Abgrenzung von Luxustieren

Unter der Variante der Berufstiere sind Tiere zu verstehen, die überwiegend zum Zwecke der Berufsausübung gehalten und genutzt werden.[452] Darunter fallen beispielsweise Diensthunde der Polizei,[453] Jagdhunde des Försters oder Hütehunde.[454] Der Erwerbstätigkeit des Tierhalters zu dienen bestimmt sind Tiere, die als Zug-, Zucht- oder Schlachtvieh in gewerblichen oder landwirtschaftlichen Betrieben gehalten werden.[455] Dem Unterhalt dienen für den eigenen Konsum gehaltene Nutztiere, wie beispielsweise Hühner, Milchkühe oder Schweine, aber auch der Blindenhund.[456]

Abzugrenzen sind die Nutztiere von den nichtprivilegierten Luxustieren. Diese zeichnen sich dadurch aus, dass sie überwiegend dem privaten und nicht dem wirtschaftlichen Interesse des Tierhalters dienen.[457] Es handelt sich dabei um aus Liebhaberei gehaltene Haustiere.[458] Darunter fällt z. B. das aus privatem Interesse gehaltene Rennpferd.[459] Ein Haustier ist auch dann als Luxustier einzustufen, wenn mit dem Tier Einnahmen erzielt werden, die aber nicht reichen, um die Haltungskosten zu decken.[460]

---

448 *Spindler*, in: BeckOK BGB, § 833 Rn. 28.
449 BGH, NJW 1971, 509; BGH, NJW-RR 1986, 572 (573).
450 BGH, VersR 2017, 702 Rn. 13.
451 BGH, VersR 2017, 702 Rn. 13.
452 *Wilhelmi*, in: Erman, § 833 Rn. 10.
453 BGH, VersR 1972, 1047 (1048).
454 *Hofmann*, Haftpflichtrecht für die Praxis, S. 137.
455 *Wilhelmi*, in: Erman, § 833 Rn. 11.
456 *Spindler*, in: BeckOK BGB, § 833 Rn. 29; *Wilhelmi*, in: Erman, § 833 Rn. 12.
457 *Spindler*, in: BeckOK BGB, § 833 Rn. 30.
458 *Hofmann*, Haftpflichtrecht für die Praxis, S. 136.
459 BGH, NJW-RR 2017, 725.
460 *Hofmann*, Haftpflichtrecht für die Praxis, S. 137.

Wird ein Tier sowohl privat als auch zur Erwirtschaftung von Gewinnen eingesetzt, kommt es wieder auf die allgemeine und überwiegende Zweckbestimmung an und nicht auf die im Zeitpunkt des Unfalls ausgeübte Funktion.[461]

b) Historischer Beweggrund sowie Sinn und Zweck der Privilegierung

Die Einführung des Satzes 2 blickt auf ein von Diskussionen geprägtes Gesetzgebungsverfahren zurück.[462] Die Agrarlobby forderte die Einführung der ursprünglich erwogenen Privilegierungsregelung.[463] Sie setzte sich schließlich mit dem aufgebauten Druck durch, da die Haftungsprivilegierung mit der Novelle vom 30. Mai 1908 eingeführt wurde.[464]

Ausschlaggebende Argumente für die Einführung des Satzes 2 beruhten maßgeblich auf dem sozialen Aspekt.[465] Angeführt wurde der ohne den Satz 2 bestehende existenzgefährdende Zustand durch die Regelung der Tierhalterhaftung für die Landwirte.[466] Dabei wurde auf die dadurch erfahrenen Härten für die Landwirte und die Personen, die auf die Tiere wirtschaftlich angewiesen sind, abgestellt.[467] Weiter wurde mit der für die Landwirte entstehenden Ungerechtigkeit argumentiert. Es wurde angeführt, dass die Nutztierhaltung nicht nur dem eigenen Interesse der Landwirte diene, sondern auch dem Interesse der Allgemeinheit. Eine Aufbürdung des Risikos auf Seiten der Landwirte ohne Möglichkeit der Befreiung sei daher nicht gerechtfertigt.[468] Im Lichte der gefährdeten Situation der Landwirte wurde weiterhin auf die bezweckte Entlastung der landwirtschaftlichen Produktion durch den Satz 2 abgestellt.[469]

Dem Argument, dass Tierhalter sich durch Versicherungen vor Schaden schützen können, wurde entgegengehalten, dass die Möglichkeit, sich zu versichern, von kleinen Unternehmern in der Regel nur selten genutzt wird. Die Landwirtschaftskammer Münster habe berichtet, dass von den ca. 52.000 landwirtschaftlichen Betrieben der Provinz Westfalen nur etwa 11.000 versichert seien.[470] Auch

---

461 *Kern*, in: Jauernig BGB, § 833 Rn. 7; *Wagner*, in: MüKoBGB, § 833 Rn. 49.

462 Siehe hierzu ausführlich unter 1. Kap. C. I. 1.

463 *Wagner*, in: MüKoBGB, § 833 Rn. 3; *Eberl-Borges*, in: Staudinger BGB, § 833 Rn. 3.

464 *Wagner*, in: MüKoBGB, § 833 Rn. 3; *Spickhoff*, in: BeckOGK BGB, § 833 Rn. 17.

465 BGH, NJW 1986, 2501 (2502).

466 *Mugdan*, Die gesamten Materialien zum Bürgerlichen Gesetzbuch, Bd. 2, S. 1403; BGH, NJW 1986, 2501 (2502).

467 *Bornhövd*, VersR 1979, 398 (399); *Gergen*, NuR 2007, 463 (467).

468 *Mugdan*, Die gesamten Materialien zum Bürgerlichen Gesetzbuch, Bd. 2, S. 1405.

469 *Spindler*, in: BeckOK BGB, § 833 Rn. 25.

470 52. Sitzung; Stenographische Berichte, Anlage Nr. 255, 3230 (3231).

die Berichte der Handelskammern würden erkennen lassen, dass kleinere Gewerbetreibende nur in seltenen Fällen Versicherungsschutz in Anspruch nehmen würden (ca. 30 % bzw. weniger), da die Versicherungsgebühr von kleineren Landwirten und Gewerbetreibenden als „erhebliche Belastung" empfunden werde.[471]

Der durch die Einführung des Satzes 2 verfolgte Sinn und Zweck[472] ist demnach einerseits die Landwirtschaft sowie alle Personen, die wirtschaftlich von den Tieren abhängen, nicht der Gefährdungshaftung und der damit einhergehenden zwingenden Haftung im Schadensfall sowie den Schadensersatzforderungen ausgeliefert zu lassen und andererseits bestehende Lücken im Haftpflichtversicherungsschutz kleiner und mittlerer landwirtschaftlicher Betriebe zu kompensieren.[473]

c) Zeitgemäßheit der Privilegierung

Die Privilegierung hat in den letzten Jahren Kritik erfahren und wurde als überholt eingestuft.[474] Dem ist im Ergebnis zuzustimmen, da die Privilegierung nicht mehr zeitgemäß ist und den aufkommenden Problemen in der heutigen Situation nicht gerecht wird.

aa) Zeitliche Überholung aufgrund des drastischen Rückgangs der Nutztierhaltung in Deutschland

Die zum Zeitpunkt der Entstehung des § 833 BGB vorgelegene Situation im Hinblick auf die Nutztierhaltung ist mit der aktuellen Situation nicht vergleichbar. Die Zahl der Nutztiere in Deutschland ist in den letzten 100 Jahren stark zurückgegangen.[475] Die Anzahl an Pferden beispielsweise, die zum Zeitpunkt der Entstehung der Norm den Gegenstand einer Vielfalt von Fällen ausmachten, hat im letzten Jahrhundert einen Rückgang von 90,5 % erfahren.[476] Der Rückgang ist nicht nur auf die Pferde beschränkt, sondern auch bei der Gesamtheit der Nutztiere zu beobachten.[477]

---

471 52. Sitzung; Stenographische Berichte, Anlage Nr. 255, 3230 (3231).

472 Siehe hierzu ausführlich unter 1. Kap. C. I. 1. d).

473 *Gergen*, NuR 2007, 463 (467); *Wagner*, in: MüKoBGB, § 833 Rn. 3.

474 *Spindler*, in: BeckOK BGB, § 833 Rn. 25; *v. Caemmerer*, Reform der Gefährdungshaftung, S. 20 f.; *Wagner*, in: MüKoBGB, § 833 Rn. 3; *Ebert*, jurisPR-BGHZivilR 19/2009, Anm. 4.

475 *Moritz*, in: jurisPK-BGB, § 833 Rn. 75; siehe hierzu ausführlich unter 1. Kap. B. I. 2. b) aa).

476 Siehe hierzu ausführlich unter 1. Kap. B. I. 2. b) aa).

477 Siehe hierzu unter 1. Kap. B. I. 2. b) aa), insbesondere der Rückgang der GVE um 42,5 %.

Hintergrund dieses Phänomens ist die starke Abnahme der Bedeutung der Agrarwirtschaft im letzten Jahrhundert.[478] Insbesondere der Rückgang der landwirtschaftlichen Betriebe um 95,4 % sowie die Reduzierung der Nutzflächen um fast die Hälfte zeigen, dass im Rahmen der Industrialisierung ein Wandel weg von der Agrarwirtschaft stattgefunden hat. Die Ersetzung der Nutztiere durch Traktoren und andere Maschinen hat die Haltung von Nutztieren in vielen Bereichen überflüssig gemacht.[479] Nutztiere werden überwiegend nur noch in der sich im letzten Jahrhundert verbreiteten Massentierhaltung gehalten, in welcher die klassischen Probleme, die freilaufende Tiere verursachen, nicht auftreten können.[480]

Einhergehend mit dem drastischen Rückgang der Nutztierhaltung ist der Zuwachs an Heimtieren in Deutschland, der sich auch wirtschaftlich in der Umsatzsteigerung des Heimtierbedarfsmarktes widerspiegelt und den Wandel des Schwerpunkts der Tierhaltung von der Nutztier- zur Heimtierhaltung verdeutlicht.[481]

Dem unter b) erörterten Sinn und Zweck der Regelung, die kleinen Landwirte und sonstigen Personen zu schützen, die wirtschaftlich auf die Nutztiere angewiesen sind, hat angesichts des Wandels und der sich geänderten Rahmenbedingungen an Relevanz verloren. Auch wenn eine deutliche Verringerung ihrer Anzahl zu beobachten ist, stellt sich dennoch die Frage, wie mit den noch verbleibenden Landwirten umgegangen werden sollte, um ihnen auch ohne die Privilegierung hinreichend Schutz zu bieten. Eine mögliche Lösung könnte der zwischenzeitlich erfolgte Wandel bei der Inanspruchnahme von Haftpflichtversicherungsschutz darstellen.

bb) Der gewandelte allgemeine Haftpflichtversicherungsschutz als Bestandteil des Abkehrgrundes

Als Argument für die Abkehr von der Verschuldenshaftung nach § 833 S. 2 BGB hin zur reinen Gefährdungshaftung, ohne die verbliebenen Landwirte schutzlos zu lassen, wird in der Literatur die Möglichkeit der Überwälzung des Schadensrisikos auf die Haftpflichtversicherung des Tierhalters angeführt.[482]

---

478 Siehe hierzu ausführlich unter 1 Kap. B. I. 2. c) aa), insbesondere der drastische Rückgang des Anteils der Agrarwirtschaft am Bruttoinlandsprodukt von 29 % im Jahr 1900 auf 0,9 % im Jahr 2021.

479 BGH, NJW, 1986, 2501 (2502); *Ebert*, jurisPR-BGHZivilR 19/2009, Anm. 4.

480 *Moritz*, in: jurisPK-BGB, § 833 Rn. 75; *Ebert*, jurisPR-BGHZivilR 19/2009, Anm. 4.

481 Siehe hierzu unter 1. Kap. B. I. 1. c) aa).

482 *Wagner*, in: MüKoBGB, § 833 Rn. 2 a. E.; *v. Caemmerer*, Reform der Gefährdungshaftung, S. 20 f.; *Metzing*, BLJ 2014, 80 (81).

Gegen dieses Argument lässt sich anführen, dass man mit der Annahme, dass die private Haftpflichtversicherung eine Verschuldenshaftung entbehrlich macht, konsequenterweise für jede Konstellation im Zivilrecht, bei welcher der Abschluss einer Haftpflichtversicherung möglich ist, von einer Verschuldenshaftung absehen und eine Gefährdungshaftung einführen müsste.[483] Unter Berücksichtigung der restriktiven Handhabung der Gefährdungshaftung im BGB[484] kann jedoch nicht davon ausgegangen werden, dass ein solcher Umgang vom Gesetzgeber oder der Rechtsprechung beabsichtigt ist.

Umgekehrt besteht jedoch auch kein Grund, eine gut begründete Gefährdungshaftungsnorm[485] mit dem Argument einzuschränken, es bestehe kein Versicherungsschutz auf Seiten der Haftungsadressaten.[486] Dies gilt umso mehr, als landwirtschaftliche Betriebe heutzutage im Allgemeinen über einen angemessenen Haftpflichtversicherungsschutz verfügen.[487] Allein von den Hundehaltern werden in Deutschland ca. 400 Millionen Euro jährlich für Versicherungsschutz ausgegeben.[488] Der ursprünglich verfolgte weitere Zweck, Lücken im Haftpflichtversicherungsschutz kleinerer und mittlerer landwirtschaftlicher Betriebe zu kompensieren, ist damit ebenfalls zeitlich überholt.[489]

cc) Probleme, die im Zusammenhang mit der Bestimmung auftreten

(1) Übermäßige Berufung auf die kommerzielle Widmung

Die Privilegierung in § 833 S. 2 BGB hat dazu geführt, dass Tierhalter sich zunehmend auf den wirtschaftlichen Zweck der Haltung des Tieres berufen haben, um vom Entlastungsbeweis zu profitieren.[490] Die Bemühungen der Gerichte, den Privilegierungstatbestand einzuschränken, finden sich in einer Reihe von Entscheidungen wieder. So wurde die vorgetragene gelegentliche Vermietung eines Pferdes für den in § 833 S. 2 BGB notwendigen kommerziellen Zweck als nicht

483 *Lehmann/Auer*, VersR 2011, 846 (847).

484 § 833 S. 1 BGB als einzig geregelter Fall der Gefährdungshaftung im BGB, siehe hierzu *Fuchs*, Deliktsrecht, S. 238; *Pfab*, VersR 2006, 894.

485 Zur den Rechtfertigungsgründen der Gefährdungshaftung in § 833 S. 1 BGB siehe 1. Kap. C. I. 2. a).

486 *Wagner*, in: MüKoBGB, § 833 Rn. 3.

487 BGH, NJW, 1986, 2501(2502); BGH NZV 2010, 135 (136); *Wagner*, in: MüKoBGB, § 833 Rn. 3; *Spickhoff*, in: BeckOGK BGB, § 833 Rn. 37; *Mayrhofer*, Außervertragliche Haftung für fremde Autonomie, S. 217.

488 Siehe hierzu unter 1. Kap. B. I. 1. c) aa).

489 *Wagner*, in: MüKoBGB, § 833 Rn. 3.

490 *Wagner*, in: MüKoBGB, § 833 Rn. 3.

ausreichend abgewiesen.[491] Auch die Erwägung, das Tier einmalig mit Gewinn zu veräußern, wurde erfolglos zur Begründung der Privilegierung angeführt.[492] Der Einsatz des Hundes als Bewacher des Privathauses bzw. gelegentlich als Deckrüde wurde von der Rechtsprechung ebenfalls als nicht für die Qualifikation eines Nutztieres i. S. v. § 833 S. 2 BGB ausreichend angesehen.[493]

In einem weiteren Fall hat sich ein Idealverein, der sich satzungsgemäß die Aufgabe der Reittherapie von Behinderten gegeben hat, auf die Privilegierung berufen, um von der Entlastungsmöglichkeit Gebrauch zu machen.[494] Dies wurde dem Verein vom Berufungsgericht und vom BGH mit der Begründung versagt, Pferde, die von einem nicht wirtschaftlichen Verein gem. § 21 BGB zur Erfüllung der satzungsgemäßen Aufgabe der Reittherapie von Behinderten gehalten würden, fielen nach ständiger Rechtsprechung nicht unter die privilegierten Tiere. Erforderlich sei vielmehr, dass die Tiere überwiegend oder jedenfalls in einem so erheblichen Umfang wie ein wirtschaftliches Unternehmen zu Erwerbszwecken genutzt werden. Damit weist der BGH ausdrücklich darauf hin, dass von der Privilegierung nicht ausufernd Gebrauch gemacht werden darf, und stellt höhere und damit eindämmende Anforderungen an den Begriff. Obwohl dieser Fall möglicherweise dazu dienen könnte, die Privilegierung auf Idealvereine auszudehnen, wird deutlich, dass die Gerichte diese Richtung nicht einschlagen möchten. Stattdessen neigen sie dazu, die Berufung auf die kommerzielle Widmung als übermäßig abzulehnen.

(2) Ungleichbehandlungen

Der Privilegierungstatbestand führt nicht mehr, wie ursprünglich dem Sinn und Zweck nach beabsichtigt, zur Herstellung von Gerechtigkeit,[495] sondern schafft Ungleichbehandlungen.

Die bestehende Ungleichbehandlung äußert sich bereits in den von der Regelung erfassten Tieren. Welche Tiere unter den Haustierbegriff fallen, richtet sich nach der inländischen Verkehrsauffassung.[496] Ein Kamel beispielsweise kann in Deutschland anders als in anderen Ländern dem allgemeinen Sprachgebrauch und der Verkehrsauffassung nach nicht als Haustier angesehen werden und fällt

---

491 OLG Düsseldorf, NJW-RR 1992, 475 (476).

492 OLG Köln, VersR 2001, 1396.

493 LG Flensburg VersR 1987, 942; *Wagner*, in: MüKoBGB, § 833 Rn. 50 f.

494 BGH, NJW, 2001, 1961 Rn. 7 f.

495 Siehe hierzu 2. Kap. B. II. 1) b).

496 *Spickhoff*, in: BeckOGK BGB, § 833 Rn. 110.

deshalb nicht unter die Privilegierungsregelung des § 833 S. 2 BGB.[497] Im konkreten Fall stürzte eine Person bei einem Ausritt auf einem Kamel, das zu Erwerbszwecken gehalten wurde, als dieses sich wegen Hundegebells erschreckte und umdrehte.[498] Hätte sich der gleiche Fall mit einem zu Erwerbszwecken gehaltenen Pferd anstatt einem Kamel ereignet, hätte dem Tierhalter die Exkulpationsmöglichkeit nach § 833 S. 2 BGB offen gestanden. Die unterschiedliche Behandlung beider Fälle wird nur daran festgemacht, dass Kamele, anders als Pferde, in Deutschland nicht als Haustiere angesehen werden. Es wird dabei jedoch außer Acht gelassen, dass sich an dem Vorgang des Vorfalles mit einem Pferd anstelle des Kamels nichts geändert hätte. Das Abstellen auf die inländische Verkehrsauffassung hat somit zur Folge, dass gleich gelagerte Fälle zu verschiedenen Haftungsregimen führen und von der Rechtsprechung anders entschieden werden.

Darüber hinaus führt die inländische Verkehrsauffassung zu Ungleichbehandlungen, da sie von der Tiergefahr abgekoppelt ist und die Umstände des Einzelfalles nicht berücksichtigt. Bei einem auf die Autobahn laufenden Bullen, der als Haustier gewertet wird, findet die Exkulpationsmöglichkeit nach § 833 S. 2 BGB grundsätzlich Anwendung;[499] bei im Zoo oder Zirkus geborenen und gehaltenen wilden Tieren, wie z. B. einem Kamel, hingegen nicht.[500] Auch ein gezähmtes Reh, das im Haus gehalten wird und die Gewohnheiten eines Haustieres angenommen hat, ist kein Haustier im Sinne der Vorschrift.[501]

Ebenso ist die für die Privilegierung vorgenommene Unterscheidung zwischen zahmen[502] und gezähmten[503] Tieren im Hinblick auf dadurch entstehende Ungleichbehandlungen fragwürdig. Die Rechtsprechung wendet die Privilegierung nur auf zahme Tiere an. Gezähmte Tiere, also solche, die nicht von Natur aus zahm sind, werden nicht unter die Regelung subsumiert.[504] Diese Unterscheidung

---

497 OLG Stuttgart, BeckRS 2018, 16107, Rn. 9; *Spickhoff*, in: BeckOGK BGB, § 833 Rn. 110; *Bocianiak*, VersR 2011, 981 (984).

498 OLG Stuttgart, BeckRS 2018, 16107.

499 OLG Celle, NJW 1975, 1891.

500 *Werner*, NJW 2012, 1048 (1049); *v. Bar*, Gemeineuropäisches Deliktsrecht, S. 211; *Sprau*, in: Grüneberg, BGB, § 833 Rn. 16.

501 *Eberl-Borges*, in: Staudinger BGB, § 833 Rn. 116.

502 Vgl. *Spickhoff*, in: BeckOGK BGB, § 833 Rn. 110: Darunter fallen z. B. Pferde, Esel, Hunde, Katzen, Rinder, Schweine und Ziegen.

503 Vgl. *Wagner*, in: MüKoBGB, § 833 Rn. 48: Darunter fallen z. B. Meerschweinchen und in Gehegen zur Fleischproduktion gehaltenes Reh- und Damwild.

504 *Bocianiak*, VersR 2011, 981 (984); *Spickhoff*, in: BeckOGK BGB, § 833 Rn. 112; *Wagner*, in: MüKoBGB, § 833 Rn. 48.

ist nur aufgrund der historischen Entwicklung zu erklären.[505] Argumentiert wird für diese unterschiedliche Behandlung mit der bei gezähmten Tieren fehlenden Beherrschungs- und Beaufsichtigungsmöglichkeit.[506] Eine Unterscheidung zwischen diesen Arten von Tieren ist jedoch verfehlt. Unter gezähmten Tieren i. S. v. § 960 Abs. 3 BGB versteht man Tiere, die nicht in Gefangenschaft leben und so an den Menschen gewöhnt sind, dass sie immer an den vom Menschen bestimmten Aufenthaltsort zurückkehren.[507] Die Beherrschung durch den Menschen äußert sich durch die Einwirkung auf den Instinkt des Tieres, das deshalb die Gewohnheit angenommen hat, zurückzukehren.[508]

Die Unterscheidung zwischen zahmen und gezähmten Tieren ist insofern nicht angemessen, als auch Tiere wie Pferde, die als zahm und damit als Haustiere gelten, von Natur aus Fluchttiere sind und erst an den Menschen gewöhnt werden müssen.[509] Die Grenze zwischen zahmen und gezähmten Tieren ist vielmehr fließend, das Abstellen auf die von Natur aus gegebene Zahmheit damit verfehlt.[510] Vielmehr sollte das Kriterium der Beherrschbarkeit entscheidend sein. Tiere, die durch Dressur beherrschbar werden können, sollten nicht kategorisch und von vornherein ausgeschlossen werden.[511] Somit ist der Ausgangspunkt der Einordnung in Kategorien der Zahmheit nicht zielführend. Ausgangspunkt sollte vielmehr die tatsächliche Haltung bzw. der tatsächliche Nutzungszweck des Tieres sein.[512]

(3) Abgrenzungsprobleme

Die Privilegierungsregelung des § 833 S. 2 BGB führt zu einer Vielzahl von Abgrenzungsproblemen, die ohne diese Regelung nicht bestehen würden. Beispielhaft kann der Fall der sog. doppelfunktionalen Tiere aufgegriffen werden. Bei einem Tier, das sowohl der Freizeitgestaltung als auch dem Erwerb dient, ist die

505 *Eberl-Borges*, in: Staudinger BGB, § 833 Rn. 119; *Spindler*, in: BeckOK BGB, § 833 Rn. 27; *Spickhoff*, in: BeckOGK BGB, § 833 Rn. 110; *Wagner*, in: MüKoBGB, § 833 Rn. 48.

506 *Spickhoff*, in: BeckOGK BGB, § 833 Rn. 110.

507 *Schermaier*, in: BeckOGK BGB, § 960 Rn. 17; *Kindl*, in: BeckOK BGB, § 960 Rn. 5.

508 *Kindl*, in: BeckOK BGB, § 960 Rn. 5.

509 *Spickhoff*, in: BeckOGK BGB, § 833 Rn. 112.

510 *Spindler*, in: BeckOK BGB, § 833 Rn. 27.

511 *Spickhoff*, in: BeckOGK BGB, § 833 Rn. 113.

512 *Spindler*, in: BeckOK BGB, § 833 Rn. 27; *Moritz*, in: jurisPK-BGB, § 833 Rn. 76.

hauptsächliche Zweckbestimmung entscheidend.[513] Deren Feststellung kann im Einzelfall schwierig sein und zu Unsicherheiten in der Rechtsanwendung führen. Auf einem Bauernhof gehaltene Hunde zählen nicht zu den Nutztieren und fallen somit nicht unter die Privilegierung, da der Luxuszweck überwiegt.[514] Bei Hunden auf einem Reiterhof mit wertvollen Pferden hingegen kommt es auf die Umstände des Einzelfalls an, die für die Berufung auf die Privilegierungsregelung den Nutztierhaltungszweck genau darlegen und beweisen müssen.[515] Ebenso mussten sich die Gerichte zu verschiedensten Fällen äußern, in denen die Nutztiereigenschaft von Reitpferden behauptet wurde.[516] Die Abgrenzungsschwierigkeiten, die sich bei doppelfunktionalen Tieren ergeben, führen dazu, dass die Anwendung der Privilegierungsregelung im Einzelfall von der richterlichen Gewichtung der jeweiligen Umstände abhängt.

Die Regelung führt darüber hinaus auch zu überflüssigen Streitfragen, wie der Frage nach der Haustiereigenschaft einer Biene.[517] Zwar wird die Haustiereigenschaft der Biene mangels Beaufsichtigungs- und Beherrschungsmöglichkeit von der h. M. abgelehnt,[518] jedoch wurden schon bei den parlamentarischen Beratungen mehrere Anträge gestellt, die Biene als Haustier anzuerkennen, die dann abgelehnt wurden.[519]

d) Fazit zur Privilegierung

Die in § 833 S. 2 BGB geregelte Privilegierung von Nutztieren führt zu verschiedenen Problemen, die sich zu der Zeit der Entstehung der Norm nicht bzw. nicht in diesem Ausmaß stellten, da die Nutztierhaltung noch einen anderen Stellenwert in der Gesellschaft hatte. Der sich im letzten Jahrhundert vollzogene deutliche Rückgang der Nutztierhaltung in Deutschland[520] hat zur Folge, dass die Regelung weder zeitgemäß noch problemlösend ist, sondern vielmehr Probleme hervorruft.

Um die noch übrig gebliebenen Landwirte zu schützen, die von der Tierhaltung Gebrauch machen, könnte man in Betracht ziehen, die Privilegierung

---

513 *Wagner*, in: MüKoBGB, § 833 Rn. 51; *Spickhoff*, in: BeckOGK BGB, § 833 Rn. 118; VersR 1982, 670 (671); VersR 1982, 336 (337); VersR 1986, 345 (346).

514 *Moritz*, in: jurisPK-BGB, § 833 Rn. 77.

515 BGH, NJW-RR 2005, 1183, Rn. 15.

516 Beispielhaft: VersR 1982, 670; VersR 2011, 407; OLG Nürnberg, MDR 2010, 385.

517 *v. Bar*, Gemeineuropäisches Deliktsrecht, S. 220.

518 RGZ 141, 406 (407); 158, 388 (391 f.); *Eberl-Borges*, in: Staudinger BGB, § 833 Rn. 120; *Wagner*, in: MüKoBGB, § 833 Rn. 48.

519 *Eberl-Borges*, in: Staudinger BGB, § 833 Rn. 120.

520 Siehe hierzu ausführlich unter 1. Kap. B. I. 2. b) aa).

soweit einzuengen, dass sie ausschließlich die Wirtschaftszweige begünstigt, von denen die Versorgung der Allgemeinheit mit land- und ernährungswirtschaftlichen Erzeugnissen abhängt.[521] Damit würden jedoch die mit der Privilegierung geschaffenen Ungleichbehandlungen und Abgrenzungsprobleme sowie die missbräuchliche Berufung auf die Norm nicht verhindert werden.

Es ist daher ratsam, die ursprüngliche Lösung des Gesetzgebers zu bevorzugen und die bestehende Privilegierung zu streichen.

2. Frankreich

a) Unterschiedslos objektive Haftung

aa) Darstellung des Grundsatzes

In Art. 1243 C. civ. wird lediglich auf das Tier als solches Bezug genommen, es erfolgt in keiner Hinsicht eine Unterscheidung.[522] Anders als in der deutschen Regelung erfolgt auch keine Privilegierung einer Tierart gegenüber einer anderen. Es handelt sich demnach bei der französischen Tierhalterhaftung um eine unterschiedslos objektive Haftung.[523] Es wird weder nach Tierart noch nach Rasse oder Gefährlichkeit des Tieres unterschieden.[524] Diese Unterschiedslosigkeit ist dem Urteil *Jand'heur* geschuldet,[525] das die Differenzierung danach, ob die Sache, die den Schaden verursacht hat, durch die Hand eines Menschen bedient wurde oder nicht, sowie die Notwendigkeit der Gefährlichkeit der Sache im Rahmen der Sachhalterhaftung abgeschafft hat.[526] Es wird in dem Urteil die Grundlage dafür gelegt, die Sachhalterhaftung an die Haltung der Sache und nicht an die Sache selbst und deren Eigenschaften zu knüpfen.[527] Das Urteil führte auch zu einer Ersetzung des Art. 1385 C civ. durch den Art. 1384 Abs. 1 C. civ., indem es Tiere

521 *Spickhoff*, in: BeckOGK BGB, § 833 Rn. 37.

522 Art. 1243 C. civ.: „*Le propriétaire d'un animal [...] que l'animal a causé [...] que l'animal [...].*"

523 *v. Bar*, Gemeineuropäisches Deliktsrecht, S. 219.

524 *Julien*, Dalloz 2018, Rn. 9; *Roland/Boyer*, Obligations, S. 283.

525 Cass. ch. réunies, 13. Februar 1930, D.P. 1930, 1, 57.

526 *Grynbaum*, Dalloz 2011, Rn. 17; *Julien*, Dalloz 2018, Rn. 9; Civ. 13. Februar 1930, D.P. 1930, 1, 57: „*Mais attendu que la loi, pour l'application de la présomption qu'elle édicte, ne distingue pas suivant que la chose qui a causé le dommage était ou non actionnée par la main de l'homme; qu'il n'est pas nécessaire qu'elle ait un vice inhérent à sa nature et susceptible de causer le dommage, l'article 1384 rattachant la responsabilité à la garde de la chose, non à la chose elle-même.*"

527 *Grynbaum*, Dalloz 2011, Rn. 17; *Julien*, Dalloz 2018, Rn. 9.

und unbelebte Sachen demselben zivilrechtlichen Haftungsregime unterwarf.[528] Daraus folgt, dass die Tierhalterhaftung lediglich an der Tierhaltung und nicht an den Tierarten oder Eigenschaften des Tieres festzumachen ist und es auf eine Unterscheidung jeglicher Art nicht ankommt.

bb) Infragestellung der Gleichbehandlung von Tieren und Sachen

Tiere und unbelebte Sachen dem gleichen Haftungsregime zu unterwerfen und die Ersetzung der spezifisch in Art. 1243 C. civ. geregelten Tierhalterhaftung durch die allgemeine Sachhalterhaftung in Art. 1242 Abs. 1 C. civ. sind nicht zu begrüßen.

Dass eine Norm, die als eine der wenigen explizit auf die Spezifizität der Tiere eingeht, von einem generellen Haftungsregime ersetzt wird, wird der Besonderheit der Norm nicht gerecht.[529] Art. 1243 C. civ. ist im Gegensatz zu anderen Bestimmungen, die nur sporadisch Rechtsstreitigkeiten hervorrufen und eine spezifische Regelung begründen, wie beispielsweise die Haftung für verfallene Gebäude in Art. 1244 C. civ., Gegenstand vielzähliger Rechtsstreitigkeiten.[530] Mit einer eigenständigen Regelung wird die Realität bei den Gerichten widergespiegelt.

Auch die Entwicklungen rund um das Recht und den Schutz der Tiere in Frankreich stehen im Widerspruch mit einer Gleichbehandlung von Tieren und Sachen. Die Gleichstellung stellt einen Rückschritt im Hinblick auf die jüngste Entwicklung rund um das Recht und die Stellung des Tieres dar und reiht sich damit nicht in die sich abbildende Tendenz ein. In den letzten Jahren haben der Tierschutz und das Bewusstsein um das Wohl der Tiere sowohl in der Bevölkerung als auch beim Gesetzgeber deutlich an Bedeutung gewonnen. Mit der Einführung des Art. 515-14 C. civ.[531] durch ein Gesetz aus dem Jahr 2015 spricht der Gesetzgeber den Tieren die Fähigkeit der Sensibilität ausdrücklich zu. Die menschliche Vorstellung vom Wesen des Tieres hat sich in der Gesellschaft im Laufe der Jahrhunderte von einer Sache zu einem fühlenden Lebewesen entwickelt, das sich durch die mit dem Gesetz anerkannte Sensibilität von unbelebten Sachen unterscheidet.[532] Das Gesetz sollte gerade der Besonderheit von Tieren, die nicht auf unbelebte Sachen zu reduzieren sind, Rechnung tragen.[533]

---

528 *Marguénaud*, Le droit animalier, S. 113.

529 *Marguénaud*, Le droit animalier, S. 114; *Hübner*, Die Haftung des Gardien, S. 145.

530 *Julien*, Dalloz 2018, Rn. 56.

531 Art. 515-14 C. civ.: „*Les animaux sont des êtres vivants doués de sensibilité [...].*"

532 *Falaise*, AJ 2020, S. 117.

533 *Mayaud*, RSC 2015, S. 85.

Die Anerkennung der Empfindungsfähigkeit von Tieren stellt einen wichtigen Wendepunkt in der Geschichte der Mensch-Tier-Beziehung dar.[534]

Der Gesetzgeber hat mit der Regelung der Tierhalterhaftung in Art. 1243 C. civ. eine Unterscheidung von der Haftung für unbelebte Sachen treffen wollen. Dass der Art. 1242 Abs. 1 C. civ den Art. 1243 C. civ. durch seinen weiten Anwendungsbereich absorbiert und damit ersetzt, spricht dem Tier seine Eigenschaft als Lebewesen, das sich aus eigener Kraft fortbewegen kann und sich damit von unbelebten Sachen unterscheidet, ab.[535] Dass die Haftung für Tiere gerade anders ausgestaltet werden sollte als die Sachhalterhaftung ist der Qualifikation des Tieres als besondere Gefahrenquelle geschuldet.[536] Insbesondere der mit einer eigenen Regelung für die Tierhalterhaftung verfolgte Zweck, dem Tierhalter deutlich vor Augen zu führen, welche Rechtsfolgen drohen, wenn er das Tier nicht bändigt und nicht ausreichende Sicherheitsvorkehrungen trifft, wird durch eine allgemeine Sachhalterhaftung nicht hinreichend erreicht.

cc) Ausblick auf die geplante Reform

(1) Auswirkungen des Reformentwurfs auf den Grundsatz der unterschiedslos objektiven Haftung

Mit dem Reformentwurf wird der Grundsatz der unterschiedslos objektiven Haftung bezüglich der Tierhalterhaftung umgesetzt, da diese abgeschafft wird und unter den neuen Art. 1243 PR fällt, der die allgemeine Sachhalterhaftung regelt. Die Differenzierung zwischen Sachen und Tieren wird damit insgesamt aufgehoben. Mit der Streichung des Artikels betreffend die Tierhalterhaftung geht der Reformentwurf noch einen Schritt weiter als die bisherige Rechtsprechung, die Fälle der Tierhalterhaftung noch unter den Art. 1243 C. civ. subsumiert hat, dabei aber die Voraussetzungen der allgemeinen Sachhalterhaftung aus Art. 1242 Abs. 1 C. civ. angewendet hat. Der Reformentwurf vollzieht damit lediglich das, was der Rechtsprechung aufgrund der Existenz der Norm der Tierhalterhaftung nicht möglich war. Die Streichung stellt keinen Widerspruch und auch keine Neuerung dar und ist insofern sinnvoll, als die Existenz zweier verschiedener Haftungsregimes bei identischer Handhabung und Voraussetzungen keinen Mehrwert bringt.

534 *Falaise*, AJ 2020, S. 117.
535 *Marguénaud*, Le droit animalier, S. 113.
536 Siehe ausführlich dazu unter 1. Kap. A. II. 2.

(2) Eigene Stellungnahme zu den Auswirkungen des Reformentwurfs

Der Reformentwurf reiht sich in die bisherige Rechtsprechung ein und geht sogar noch einen Schritt weiter. Die im Hinblick auf die Gleichbehandlung von Tieren und Sachen geäußerte Kritik[537] findet damit auch in der geplanten Reform keinen Anklang. Der Reformentwurf geht in die falsche Richtung und entfernt sich von der Entwicklung der letzten Jahre hinsichtlich der Stellung der Tiere und der Wahrnehmung der diese von Sachen unterscheidenden Besonderheiten. Auch wenn der Reformentwurf aufgrund der ständigen Rechtsprechung, die die Tierhalterhaftung schon unter die allgemeine Sachhalterhaftung subsumiert, zu begrüßen ist, ist die allgemeine Tendenz der Rechtsprechung und des Gesetzgebers nicht überzeugend und abzulehnen.

b) Lediglich aneignungsfähige Tiere?

Von dem weiten Tierbegriff ausgehend wurde im Rahmen der französischen Tierhalterhaftung diskutiert, ob lediglich aneignungsfähige Tiere in den Anwendungsbereich der Haftungsvorschrift fallen.[538] Trotz der generell geltenden Unterschiedslosigkeit der Sachhalter- und der Tierhalterhaftung verleitet der Wortlaut des Art. 1243 C. civ., der auf den Eigentümer abstellt,[539] zur Annahme, die Aneignungsfähigkeit des Tieres sei zur Haftungsbegründung erforderlich. Dies würde aber dem allgemein geltenden Grundsatz widersprechen, dass die Sachhalterhaftung ausschließlich an die Haltung und nicht an die Sache selbst anknüpft. Entscheidend soll diesem Grundsatz folgend lediglich sein, ob das Tier zum Zeitpunkt des Schadens einer Haltung unterlag oder nicht.[540] Die Aneignungsfähigkeit des Tieres ist damit keine zwingende Voraussetzung zur Anwendbarkeit der Regelung der Tierhalterhaftung.

c) Die Kategorisierung der Tiere

Die Literatur und Rechtsprechung haben anknüpfend an Art. 1243 C. civ., der die Haftung „dem Eigentümer" oder „demjenigen, der es benutzt" auferlegt, die der Tierhalterhaftung unterliegenden Tiere in drei Kategorien eingeteilt.

---

537 Siehe hierzu 2. Kap. B. II. 2. a) bb).

538 Zu nicht aneignungsfähigen Tieren siehe CA Angers, 12. Oktober 2011, n° 10/01811: In diesem Fall, in dem eine Person, die einen Bandwurm in sich trug, eine Rinderherde infizierte, hat da Gericht entschieden, dass der Bandwurm nicht aneignungsfähig ist.

539 Siehe hierzu Art. 1243 C. civ.: „*Le propriétaire d'un animal, ou celui qui s'en sert […].*"

540 *Dubuisson*, La responsabilité civile, S. 215; *Julien*, Dalloz 2018, Rn. 9.

Eine Kategorie bilden die domestizierten Tiere. Diese wurden vom französischen Kassationsgerichtshof als die Tiere definiert, „qui vivent, s'élèvent, sont nourris, se reproduisent sous le toît de l'homme et par ses soins."[541] Darunter fallen einerseits die Haustiere im engeren Sinne, wie die Katze oder der Hund.[542] Andererseits wird der Begriff aber weit verstanden und umfasst auch die insbesondere in den letzten Jahren vermehrt zuhause gehaltenen Tiere, wie beispielsweise Spinnen oder Schlangen.[543] Auch Nutztiere wie Esel, Pferde, Kühe, Schweine oder Ziegen sind Haustiere im Sinne dieser Kategorie.[544]

Die zweite Gruppe von Tieren umfasst gem. Art. 524 C. civ. die von einem Grundstückseigentümer für den Betrieb des Grundstücks gehaltenen Tiere.[545] Bevor der Art. 524 C. civ. durch das Gesetz vom 16. Februar 2015 reformiert wurde, enthielt er eine ausführliche Auflistung der davon betroffenen Tiere. Aufgezählt wurden gezüchtete Tauben, Wildkaninchen, Bienenstöcke und Teichfische.

Die dritte Kategorie bilden gezähmte Wildtiere. Grundsätzlich sind Wildtiere von der Tierhalterhaftung ausgenommen, weil es bei herrenlosen Sachen an der erforderlichen Haltung fehlt. Ein Wildtier ist eine sog. *res nullius*, die keinem Halter zuzuordnen ist.[546] Eine Ausnahme davon stellen aber gezähmte Wildtiere dar. Sie fallen in den Anwendungsbereich der Tierhalterhaftung.[547]

Aus haftungsrechtlicher Sicht unterscheiden sich die Kategorien nicht. Insbesondere findet, anders als im deutschen Recht, keine Privilegierung der einen Kategorie gegenüber den anderen statt. Die Kategorisierung der Tiere dient vielmehr ausschließlich der klaren Abgrenzung zu den Tieren, die nicht in den Anwendungsbereich der Tierhalterhaftung fallen (beispielsweise ungezähmte Wildtiere).

---

541 Crim. 14. März 1861, D.P. 1861, 1, 184.

542 *Julien*, Dalloz 2018, Rn. 10; *Julien*, Dalloz action 2020, Rn. 2222.41; *Malaurie/Aynès*, Droit des obligations, S. 102.

543 *Julien*, Dalloz 2018, Rn. 10.

544 *Julien*, Dalloz 2018, Rn. 10; Dalloz action 2020, Rn. 2222.41; *Malaurie/Aynès*, Droit des obligations, S. 102.

545 *Julien*, Dalloz 2018, Rn. 11; Dalloz action 2020, Rn. 2222.41.

546 So z. B.: wilde Hirsche, Civ. 2e, 4. Juni 1997, n° 95–13.151, Bull. civ. II, n° 99; *Mazeaud/Mazeaud*, Traité théorique et pratique, S. 81; *Redon*, D. 2015, Rn. 93; *Roland/Boyer*, Obligations, S. 284; *Malaurie/Aynès*, Droit des obligations, S. 102; *Delebecque/Pansier*, Droit des obligations, S. 177.

547 So z. B.: Zirkuselefant, Crim. 11. Januar 1967 n°66–91.194, Bull. crim. n° 21; dressierter Falke, Cour d'appel Metz, 14. Dezember 2017, n° 15/01969.

d) *Verlorene und entflohene Tiere*

Verlorene oder entflohene Tiere lassen die Haftung gem. Art. 1243 C. civ. nicht entfallen.[548] Der Halter haftet demnach auch für die Schäden, die sein verlorenes oder entflohenes Tier anrichtet, und kann sich seiner Haftung nicht aus diesen Gründen entledigen.[549]

3. *Südafrika*

Im südafrikanischen Recht erfolgt ebenso wie im französischen Recht keine Privilegierung etwaiger Tierarten. Es wird lediglich eine Unterscheidung hinsichtlich der Charakterisierung als Haustier oder als wildes Tier getroffen. Diese Unterscheidung wirkt sich auf die Anwendbarkeit der *actiones* aus.

a) *Die Behandlung von wilden Tieren im Rahmen der* actiones

aa) *Actio de feris*

Für Wildtiere gibt es im südafrikanischen Deliktsrecht einen eigenen Tatbestand (*actio de feris*), der bezwecken soll, Wildtiere von öffentlichen Orten fernzuhalten. Dabei kommt es bei der Haftung nicht auf das Eigentum an, es haftet vielmehr derjenige, der das Tier an den öffentlichen Ort bringt, unabhängig davon, ob es sich um ein wildes und damit herrenloses Tier handelt oder um ein Tier, welches der Kategorie wilder Tiere zugeordnet wird, jedoch im Eigentum einer Person steht und damit nicht herrenlos ist.[550]

bb) *Actio de pauperie*

Im Rahmen der *actio de pauperie* werden wilde Tiere aus dem Haftungstatbestand ausgenommen, da es gerade ihrer Natur entspricht, sich wild zu verhalten, und sie damit die Voraussetzung der Handlung *contra naturam sui generis* nicht erfüllen.[551] Ausnahmsweise ist es möglich, eine Haftung aus der *actio de pauperie* geltend zu machen, wenn ein wildes Tier domestiziert wird und als Haustier gehalten wird. Dabei wird die *actio de pauperie* jedoch oft nicht die erste Wahl sein, da ein wildes Tier frei herumlaufen zu lassen jedenfalls auch den Fahrlässigkeitstatbestand der *negligence* erfüllen wird, der weniger Voraussetzungen hat.[552]

---

548 Art. 1243 C. civ.: „*est responsable du dommage que l'animal a causé, […] soit qu'il fût égaré ou échappé.*"

549 *Terré*, Droit civil, Rn. 986.

550 *Macintosh/Scoble*, Negligence in delict, S. 162.

551 *Macintosh/Scoble*, Negligence in delict, S. 158.

552 *S. v. Fernandez*, 1966 (2) S.A. 259, 260 (A.D.).

cc) *Actio de pastu*

Auch die *actio de pastu* kann nicht auf wilde Tiere erstreckt werden, da Haftungsgrundlage das Eigentum ist, wilde Tiere im Normalfall aber nicht im Eigentum einer Person stehen. Eine Haftung für wilde Tiere aus der *actio de pastu* kommt nur in Betracht, wenn wilde Tiere bewusst auf einem Grundstück gesammelt und gehalten werden und einem anderen Grundstück Schaden zufügen.[553] Wird ein wildes Tier auf dem eigenen Grundstück gehalten, muss die das Tier anschaffende Person dafür sorgen, dass das Tier das Grundstück nicht verlässt und anderen keine Schäden zufügt.[554] Finden wilde Tiere hingegen das private oder öffentliche Grundstück von selbst auf, ohne dahin verbracht zu werden, ergibt sich im Regelfall keine Haftung, da es an einer rechtlichen Grundlage hierfür fehlt. Es wurde für unzumutbar empfunden, den Grundstückseigentümer in diesen Fällen für den durch die natürlich aufkreuzenden Tiere entstandenen Schaden haften zu lassen.[555]

dd) Zwischenergebnis

Eine Haftung für Wildtiere kann somit nur auf Fahrlässigkeit (*negligence*) oder auf Basis der *actio de feris* geltend gemacht werden, sowie ausnahmsweise auf Grundlage der *actio de pauperie*, wenn das wilde Tier wie ein Haustier gehalten wird.

b) Kritik der Vielfalt an actiones *am Beispiel des wilden Tieres*

Das Beispiel der Handhabung des wilden Tieres in der südafrikanischen Rechtsordnung hat gezeigt, dass die verschiedenen *actiones* zu unterschiedlichen Ergebnissen hinsichtlich der Behandlung der von wilden Tieren verursachten Schäden führen. Dies hat zur Folge, dass der Geschädigte sich für den jeweiligen Fall nicht auf alle *actiones* berufen kann, sondern nur auf die *actio*, die den Umständen des Einzelfalls entspricht. Neben der dadurch verursachten Rechtsunsicherheit beim Geschädigten wirft die Vielfalt an *actiones* die Fragen auf, ob eine solche zur Erfassung aller Schadensfälle erforderlich ist und ob sich daraus ein Vorteil etwaiger Art ergibt. Am Beispiel des durch ein wildes Tier verursachten Schadens lassen sich diese Fragen dahingehend beantworten, dass es auch denkbar ist, eine einheitliche *actio* vorzusehen, die die wilden Tiere nicht aus der Haftung ausschließt und diese Art von Schäden erfasst. Vorteile aus der besonderen Behandlung in

553 *Macintosh/Scoble*, Negligence in delict, S. 167.
554 *Sambo* v. *Union Govt.*, 1936 T.P.D. 182.
555 *Mbhele* v. *Natal Parks, Game and Fish Preservation Board*, 1980 (4) SA 303 (D&CLD).

einer eigenen *actio* ergeben sich im Vergleich zu einer einheitlichen Regelung infolgedessen weder für den Geschädigten noch für den Haftpflichtigen.

4. *Fazit und Vergleich der länderspezifischen Besonderheiten*

Der Vergleich dieses Aspektes unter den Rechtsordnungen zeigt, dass die deutsche und die französische Rechtsordnung einen entgegengesetzten Ansatz verfolgen. Während die deutsche Besonderheit darin liegt, die Nutztierhalter im Rahmen der Tierhalterhaftung zu privilegieren, setzt die französische Lösung gerade darauf, keine Unterschiede zwischen den Tierarten zu machen.

Anknüpfungspunkt der Tierhalterhaftung in Frankreich ist die Tierhaltung als solche und nicht Kriterien, die dem Tier anhaften. Die deutsche Tierhalterhaftung setzt zwar auch an der Tierhaltung als haftungsbegründendes Merkmal an, differenziert dann aber in einem zweiten Schritt hinsichtlich der Art des Tieres. Die südafrikanische Lösung regelt wie die französische Lösung keine Privilegierung. Sie sieht für verschiedene Tierarten nur unterschiedliche *actiones* vor, was aber, entgegen der deutschen Lösung, nicht zu einer Besserstellung einer Tierart gegenüber einer anderen führt.

Damit stellt die südafrikanische Lösung den Mittelweg zwischen der deutschen privilegierenden und der französischen unterschiedslosen Tierhalterhaftung dar. Ihr können auch nicht die Entgegenhaltungen gemacht werden, die bei den beiden anderen Rechtsordnungen zu einer Änderung der gewählten Lösungen veranlassen sollten. Die deutsche Aufteilung in privilegierte Nutztiere und nichtprivilegierte Luxustiere sowie der damit verfolgte Sinn und Zweck des Schutzes der Landwirte sind veraltet und überholt. Auch die französische Lösung der unterschiedslosen objektiven Haftung, die eine Gleichstellung der Tierhalterhaftung mit der Sachhalterhaftung zur Folge hat, wird den Besonderheiten, die sich aus der Tierhaltung ergeben, nicht mehr gerecht.[556]

Gegen die südafrikanische Lösung in Form von unterschiedlichen *actiones* spricht jedoch, dass die Vielfalt an *actiones* für die verschiedenen Tierarten nicht zwingend erforderlich ist, um alle Schadensfälle, die sich im Zusammenhang mit der Tierhaltung ergeben, abzudecken. Gerade der Vergleich der deutschen und französischen Regelungen zeigt, dass ein Tatbestand ausreichend ist, um alle Fälle abzudecken. Mit einer einheitlichen Regelung wird sichergestellt, dass der Geschädigte sich nicht zwischen verschiedenen Grundlagen entscheiden muss, was das Risiko der falschen Wahl der Haftungsgrundlage damit ausschließt. Die Reduzierung auf eine *actio* hat auch nicht zwingend die Folge, dass nicht alle

556 Siehe hierzu 2. Kap. B. II. 1. c) sowie 2. a) bb).

durch Tiere verursachten Schäden davon erfasst sind, vielmehr kommt es dafür auf den konkreten Wortlaut der einheitlichen *actio* an. Der Vergleich zur deutschen und französischen Lösung zeigt insbesondere, dass auch im Rahmen einer einheitlichen Regelung die Wahl getroffen werden kann, beispielsweise Schäden, die durch wilde Tiere verursacht wurden, davon zu erfassen oder nicht, und somit aus der Vielfalt der *actiones* kein Vorteil oder Nachteil für die eine oder andere Partei entsteht.

Der internationale Vergleich der Regelungen hat gezeigt, dass eine Unterscheidung zwischen Nutz- und Luxustieren, wie sie in Deutschland erfolgt, nicht zwingend erforderlich ist und vielmehr eine Ausnahme darstellt. Auch die unterschiedslose objektive Haftung, wie sie in Frankreich geregelt ist, findet in den beiden anderen untersuchten Rechtsordnungen kein Pendant. Für die südafrikanische Rechtsordnung hingegen wäre eine einheitliche Regelung vorzugswürdig, die auf alle Tierarten anwendbar ist und weitere *actiones* deshalb entbehrlich macht.

Die Änderungsbedürftigkeit sowie mögliche Änderungsvorschläge im Hinblick auf diesen Teilaspekt sind in folgendem Schema zusammengefasst.

Schema Nr. 2

Länderspezifische Besonderheit i. R. d. Tierbegriffs	**Änderungsbedürftig**	**Mögliche Änderung**
Deutschland	Privilegierung der Nutztiere veraltet und überholt.[557]	Abschaffung der Privilegierung der Nutztiere.
Frankreich	Unterschiedslos objektive Haftung und daraus folgende Gleichbehandlung von Tieren und Sachen.[558]	Gleichstellung von Tieren und Sachen aufgeben.
Südafrika	Verschiedene *actiones* für die verschiedenen Tierarten.[559]	Eine *actio* für alle Tierarten.

557 Siehe hierzu 2. Kap. B. II. 1. c).
558 Siehe hierzu 2. Kap. B. II. 2. a).
559 Siehe hierzu 2. Kap. B. II. 3. c).

III. Anpassung der traditionellen Grundsätze auf neue Konstellationen

1. Der Umgang mit dem therapeutischen Einsatz von Tieren

a) Deutschland

aa) Aktuelle Rechtslage

Der Einsatz von tiergestützter Therapie hat in den letzten Jahrzehnten an Bedeutung und Vielfalt zugenommen.[560] Nicht nur Hunde und Pferde werden zur Therapie eingesetzt, auch exotischere Tiere wie Lamas[561] oder Delfine[562] dienen heutzutage der tiergestützten Therapie.

Mit dem zunehmenden Einsatz von Tieren zu therapeutischen Zwecken stellt sich die Frage, wie damit haftungsrechtlich umzugehen ist. In Deutschland ist vor allem fraglich, ob diese Tiere als Nutztiere einzustufen sind und damit die Exkulpationsregelung des § 833 S. 2 BGB Anwendung findet. In der Rechtsprechung ist dies umstritten. Das OLG Frankfurt a. M. bejahte die Nutztiereigenschaft von Ponys eines Vereins für therapeutisches Reiten.[563] Argumentiert wurde dabei mit dem weit auszulegenden Wort „Beruf" in § 833 S. 2 BGB und dem Sinn und Zweck der Vorschrift, der nicht sei, den Entlastungsbeweis zu verwehren, nur weil die Gewinnerzielungsabsicht fehle. Vielmehr sei die Berufsalternative in § 833 S. 2 BGB als selbstständige Alternative neben der Erwerbstätigkeit und dem Unterhalt zu verstehen. Der BGH hingegen hat die Nutztiereigenschaft von Therapietieren eines Idealvereins verneint.[564] Er verwies dabei auf die Zweckbestimmung des gemeinnützigen Vereins, die nicht auf Erwerbstätigkeit, sondern auf Gemeinnützigkeit abzielte.[565] Mit dem Urteil verweigerte der BGH damit gemeinnützigen Vereinen, die Tiere zu therapeutischen Zwecken einsetzen, die Anwendung des § 833 S. 2 BGB.[566]

---

560 *Prothmann*, Tiergestützte Therapie, EHK 2008, 573; *Weber/Schwarzkopf*, Heimtierhaltung, S. 7, 20.

561 *Höke*, Tiergestützte Therapie mit Lamas, EHK 2008, 604 ff.

562 *Prothmann*, Tiergestützte Therapie, EHK 2008, 573.

563 OLG Frankfurt a. M., VersR 1995, 1362; so auch *Sprau*, in: Grüneberg, BGB, § 833 Rn. 17; *Schaub*, in: Prütting (Hrsg.), BGB, § 833 Rn. 14, der bei Idealvereinen eine Analogie zu § 833 S. 2 BGB für vertretbar hält.

564 BGH, NJW 2011, 1961 Rn. 8 = VersR 2011, 407; dem BGH folgend *Wagner*, in: MüKoBGB, § 833 Rn. 52.

565 BGH, NJW 2011, 1961 Rn. 8.

566 *Eberl-Borges*, LMK 2012, Anm.; *Kern*, in: Jauernig BGB, § 833 Rn. 7; *Scheffen*, NJW 1990, 2663.

bb) Ansichten in der Literatur und eigene Stellungnahme hinsichtlich der Anwendung von § 833 S. 2 BGB

Die Entscheidung des BGH wurde in der Literatur mehrfach kritisiert. Abgestellt wurde dabei zum Teil auf die vom BGH nicht erörterten Zweckbestimmungsmöglichkeiten des Berufs und des Unterhalts, zu welchen Therapiepferde, die zur Gesundheitsfürsorge beitragen, gehören würden und damit die Eigenschaft als Nutztier begründen würden.[567]

Bei der Interpretation der Entscheidung ist jedoch zu unterscheiden. Eine generelle Absage des BGH der Anwendung des § 833 S. 2 BGB auf tiergestützte Therapie lässt sich dem Urteil nicht entnehmen.[568] Die Entscheidung stützt die Nichtanwendung der Norm maßgeblich auf die Gemeinnützigkeit des Vereins, die schon begrifflich der Erwerbstätigkeit entgegensteht.[569] Die Eröffnung des Entlastungsbeweises ist somit nicht an der Eigenschaft des Pferdes als Therapietier als solches gescheitert, sondern vielmehr an der gewählten Vereinsform und den damit verfolgten ideellen Zwecken. Die Entlastungsmöglichkeit stünde dem Verein nur zu, wenn die Tiere überwiegend oder jedenfalls in einem so erheblichen Umfang wie ein wirtschaftliches Unternehmen zu Erwerbszwecken genutzt würden, das aber im Widerspruch mit der satzungsmäßig ideellen Zweckbestimmung des Vereins stünde.[570] Einem gewerblichen Verein, der Reittherapie gewinnorientiert anbietet, würde der Entlastungsbeweis aus § 833 S. 2 BGB unter dem Gesichtspunkt der Erwerbstätigkeit hingegen offenstehen.[571]

Der jedoch der Entscheidung zu entnehmenden Absage hinsichtlich des Entlastungsbeweises für einen Idealverein, der tiergestützte Therapie anbietet, ist zu widersprechen.[572] Zwar kann nicht auf Erwerbstätigkeit, die jede auf Erzielung von Gewinn gerichtete Tätigkeit darstellt,[573] abgestellt werden, jedoch greift die Variante des Berufs.[574] Der Begriff des Berufs in § 833 S. 2 BGB unterscheidet sich von der dort genannten Erwerbstätigkeit gerade durch die fehlende

567 *Eberl-Borges*, LMK 2012, Anm.

568 A. A. *Eberl-Borges*, LMK 2012, Anm.

569 BGH, NJW 2011, 1961 Rn. 8.

570 BGH, NJW 2011, 1961 Rn. 8.

571 *Spickhoff*, in: BeckOGK BGB, § 833 Rn. 118.

572 So auch *Eberl-Borges*, LMK 2012, Anm; OLG Frankfurt a. M., VersR 1995, 1362.

573 *Sprau*, in: Grüneberg, BGB, § 833 Rn. 17.

574 Die Erwerbstätigkeit für einen Idealverein ablehnend, jedoch die Eigenschaft des Berufstieres für Ponys eines therapeutischen Vereins bejahend: *Sprau*, in: Grüneberg, BGB, § 833 Rn. 17.

Gewinnerzielungsabsicht.[575] Zwar hat der Idealverein als juristische Person nicht einen Beruf als solchen, jedoch kommt es dann auf die tatsächlich wahrgenommenen Aufgaben des Vereins im Rahmen seiner Zweckbestimmung an.[576] Voraussetzung ist, dass die Haltung spezifisch mit der Berufstätigkeit des Halters zusammenhängt, sodass dieser auf die Haltung angewiesen ist.[577] Setzt der Verein die Tiere zur Therapie ein und lässt sich aus dem Angebot entnehmen, dass er auf die Therapietiere angewiesen ist, verfolgt er gerade seinen satzungsmäßigen Zweck, sodass die Tiere dem „Beruf" desselben dienen und der Entlastungsbeweis aus § 833 S. 2 BGB eröffnet ist.[578]

Die Verwehrung des Entlastungsbeweises in diesen Fällen würde zu einer unbilligen Unterscheidung zwischen wirtschaftlichen und nichtwirtschaftlichen Vereinen führen: Einem gewerblich betriebenen Verein, der die Tiertherapie mit Gewinnerzielungsabsicht betreibt und bewusst die damit verbundenen Gefahren in Kauf nimmt, steht dem BGH zufolge der Entlastungsbeweis offen, während einem gemeinnützigen Verein, der aus ideellen Zwecken handelt und die Tiere nicht zur Erzielung von Gewinnen hält, dieser verwehrt ist.[579] Diese Handhabung erschließt sich, wenn man sich auf den Standpunkt stellt, dass Personen, die auf Tiere wirtschaftlich angewiesen sind, nicht der Gefährdungshaftung ausgeliefert werden sollen.[580] Dabei wird jedoch übersehen, dass auch die Möglichkeit besteht, Tiere zu ideellen und altruistischen Zwecken und zum Wohle anderer zu halten, ohne dabei dem bloßen eigenen Vergnügen nachzugehen. Jemand, der sich aus altruistischen Gründen für die Tierhaltung entscheidet, ist zwar nicht darauf angewiesen, betrachtet die Tierhaltung jedoch nicht als reinen Luxus.[581] Eine Hinnahme der Diskriminierung von Idealvereinen und gemeinnützigen Zwecken ist auch nicht zwingend,[582] vielmehr ist diese durch die zulässige Anwendung der Norm vermeidbar.

Zusammenfassend ist festzustellen, dass die traditionellen Grundsätze, die bei der Entstehung des § 833 BGB eine Rolle spielten, nicht mehr mit dem sich verbreitenden Einsatz von tiergestützter Therapie im Einklang stehen. Die durch

---

575 *Eberl-Borges*, in: Staudinger BGB, § 833 Rn. 128.

576 *Eberl-Borges*, in: Staudinger BGB, § 833 Rn. 124.

577 OLG Saarbrücken, VersR 2018, 1143 (1144).

578 OLG Frankfurt a. M., VersR 1995, 1362; OLG Saarbrücken, VersR 2018, 1143 (1144).

579 *Spickhoff*, in: BeckOGK BGB, § 833 Rn. 118.

580 *Spickhoff*, in: BeckOGK BGB, § 833 Rn. 118.

581 *Mayrhofer*, Außervertragliche Haftung für fremde Autonomie, S. 220.

582 So aber: OLG Saarbrücken, VersR 2018, 1143 (1144); *Wagner*, in: MüKoBGB, § 833 Rn. 53.

den BGH vorgenommene unterschiedliche Behandlung von wirtschaftlichen und nichtwirtschaftlichen tiergestützten Therapievereinen ist unbillig und verkehrt die Absicht des damaligen Gesetzgebers, Schutzbedürftigen über den Entlastungsbeweis den nötigen Schutz zu gewähren, bei Nichtanwendung auf Idealvereine in ihr Gegenteil. Unter dem aktuellen Regime in § 833 BGB ist die Privilegierung in Satz 2 deshalb auch auf Therapietiere auszudehnen.

cc) Steht die neue Konstellation von zu therapeutischen Zwecken eingesetzten Tieren einer reinen Gefährdungshaftung entgegen?

Die Frage nach dem Umgang mit zu therapeutischen Zwecken eingesetzten Tieren ist auch im Hinblick auf die im Rahmen dieser Arbeit bevorzugte Streichung der Privilegierung in § 833 S. 2 BGB zu untersuchen. Insbesondere stellt sich die Frage, ob diese neue Konstellation einer reinen Gefährdungshaftung entgegensteht.

Ähnlich wie bei Einführung der Privilegierung im Jahr 1908 von den Landwirten angeführt wurde, kann für die Beibehaltung der Privilegierung damit argumentiert werden, dass die zu Therapiezwecken gehaltenen Tiere dem Wohl anderer dienen sollen und eine Aufbürdung des Risikos auf Seiten der Tierhalter deshalb nicht dem allgemeinen Gerechtigkeitsempfinden entsprechen könnte. Die konkrete Frage, die sich infolgedessen stellt, ist, ob das Schutzbedürfnis der Tierhalter von Therapietieren so erheblich ist, dass es die bereits dargelegten Rechtfertigungsgründe für eine reine Gefährdungshaftung im Rahmen des § 833 BGB überwiegt.[583]

Bei der Abwägung ist zu berücksichtigen, dass alle bereits dargelegten Rechtfertigungsgründe einer Gefährdungshaftung auch auf die Haltung von Therapietieren Anwendung finden:

- Das Halten von Therapietieren ist wie die allgemeine Haltung von Tieren, eine bewusste Entscheidung, die für die Allgemeinheit eine Gefahrenquelle schafft.
- Die Halter von Therapietieren ziehen aus der Tierhaltung einen wirtschaftlichen Mehrwert und Nutzen.
- Die Gefährdungshaftung kompensiert auch bei Therapietieren den Umstand, dass die Nutzung der Gefahrenquelle erlaubt ist, obwohl die Entstehung von Schäden trotz der Anwendung der erforderlichen Sorgfalt nicht immer verhindert werden kann.

583 Siehe hierzu 1. Kap. C. I. 2. a).

- Die Schadensverlagerung auf die Versicherungen ist möglich. Anders als bei der Einführung von § 833 S. 2 BGB im Jahr 1908 kann für die Beibehaltung der Privilegierung nicht auf das Argument zurückgegriffen werden, dass ein Versicherungsschutz unzumutbar und unüblich ist, da auch für Therapietiere ein Haftpflichtversicherungsschutz Standard bzw. teilweise Pflicht ist.[584] Das Argument, höhere Versicherungsprämien als Folge strengerer Haftungsregeln würden abschreckend wirken,[585] ist nicht stichhaltig, da die Halter von Therapietieren die entstandenen Mehrkosten auf die Allgemeinheit abwälzen können.

Bei der Abwägung ist außerdem zu berücksichtigen, dass der Normzweck des § 833 BGB – demjenigen, der die tatsächliche Gewalt über das Tier ausübt, einen haftungsrechtlichen Anreiz zu geben, das Tier zu kontrollieren, um eine potentielle Schadensentstehung zu vermeiden[586] – mit einer reinen Gefährdungshaftung besser als mit einer Privilegierung in Form der Verschuldenshaftung erreicht werden kann. Dies folgt daraus, dass dem Schädiger im Rahmen der Gefährdungshaftung auch die Schäden zugerechnet werden, die trotz aller Sorgfaltsmaßnahmen entstehen. Der Tierhalter ist im Rahmen der Gefährdungshaftung – anders als bei der Verschuldenshaftung – damit gezwungen, den aus der Aktivität gezogenen Nutzen mit der Summe aus Schadens- und Sorgfaltskosten in Beziehung zu setzen.[587]

Die Vernachlässigung dieses Normzwecks und die Sonderbehandlung von Haltern von Therapietieren sollten nur dann in Betracht gezogen werden, wenn die Anwendung einer reinen Gefährdungshaftung eine unverhältnismäßige Härte für diese Tierhalter bedeuten würde. Dies wäre vor allem dann der Fall, wenn Halter von Therapietieren schutzlos der Tierhalterhaftung ausgesetzt wären. Obwohl die Versicherung erst auf zweiter Ebene eine Rolle spielt, wenn es darum geht, den Schaden zu regulieren, reicht dies im Zusammenspiel mit dem zu erreichenden Normzweck von § 833 BGB sowie der im Übrigen auch gut begründeten Gefährdungshaftung aus, um von einer Privilegierung dieser Gruppe abzusehen. Auch ohne die Privilegierung wird auf Ebene der Schadensregulierung gewährleistet, dass Tierhaltern von Therapietieren eine Absicherung für mögliche Schäden zur Verfügung steht und eine unverhältnismäßige Härte verhindert.

Obwohl der BGH im Jahr 2010 entschieden hat, gemeinnützigen Vereinen, die Tiere zu therapeutischen Zwecken einsetzen, die Anwendung des

---

584 *Beetz/Riedel/Wolfarth*, Tiergestützte Interventionen, 6. Rechtliche Grundlagen.
585 *Mayrhofer*, Außervertragliche Haftung für fremde Autonomie, S. 226.
586 *Wagner*, in : MüKoBGB, § 833 Rn. 2.
587 *Wagner*, in MüKoBGB, Vor. § 823 Rn. 60.

§ 833 S. 2 BGB zu verweigern,[588] hat sich der Einsatz von Therapietieren in den letzten Jahren zunehmend verbreitet.[589] Dies deutet darauf hin, dass die Anwendung einer reinen Gefährdungshaftung auch keine zu starke abschreckende Wirkung entfalten würde.[590]

Ein über den auf Ebene der Schadensregulierung gewährleisteter Schutz der Tierhalter von Therapietieren ist auch trotz des teilweise altruistischen Charakters der Therapietierhaltung nicht gerechtfertigt. Ins Gewicht fällt dabei, dass die im Rahmen der Untersuchung der Zeitgemäßheit der Privilegierung dargelegten auftretenden Probleme[591] auch vor Therapietieren keinen Halt machen. Dies zeigt sich bereits in den unter aa) und bb) dargelegten unterschiedlichen Ansichten hinsichtlich der Behandlung von Therapietieren unter dem aktuellen Regime des § 833 S. 2 BGB.

b) Frankreich

aa) Aktuelle Rechtslage sowie wortlaut- und grundsatzgetreue Anwendung

Die Tierhaltung zu Therapiezwecken war zum Entstehungszeitpunkt der Norm in Frankreich noch nicht besonders ausgeprägt. Auch wenn man schon im 17. Jahrhundert davon ausging, dass die Harmonie zwischen Körper und Geist wiederhergestellt werden konnte, wenn der Mensch sich um ein Tier kümmert, entwickelte sich die Forschung, die die positiven Auswirkungen der Anwesenheit von Tieren auf die Gesundheit des Menschen empirisch belegt, erst gegen Ende des 20. Jahrhunderts.[592] Auch in Frankreich hat sich die tiergestützte Therapie in den letzten Jahrzehnten zunehmender Beliebtheit erfreut.[593] Dies zeigt sich insbesondere in der schnellen Entwicklung der französischen Terminologie in diesem Bereich: von „zoothérapie“ in 1995, über „thérapie assistée par l’animal“ in 1999 und „thérapie facilitée par l’animal“ in 2000 bis hin zu „(relation d’aide par la) médiation animale“ in 2005.[594] Seit den 50er Jahren hat sich beispielsweise ein regelrechtes Delfin-Phänomen entwickelt, das sich in Form der vielfach angebotenen und diversen Delfin-Therapien äußert.[595] Darüber hinaus zeigen immer

588 BGH, NJW 2011, 1961 Rn. 8.

589 Siehe hierzu 2. Kap. B. III. 1. a. aa.

590 a.A. *Mayrhofer*, Außervertragliche Haftung für fremde Autonomie, S. 225.

591 Siehe hierzu 2. Kap. B. II. 1. c.

592 *Lehotkay/Oriuela-Flores/Deriaz/Galli Carminati*, Psychothérapies 2012, S. 116 m. w. N.

593 *Lehotkay/Oriuela-Flores/Deriaz/Galli Carminati*, Psychothérapies 2012, S. 116.

594 *Michalon*, L’animal thérapeute, S. 390.

595 *Michalon*, L’animal thérapeute, S. 206.

mehr Studien, dass bemerkenswerte Verhaltensänderungen beim Menschen zu beobachten sind, die sich aus der Anwesenheit von Tieren ergeben.[596] Die zu Therapiezwecken gehaltenen Tiere sollen dem Wohl anderer dienen und führen zur Unterstützung der Menschen und zu Verbesserungen auf mehreren Gebieten.[597]

Mit der rasanten Entwicklung der tiergestützten Therapie in Frankreich stellt sich auch die Frage der Anwendbarkeit der Tierhalterhaftung auf diese Art der Tierhaltung. Die sich aus Art. 1243 C. civ. ergebende „responsabilité de plein droit" ist für den Tierhalter extrem belastend, da nur der Nachweis eines zufälligen Ereignisses, höhere Gewalt oder das Verschulden des Geschädigten oder eines Dritten zu der Entlastung des Tierhalters führen können.[598] In der Rechtsprechung ist anders als in Deutschland bezüglich der Anwendbarkeit der Norm auf Fälle von Therapietiere keine Debatte ersichtlich. Fraglich ist, ob im Hinblick auf die Vorteilhaftigkeit der Anwesenheit eines Tieres im therapeutischen Kontext auf mehreren Ebenen und in verschiedenen Formen[599] eine Ausnahme der Tierhalterhaftung oder eine Abmilderung derselben getroffen werden sollte.

Der Wortlaut sieht, anders als beispielsweise § 833 S. 2 BGB, der Nutztiere von Luxustieren unterscheidet, hinsichtlich der Tierart und ihrer Funktion keine Unterscheidung vor, sondern bezieht sich lediglich auf das Tier im Allgemeinen („un animal"). Art. 1243 C. civ. sieht auch keine besondere Behandlung für Halter von Tieren vor, die der tiergestützten Therapie dienen. Der Tiertherapie-Praktiker fällt damit auch unter den „gardien"-Begriff, für den im Wortlaut der Norm ebenfalls keine Unterscheidung hinsichtlich der Art der Haltung, beruflich oder privat, getroffen ist.[600] Die Tiere, die der tiergestützten Therapie dienen, aus der Tierhalterhaftung auszunehmen, würde auch gegen den Grundsatz der Unterschiedslosigkeit[601] der französischen Tierhalterhaftung verstoßen und somit nicht dem Willen des Gesetzgebers entsprechen. Würde man hier eine Ausnahme gestatten, würde dies eine Vielzahl von Einzelfällen auslösen, die ebenfalls eine Ausnahme

596 *Lehotkay/Oriuela-Flores/Deriaz/Galli Carminati*, Psychothérapies 2012, S. 116.

597 *Lehotkay/Oriuela-Flores/Deriaz/Galli Carminati*, Psychothérapies 2012, S. 117.

598 Siehe hierzu 1. Kap. C. II. 2.

599 *Lehotkay/Oriuela-Flores/Deriaz/Galli Carminati*, Psychothérapies 2012, S. 117: Positive Effekte der Behandlung mit Tieren wurden in unterschiedlichen Kontexten und zur Behandlung unterschiedlicher Krankheiten beobachtet, so z. B.: posttraumatischer Stress, Borderline-Störung, Depression, Autismus, Schizophrenie, Demenz, Alzheimer und Verhaltensstörungen bei Kindern.

600 Siehe hierzu Art. 1243 C. civ.: „*Le propriétaire d'un animal, ou celui qui s'en sert, pendant qu'il est en son usage […].*"

601 Siehe hierzu 2. Kap. B. II. 2. a) aa).

von der Haftung beanspruchen würden, wie beispielsweise für Berufstiere (der Polizeihund, der Jagdhund, der Hütehund etc.). Eine solche Zersplitterung der Anwendbarkeit der Tierhalterhaftung entspricht nicht dem Wortlaut der Norm und widerspricht der durch die Rechtsprechung entwickelten Unterschiedslosigkeit der Tierhalterhaftung.

bb) Eigene Stellungnahme

Um den durch die zivilrechtliche Haftung ersatzwürdigen Schaden festzustellen, sind die durch die Haftung verfolgten Zwecke abzuwägen.[602] Dabei ist die bezweckte Entschädigung des Geschädigten nicht als alleiniges Haftungsziel und Funktion der zivilrechtlichen Haftung zu berücksichtigen, vielmehr ist ebenso die Sanktionierung bestimmter als schädlich erachteter Verhaltensweisen, aber auch der Schutz der Interessen derjenigen, die handeln und dabei Interessen anderer schädigen können, in die Würdigung einzubeziehen.[603] Es ist ein Freiraum zu schaffen, in dem gehandelt werden kann, ohne dass der Handelnde zwingend die Haftung riskiert.[604]

Die Entwicklung der tiergestützten Therapie in den letzten Jahrzehnten geht zu einer immer weiter verbreiteten und häufiger von den Betroffenen in Anspruch genommenen Tiertherapie, was insbesondere im Hinblick auf die schon bewiesenen positiven Auswirkungen auf den Menschen nicht durch eine Haftungsregelung ausgebremst werden sollte. Der sich seit der Entstehung der Norm zunehmend verbreitete Einsatz von Therapietieren, der von einfachen Besuchen bis hin zu komplexen Therapiesitzungen reicht,[605] zeigt jedoch, dass die unterschiedslose Haftung keine abschreckende Wirkung und Ausbremsung zur Folge hat. Dies kann damit erklärt werden, dass das durch die allgemeine Haftung entstehende Risiko durch die dahinterstehenden Versicherungen aufgefangen wird. Die Regelung zur Tierhalterhaftung realisiert die mit ihr verfolgten Ziele auf erster Ebene selbst und wird auf zweiter Ebene, wenn es darum geht, den Schaden zu regulieren, von einem Auffangbecken in Form von Versicherungen flankiert.

Da auch mit einer unterschiedslosen Haftungsregelung im Zusammenspiel mit dem dahinterstehenden Versicherungsschutz die von der Tierhalterhaftung verfolgten Zwecke auch bei Therapietieren erreicht werden, ist eine Anpassung

---

602 *Borghetti*, RTD civ. 2010, Rn. 6.
603 *Borghetti*, RTD civ. 2010, Rn. 6.
604 *Borghetti*, RTD civ. 2010, Rn. 6.
605 *Lehotkay/Oriuela-Flores/Deriaz/Galli Carminati*, Psychothérapies 2012, S. 116.

der Regelung entgegen der wortlaut- und grundsatzgetreuen Anwendung nicht erforderlich.

c) *Südafrika*

aa) Aktuelle Rechtslage

Auch in Südafrika ist eine Zunahme an tiergestützter Therapie zu beobachten.[606] Dabei werden neben den Therapien mit klassischen Therapietieren wie Hunden und Pferden auch Therapien mit exotischeren Tieren wie Affen oder Elefanten angeboten.[607] Im südafrikanischen Recht gibt es zu der Stellung von Therapietieren im Rahmen der Deliktshaftung jedoch keine besondere Regelung. Auch in der Rechtsprechung finden sich keine Fälle, die durch Therapietiere verursachte Schäden behandeln. Aus der oben beschriebenen Rechtslage ergibt sich, dass eine Differenzierung hinsichtlich der Arten von Tieren, wie sie in Deutschland mit § 833 S. 2 BGB besteht, nicht vorgenommen wird. Die *actiones* unterscheiden lediglich zwischen Haus- und Wildtieren. Ähnlich wie in der französischen Rechtsordnung findet demnach im südafrikanischen Recht eine unterschiedslose Haftung statt, die nicht nach der Funktion des Tieres unterscheidet. Somit wird ein Therapietier wie jedes andere Tier behandelt und eine Haftung bei Vorliegen der weiteren Voraussetzungen bejaht.

Denkbar ist in dieser Konstellation das Vorbringen jeder der vier *actiones*. Der naheliegendste Fall ist der Rückgriff auf die *actio de pauperie*, wenn ein Therapietier sich *contra naturam* verhält und dabei einen Schaden anrichtet. Dabei wird trotz der Qualifizierung der Handlung als *contra naturam sui generis* auf ein Verhalten abgestellt, das gegen die Natur der Tiere der Klasse, zu welcher das schädigende Tier gehört, bzw. gegen die Natur von Haustieren im Allgemeinen verstößt.[608] Die Klassifizierung der Tiere erfolgt aber nach Tierart (Hund, Katze, Pferd etc.) und nicht nach der vom Tier eingenommenen Funktion oder nach individuellen Eigenschaften des Tieres, sodass auch hier keine Differenzierung vorgenommen wird, wenn es sich beispielsweise um einen Therapiehund handelt. Das Verhalten des Therapiehundes wird dann ins Verhältnis zu dem Verhalten anderer Hunde gesetzt und nicht ins Verhältnis zu der besonderen Eigenschaft von Therapiehunden.

---

606 *Lubbe/Scholtz*, A case study, S. 116; *Naidoo*, Barking up the Wrong Tree, S. 3.

607 *Thompson*, Exploring best practices in animal-assisted therapy, S. 17.

608 *Neethling/Potgieter/Visser*, Law of delict, S. 382; *Cowell* v. *Friedman & Company* (1888), 5 HCG 22 (40); *Polojac*, Actio de pauperie: Anthropomorphism and rationalism, S. 136; siehe hierzu ausführlich unter 2. Kap. D. IV. 1. a) aa) (2).

Auch die *actio de pastu* ist denkbar, wenn das Therapietier einen Schaden an dem Land einer fremden Person zufügt, oder die *actio de feris*, wenn es sich um ein gefährliches Tier in diesem Sinne handelt, was bei einem Elefanten beispielsweise der Fall ist. Die Anwendung der *actio legis Aquiliae* als Auffangtatbestand ist bei Therapietieren ebenfalls denkbar.

Fraglich ist jedoch, ob die uneingeschränkte Anwendung auf Therapietiere vom Sinn und Zweck der südafrikanischen Tierhalterhaftung gewollt ist oder ob eine andere Handhabung der im Zusammenhang mit Therapietieren entstandenen Schäden angebracht ist. Die *actio de pauperie*, die *actio de pastu* und die *actio de feris* sehen für durch Tiere verursachte Schäden jeweils eine strikte Haftung vor, die das Verschulden des Tierhalters außer Betracht lässt. Eine Differenzierung hinsichtlich der Besonderheit bei Therapietieren ist aufgrund des strikten Charakters der Haftungsregelungen nicht vorgesehen. Die *actio legis Aquiliae*, als verschuldensunabhängige Haftung, berücksichtigt zwar das Verschulden des Tierhalters, jedoch wird auch hier nicht auf das Tier im konkreten Fall und dessen besondere Funktion abgestellt.

bb) Eigene Stellungnahme

Die auf römischem Recht basierenden Haftungsregelungen sind zu Zeiten entstanden, zu denen es die tiergestützte Therapie und die tiergestützte Aktivität nicht bzw. nicht in dem Ausmaß gab, wie es heute in Südafrika der Fall ist. Bei der Würdigung der aktuellen Rechtslage ist zu beachten, dass die Tierhalterhaftung ursprünglich auf dem Gedanken der Rache beruhte.[609] Dies äußerte sich dadurch, dass das schädigende Tier verantwortlich für den Schaden war und dem Geschädigten übergeben wurde, der sich daran rächen konnte. Dieser verfolgte Zweck wandelte sich mit der Zeit in den mit der Tierhalterhaftung primär verfolgten Ausgleich des entstandenen Schadens durch den Tierbesitzer um.[610] Die Rache trat dabei in den Hintergrund und wurde von dem Ausgleichsgedanken verdrängt, der nicht der einzige Zweck ist, der mit der Tierhalterhaftung verfolgt wird. Wie bei der Entwicklung vom Gedanken der Rache zum Ausgleich des Geschädigten ist auch der Schutz der Interessen derjenigen, die handeln, im Rahmen des modernen Verständnisses der Tierhalterhaftung in Betracht zu ziehen.

Wie schon im deutschen und im französischen Teil festgestellt wurde, ist der Schutz der Tierhalter, die Tiere halten, die dem Wohl anderer dienen, auch im

609 *Van der Walt*, Strict liability in the South African law of delict, S. 75; *Wylie*, SALJ 1934, 170; *Van der Walt*, A few thoughts on the basis of delictual liability, S. 2.

610 *Van der Walt*, Strict liability in the South African law of delict, S. 75.

südafrikanischen Recht auf Schadensebene durch die Versicherungen hinreichend gewährleistet. Ein darüberhinausgehender Schutz, der eine besondere Behandlung der Tierhalter von Therapietieren zur Folge hätte, lässt sich im südafrikanischen Recht genauso wenig wie im deutschen und französischen Recht rechtfertigen.

2. *Die Stellung von zu wissenschaftlichen Zwecken gehaltenen Tieren*

a) *Deutschland*

aa) Aktuelle Rechtslage

Auch die Stellung von Versuchstieren zu wissenschaftlichen Untersuchungen und ihre haftungsrechtliche Einordnung ist umstritten. Zum Teil werden unter Berufung auf den Sinn und Zweck der Norm die zu wissenschaftlichen Versuchszwecken gehaltenen Tiere nicht als Haustiere gesehen, selbst wenn sie der Gattung nach Haustiere sind, erforderlich sei vielmehr, dass die Tiere auch tatsächlich als Haustiere genutzt werden.[611] Entgegengehalten wird dem, ebenfalls unter Abstellen auf den Zweck der Norm, dass solche Tiere als Haustiere anzusehen seien, die berufsbedingt gehalten werden.[612]

bb) Eigene Stellungnahme

Unter Zugrundelegung des § 833 S. 2 BGB ist der Ansicht zuzustimmen, die Versuchstieren nicht grundsätzlich die Haustiereigenschaft abspricht. Dies ergibt sich aus der Befolgung der vom Gesetz vorgegebenen Systematik. Zur Erfüllung der Voraussetzungen des § 833 S. 2 BGB ist zunächst erforderlich, dass es sich gattungsmäßig um ein Haustier im Sinne der Vorschrift handelt.[613] Ist dies gegeben, muss das Tier gem. § 833 S. 2 BGB der Erwerbstätigkeit, dem Beruf oder dem Unterhalt dienen. Die Haltung von Versuchstieren in wissenschaftlichen Instituten erfolgt im Regelfall zu berufsbedingten Zwecken, nämlich zu wissenschaftlichen Untersuchungszwecken wie z. B. zur Serumgewinnung.[614] Damit sind für die Versuchstiere, die der Gattung nach Haustiere sind, die Voraussetzungen des § 833 S. 2 BGB grundsätzlich gegeben.

---

611 *Wilhelmi*, in: Erman, § 833 Rn. 9; RGZ 79, 246 (248); *Eberl-Borges*, in: Staudinger BGB, § 833 Rn. 121; *Sprau*, in: Grüneberg, BGB, § 833 Rn. 16; *Katzenmeier, in:* NK-BGB, § 833 Rn. 18.

612 *Spickhoff*, in: BeckOGK BGB, § 833 Rn. 111; *Wagner*, in: MüKoBGB, § 833 Rn. 52.

613 Siehe dazu 2. Kap. B. II. 1. a) aa).

614 *Eberl-Borges*, in: Staudinger BGB, § 833 Rn. 121.

Das vorgebrachte Gegenargument, der Sinn und Zweck der Vorschrift erfasse nur Haustiere, die tatsächlich als Haustier bzw. der Üblichkeit entsprechend verwendet werden und Versuchstiere deshalb im Wege der teleologischen Reduktion ausgenommen sind,[615] greift nicht. Eine Ausnahme der Versuchstiere aus ergibt sich nicht aus dem oben schon erörterten Sinn und Zweck der Regelung,[616] nämlich Personen, die auf Tiere wirtschaftlich angewiesen sind, nicht der Gefährdungshaftung ausgeliefert zu lassen. Eine tatsächliche Verwendung als Haustier bzw. die Haltung der Üblichkeit entsprechend ist in § 833 S. 2 BGB gerade nicht Voraussetzung, erforderlich ist lediglich die Fähigkeit das Tier angemessen zu beaufsichtigen. Diese Fähigkeit geht durch die Laborhaltung nicht verloren, eine Beaufsichtigung der Tiere ist weiterhin erforderlich und möglich.

Würde man die tatsächliche Verwendung als Haustier zur Begründung des § 833 S. 2 BGB voraussetzen, müsste man konsequenterweise auch Zirkus- und Zootiere aus dem Anwendungsbereich nehmen, da diese auch nicht in ihrer Eigenschaft als Haustiere gehalten werden, sondern als Schaustück fungieren.[617] Im Fall der Zirkus- und Zootiere ist der Verlust der Haustiereigenschaft aber ebenso wenig einleuchtend. Die in § 833 S. 2 BGB vorausgesetzte Fähigkeit, das Haustier unter Beachtung der erforderlichen Sorgfalt angemessen zu beaufsichtigen, geht nicht durch die Zirkus- oder Zoohaltung verloren.[618] Ein nachvollziehbarer Grund, diesen Tieren wegen des Normzwecks die Haustiereigenschaft abzusprechen, ist damit nicht ersichtlich.

Die Folge dieser Argumentation ist, dass zu Forschungszwecken gehaltene Tiere als Nutztiere i. S. d. § 833 S. 2 BGB gelten, soweit es sich um Haustiere wie z. B. Mäuse, Hamster, Katzen oder Hunde handelt, und als Luxustiere, sofern es sich beispielsweise um Ratten handelt.[619] Die unterschiedliche Behandlung der jeweiligen Versuchstiere ist jedoch in tatsächlicher Hinsicht nicht gerechtfertigt. Eine zu Versuchszwecken gehaltene Maus anders zu behandeln als eine Laborratte leuchtet nicht ein. Dies ist in Anwendung der Norm zwar konsequent, jedoch aus lebensnaher Sicht verfehlt. Die Verfehlung ergibt sich aber nicht aus der Tatsache, dass diese Haustiere, wie teilweise vertreten, nicht unter § 833 S. 2 BGB fallen sollten, weil sie nicht wie Haustiere gehalten werden, sondern vielmehr

---

615 *Wilhelmi*, in: Erman, § 833 Rn. 9; *Eberl-Borges*, in: Staudinger BGB, § 833 Rn. 121.

616 Siehe hierzu 2. Kap. B. II. 1. b).

617 Für einen Verlust der Haustiereigenschaft von Zootieren: *Eberl-Borges*, in: Staudinger BGB, § 833 Rn. 121.

618 *Bocianiak*, VersR 2011, 981 (984 f.).

619 *Brüggemeier*, HaftungsR, S. 109.

daraus, dass die Norm des § 833 S. 2 BGB zu Ungleichbehandlungen führt.[620] Der verfehlte Ansatz ist im konkreten Fall die unterschiedliche Behandlung einer Ratte und einer Maus und nicht die der Norm nach konsequente Einstufung des Versuchstieres als Nutztier in einem Fall und als Luxustier im anderen.

Zusammenfassend lässt sich feststellen, dass die Ausgestaltung der Norm mit zwei verschiedenen Haftungsregimen im Rahmen der immer häufiger eingesetzten Labortiere je nach Auslegung zu unterschiedlichen Ergebnissen und Haftungsarten führt und sogar im Rahmen der privilegierten Haftung unterschiedliche Behandlungen je nach Tierart vorsieht. Diese Unterscheidung erscheint aus heutigem Gesichtspunkt willkürlich und führt vor Augen, dass die Norm veraltet ist und der sich durch die Versuchstiere neu ergebenden Konstellation nicht mehr gerecht wird.

cc) Steht die neue Konstellation von zu wissenschaftlichen Zwecken gehaltenen Tieren einer reinen Gefährdungshaftung entgegen?

Die Frage nach dem Umgang mit Versuchstieren ist auch im Hinblick auf die im Rahmen dieser Arbeit bevorzugte Streichung der Privilegierung in § 833 S. 2 BGB zu untersuchen. Dass auch die neue Konstellation der Versuchstiere nicht einer reinen Gefährdungshaftung entgegensteht, lässt sich mit der unter 1. a. cc) entwickelten Argumentation begründen. Auch auf Versuchstiere finden die Rechtfertigungsgründe einer Gefährdungshaftung sowie der mit § 833 BGB verfolgte Zweck Anwendung. Der auch bei Versuchstieren standardmäßig gegebene Versicherungsschutz reicht im Zusammenspiel mit dem zu erreichenden Normzweck von § 833 BGB sowie der im Übrigen auch gut begründeten Gefährdungshaftung aus, um von einer Privilegierung und einem darüberhinausgehenden Schutz dieser Gruppe abzusehen.

b) Frankreich

Die französische Tierhalterhaftung aus Art. 1243 C. civ. findet dem Wortlaut nach („un animal“) ohne Differenzierung auf die zu wissenschaftlichen Zwecken gehaltenen Versuchstiere Anwendung. Für die Versuchstiere sollte das für die Therapietiere unter 1. b) bb) Entwickelte entsprechend gelten. Versuchstiere werden zu Forschungszwecken gehalten. Der Umgang und die Haltung von Versuchstieren ist damit dahingehend mit der Haltung von Therapietieren vergleichbar, als beide Haltungsarten dem Wohl der Allgemeinheit dienen. Da auch mit einer unterschiedslosen Haftungsregelung im Zusammenspiel mit dem dahinterstehenden

620 Siehe dazu 2. Kap. B. II. 1. c) cc) (2).

Versicherungsschutz, die von der Tierhalterhaftung verfolgten Zwecke auch bei Versuchstieren erreicht werden, ist eine Anpassung der Regelung entgegen der wortlaut- und grundsatzgetreuen Anwendung nicht erforderlich.

c) *Südafrika*

Die Anzahl an in Südafrika zur Forschung gehaltenen Tieren ist nicht bekannt.[621] Unabhängig von dieser Geheimhaltung ist eine Zunahme an Forschungsprojekten, bei denen Tiere eingesetzt werden, weltweit und insbesondere in Afrika zu beobachten.[622] Trotz der zunehmenden Anzahl an Versuchstieren finden, wie in der französischen Rechtsordnung, die allgemein gefassten *actiones*, die auf das Tier als solches abstellen („animal"), ohne Besonderheiten auf zu wissenschaftlichen Zwecken gehaltene Versuchstiere Anwendung. Dabei ist wie bei der Stellungnahme zur deutschen Rechtslage auch eine Anwendung der *actio de pauperie* auf Versuchstiere anzunehmen, auch wenn diese nur auf Haustiere anwendbar ist. Der Begriff und das Konzept des Haustieres im Rahmen der *actio de pauperie* sind weit zu verstehen.[623] Es kommt dabei, genau wie bei der deutschen Rechtslage, nicht auf die tatsächliche Verwendung als Haustier an, sondern vielmehr auf die Haustierfähigkeit des betroffenen Tieres. Das Merkmal des „domestic animal" im Rahmen der *actio de pauperie* dient dem Ausschluss von wilden Tieren aus dem Anwendungsbereich der Norm.[624] Somit ist es für die Anwendung der *actio de pauperie* auf Versuchstiere nicht hinderlich, dass die Tiere, die zu Versuchszwecken gehalten werden, nicht als Haustier im eigentlichen Sinn fungieren.

Hinsichtlich der Wertung der uneingeschränkten Anwendung der *actiones* auf die Versuchstiere gilt auch hier das für die Therapietiere unter 1. c) bb) Gesagte. Wie unter 3) b) für die französische Situation ist auch hier damit zu argumentieren, dass die Versuchstiere zwar der Allgemeinheit dienen, eine Differenzierung hinsichtlich der Haftung aber nicht vorgenommen werden sollte, da die Haftung der Halter dieser Tiere nicht unverhältnismäßig ist. Ein über den Versicherungsschutz hinausgehender Schutz ist im Hinblick auf den Normzweck der Tierhalterhaftung und der mit der bewussten Haltung dieser Tiere eingegangene Risiko für die Allgemeinheit nicht gerechtfertigt.

621 *Youens*, Animal Rights, S. 12.
622 *Nyika*, Animal research ethics in Africa: An overview, S. 48.
623 *Neethling/Potgieter/Visser*, Law of delict, S. 382.
624 *Neethling/Potgieter/Visser*, Law of delict, S. 382.

3. *Fazit zum Umgang mit neuen Konstellationen*

Zusammenfassend ist festzustellen, dass der Umgang mit den neuen Konstellationen in jeder Rechtsordnung anders gehandhabt wird. Während in Deutschland die neuen Variationen der Tierhaltung zu Meinungsverschiedenheiten in der Literatur und der Rechtsprechung geführt haben, wird in Frankreich unterschiedslos die allgemeine Regelung angewandt und keine Ausnahme oder Abwandelung von der Haftungsregelung gemacht. Auch in Südafrika ist für die genannten Konstellationen keine Besonderheit vorgesehen.

Die streitige Anwendbarkeit der privilegierten Verschuldenshaftung aus § 833 S. 2 BGB führt zu Ungewissheit seitens des Halters und zu nicht zu rechtfertigenden Ungleichbehandlungen. Im Ergebnis ist auf alle hier behandelten spezifischen Konstellationen in Deutschland die Privilegierung aus § 833 S. 2 BGB zwar grundsätzlich anzuwenden, jedoch wäre eine Streichung der Privilegierung wünschenswert. Auch der vorliegende französische Reformentwurf geht nicht auf die neuen Konstellationen ein. Eine Ausnahme für die neu aufgekommenen Spezialfälle der Tiere, die gehalten werden, um der Allgemeinheit Dienste zu leisten, ist in dem Entwurf nicht vorgesehen. Der Entwurf bleibt vielmehr bei der unterschiedslosen Anwendung der verschuldensunabhängigen Haftung.

C. Die Kausalität

I. Deutschland

In welchen Fällen von einer Schadensverursachung durch ein Tier auszugehen ist, kann im Rahmen der Tierhalterhaftung nicht anhand der gewöhnlichen Frage nach der Kausalität beantwortet werden.[625] Die Kausalität wird grundsätzlich festgestellt, um eine Verantwortlichkeit zu begründen.[626] Da Tiere jedoch nicht den Rechtssubjekten zugeordnet werden und deshalb nicht haftbar gemacht werden können,[627] scheidet eine Verantwortlichkeit der Tiere aus. Die Verantwortlichkeit trifft vielmehr den Halter der Tiere, der wiederum jedoch nicht den Kausalitätserwägungen unterliegt.[628] Um trotzdem eine Kausalität herzustellen, wird die Kausalität des Tierverhaltens für den Schaden nach den allgemeinen haftungsrechtlichen Grundsätzen untersucht und diese dann dem Tierhalter zugerechnet.

---

625 A. A. *Haase*, JR 1973, 13, der lediglich darauf abstellt, ob ein Schaden durch die Reaktion des Tieres adäquat verursacht worden ist.

626 *v. Bar*, Gemeineuropäisches Deliktsrecht, S. 230.

627 *Stresemann*, in: MüKoBGB, § 90a Rn. 3.

628 *v. Bar*, Gemeineuropäisches Deliktsrecht, S. 230.

Die allgemeine Prüfung der Kausalität erfolgt unter Anwendung der Äquivalenztheorie einerseits und der Adäquanztheorie andererseits.[629]

Im Rahmen der äquivalenten Kausalität ist eine unmittelbare Kausalität nicht erforderlich, vielmehr reicht eine mittelbare Verursachung genauso wie eine Mitursächlichkeit des tierischen Verhaltens.[630] Beispielhaft kann hier der Fall angeführt werden, bei welchem ein Motorradfahrer bremsen muss, weil sich Kühe auf der Straße befinden, er deshalb stürzt und von einem nachfolgenden Lkw getötet wird.[631]

Die Tauglichkeit des Kriteriums der Adäquanz im Rahmen der Tierhalterhaftung wird von der Literatur in Frage gestellt.[632] Vorgetragen wird einerseits, dass es sich um ein Konstrukt handelt, das vom Richter, der auf die Normalität als Vergleichsmaßstab abstellen soll, Kreativität verlangt und deshalb zu Unschärfen führt.[633] Andererseits wird vorgebracht, dass im Rahmen der Tierhalterhaftung nicht auf die Vorhersehbarkeit nach allgemeiner Lebenserfahrung abgestellt wird, sondern auf die spezifische Auswirkung der Gefahren, für die der Tierhalter nach § 833 BGB haften soll.[634] Erforderlich ist gerade, dass sich die besondere Gefahr in der Verletzung und im Schaden realisiert hat.[635] Bei der haftungsbegründenden Kausalität reicht lediglich die Verwirklichung der Gefahr. Im Rahmen der haftungsausfüllenden Kausalität soll die Adäquanzprüfung aber beibehalten werden, um völlig ungewöhnliche Kausalverläufe aus der Haftung auszunehmen.[636]

---

629 Zur Erläuterung dieser allgemeinen Kausaltheorien siehe beispielsweise *Fikentscher/Heinemann*, Schuldrecht, § 53 Rn. 621 ff. Aufgegriffen werden in diesem Abschnitt nur die sich im Rahmen der Tierhalterhaftung ergebenden Besonderheiten im Hinblick auf die Kausalität.

630 *Wagner*, in: MüKoBGB, § 833 Rn. 12; *Eberl-Borges*, in: Staudinger BGB, § 833 Rn. 27.

631 BGH, VersR 1957, 167; für weitere Fälle mittelbarer Verursachung vgl. *Wagner*, in: MüKoBGB, § 833 Rn. 12 m. w. N.

632 *Spickhoff*, in: BeckOGK BGB, § 833 Rn. 52; *Pfab*, VersR 2006, 894.

633 *Dunz*, VersR1984, 600.

634 *Spickhoff*, in: BeckOGK BGB, § 833 Rn. 52.

635 *Deutsch/Ahrens*, Deliktsrecht, § 24 Rn. 525; *Schulin*, Festschrift für Wolfgang Gitter, S. 921.

636 *Spickhoff*, in: BeckOGK BGB, § 833 Rn. 53; *Böhme*, Haftung für Tiere im deutschen und US-amerikanischen Recht, S. 33.

Unter den Aspekt der Unterbrechung des Zurechnungszusammenhangs fallen die sog. Herausforderungs- oder Verfolgungsfälle.[637] Nach den Kriterien, die für diese Fälle entwickelt worden sind, sollte die Reaktion verhältnismäßig sein. Daran kann es bei unsinnigem oder leichtfertigem Einschreiten fehlen.[638] Bei Schreckreaktionen kommt es auf die Gewöhnlichkeit bzw. Ungewöhnlichkeit der Reaktion an, die sich an der Bevölkerungsgruppe, welcher der Geschädigte angehört, misst.[639] So wird die Tierhalterhaftung zu bejahen sein, wenn eine ältere Dame aus Angst vor einem auf sie zukommenden Hund stürzt.[640] Handelt es sich hingegen um eine ungewöhnliche Reaktion gemessen an der jeweiligen Bevölkerungsgruppe, scheidet eine Zurechnung aus.[641] Bei sog. Schockschäden ist auf die Reaktion eines durchschnittlich Empfindenden abzustellen.[642] Ein Herzinfarkt infolge bloßer Beobachtung sich raufender Hunde beispielsweise führt mangels eines Zurechnungszusammenhangs zwischen dem Verhalten des Hundes und dem Herzinfarkt des Geschädigten im Lichte der Grundsätze zu Schockschäden nicht zur Tierhalterhaftung.[643]

II. Frankreich

1. Die Kausalität als Voraussetzung der Haftung

Das Bestehen eines Kausalzusammenhangs ist auch im französischen Deliktsrecht unabhängig davon, ob es sich um die Haftung für eigenes Handeln, für das Verschulden eines Dritten oder um die Sachhalterhaftung geht, eine zwingende

---

637 AG Frankfurt a. M., NJW-RR 2000, 759 (760): Freilaufende Dobermänner, die einen Menschen angreifen, der sich zu retten versucht, auf ein Autodach springt und dieses dabei beschädigt; OLG Oldenburg, VersR 2002, 1166: Heranstürmende Hunde veranlassen einen Menschen zur Flucht.

638 *Spickhoff*, in: BeckOGK BGB, § 833 Rn. 54; *Wagner*, in: MüKoBGB, § 833 Rn. 14; *Eberl-Borges*, in: Staudinger BGB, § 833 Rn. 28.

639 *Eberl-Borges*, in: Staudinger BGB, § 833 Rn. 29; *Spickhoff*, in: BeckOGK BGB, § 833 Rn. 55; a. A. *Wagner*, in: MüKoBGB, § 833 Rn. 14, der auf die Vorhersehbarkeit abstellt.

640 OLG Nürnberg, NJW-RR 1991, 741.

641 *Eberl-Borges*, in: Staudinger BGB, § 833 Rn. 29; *Spickhoff*, in: BeckOGK BGB, § 833 Rn. 55; der Sturz einer ungewöhnlich nervenschwachen Person, die durch das Anbellen oder Anspringen eines offensichtlich ungefährlichen Hundes erschrickt, wurde als ungewöhnliche Reaktion gewertet und daraufhin der Zurechnungszusammenhang verneint, vgl. RG JW 1908, 41 (42).

642 *Spickhoff*, in: BeckOGK BGB, § 833 Rn. 57.

643 OLG Karlsruhe, VersR 1993, 614 (615).

Voraussetzung.[644] Es erfolgt keine Unterscheidung zwischen haftungsausfüllender und haftungsbegründender Kausalität, vielmehr handelt es sich um eine einheitliche Struktur, die die Kausalität als eine von drei Voraussetzungen der Haftung vorsieht.[645] Eine Definition der Kausalität findet sich im C. civ. nicht, jedoch ergibt sich das Erfordernis des Kausalzusammenhangs aus dem Wortlaut der Art. 1242 ff. C. civ., die auf das Verb „verursachen" („causer") zurückgreifen.[646] Der Kausalzusammenhang zwischen dem schädigenden Ereignis[647] und dem Schaden ist für die Deliktshaftung unabdingbar.[648] Das schädigende Ereignis muss zwingend die Ursache für den Schaden gewesen sein.[649] Insbesondere bei der verschuldensunabhängigen Haftung, bei welcher das Verschulden des Beklagten naturgemäß nicht nachgewiesen werden muss, kommt der Frage der Kausalität eine entscheidende Rolle zu.[650]

Den Kausalzusammenhang herzustellen, ist jedoch schwierig, da ein Ereignis aus einer Vielzahl von Faktoren resultiert und dabei unterschieden werden muss, welche tatsächlich als Ursache qualifiziert werden können.[651] Um dies herauszufinden, wurden verschiedene Theorien entwickelt. Darunter findet sich beispielsweise die Theorie der *causa proxima*, welche davon ausgeht, dass das dem Schaden zeitlich am nächsten liegende Ereignis als Ursache festzuhalten ist.[652] Von den vielen entwickelten Theorien haben sich im Laufe der Zeit vor allem zwei durchgesetzt: die „théorie de l'équivalence des conditions" und die „théorie de la causalité adéquate", die es im Folgenden genauer zu beleuchten gilt.

---

644 *Terré*, Droit civil, Rn. 1090; *Canselier*, RTD Civ. 2010, 41; *Conte*, La responsabilité civile délictuelle, S. 101; *Bacache-Gibeili*, Les obligations, S. 497; *Fabre-Magnan*, Droit des obligations, S. 127.

645 *Heinze*, Die Reform des französischen Haftungsrechts, S. 110.

646 *Terré*, Droit civil, Rn. 1090; *Quézel-Ambrunaz*, Définition de la causalité en droit français, S. 343; *Sargos*, D. 2008, 1935.

647 Übersetzt aus dem Französischen: „*fait générateur de responsabilité*", „*fait dommageable*", „*fait illicite.*"

648 *Quézel-Ambrunaz*, Définition de la causalité en droit français, S. 346; *Grynbaum*, Dalloz 2011, Rn. 147; *Renault-Brahinsky*, Droit des obligations, S. 150; *Julien*, Dalloz 2018, Rn. 27.

649 *Terré*, Droit civil, Rn. 1089.

650 *Canselier*, RTD Civ. 2010, 41.

651 *Le Tourneau*, Dalloz 2009, Rn. 44; *Julien*, Dalloz action 2020, Rn. 2131.51.

652 *Pouillade*, Le lien de causalité, 84; *Le Tourneau*, Dalloz 2009, Rn. 46; *Julien*, Dalloz action 2020, Rn. 2131.53; *Conte*, La responsabilité civile délictuelle, S. 137.

a) *Die „théorie de l'équivalence des conditions"*

Die „théorie de l'équivalence des conditions", welche als Bedingungstheorie übersetzt werden kann, stützt sich im Wesentlichen auf zwei Elemente: das des notwendigen Charakters der Bedingungen für das Auftreten des Schadens und das der notwendigen Gleichwertigkeit der Bedingungen untereinander.[653] Mit anderen Worten sind die *sine qua non*-Bedingungen einer Folge ihre Ursachen und im Verhältnis zueinander bei der Erzeugung dieser Folge gleichwertig.[654] Erforderlich ist damit einerseits, dass die Bedingung eine *Conditio sine qua non* des Schadens darstellt. Bedingung ist demnach jedes Ereignis, ohne das der Schaden nicht eingetreten wäre.[655] Andererseits wertet die Theorie jede der eingetretenen Bedingungen in ihrem Verhältnis zum eingetretenen Schaden als gleichwertig.[656]

Nachteil dieser Theorie ist, dass sie nicht selektiv genug ist und deswegen die zahlreichen Bedingungen, die zur Schadensentstehung beigetragen haben, zu einer Vielzahl an Ursachen führen können.[657] Von der Theorie werden zum einen keine Kriterien geliefert, die bei der Auswahl und Priorisierung der relevanten kausalen Bedingungen helfen würden. Zum anderen hilft die Bedingungstheorie in den Fällen, in denen eine Vielzahl von Ursachen ausreicht, um einen Schaden zu verursachen, nicht weiter.[658]

b) *Die „théorie de la causalité adéquate"*

Um eine effizientere Selektierung zu erreichen, wurde deshalb die Adäquanztheorie („théorie de la causalité adéquate") entwickelt, nach der die Kausalität vorliegt, wenn ein Ereignis nach dem gewöhnlichen Lauf der Dinge und nach der Lebenserfahrung geeignet ist, den Schaden herbeizuführen.[659] Damit bleiben die Ereignisse, die nach der normalen Lebensanschauung eines objektiven

---

653 *Pouillade*, Le lien de causalité, S. 68; *Fabre-Magnan*, Droit des obligations, S. 128.

654 *Pouillade*, Le lien de causalité, S. 69: „*les conditions ‚sine qua non' d'une conséquence en sont les causes, et sont, entre elles, équivalentes dans la production de cette conséquence*"; *Fages*, Droit des obligations, S. 338.

655 *Le Tourneau*, Dalloz 2009, Rn. 47; *Julien*, Dalloz action 2020, Rn. 2131.54; *Conte*, La responsabilité civile délictuelle, S. 139; *Bacache-Gibeili*, Les obligations, S. 506; *Malaurie/Aynès*, Droit des obligations, S. 58.

656 *Lüchinger*, Die Tierhalterhaftung, S. 53; *Fabre-Magnan*, Droit des obligations, S. 128.

657 *Le Tourneau*, Dalloz 2009, Rn. 48.

658 *Pouillade*, Le lien de causalité, S. 71, 73; *Bacache-Gibeili*, Les obligations, S. 506.

659 *Le Tourneau*, Dalloz 2009, Rn. 49; *Julien*, Dalloz action 2020, Rn. 2131.55; *Bacache-Gibeili*, Les obligations, S. 507; *Fages*, Droit des obligations, S. 338.

Dritten außerhalb der Erfahrung und Erwartung liegen, unberücksichtigt.[660] Um eine Bedingung als adäquate Ursache für eine bestimmte Folge anzusehen, muss sie objektiv eine Folge derselben Art ermöglichen, andernfalls handelt es sich lediglich um eine nicht zu berücksichtigende zufällige Ursache.[661] Die Adäquanztheorie nimmt damit eine Sortierung in der Kausalreihe vor und berücksichtigt nur diejenige Ursache, die normalerweise zu dem Schaden führen müsste.[662] Die Theorie führt im Ergebnis dazu, dass verschiedene Faktoren des Schadens nach dem Grad ihrer Adäquanz klassifiziert werden.[663] An dieser Theorie kritisiert wurde jedoch, dass die zum Vergleich herangezogene Normalität lediglich eine vom Richter rekonstruierte und damit subjektive Normalität ist, was im Ergebnis dem Urteil über die adäquate Kausalität einen vagen Charakter verleiht.[664]

c) Die Umsetzung in der gerichtlichen Praxis

Eine einheitliche Anwendung einer der Theorien durch die Gerichte besteht nicht.[665] Die französischen Gerichte halten sowohl an der „théorie de l'équivalence des conditions" als auch an der „théorie de la causalité adéquate" fest und wenden die eine oder die andere nach Belieben an.[666] Eine herrschende Theorie lässt sich nicht bestimmen.[667] Beiden Theorien gemeinsam ist die fehlende Vorgabe hinsichtlich der anzuwendenden Grundsätze und Entscheidungskriterien. Vorzugsweise wird die „théorie de l'équivalence des conditions" im Rahmen der verschuldensabhängigen und die „théorie de la causalité adéquate" bei der verschuldensunabhängigen Haftung herangezogen.[668] Im Rahmen der Tierhalterhaftung, die als unwiderlegbare Verschuldensvermutung ausgestaltet ist, wird

---

660 *Le Tourneau*, Dalloz 2009, Rn. 49; *Julien*, Dalloz action 2020, Rn. 2131.55; *Conte*, La responsabilité civile délictuelle, S. 140; *Bacache-Gibeili*, Les obligations, S. 507.

661 *Pouillade*, Le lien de causalité, S. 75; *Malaurie/Aynès*, Droit des obligations, S. 59; *Fabre-Magnan*, Droit des obligations, S. 130.

662 *Fornacciari/Chauvaux*, Exonérations ou atténuations de responsabilité, Rn. 4.

663 *Pouillade*, Le lien de causalité, S. 76.

664 *Pouillade*, Le lien de causalité, S. 77.

665 *Conte*, La responsabilité civile délictuelle, S. 141; *Bacache-Gibeili*, Les obligations, S. 511; *Fages*, Droit des obligations, S. 338; *Fabre-Magnan*, Droit des obligations, S. 132.

666 *Le Tourneau*, Dalloz 2009, Rn. 51; *Julien*, Dalloz action 2020, Rn. 2131.56; *Conte*, La responsabilité civile délictuelle, S. 141.

667 *Lüchinger*, Die Tierhalterhaftung, S. 53.

668 *Le Tourneau*, Dalloz 2009, Rn. 52; *Julien*, Dalloz action 2020, Rn. 2131.56; *Bacache-Gibeili*, Les obligations, S. 510; *Knetsch*, in: French Civil Liability, S. 139.

von den Gerichten damit überwiegend auf die „théorie de la causalité adéquate“ zurückgegriffen.

2. *Ausblick auf die geplante Reform*

Mit der geplanten Reform wird nichts Substantielles an der Kausalität geändert. Der Reformentwurf bezieht insbesondere nicht Stellung dazu, welche der beiden Theorien (Äquivalenz- oder Adäquanztheorie) vorzugswürdig ist, sondern lässt weiterhin die Anwendung beider Theorien zu. Auch wird in dem Entwurf nicht festgelegt, welche Grundsätze, Abwägungsgesichtspunkte oder Entscheidungskriterien bei den jeweiligen Theorien anzuwenden sind, und lässt diese Frage damit wieder unbeantwortet.[669] Auch der Begriff der Kausalität wird in dem Entwurf nicht definiert. Es bleibt bei der bloßen Verwendung des Verbes „causer“,[670] ohne diesen mit Inhalt zu füllen, und der grundsätzlichen Festlegung, dass die Haftung einen Kausalzusammenhang zwischen dem Verhalten des Schädigers und der Schädigung voraussetzt.[671]

Dass mit der Reform die Gelegenheit nicht genutzt wird, Unklarheiten zu beseitigen und eine gewisse Struktur in die wesentlichen Elemente wie die Kausalität hineinzubringen, ist bedauernswert. Dies ist insbesondere deswegen unverständlich, weil der Reformentwurf für andere Begriffe wie z. B. den „gardien“[672] in Art. 1243 Abs. 4 PR oder die „faute“[673] ausdrückliche Definitionen vorsieht, welche die durch die Rechtsprechung entwickelten Kriterien übernehmen. Auch in anderen Punkten, wie beispielsweise der ausdrücklichen Unterscheidung zwischen „dommage“ und „préjudice“,[674] die bis dato vielmehr als Synonyme verwendet wurden, weist der Reformentwurf Bemühungen auf, Klarheit zu schaffen. Der Entwurf hätte sich in dieser Hinsicht insbesondere im Hinblick auf die Einführung des Art. 1239 PR, der die Notwendigkeit des Kausalzusammenhangs statuiert, dazu

---

669 *Fages*, Die Reform des französischen Haftungsrechts, S. 21.

670 Siehe hierzu Art. 1243 Abs. 1 PR: „*On est responsable de plein droit des dommages causés par le fait des choses corporelles que l'on a sous sa garde.*“

671 Siehe hierzu Art. 1239 Abs. 1 PR: „*La responsabilité suppose l'existence d'un lien de causalité entre le fait imputé au défendeur et le dommage.*“

672 Siehe hierzu Art. 1243 Abs. 4 PR: „*Le gardien est celui qui a l'usage, le contrôle et la direction de la chose au moment du fait dommageable.*“

673 Siehe hierzu Art. 1242 PR: „*Constitue une faute la violation d'une prescription légale ou le manquement au devoir general de prudence ou de diligence.*“

674 Siehe hierzu Art. 1235 PR: „*Est réparable tout préjudice certain résultant d'un dommage et consistant en la lesion d'un intérêt licite, patrimonial ou extrapatrimonial.*“

geeignet, sich auch im Rahmen der Kausalität zu einer Theorie zu bekennen oder zumindest die Kriterien festzulegen, die zur Kausalität führen.

III. Südafrika

1. Die Voraussetzungen der Kausalität

Auch im südafrikanischen Recht ist ein Kausalzusammenhang erforderlich. Der den Schadensersatz für den durch ein Tier verursachten Schaden geltend machende Geschädigte muss die Kausalität beweisen. Dabei muss nachgewiesen werden, dass ein tatsächlicher Zusammenhang zwischen einem rechtswidrigen Verhalten und dem daraus resultierenden Schaden besteht. Dieser Zusammenhang unterteilt sich, wie im deutschen Recht, in haftungsbegründende und haftungsausfüllende Kausalität, wobei in beiden Fällen lediglich von „causation“[675] die Rede ist. Somit muss zunächst ein Zusammenhang zwischen dem rechtswidrigen Verhalten („conduct“) und der Rechtsgutsverletzung („harm“) festgestellt werden und in einem zweiten Schritt ein Zusammenhang zwischen der Rechtsgutsverletzung und dem Schaden („loss“).[676]

Im Rahmen des Zusammenhangs zwischen dem Verhalten und der Rechtsgutsverletzung wird die Kausalität (sog. „factual causation“) anhand der *Conditio-sine-qua-non*-Formel (auch „but for“-Test genannt) ermittelt.[677] Dabei ist für die Anwendung des „but for“-Tests jedoch eine Feststellung durch das Gericht darüber, ob die Kausalität auf Grundlage einer Abwägung der Wahrscheinlichkeiten im Hinblick auf die Tatsachen des jeweiligen Einzelfalls bestimmt wurde, ausreichend.[678]

Sobald der faktische Zusammenhang zwischen dem rechtswidrigen Verhalten und der Rechtsgutsverletzung festgestellt wurde, muss zusätzlich ein hinreichend enger Zusammenhang zwischen der Rechtsgutsverletzung und dem Schaden nachgewiesen werden.[679] Neben der hierfür erforderlichen äquivalenten Kausalität

675 *Hosten/Edwards/Nathan/Bosman*, Introduction to SA law, S. 481.

676 *Fagan*, Aquilian Liability, S. 291, *Brüggemeier*, HaftungsR, S. 28.

677 *Minister of Police* v. *Skosana*, 1977 (1) SA 31 (A), 34–35; *International Shipping Co. (Pty.) Ltd.* v. *Bentley*, 1990 (1) SA 680 (A); *Minister of Finance* v. *Gore*, 2007 (1) SA 111 (SCA); *Hosten/Edwards/Nathan/Bosman*, Introduction to SA law, S. 481; *Hutchison/van Heerden/Visser/van der Merwe*, Wille's principles of SA law, S. 651.

678 *Lee* v. *Minister for Correctional Services*, 2012 (2) All SA 586 (SCA); *Hutchison/van Heerden/Visser/van der Merwe*, Wille's principles of SA law, S. 650.

679 *S.* v. *Mokgethi en Andere*, 1990 (1) All SA 320 (A); *Smit* v. *Abrahams*, 1994 (4) SA (1) A.

in Form der „factual causation" wird jedoch zusätzlich eine sog. „legal causation" vorausgesetzt.[680] Es wird hierbei lediglich geprüft, ob ein hinreichend enger Zusammenhang zwischen der Rechtsgutsverletzung und dem Schaden besteht.[681] Dabei wird ein flexibler Ansatz verfolgt. Die Gerichte ziehen dazu den Begriff „remoteness" heran.[682] Die Gerichte stellen sich zur Beantwortung der Frage nach dem hinreichend engen Zusammenhang (sog. „remoteness") drei Fragen:[683]

1. War es vorhersehbar, dass das Unrecht einen Schaden allgemeiner Art und auf diese Art und Weise verursachen würde?
2. Hat das Unrecht den Schaden nur deshalb verursacht, weil der Geschädigte oder ein Dritter etwas Ungewöhnliches getan hat?
3. Ist es gerecht und angemessen und entspricht es der öffentlichen Ordnung, dass der Schädiger für den Schaden haftbar gemacht wird?

Ohne diesen zweiten Schritt als solchen konkret zu benennen, handelt es sich dabei um die haftungsausfüllende Kausalität, in deren Rahmen neben der Äquivalenzprüfung eine Adäquanzprüfung erfolgt, um fernliegende Kausalverläufe auszuschließen. Zusammengefasst wird in der zweiten Kausalitätsprüfung vorausgesetzt, dass das Unrecht sowohl die tatsächliche („factual cause of loss") als auch die rechtliche („legal cause of loss") Schadensursache war.[684]

2. *Die Kausalität im Rahmen der* actiones

Diese grundsätzlichen Anführungen zur Kausalität im Rahmen des südafrikanischen Deliktsrechts gelten gleichermaßen für alle *actiones*. So muss im Rahmen der *actio de pauperie* als eine der sechs erforderlichen Voraussetzungen der ursächliche Zusammenhang zwischen dem Verhalten des Tieres und dem entstandenen Schaden dargelegt werden.[685] Bei der *actio de pastu* kommt es entsprechend auf den Kausalzusammenhang zwischen dem unbefugten Betreten und dem Schaden an.[686] Im Rahmen der *actio de feris* ist die Kausalität zwischen dem

---

680 *Fagan*, Aquilian Liability, S. 291; *Midgley*, Acta Juridica 2000, 93.

681 *Meevis* v. *Sheriff, Pretoria East*, 1998 (2) All SA 602 (T); *First National Bank of Southern Africa Ltd.* v. *Duvenhage*, 2006 (4) All SA 541 (SCA); *Zimmermann*, Das römisch-holländische Recht in SA, S. 145.

682 *Fagan*, Aquilian Liability, S. 291, 294.

683 *Fagan*, Aquilian Liability, S. 291, 294.

684 *Fagan*, Aquilian Liability, S. 292 mit anschaulichen Schemata und weiterführenden Erklärungen zur Kausalität im Rahmen der *actio legis Aquiliae*.

685 *Visagie* v. *Transsun (Pty.) Ltd.*, 1996 4 All SA 702 (Tk), 712.

686 *Potgieter* v. *Smit*, 1985 1 All SA 154 (D), 159.

Bringen des Tieres an den öffentlichen Ort und dem Schaden herzustellen.[687] Die *actio legis Aquiliae* setzt als Auffangtatbestand ebenfalls einen solchen Kausalzusammenhang voraus.[688]

3. *Die Unterbrechung des Kausalzusammenhangs*

Besteht ein die ursprüngliche Kausalkette unterbrechendes Ereignis (*novus actus interveniens*), entfällt die Haftung des ursprünglich Handelnden.[689] Eine solche Unterbrechung des Kausalzusammenhangs wurde als Argument von dem Beklagten in einem Fall vorgetragen, bei dem der Geschädigte bei dem Versuch, einen in einem Tor verfangenen Hund zu befreien, von diesem gebissen wurde.[690] Angeführt wurde, dass das Verfangen in dem Tor ein *novus actus interveniens* war, das zu einer Unterbrechung der Kausalkette zwischen der wilden Natur des Hundes und dem Biss geführt habe. Diesem Argument folgte das Gericht jedoch nicht und führte aus, dass das Hängenbleiben des Hundes in dem Tor zwar die Beißneigung des Hundes ausgelöst haben mag, daraus aber nicht der Haftungswegfall des Hundebesitzers folge. Um zu einer Haftung des Tierhalters zu gelangen, müsse von dem Geschädigten nicht nachgewiesen werden, dass dieser die genaue Art und Weise, in welcher der Biss tatsächlich erfolgte, hätte vorhersehen müssen. Ausreichend sei vielmehr der Nachweis, dass der Tierhalter allgemein die Schadensentstehung hätte vorhersehen können, jedoch nicht die konkreten Umstände, die dazu geführt haben, oder die Art und den Umfang des Schadens. Die angeführte Unterbrechung des Kausalzusammenhangs wurde abgelehnt und die Haftung des Tierhalters mit dem Argument bejaht, dieser habe seinen von Natur aus wilden Hund fahrlässig ohne Maulkorb frei herumlaufen lassen.

IV. Fazit

Aus den vorangegangenen Erläuterungen kann festgestellt werden, dass sowohl die Äquivalenz als auch die Adäquanz in allen untersuchten Rechtsordnungen im Rahmen der Kausalität herangezogen werden. Während in Deutschland und in Südafrika beide Komponenten komplementär sind und in gleichem Maße nacheinander im Rahmen der haftungsbegründenden und der haftungsausfüllenden

---

687 *O'Callaghan* v. *Chaplin*, 1927 AD 310, 377.

688 *McKerron*, The law of delict, S. 256; *Fagan*, Aquilian Liability, S. 290 ff.

689 *Road Accident Fund* v. *Russell*, 2001 (2) SA 34 (SCA).

690 *Portwood* v. *Svamvur*, 1970 (4) All SA 186 (RA), 194 f.

Kausalität untersucht werden, besteht in Frankreich vielmehr ein Alternativverhältnis. Dieses führt dazu, dass entweder der Äquivalenztheorie oder der Adäquanztheorie gefolgt wird, ohne dabei zwischen haftungsbegründender und haftungsausfüllender Kausalität zu unterscheiden.

Die deutsche und südafrikanische Unterscheidung zwischen haftungsbegründender und haftungsausfüllender Kausalität sowie die kumulative Handhabung beider Komponenten ist vorzugswürdig. Die Kombination beider Theorien ermöglicht eine umfassendere Bewertung der Kausalität. Die Äquivalenztheorie legt nahe, dass jede Handlung, die zur Schädigung beiträgt, als kausal angesehen werden sollte, während die Adäquanztheorie die Bewertung der Kausalität auf vorhersehbare und typische Folgen beschränkt. Die Kombination ermöglicht eine Berücksichtigung sowohl unmittelbarer als auch entfernterer Ursachen.

Auch wenn, wie in der französischen Rechtsprechung gehandhabt, bei der Verschuldenshaftung die bloße Anwendung der Äquivalenztheorie ausreichend ist, weil die Haftungseinschränkung noch auf Ebene des Verschuldens erfolgen kann, so gilt dies nicht auf Ebene der Haftungsausfüllung. Ist eine Haftung dem Grunde nach zu bejahen, so muss der Schädiger auch für nichtverschuldete Folgen seines Verhaltens einstehen. Da der Schädiger damit jedoch praktisch unbeschränkt auch für ganz entfernte Folgen einstehen müsste und eine solche unbegrenzte Haftung für alle Folgen eines unerlaubten Verhaltens nicht hinnehmbar ist, ist eine Einschränkung des Haftungsumfangs geboten. Dies kann mit der Adäquanztheorie erreicht werden. Die Adäquanz dient gerade dazu, atypische Kausalverläufe, also solche, die völlig außerhalb des allgemeinen Lebensrisikos liegen, auszuschließen. Die Adäquanz ist damit keine Kausalitätslehre, sondern vielmehr eine Ergänzung der Äquivalenz, die dazu dient, das weite Ergebnis, das aus der Äquivalenz folgt, einzugrenzen.

Die isolierte Anwendung der jeweiligen Theorien führt nicht zu einem Ergebnis, das die Kausalität präzise feststellen kann. Es ist vielmehr – jedenfalls auf Ebene der Haftungsausfüllung – eine Kombination beider Theorien zu bevorzugen, um zu einem eindeutigen Ergebnis zu kommen.

Aufgrund der für die Haftungsfrage essenziellen Bedeutung der Kausalität erscheint es besser, die Voraussetzungen der Kausalität in allen geprüften Rechtsordnungen nicht ungeregelt zu lassen und den Begriff gesetzlich zu konkretisieren. Aus Sicht des Rechtsvergleichs wäre der Reformentwurf in Frankreich geeignet gewesen, um einerseits eine einheitliche Anwendung beider Theorien zu erreichen und andererseits die Kausalitätsvoraussetzungen vorzugeben.

D. Die Schadensverursachung durch ein Tier

I. Die Schadensverursachung durch ein Tier als notwendige Voraussetzung der Tierhalterhaftung

Um die Tierhalterhaftung in Betracht zu ziehen, ist in allen Rechtsordnungen zwingend die (Mit-)Schadensverursachung durch ein Tier erforderlich.[691] Über die allgemeine Kausalität hinaus wird in allen untersuchten Rechtsordnungen ein zusätzliches Tatbestandsmerkmal vorausgesetzt, das dazu dienen soll, die Haftung des Tierhalters einzuschränken und dessen Haftung nicht bei jedem durch das Tier verursachten Schaden zu begründen.

II. Deutschland: die typische Tiergefahr

1. *Entwicklung des Begriffes der typischen Tiergefahr in Rechtsprechung und Literatur*

Der Wortlaut des § 833 S. 1 BGB ist hinsichtlich eines zusätzlichen einschränkenden Tatbestandsmerkmals nicht eindeutig und bedarf der Auslegung. Das Verständnis der im Rahmen von § 833 BGB erforderlichen Voraussetzungen hat sich im Laufe der Zeit sowohl in der Rechtsprechung als auch in der Literatur verändert.

a) *Rechtsprechung: Einführung und Entwicklung des Tatbestandsmerkmals der Tiergefahr*

Geht man lediglich vom Wortlaut der Norm aus („durch ein Tier"), könnte man daraus schließen, dass alle durch das Tier verursachten Schäden ohne Ausnahme von der Norm erfasst sein sollen.[692] Dieses Verständnis deckt sich aber nicht mit dem durch die Einführung der Norm verfolgten Zweck, die durch die Tierhaltung entstehenden außergewöhnlichen Gefahren haftungsrechtlich einzufangen.[693] Aus diesem Grund wurde das Merkmal der Tiergefahr als Tatbestandsmerkmal eingeführt, auch wenn es im Wortlaut des § 833 BGB nicht explizit auftaucht.[694]

691 *Spindler*, in: BeckOK BGB, § 833 Rn. 6; *Julien*, Dalloz 2018, Rn. 27; *McKerron*, The law of delict, S. 251.

692 *Eberl-Borges*, in: Staudinger BGB, § 833 Rn. 31.

693 *Eberl-Borges*, in: Staudinger BGB, § 833 Rn. 31.

694 *Haase*, JR 1973, 13.

Zunächst wurde das Tatbestandsmerkmal restriktiv verstanden. Das RG setzte „ein der tierischen Natur entspringendes, selbsttätiges willkürliches Verhalten“ voraus.[695] Es musste sich, im Gegensatz zu natürlichem Tierverhalten, um willkürliches oder unberechenbares Tierverhalten handeln.[696] Das Verhalten von Tieren unter menschlicher Leitung fiel nicht unter die Tierhalterhaftung und auch bei physiologischem Zwang oder Benutzung des Tieres als Werkzeug wurde die Tiergefahr abgelehnt.[697] Diese Auslegung des Merkmals wurde im Anschluss vom BGH und von den Instanzgerichten übernommen und auf alle Tierhalterhaftungsfälle angewandt.[698]

Diesem Verständnis der Tiergefahr wurde jedoch mit der Entscheidung des BGH vom 6. Juli 1976 ein Ende gesetzt.[699] Begründet wurde dies mit dem Verstoß gegen die Erkenntnisse der modernen Naturwissenschaft im Rahmen der Tierpsychologie und Verhaltensforschung, die die fehlende Eigenschaft der Willensfreiheit bei Tieren und die damit fehlende Fähigkeit „willkürlich“ zu handeln aufzeigte.[700] Dem Sinn und Zweck der Vorschrift entsprechend stellen der BGH und ihm folgend die Instanzgerichte nunmehr auf die Unberechenbarkeit tierischen Verhaltens und den durch die Vorschrift zu gewährenden Schutz davor ab.[701]

Die Folgen des gewandelten Verständnisses der Tiergefahr waren jedoch für die Bedeutung des Begriffes gering. Dies lag maßgeblich daran, dass die Gerichte schon zuvor unter „willkürliches Verhalten“ nichts anderes als das unberechenbare tierische Verhalten verstanden.[702]

---

695 RGZ 80, 237 (238 f.); RGZ 54, 73 (74); RGZ 60, 65 (68).

696 *Schaub*, in: Prütting (Hrsg.), BGB, § 833 Rn. 4; RGZ 80, 237 (238 f.).

697 *Brüggemeier*, HaftungsR, S. 110; *Eberl-Borges*, in: Staudinger BGB, § 833 Rn. 32 ff.; *Siegfried*, Tier und Tiergefahr, S. 63.

698 BGH, VersR 1959, 854 (854); BGH, VersR 1966, 1073 (1074); NJW 1971, 509.

699 BGHZ 67, 129 (133) = NJW 1976, 2130 (2131); NJW-RR 06, 813 (814).

700 BGHZ 67, 129 (133) = NJW 1976, 2130 (2131); *Eberl-Borges*, in: Staudinger BGB, § 833 Rn. 38; BGH, VersR 1976, 1175 (1176); *Haase*, JR 1973, 13.

701 BGHZ 67, 129 (133) = NJW 1976, 2130 (2131): *„Da der Grund der besonderen Regelung der Tierhalterhaftung […] in der Unberechenbarkeit des Verhaltens eines Tieres und der dadurch hervorgerufenen Gefährdung von Leben, Gesundheit und Eigentum Dritter liegt, muss der Tierhalter für all das einstehen, was infolge dieser tierischen Unberechenbarkeit an Schaden entsteht*“; BGH, VersR 2015, 592 Rn. 12; BGH, NJW 2016, 2737 Rn. 9; OLG Schleswig, NJW-RR 1994, 289; OLG Stuttgart, VersR 1978, 1123 (1124).

702 BGHZ 67, 129 (133) = NJW 1976, 2130 (2131).

b) *Literatur*

Die Literatur hat zunächst überwiegend die Definition des RG zur Auslegung der Tiergefahr herangezogen.[703] Mit dem Wandel des Verständnisses des Begriffes in der Rechtsprechung hat sich auch die Literatur im Laufe der Zeit mit dem Tatbestandsmerkmal und dessen Entwicklung befasst und dabei nicht nur die Ergebnisse der Rechtsprechung kritisiert, sondern auch eigene Vorstellungen des Verständnisses des Tatbestandsmerkmals entwickelt.

Kritisiert wurde an dem von der Rechtsprechung entwickelten Begriff der Unberechenbarkeit, dass dieser zu eng[704] oder zumindest nicht präzise genug sei und Zweifel hinsichtlich seines Umfangs aufkommen lasse.[705] Es ist insbesondere nicht erkennbar, ob die abstrakte oder die konkrete Unberechenbarkeit des tierischen Verhaltens gemeint ist.[706] Das bloße Abstellen auf die Unberechenbarkeit würde den Schutzbereich der Norm zu stark einschränken und relevante Kategorien der Tiergefahr ausklammern.[707] Aus diesem Grund hat ein Teil der Literatur die Tiergefahr in dem selbsttätigen Verhalten eines Tieres verortet.[708] Tiere, die sich anders als Sachen aus eigener Kraft bewegen können, stellen eine Kraftquelle und gleichzeitig eine Gefahr dar, die sich nicht nur in der Unberechenbarkeit des Verhaltens äußert, sondern weit darüber hinausgeht.[709] Die Unterscheidung von Tieren zu Sachen ist dieser Ansicht zufolge an der Lebendigkeit der Tiere festzumachen, sodass keine Tierhalterhaftung begründet wird, wenn keinerlei Energie des Tieres an dem Geschehen beteiligt ist.[710]

Angebracht wurde auch, dass die Tiergefahr nur bei Schäden gegeben sei, die durch rein intrinsisch motivierte Handlungen verursacht wurden.[711] Zwar soll nicht jeder extrinsisch gesetzte Reiz die Tierhalterhaftung entfallen lassen,

703 *Eberl-Borges*, in: Staudinger BGB, § 833 Rn. 32.

704 *Siegel*, SVR 2017, 82; *Terbille*, VersR 1994, 1151 (1153); *Pfab*, VersR 2006, 894.

705 *Wagner*, in: MüKoBGB, § 833 Rn. 16; *Eberl-Borges*, in: Staudinger BGB, § 833 Rn. 39; *Wilhelmi*, in: Erman, § 833 Rn. 4; *Katzenmeier, in:* NK-BGB, § 833 Rn. 5.

706 *Eberl-Borges*, in: Staudinger BGB, § 833 Rn. 39; *Siegfried*, Tier und Tiergefahr, S. 69.

707 *Eberl-Borges*, in: Staudinger BGB, § 833 Rn. 41.

708 *Schaub*, in: Prütting (Hrsg.), BGB, § 833 Rn. 4; *Eberl-Borges*, in: Staudinger BGB, § 833 Rn. 40 ff. m. w. N.

709 *Eberl-Borges*, in: Staudinger BGB, § 833 Rn. 41; *Siegel*, SVR 2017, 82; *Pfab*, VersR 2006, 894.

710 BGH, NJW 2014, 2434 Rn. 5 = VersR 2014, 640; *Wagner*, in: MüKoBGB, § 833 Rn. 17; *Wilhelmi*, in: Erman, § 833 Rn. 4; *Siegel*, SVR 2017, 82.

711 *Lehmann/Auer*, VersR 2011, 846 (849).

vielmehr bedürfe es hierzu eines bewusst gesetzten Außenreizes.[712] Äußere Reize wie beispielsweise Bestrafung, Befehle und Belohnung, die bewusst gesetzt wurden, würden zu Situationen führen, bei welchen ein objektiver Dritter die Reaktion des Tieres erwarten konnte, sodass die Haftung des Tierhalters zu entfallen habe. Für das Vorliegen der Tiergefahr sei damit darauf abzustellen, ob ein extrinsischer oder intrinsischer Reiz zum Schaden geführt habe und im Falle eines Reizes von außen dieser bewusst gesetzt wurde oder nicht.[713] Dies kommt einer negativen Typenkorrektur des Tatbestandsmerkmals der spezifischen Tiergefahr gleich, wonach die Tierhalterhaftung bei bewusst gesetzten extrinsischen Umständen, die zur Rechtsgutsverletzung geführt haben, verneint werden soll.[714]

c) *Fallgruppen und Bewertung derselben*

Im Laufe der Zeit haben sich Fallgruppen gebildet, die zu Einschränkungen des § 833 BGB geführt haben.[715]

aa) Das Tier unter menschlicher Leitung

Befindet sich ein Tier unter menschlicher Leitung, versagt die h. M. die Anwendung von § 833 BGB und stellt auf den Leitenden ab, da dieser Verursacher des Schadens sei.[716] Voraussetzung hierfür ist aber, dass das Tier ausschließlich unter menschlicher Leitung gehandelt hat.[717] Menschliche Leitung wurde anhand dieser Begründung z. B. auch dann bejaht, wenn der Führer, ohne die Zügel zu halten, neben dem Fuhrwerk geht und durch Zurufe auf das Tier und das Geschehen einwirkt,[718] oder wenn ein Ball geworfen wird, den der Hund apportieren soll.[719]

Diese Einschränkung des § 833 BGB ist kritisiert worden.[720] Der Ablehnung dieser Fallgruppe ist im Ergebnis zuzustimmen. Argumentiert wird dabei unter dem Gesichtspunkt, dass die bloße Lenkung bzw. Leitung des Tieres dessen

---

712 *Lehmann/Auer*, VersR 2011, 846 (849).

713 *Lehmann/Auer*, VersR 2011, 846 (849).

714 *Lehmann/Auer*, VersR 2011, 846 (850).

715 *Spickhoff*, in: BeckOGK BGB, § 833 Rn. 70; *Wagner*, in: MüKoBGB, § 833 Rn. 18.

716 RGZ 180 (181); BGH, NJW 1952, 1329; VersR 1966, 1073 (1074); BGH, NJW-RR 2006, 813 (814); m. w. N.: *Terbille*, VersR 1995, 129.

717 *Spickhoff*, in: BeckOGK BGB, § 833 Rn. 76; *Fikentscher/Heinemann*, Schuldrecht, § 113 Rn. 1686.

718 RGZ 65, 103 (105 f.).

719 OLG Oldenburg, VersR 1954, 27 f.

720 *Wagner*, in: MüKoBGB, § 833 Rn. 20; *Eberl-Borges*, in: Staudinger BGB, § 833 Rn. 57 ff.; *Spindler*, in: BeckOK BGB, § 833 Rn. 11.

Gefahr nicht beseitige,[721] sondern gerade die Gefährlichkeit des Tieres sowie die gefährliche Eigenschaft des Tieres, dem Menschen Folge zu leisten, genutzt würde und deshalb die Gefährdungshaftung greifen sollte.[722] Auch wird eine Parallele zur Kraftfahrzeughalterhaftung gem. § 7 StVG gezogen, im Rahmen welcher die Rechtsprechung die Haftung auch dann bejaht, wenn das Kfz vom Täter als Waffe eingesetzt wird, um einen Menschen zu töten.[723] Eine von dem als Waffe eingesetzten Auto unterschiedliche Behandlung des als Waffe eingesetzten Tieres ist nicht nachvollziehbar und würde den Tierhalter gegenüber dem Kfz-Halter in einer vergleichbaren Situation privilegieren.[724] Folgt man dieser Ansicht, würde § 833 BGB in den Fällen menschlicher Leitung greifen, sodass ein Anspruch gegen den Tierhalter nach § 833 S. 1 BGB grundsätzlich gegeben wäre. Der Leitende würde aus § 823 BGB haften, sodass auf Rechtsfolgenseite eine gesamtschuldnerische Haftung des Tierhalters und des Leitenden bestünde, sofern es sich um zwei verschiedene Personen handelt. Im Innenverhältnis zwischen dem Tierhalter und dem Leitenden wäre gem. § 840 Abs. 3 BGB der Leitende allein zum Ersatz des Schadens verpflichtet.

---

721 Dass diese Einschränkung kritikwürdig ist, zeigt sich beispielsweise in dem Fall, den das OLG Düsseldorf am 15.01.1980 zu entscheiden hatte (4 U 134/79, VersR 1981, 82): Eine Reiterin verletzte sich beim Sturz im Rahmen eines Ausrittes in der Reitstunde, in der sie entgegen dem angeordneten Trab auf einem Asphaltweg weitergaloppierte. Das Gericht ging davon aus, dass das Ausgleiten des Pferdes auf den Asphaltweg nicht als willkürliches Verhalten des Tieres gewertet werden konnte, wenn das Pferd „unter der Leitung der Reiterin auf den Asphaltweg eingebogen ist." Das Gericht stellte dabei fest, dass die Reiterin „die Pflicht hatte, das Tier so zu leiten [...], daß ihr durch das Pferd ein Schaden nicht zugefügt wurde." Dass selbst unter Leitung der Reiterin eine Sturz- und Verletzungsgefahr besteht, wenn ein Pferd auf einem Asphaltweg galoppiert, auf dem die Hufe keinen Halt haben, zog das Gericht nicht in Erwägung. Angeführt wurde lediglich das mögliche „Durchgehen" des Pferdes, das die Reiterin jedoch zu beweisen hätte und das die Leitung und damit die Haftung ausschließen könnte.

722 *Eberl-Borges*, in: Staudinger BGB, § 833 Rn. 57; *Spickhoff*, in: BeckOGK BGB, § 833 Rn. 77; *Spindler*, in: BeckOK BGB, § 833 Rn. 11; *Terbille*, VersR 1994, 1151 (1153); *Wilhelmi*, in: Erman, § 833 Rn. 4.

723 BGHZ 37, 311 (315 ff.) = NJW 1962 (1676).

724 *Wilhelmi*, in: Erman, § 833 Rn. 4, *Eberl-Borges*, in: Staudinger BGB, § 833 Rn. 57; *Wagner*, in: MüKoBGB, § 833 Rn. 20.

bb) Das Tier unter physiologischem Zwang

Der Fall des unter physiologischem Zwang handelnden Tieres, der vorliegt, wenn ein äußeres Ereignis auf den Körper oder die Sinne des Tieres mit übermäßiger Gewalt eingewirkt hat, die jeden Widerstand unmöglich gemacht hat, wurde von der Rechtsprechung als Einschränkung der Haftung aus § 833 BGB eingestuft.[725] Auf Grundlage dieser Rechtsprechung wurde beispielsweise die Tierhalterhaftung im Falle eines durch Bolzenschuss verletzten, aber nicht getöteten, den Tierarzt beißenden Hundes aufgrund der sich nicht realisierten Tiergefahr verneint.[726] Diese Einschränkung und ihre Interpretation durch die Gerichte haben zu Abgrenzungsproblemen und zu unterschiedlichen Ergebnissen geführt.[727]

Richtigerweise ist diese Kategorie als Beschränkung des § 833 BGB abzulehnen. Durch das Einwirken auf das Tier mittels Gewalt werden gerade die den jeweiligen Tieren immanenten Gefahren (Beißen, Ausschlagen, Kratzen etc.) provoziert und hervorgerufen.[728] Dass diese Gefahren sich nur realisiert haben, weil ein äußeres Ereignis sie hervorgerufen hat, ändert nichts daran, dass sich gerade die durch die Tierhaltung geschaffene Gefährdung realisiert hat und diese dem Tierhalter und nicht der Allgemeinheit aufzuerlegen ist.[729] Die Einwirkung auf das Tier von außen ist nicht im Rahmen der Tiergefahr, sondern vielmehr auf Ebene des Mitverschuldens i. S. d. § 254 BGB zu berücksichtigen.[730]

cc) Natürliches Tierverhalten

Die Ablehnung der Tierhalterhaftung gem. § 833 S. 1 BGB aufgrund des realisierten natürlichen Tierverhaltens entspringt dem früheren Verständnis der Tiergefahr als willkürliches Tierverhalten.[731] Dieses wurde aber im Laufe der Zeit aufgegeben,[732] sodass die Tiergefahr im Rahmen dieser Kategorie zu bejahen ist.

---

725 RGZ 54, 73 (74 f.); RGZ 69, 399 (400 f.).

726 LG Hechingen, VersR 1958, 738.

727 So wurde einem Tierarzt, der von einem zur Kastration gewaltsam niedergehaltenen Hengst getreten wurde, der Schadensersatz aus § 833 S. 1 BGB versagt (RGZ 69, 399 (400 f.)), jedoch die Tierhalterhaftung in einem Fall, in dem ein Pferd beim Kupieren des Schwanzes vor Schmerzen ausschlug, bejaht (RG Recht 1909 Nr. 470).

728 *Eberl-Borges*, in: Staudinger BGB, § 833 Rn. 54; *Wagner*, in: MüKoBGB, § 833 Rn. 21; *Terbille*, VersR 1994, 1151 (1153); *Schmid*, JR 1976, 276.

729 *Terbille*, VersR 1994, 1151 (1153); *Eberl-Borges*, in: Staudinger BGB, § 833 Rn. 54.

730 BGH, NJW 1982, 763 (764); *Spindler*, in: BeckOK BGB, § 833 Rn. 9; *Wagner*, in: MüKoBGB, § 833 Rn. 21.

731 *Eberl-Borges*, in: Staudinger BGB, § 833 Rn. 61, 32.

732 Siehe hierzu 2. Kap. D. II. 1. a).

Der in dieser Kategorie zu verortende Fall der Krankheitsübertragung durch kranke auf gesunde Tiere führt nicht zur Ablehnung der Tierhalterhaftung mangels verwirklichter Tiergefahr, da die Übertragung regelmäßig durch gegenseitiges Beschnüffeln oder Lecken der Tiere erfolgt und dies gerade eine typische Eigenschaft vieler Tierarten darstellt.[733] Auch bei tierischen Ausscheidungen ist eine Tiergefahr zu bejahen, da es sich um eine auf das Tier zurückzuführende Gefahr handelt und willkürliches Verhalten nicht mehr gefordert wird.[734] Der tierische Deckakt als der Tiernatur entsprechend stellt ebenso eine verwirklichte Tiergefahr dar.[735] Die Gegenargumente des physiologischen Zwangs des Geschlechtstriebes[736] oder der natürlichen Veranlagung[737] greifen nicht, da die Tiergefahr nicht durch physiologischen Zwang entfällt und das natürliche Verhalten entgegen der alten Rechtsprechung nicht die Tiergefahr entfallen lässt.[738]

dd) Fehlen des eigenen Tierverhaltens

Es kommen weiter Fallgruppen in Betracht, bei welchen es an einem eigenen Tierverhalten fehlt. Für diese ist hinsichtlich der Bejahung der Tiergefahr zu unterscheiden. Wird das Tier nur als Werkzeug genutzt, ist es mit einer Sache gleichzusetzen, sodass sich die Tiergefahr nicht realisiert hat und damit die Tierhalterhaftung nicht greift.[739] Anders wird der Fall nur beurteilt, wenn es im Zuge der mechanischen Nutzung des Tieres zu einer Schreckreaktion desselben kommt und diese zu einer Verletzung führt.[740] Das Tier stellt dann eine eigene Kraftquelle dar, sodass die Tiergefahr anzunehmen ist.[741]

---

733 *Eberl-Borges*, in: Staudinger BGB, § 833 Rn. 63; *Spickhoff*, in: BeckOGK BGB, § 833 Rn. 72; *Spindler*, in: BeckOK BGB, § 833 Rn. 8; *Wagner*, in: MüKoBGB, § 833 Rn. 24.

734 OLG Karlsruhe, VersR 1995, 927 (928); *Eberl-Borges*, in: Staudinger BGB, § 833 Rn. 64; *Spindler*, in: BeckOK BGB, § 833 Rn. 8; *Wagner*, in: MüKoBGB, § 833 Rn. 24; *Spickhoff*, in: BeckOGK BGB, § 833 Rn. 72.

735 BGHZ 67, 129 (133 f.); *Wagner*, in: MüKoBGB, § 833 Rn. 15; *Eberl-Borges*, in: Staudinger BGB, § 833 Rn. 65 f.; *Spindler*, in: BeckOK BGB, § 833 Rn. 8.

736 OLG Nürnberg, VersR 1975, 1059 (1060).

737 OLG Düsseldorf, VersR 1956, 226 (227).

738 *Eberl-Borges*, in: Staudinger BGB, § 833 Rn. 65.

739 RGZ 80, 237 (239); BGH, VersR 1978, 515; *Spickhoff*, in: BeckOGK BGB, § 833 Rn. 78; *Terbille*, VersR 1994, 1151 (1153).

740 Dies ist beispielsweise gegeben, wenn eine Katze auf einen Menschen geworfen wird und im Fallen durch ihre Krallen Verletzungen herbeiführt, siehe hierzu: *Eberl-Borges*, in: Staudinger BGB, § 833 Rn. 44; *Spickhoff*, in: BeckOGK BGB, § 833 Rn. 78.

741 *Spickhoff*, in: BeckOGK BGB, § 833 Rn. 78.

Wird ein Schaden ausschließlich durch die Größe oder das Gewicht des Tieres verursacht, wird vielfach angenommen, dass die Tierhalterhaftung mangels Tiergefahr grundsätzlich nicht greife, da das Tier nur wie eine tote Masse gewirkt habe.[742] Die Tiergefahr sei auch in den Fällen abzulehnen, in welchen durch stürzende Tiere Schädigungen hervorgerufen wurden, jedoch liege sie vor, wenn der Sturz durch eine tiertypische Aktivität verursacht wurde.[743] Diese Unterscheidung ist jedoch abzulehnen. Stürzt das Tier beispielsweise, weil es zu erschöpft ist, stolpert oder ausrutscht, realisiert sich gerade die dem Tier als Lebewesen immanente Gefahr.[744] Im Ergebnis ist die Tiergefahr in den Fällen stürzender Tiere grundsätzlich zu bejahen. Eine Ausnahme davon liegt nur vor, wenn das Tier als Werkzeug benutzt wird und beispielsweise umgestoßen wird.[745] Dies stellt den oben beschriebenen Fall der Gleichsetzung zur Sache infolge Gebrauchs als mechanisches Werkzeug dar.

Entsteht ein Schaden hingegen durch ein Tier, das ein Verkehrshindernis bildet, ist die Haftung aus § 833 S. 1 BGB anzuwenden.[746] Unerheblich ist, ob das Tier sich bereits auf der Straße befand oder auf die Straße gelaufen ist, als der Unfall passierte. Entscheidend ist vielmehr, dass das Tier sich aus eigener Kraft dorthin begeben hat und damit eine Gefahr geschaffen hat.[747] Der Schaden ist dabei auf das selbstständige Verhalten des Tieres zurückzuführen; dies gilt auch dann, wenn das Tier bei dem Unfall als solchem regungslos war.[748]

ee) Aufgabe der Fallgruppen

Zusammenfassend ist festzustellen, dass die gebildeten Fallgruppen als teilweise überholt bzw. nicht zielführend abzulehnen sind. Lediglich eine Ausnahme für den Gebrauch des Tieres als mechanisches Werkzeug ist in Betracht zu ziehen, da es sich dabei um eine Umfunktionierung des Tieres zur Sache handelt und damit keine tierspezifische Eigenschaft zum Tragen kommt.

---

742 OLG Braunschweig, VersR 1983, 347 (348).

743 BGH, VersR 1978, 515; OLG Braunschweig, VersR 1983, 347 (348).

744 *Eberl-Borges*, in: Staudinger BGB, § 833 Rn. 47 f.; *Wagner*, in: MüKoBGB, § 833 Rn. 23.

745 *Eberl-Borges*, in: Staudinger BGB, § 833 Rn. 48.

746 *Spickhoff*, in: BeckOGK BGB, § 833 Rn. 80; *Wagner*, in: MüKoBGB, § 833 Rn. 22.

747 *Spickhoff*, in: BeckOGK BGB, § 833 Rn. 80; *Wagner*, in: MüKoBGB, § 833 Rn. 22; BGH, VersR 1956, 127 (128); OLG Karlsruhe, VersR 1955, 510; OLG Nürnberg, VersR 1963, 759; OLG München, VersR 1960, 572.

748 *Schmid*, JR 1976, 276.

d) *Fazit zur Rechtsprechung und Literatur*

Die nach der Einführung des Tatbestandsmerkmals der Tiergefahr aufgekommene kontroverse Diskussion um das genaue Verständnis des Begriffes sowie die Kritik hinsichtlich dessen Interpretation durch die Rechtsprechung zeigen, dass die Ergänzung der Tierhalterhaftung um dieses Tatbestandsmerkmal zu hinterfragen ist. Eine unmissverständliche und klare Definition dieses Tatbestandsmerkmals gibt es bis heute nicht.[749] Die Notwendigkeit der Ergänzung des § 833 S. 1 BGB um das Merkmal der Tiergefahr selbst ist umstritten. Mehrheitlich wird eine Haftung nur für Schäden angenommen, die aufgrund konkretisierter Tiergefahr entstanden sind.[750] Vereinzelt wird das Tatbestandsmerkmal zwar als *contra legem* abgelehnt, aber dennoch eine Haftungsbegrenzung für den Fall von Schäden, die durch menschliche Leitung oder die nicht durch die Reaktion der Tiere verursacht wurden, gefordert.[751] Die Rechtmäßigkeit sowie das richtige Verständnis dieses Tatbestandsmerkmals lassen sich anhand der aufgezeigten Meinungen nicht abschließend feststellen, sodass es hierzu einer ausführlichen Auslegung der Norm bedarf, die in einem nächsten Schritt erfolgen soll.

2. *Auslegung des § 833 S. 1 BGB*

a) *Wortlautauslegung*

Der bloße Wortlaut der Norm statuiert lediglich, dass der Schaden „durch ein Tier" verursacht worden sein muss. Dies kann als reines Kausalitätserfordernis interpretiert werden, welches über die Kausalität hinaus keine besondere verwirklichte Tiergefahr voraussetzt. Die Norm würde dann alle durch ein Tier hervorgerufenen Schäden erfassen.[752] Folge dieses Verständnisses wäre eine reine Verursachungshaftung.[753] Eine besonders verwirklichte Tiergefahr ist wiederum aber auch nicht aufgrund eines entgegenstehenden Wortlautes ausgeschlossen.[754]

b) *Historische Auslegung*

In den Materialien zur Entstehungsgeschichte des BGB werden als Gründe für die Einführung der Norm die mit der Tierhaltung verbundenen außergewöhnlichen Gefahren sowie der Schutz der Bevölkerung vor Schäden, die durch die

---

749 *Lehmann/Auer*, VersR 2011, 846 (847).
750 *Eberl-Borges*, in: Staudinger BGB, § 833 Rn. 31.
751 *Haase*, JR 1973, 13.
752 *Eberl-Borges*, in: Staudinger BGB, § 833 Rn. 31.
753 *Siegfried*, Tier und Tiergefahr, S. 55.
754 *Siegfried*, Tier und Tiergefahr, S. 56.

Tierhaltung drohen, genannt.[755] Im Rahmen der verursachten Schäden wurde nicht auf die besondere Tiergefahr abgestellt, vielmehr sollten alle „daraus [aus der Tierhaltung] entstehenden" Schäden unabhängig vom Verschulden erfasst sein.[756] Der Begriff der Tiergefahr war bei Entstehung der Norm somit nicht bekannt.[757] Die Tiergefahr als zusätzliches ungeschriebenes Merkmal wurde erst vom RG als einschränkendes Merkmal eingeführt.[758] Das enge Verständnis der Norm war dem Umstand geschuldet, dass eine Gefährdungshaftung neu war und die Norm zum Bedauern der Agrarlobby ohne Unterscheidung zwischen Nutz- und Luxustieren Gesetz wurde, obwohl damals ein Großteil der Bevölkerung wirtschaftlich auf die Tierhaltung angewiesen war.[759]

Diese Umstände stellen sich heute anders dar. Die Situation ist deshalb mit der zu Zeiten der Entstehung des BGB vorliegenden nicht vergleichbar. Die Zahl der gehaltenen Nutztiere sowie der auf die Tierhaltung angewiesenen Personen hat sich drastisch reduziert.[760] Die später eingefügte Verschuldenshaftung in § 833 S. 2 BGB führt dazu, dass ein restriktives Verständnis der Norm zum Schutz der Tierhalter nicht mehr erforderlich ist. Der Blickwinkel hat sich somit vom damals schutzwürdigen Ersatzpflichtigen zur schutzbedürftigen Allgemeinheit gewandelt, was eine weite Auslegung der Norm entgegen der Handhabung durch den historischen Gesetzgeber rechtfertigt.[761]

c) Systematische Auslegung

Systematisch ist die Tierhalterhaftung im Lichte anderer Gefährdungshaftungen zu betrachten. So ist z. B. bei der Gefährdungshaftung aus § 7 Abs. 1 StVG die spezifische Betriebsgefahr erforderlich.[762] Anlass hierfür ist die mit dem Betrieb eines Kfz geschaffene besondere Gefahrenquelle.[763] Das Bestehen dieser Tatbestandsvoraussetzung wird aus dem Wortlaut der Norm („bei dem Betrieb") abgeleitet. Neben der erforderlichen Kausalität ist somit auch im Rahmen der Kfz-Haftung aus § 7 Abs. 1 StVG eine zusätzlich eingetretene Gefahr erforderlich, die auf das Kfz zurückzuführen ist. Das ursprüngliche enge maschinentechnische

755 *Mugdan*, Die gesamten Materialien zum Bürgerlichen Gesetzbuch, Bd. 2, S. 1124.
756 *Mugdan*, Die gesamten Materialien zum Bürgerlichen Gesetzbuch, Bd. 2, S. 1124.
757 *Lorenz*, Die Gefährdungshaftung des Tierhalters nach § 833 Satz 1 BGB, S. 81.
758 RGZ 80, 237 (238 f.); RGZ 54, 73 (74); RGZ 60, 65 (68).
759 Siehe hierzu insbesondere 1. Kap. B. I. 1. b) aa) und 1. Kap. B. I. 2. b) aa).
760 Siehe hierzu 1. Kap. B. I. 1. b) aa).
761 *Siegfried*, Tier und Tiergefahr, S. 76.
762 *Walter*, in: BeckOGK StVG, § 7 Rn. 3.
763 *Walter*, in: BeckOGK StVG, § 7 Rn. 3.

Verständnis des Betriebsbegriffes wurde vom BGH für eine weite Auslegung mit der Begründung aufgegeben, dass die Halterhaftung zwingende Folge der im Kfz-Verkehr entstehenden Gefahren sei und dadurch alle davon betroffenen Schadensabläufe erfasse.[764] Die Wortlaute von § 833 S. 1 BGB und von § 7 Abs. 1 StVG[765] sind bis auf die Worte „durch ein Tier" bzw. „beim Betrieb eines Kraftfahrzeuges" gleich,[766] sodass die Systematik nahelegt, auch diese Satzteile entsprechend zu verstehen. Sie sind als Begrenzung der Haftung auf betriebseigentümliche Gefahren zu interpretieren.[767]

Auch der Vergleich zu anderen Gefährdungshaftungen wie beispielsweise § 1 Abs. 1 HPflG oder § 33 Abs. 1 LuftVG führt zu keinem anderen Ergebnis. In beiden beispielhaft ausgewählten Normen wird eine Gefahr vorausgesetzt, die sich „beim Betrieb" realisiert haben muss, sodass über die schlichte Kausalität hinaus die Verwirklichung eines Betriebsunfalls erforderlich ist.[768] Auch die Tendenz, die Betriebsgefahr aufgrund des rapide und enorm steigenden Kraftfahrzeugverkehrs weit auszulegen,[769] ist auf die Tierhalterhaftung übertragbar. Damit legt die systematische Auslegung nahe, auch bei der Tierhalterhaftung über die Kausalität hinaus die Realisierung einer weiteren tatbestandsspezifischen Gefahr zu verlangen.

d) Teleologische Auslegung

Die mit der Tierhaltung verbundenen außergewöhnlichen Gefahren sollen durch die Tierhalterhaftung ausgeglichen und kompensiert werden.[770] Diese außergewöhnlichen Gefahren ergeben sich aus der Natur der Tiere, die sich von Sachen durch ihre Lebendigkeit unterscheiden.[771] Entscheidend kommt es also auf das Risiko an, das die Tiere von Sachen und von Menschen unterscheidet.[772] Dieser Zweck kann durch die der Tiergefahr entledigte Tierhalterhaftung nicht zielfüh-

---

764 BGHZ 29, 163 (167, 170, 171); *Walter*, in: BeckOGK StVG, § 7 Rn. 89.

765 § 7 Abs. 1 StVG: „*Wird beim Betrieb eines Kraftfahrzeuges ein Mensch getötet, der Körper oder die Gesundheit eines Menschen verletzt oder eine Sache beschädigt, so ist der Halter verpflichtet, dem Verletzten den daraus entstehenden Schaden zu ersetzen.*"

766 Ein weiterer Unterschied im Wortlaut ist die Formulierung „*der Halter*" in § 7 Abs. 1 StVG und „*derjenige, der das Tier hält*" in § 833 S. 1 BGB, jedoch handelt es sich dabei lediglich um eine andere Wortwahl, die auf denjenigen Fall angepasst ist.

767 *Siegfried*, Tier und Tiergefahr, S. 76.

768 *Siegfried*, Tier und Tiergefahr, S. 56.

769 BGHZ 29, 163 (166); BGH, NJW 1957, 1878.

770 *Spindler*, in: BeckOK BGB, § 833 Rn. 1.

771 *Böhme*, Haftung für Tiere im deutschen und US-amerikanischen Recht, S. 27.

772 *v. Bar*, Gemeineuropäisches Deliktsrecht, S. 232.

rend verfolgt werden, da diese dann eine reine Kausalhaftung darstellen würde.[773] Die Kausalhaftung ist jedoch nicht geeignet, die außergewöhnlichen Gefahren zu erfassen und entsprechend zu würdigen. Sie beläuft sich lediglich darauf, Kausalzusammenhänge aufzudecken und Schäden zu kompensieren, ohne die Besonderheiten der Fälle im Zusammenhang mit der Tierhalterhaftung entsprechend zu berücksichtigen. Dass eine solche Folge vom Gesetzgeber nicht gewollt ist, haben selbst die Befürworter der reinen Kausalhaftung gesehen und eine Begrenzung des Anwendungsbereichs der Norm für Schäden, die durch Tiere unter menschlicher Leitung verursacht worden sind oder die Tiere nicht durch ihre Reaktion verursacht haben, vorgesehen.[774] Diese Auslegung führt damit lediglich dazu, die Tiergefahr als Merkmal zu streichen, jedoch über Umwege wieder in die Haftungsvoraussetzungen einfließen zu lassen.[775] Damit folgt auch aus der teleologischen Auslegung das Bedürfnis, die Realisierung einer weiteren tatbestandsspezifischen Gefahr zu verlangen.

e) Geltungszeitliche Auslegung

Unter gegenwärtigen Gesichtspunkten ist der Wille des Gesetzgebers in der Hinsicht unverändert zum Willen des historischen Gesetzgebers, als die mit der Tierhaltung verbundenen außergewöhnlichen Gefahren durch die Tierhalterhaftung ausgeglichen und kompensiert werden sollen.[776]

Hinsichtlich des weiten oder engen Verständnisses der Tiergefahr ist im Rahmen der zeitgemäßen Auslegung auf das Normverständnis und die Verhältnisse, wie sie zur Zeit der Rechtsanwendung bestehen, abzustellen.[777] Anders als zu Zeiten der Entstehung der Norm liegt der Fokus des Gesetzgebers nicht mehr auf dem Schutz der Landwirte vor existenzgefährdenden Zuständen, was insbesondere der geänderten tatsächlichen Lage hinsichtlich der Anzahl an gehaltenen Nutztieren geschuldet ist.[778] Haben sich seit Erlass des Gesetzes wesentliche Umstände tatsächlicher Art geändert, ist der ursprüngliche Wille mit Blick auf die gewandelten Umstände fortzuschreiben, da die Legitimitätsgrundlage des heute bestehenden Rechts nicht in der Vergangenheit, sondern in der Gegenwart liegt.[779]

---

773 *Lorenz*, Die Gefährdungshaftung des Tierhalters nach § 833 Satz 1 BGB, S. 147.

774 *Haase*, JR 1973, 13.

775 *Lorenz*, Die Gefährdungshaftung des Tierhalters nach § 833 Satz 1 BGB, S. 149; *Eberl-Borges*, in: Staudinger BGB, § 833 Rn. 31.

776 *Spindler*, in: BeckOK BGB, § 833 Rn. 1.

777 *Walz*, ZJS 4/2010, S. 486.

778 Siehe hierzu ausführlich in 1. Kap. B. I. 2. b) aa).

779 *Walz*, ZJS 4/2010, S. 486; a.A. *Hillgruber*, in GG-Kommentar, Rn. 58 ff.

Damit ist der damals gewählte Blickwinkel des zu schützenden Ersatzpflichtigen, der zu einem engen Verständnis der Tiergefahr geführt hat, den aktuellen Umständen entsprechend auf die schutzbedürftige Allgemeinheit bzw. auf den konkret Geschädigten zu richten und damit einhergehend die Tiergefahr weit zu verstehen.[780]

Ein weites Verständnis der Tiergefahr ist insbesondere auch angebracht, weil die Allgemeinheit den Tiergefahren durch die stark angestiegene Anzahl an gehaltenen Luxustieren[781] erhöht ausgesetzt ist.[782] Dem gewandelten Sinn und Zweck der Norm, die Allgemeinheit zu schützen, kann man durch eine enge Auslegung des Merkmals nicht gerecht werden, da insbesondere im Vergleich zum Entstehungszeitpunkt der Norm die Menschen durch die rapide gestiegene Tierhaltung aus Liebhaberei den Gefahren im Alltag öfter ausgesetzt sind. Eine enge Auslegung würde diesem Zweck zuwiderlaufen und dem Geschädigten den Schutz verwehren. Die Wahrscheinlichkeit, auf der Straße oder im Rahmen von alltäglichen Geschehensabläufen beispielsweise von einem Hund gebissen zu werden, ist im Vergleich zu den Gegebenheiten um 1900 herum aufgrund der vervielfachten Anzahl an gehaltenen Hunden exponentiell gestiegen. Dies gilt insbesondere auch für die traditionell als Ausnahme angesehenen Fällen des Tieres unter menschlicher Leitung und des Tieres unter physiologischem Zwang: Mit einer Zunahme der Tierpopulation tritt die Interaktion zwischen Mensch und Tier häufiger auf, was einerseits das Potenzial für Konflikte und gefährliche Situationen und andererseits die Wahrscheinlichkeit, dass mehr Menschen, die wenig Erfahrung im Umgang mit Tieren haben, in den Genuss der Tierhaltung kommen, erhöht. Unerfahrenheit kann jedoch zu Fehlverhalten führen, das Tiere provoziert und gefährliche Reaktionen auslöst.

Die enge Auslegung, die sich beispielsweise nur auf das willkürliche oder das unberechenbare Verhalten des Tieres beschränkt, verkennt, dass damit nur eine mögliche Tiergefahr erfasst wäre und der Schutzbereich der Norm dadurch ebenso relevante Fälle außer Acht lassen würde.[783] Die durch die Lebendigkeit der Tiere motivierte Ausgestaltung der Tierhalterhaftung wäre durch eine enge Auslegung der Tiergefahr verfehlt und würde dem Zweck des Ausgleichs außergewöhnlicher Gefahren nicht umfassend gerecht werden.

---

780 *Siegfried*, Tier und Tiergefahr, S. 76.
781 Siehe hierzu ausführlich 1. Kap. B. I. 1. b) aa).
782 So auch *Siegfried*, Tier und Tiergefahr, S. 75.
783 *Eberl-Borges*, in: Staudinger BGB, § 833 Rn. 39.

f) Auslegungsergebnis

Sowohl die historische, die teleologische als auch die zeitgemäße Auslegung haben ergeben, dass das Tatbestandsmerkmal der Tiergefahr geboten ist und weit auszulegen ist. Auch die systematische Auslegung führt zu keinem anderen Ergebnis, vielmehr ist auch systematisch das Tatbestandsmerkmal der Tiergefahr anzunehmen und dieses weit auszulegen. Lediglich die Auslegung des Wortlauts führt mangels ausdrücklicher Erwähnung der Tiergefahr zu einem anderen Ergebnis.

Zu berücksichtigen ist an diesem Punkt jedoch, dass die Annahme des weit auszulegenden Tatbestandsmerkmals, wie oben ausgeführt, den gewandelten Umständen geschuldet ist. Liegt eine Änderung der tatsächlichen Verhältnisse vor, ist es zulässig und geboten, den Willen des Gesetzgebers im Hinblick auf die aktuellen tatsächlichen Verhältnisse fortzuschreiben.[784] So liegt der Fall hier. Bei § 833 BGB handelt es sich um ein älteres Gesetz, dessen Wortlaut seit 1908 nicht geändert wurde. Ein Widerspiegeln der aufgezeigten aktuellen Verhältnisse und Umstände, die zur Begründung des Tatbestandsmerkmals der Tiergefahr angeführt wurden, ist damit tatsächlich nicht möglich. Im Wege der Fortschreibung des Willens des Gesetzgebers ist jedoch der Wortlaut der Tierhalterhaftung um das weit zu verstehende Merkmal der Tiergefahr den tatsächlichen Gegebenheiten entsprechend zu erweitern.

III. Frankreich: „un fait de l'animal"

1. Allgemeines

Anders als im deutschen Recht, das gem. § 833 S. 1 BGB nur Tiere der Gefährdungshaftung unterwirft, gilt im französischen Recht eine unterschiedslose Haftung, die den Halter jeder Sache gem. Art. 1242 Abs. 1 C. civ. strikt haften lässt. Aufgrund der geltenden Gleichbehandlung von Tieren und Sachen[785] ist eine spezifische Tiergefahr im Rahmen des Art. 1243 C. civ. nicht notwendig.[786]

Ebenso wie im deutschen Recht handelt es sich bei der schädigenden Handlung im Rahmen der Tierhalterhaftung jedoch um eine solche, die vom Tier ausgeht und nicht von der haftenden Person, so dass die Kausalität eine indirekte ist, die über das Tier dessen „gardien" trifft. Aus diesem Grund kommt bei der Sachhalterhaftung bzw. der Tierhalterhaftung der Kausalzusammenhang zwischen dem schädigenden Ereignis und dem Schaden erst durch das Erfordernis der aktiven

---

784 *Looschelders*, NK-BGBAT, Anhang zu § 133 Rn. 15 f.

785 Siehe hierzu unter 2. Kap. B. II. 2. a).

786 *Wagner*, in: MüKoBGB, § 833 Rn. 16.

Rolle der Sache bzw. des Tieres zustande.[787] Die Anforderungen an den Nachweis der kausalen Rolle des Tieres entsprechen denen, die für die Sachhalterhaftung aus Art. 1242 Abs. 1 C. civ. entwickelt wurden.[788] In diesem Zusammenhang wurde die Sachhalterhaftung zwar zunächst nur bei Vorliegen eines Mangels der Sache selbst bejaht, jedoch wurde dies im Laufe der Zeit fallen gelassen und die Sachhalterhaftung auch angenommen, wenn Sachen unter menschlicher Leitung Schaden anrichteten oder mit einem Mangel behaftet waren.[789] Abgestellt wurde auf den „fait de la chose" und damit auf die Mitwirkung der Sache bei der Schadensverursachung.[790] Demzufolge muss im Rahmen der Tierhalterhaftung bei der Kausalität nicht nur die materielle Beteiligung des Tieres am Unfall nachgewiesen werden, sondern auch dessen aktive Beteiligung an der Entstehung des Schadens.[791] Hierbei ist jedoch zu beachten, dass es sich bei der vorausgesetzten aktiven Beteiligung des Tieres an der Entstehung des Schadens („rôle actif de l'animal") nicht um eine zusätzliche Voraussetzung zum Kausalzusammenhang handelt, sondern diese ein Teil des nachzuweisenden Kausalzusammenhangs ist.[792] Das Merkmal „rôle actif de l'animal" bezieht sich auf die aktive Rolle des Tiers bei der Entstehung des Schadens. Es besagt, dass das Tier eine aktive Rolle gespielt hat, indem es natürliche Verhaltensweisen gezeigt hat oder spezifische Handlungen ausgeführt hat, die potenziell gefährlich oder schädlich sein können.

Bei dem Merkmal der aktiven Beteiligung des Tieres an der Schadensentstehung handelt es sich nicht um eine spezifische Tiergefahr, wie wir sie im deutschen Recht kennen, sondern vielmehr um ein Abgrenzungsmerkmal von der von Art. 1243 C. civ. nicht erfassten passiven Mitbeteiligung des Tieres am Schaden.[793] Die spezifische Tiergefahr in Deutschland bezieht sich auf die inhärente Gefahr, die von einem Tier ausgeht, aufgrund seiner natürlichen Eigenschaften, Instinkte oder Verhaltensweisen. Es spielt dabei keine Rolle, ob das Tier eine aktive Rolle bei der Entstehung der Gefahr gespielt hat oder nicht. In der französischen Rechtsordnung trägt das Merkmal „rôle actif de l'animal" dazu bei, die Verbindung zwischen der Tiergefahr und dem Verhalten des Tiers herzustellen. Es betont, dass die bloße Tiergefahr nicht ausreicht, sondern das das Tier aktiv an der Entstehung der Gefahr beteiligt sein muss, um einen Kausalzusammenhang zu bejahen.

---

787 *Julien*, Dalloz action 2020, Rn. 2131.31.
788 *Julien*, Dalloz 2018, Rn. 27.
789 *Lüchinger*, Die Tierhalterhaftung, S. 56.
790 *Lüchinger*, Die Tierhalterhaftung, S. 56; *Hübner*, Die Haftung des Gardien, S. 43.
791 *Julien*, Dalloz 2018, Rn. 27.
792 *Fournel*, AJ Famille 2012, S. 81.
793 *Lüchinger*, Die Tierhalterhaftung, S. 54.

2. *Differenzierung*

Hinsichtlich des Beweises der aktiven Beteiligung des Tieres am Schadensfall ist zu differenzieren, ob es sich um ein in Bewegung befindliches Tier, das mit dem Geschädigten in Berührung gekommen ist, oder um ein inertes Tier bzw. ein Tier, das nicht mit dem Geschädigten in Berührung gekommen ist, handelt. Dass das Tier sich in Bewegung befunden hat oder mit dem Geschädigten in Berührung gekommen ist, ist keine Voraussetzung des Art. 1243 C. civ.[794] Lediglich die Beweisanforderungen an den Geschädigten unterscheiden sich hiernach.[795]

a) *In Bewegung befindliches Tier, das mit dem Geschädigten in Berührung gekommen ist*

Wird ein Schaden durch ein sich in Bewegung befindliches Tier verursacht, das mit dem Geschädigten in Berührung gekommen ist, kommt dem Geschädigten eine Vermutung hinsichtlich der aktiven Beteiligung des Tieres an der Entstehung des Schadens zugute, sodass dieser nur die materielle Beteiligung darlegen muss, was in den meisten Fällen keine Schwierigkeit darstellen wird.[796] Somit begründet das Zusammentreffen von Bewegung und Berührung bzw. Kontakt eine Vermutung hinsichtlich der Verursachung des Schadens.[797] Schwierigkeiten können sich aber dann ergeben, wenn das schadensverursachende Tier nicht eindeutig bestimmt werden kann, wie beispielsweise für ein geparktes Auto mit Kratzspuren, wovon dem Gericht zufolge einige von einem Hund verursacht worden seien.[798] In diesen Fällen, scheidet die Kausalität mangels Nachweises der materiellen Beteiligung des Tieres aus. Verbleibende Zweifel über die genaue Ursache des Schadens wirken sich jedoch bei einem sich in Bewegung befindlichen Tier, das mit dem Geschädigten in Berührung gekommen ist, zu Lasten des „gardiens“ aus, der den Geschädigten dann entschädigen muss.[799]

So wie im deutschen Recht[800] unterfällt die Fallgruppe des Tieres unter menschlicher Leitung der Tierhalterhaftung nach Art. 1243 C. civ.[801] Kommt das sich

---

794 *Terré/Simler/Lequette/Chénedé*, Droit civil, S. 1064.

795 *Fournel*, AJ Famille 2012, S. 81.

796 *Grynbaum*, Dalloz 2011, Rn. 154; *Julien*, Dalloz 2018, Rn. 27; *Fournel*, AJ Famille 2012, S. 81.

797 *Grynbaum*, Dalloz 2011, Rn. 156; *Conte*, La responsabilité civile délictuelle, S. 103.

798 Siehe hierzu *Julien*, Dalloz 2018, Rn. 27 mit weiteren Beispielen.

799 Cass. civ. 2e, 10. Januar 1985, Bull. civ. II, Nr. 9.

800 Siehe hierzu unter 2. Kap. D. II. 1. c) aa).

801 *Lüchinger*, Die Tierhalterhaftung, S. 55.

unter menschlicher Leitung in Bewegung befindliche Tier mit dem Geschädigten in Berührung, wird die aktive Beteiligung des Tieres zugunsten des Geschädigten vermutet. Beispielsweise gerittene Tiere oder Tierfuhrwerke fallen darunter.[802]

b) Inertes Tier oder Tier, das nicht mit dem Geschädigten in Berührung gekommen ist

aa) Allgemeines zu dieser Kategorie

Handelt es sich um ein inertes Tier oder hatte das Tier keinen Kontakt zu dem Geschädigten, muss der Geschädigte die aktive Beteiligung des Tieres beweisen, ohne dass ihm eine Kausalitätsvermutung zugutekommt.[803] Ein Kontakt bzw. eine Berührung zwischen dem Tier und der geschädigten Person wird von der Rechtsprechung zur Kausalitätsbegründung nicht verlangt.[804] Dieses Erfordernis wurde schon im Jahr 1940 in zwei Urteilen des französischen Kassationsgerichtshofs ausdrücklich für die allgemeine Sachhalterhaftung des Art. 1384 Abs. 1 C. civ. aufgehoben.[805]

In den Fällen, die in diese Kategorie fallen, wird das Merkmal „aktive Beteiligung" des Tieres mit dem „abnormalen" Verhalten des Tieres gleichgesetzt.[806] Wird die Abnormalität von Seiten des Geschädigten nicht nachgewiesen, ist die Entschädigung zu verweigern.[807] Der Begriff „Abnormalität" ist jedoch missverständlich: Zum einen handelt es sich nicht um eine zusätzliche Bedingung, die dem Kausalzusammenhang hinzugefügt wird, und zum anderen zielt das

---

802 *Lüchinger*, Die Tierhalterhaftung, S. 55.

803 *Grynbaum*, Dalloz 2011, Rn. 161; *Julien*, Dalloz 2018, Rn. 27; *Fournel*, AJ Famille 2012, S. 81; Cass. civ. 2 e, 17. Januar 2017, Bull. civ. n° 17–28.861; *Conte*, La responsabilité civile délictuelle, S. 103; *Porchy-Simon*, Les obligations, S. 386.

804 *Grynbaum*, Dalloz 2011, Rn. 149; *Julien*, Dalloz action 2020, Rn. 2221.111.

805 Cass. civ., 22. Januar 1940, DC 1941.101, Anm. Savatier: *„l'article 1384 alinéa 1, en posant comme condition à son application que le dommage ait été causé par le fait de la chose incriminée, n'exige pas pour autant la matérialité d'un contact. L'absence de contact entre la chose et la personne ou l'objet qui ont subi le dommage n'est pas nécessairement exclusive du lien de causalité.*"

806 *Fournel*, AJ Famille 2012, S. 81; *Julien*, Dalloz action 2020, Rn. 2221.121; *Conte*, La responsabilité civile délictuelle, S. 103; *Terré/Simler/Lequette/Chénedé*, Les obligations, S. 1068 f. mit ausführlichen Erläuterungen zu der Entwicklung der Rechtsprechung hierzu.

807 *Grynbaum*, Dalloz 2011, Rn. 165.

Kriterium der „Abnormalität" in Wirklichkeit nicht auf das Tier ab.[808] Entscheidend ist vielmehr, ob die Reaktion des Geschädigten der „Normalität", also der Reaktion einer hypothetischen Vergleichsperson entspricht oder nicht. Wenn die Reaktion des Geschädigten überzogen erscheint, ist der Geschädigte in Wirklichkeit der alleinige Verursacher seines Schadens. Dies wäre z. B. der Fall, wenn eine Person bei dem Anblick eines Tieres, das nicht geeignet war, Angst zu erzeugen, wegläuft und sich verletzt.[809] Die Beurteilung der „Normalität" oder „Abnormalität" der Reaktion des Geschädigten liegt im Ermessen des entscheidenden Gerichts. Die Gerichte legen in diesen Fällen den Schwerpunkt auf die Beurteilung der Reaktion des Geschädigten und stellen beispielsweise fest, dass diese „natürlich und instinktiv"[810] war oder dass der Geschädigte „nur begründete Gründe haben konnte, um die Unversehrtheit seiner Person zu fürchten."[811]

bb) Dieser Kategorie zugehörige Fallgruppen

Unter diese Kategorie fällt die Fallgruppe der Schadensverursachung durch die bloße Gegenwart des Tieres, ohne dass es dabei zu einer Berührung gekommen ist. Wie im deutschen Recht[812] wurde das Vorliegen des Kausalitätszusammenhangs in einer Reihe von Entscheidungen diese Fälle betreffend bejaht, sodass die Fallgruppe des Fehlens des eigenen Tierverhaltens grundsätzlich unter die Tierhalterhaftung fällt.[813] So wurde in dem Fall, in dem ein Reiter von seinem Pferd abgeworfen wurde, weil sich das Pferd durch die bloße Anwesenheit des Hundes erschreckt hat, der Kausalzusammenhang und die Haftung des Hundehalters bejaht.[814] Zu beachten ist hierbei jedoch, dass es dennoch am Geschädigten liegt, in diesen Fällen die aktive Beteiligung des Tieres an der Schadensentstehung zu beweisen. Die bloße Anwesenheit eines Tieres am Schadensort ist für sich genommen nicht ausreichend, um die aktive Beteiligung desselben nachzuweisen.[815]

808 *Fournel*, AJ Famille 2012, S. 81; *Julien*, Dalloz action 2020, Rn. 2221.121; *Conte*, La responsabilité civile délictuelle, S. 103; *Terré/Simler/Lequette/Chénedé*, Les obligations, S. 1068 f. mit ausführlichen Erläuterungen zu der Entwicklung der Rechtsprechung hierzu.

809 *Fournel*, AJ Famille 2012, S. 81.

810 Cass. civ. 2e, 24. Februar 1982, Gaz. Pal. 1982, Pan. 250.

811 Cass. civ. 2e, 14 November 1956, JCP 1957, II, 9730.

812 Siehe hierzu 2. Kap. D. II. 1. c) dd).

813 *Julien*, Dalloz 2018, Rn. 28.

814 *Julien*, Dalloz 2018, Rn. 28; Versailles 27. April 2004, Juris-Data, n° 255 625.

815 *Julien*, Dalloz 2018, Rn. 29.

So wurde die aktive Beteiligung eines Hundes, der sich bei einem Fahrradsturz am Straßenrand befand, verneint.[816]

Auch der Fall der mechanischen Wirkung in Form des durch das Tier verursachten Verkehrshindernisses fällt unter diese Fallgruppe und steht einem Kausalzusammenhang nicht entgegen.[817] Die Fallgruppe des natürlichen Tierverhaltens steht einem Kausalzusammenhang ebenfalls nicht entgegen, die Übertragung von Krankheiten durch Tiere ist wie im deutschen Recht[818] von dieser Fallgruppe erfasst.[819] Auch bloße Tierlaute können den Kausalzusammenhang begründen.[820]

3. *Ausblick auf die geplante Reform*

Der Reformentwurf stellt in Art. 1243 Abs. 1 PR auf den „fait des choses" ab, geht aber weiter als Art. 1242 Abs. 1 C. civ., indem er in seinem zweiten Absatz die Vermutung aufnimmt, welche die Rechtsprechung entwickelt hat, wonach der „fait de la chose" erwiesen ist, sobald die sich in Bewegung befindende Sache mit dem Sitz des Schadens in Berührung gekommen ist.[821] Anders als die bisherige Rechtsprechung, legt die explizit geregelte Vermutung die Möglichkeit der Widerlegung nahe, ohne dies ausdrücklich zu regeln.[822] Auch den in 2. b) beschriebenen Fall kodifiziert der Reformentwurf in Art. 1243 Abs. 3 PR, schränkt diesen jedoch ein.[823] Ein „fait de la chose" ist demnach nur gegeben, wenn die Sache mangelhaft ist, ihre Lage, ihr Zustand oder ihr Verhalten ungewöhnlich sind. Der Reformentwurf schafft mit Art 1243 Abs. 2 und 3 PR damit Klarheit. Er stellt in dieser Hinsicht im Wesentlichen eine Kodifizierung des bestehenden Rechts dar.

---

816 *Julien*, Dalloz 2018, Rn. 29; Grenoble, 15 Mai 2006, JCP 2006, IV, 3327.

817 *Julien*, Dalloz 2018, Rn. 28; Aix-en-Provence 14. Februar 2006, Juris-Data, n° 310 167: Körper eines Hundes auf einer Landstraße, der umfahren werden sollte, wodurch der Fahrer die Kontrolle über sein Fahrzeug verlor.

818 Siehe hierzu 2. Kap. D. II. 1. c) cc).

819 *Lüchinger*, Die Tierhalterhaftung, S. 55 m. w. N.

820 *Julien*, Dalloz 2018, Rn. 28; Reims, 20. Juni 2005, Juris-Data, n° 296 412: Bellen eines Hundes, das einen Radfahrer zu Fall bringt.

821 Art. 1243 Abs. 2 PR: „*Le fait de la chose est présumé dès lors que celle-ci, en movement, est entrée en contact avec le siège du dommage.*"

822 *Borghetti*, Die Reform des französischen Haftungsrechts, S. 62.

823 Art. 1243 Abs. 3 PR: „*Dans les autres cas il appartient à la victime de prouver le fait de la chose, en établissant soit le vice de celle-ci, soit l'anormalité de sa position, de son état ou de son comportement.*"

IV. Südafrika

1. Actio de pauperie*: Handlung* contra naturam sui generis

Auf dem römischen Recht basierend, setzt die *actio de pauperie* das Konzept der Handlung *contra naturam* voraus. Wie sich das Verständnis dieses Konzepts gewandelt hat und was darunter im aktuellen südafrikanischen Recht zu verstehen ist, ist Gegenstand des folgenden Abschnitts.

a) Tatbestandsvoraussetzungen

aa) Verhalten *contra naturam sui generis*

(1) Ursprung und Bedeutung

Schon zu Zeiten der Römer wurde über den Begriff *contra naturam* und dessen Bedeutung nachgedacht und von vielen mit dem Zusatz *sui generis* interpretiert.[824] Kontrovers diskutiert wurden die Herkunft sowie die Bedeutung des Begriffes jedoch erst im späten 19. Jahrhundert.[825] Mit der insbesondere in den letzten Jahrzehnten zugenommenen Anzahl an Haustieren in Südafrika[826] hat das richtige Verständnis des Begriffes wieder an Relevanz gewonnen. Der Begriff wird in der Literatur überwiegend mit dem Verhalten des Tieres in Verbindung gebracht.[827] Vereinzelt wird vorgebracht, dass der Begriff sich auf die Art der Schädigung beziehe.[828] Es ist demnach zwischen dem *damnum secundum naturam*, wie z. B. dem Weiden im Rahmen der *actio de pastu*, und dem *damnum contra naturam*, das von der *actio de pauperie* erfasst wird, zu unterscheiden.[829] Dagegen sprechen jedoch die ursprünglichen Texte, die die *actio de pauperie* und die Handlung *contra naturam* einführen, in welchen sich der Begriff *contra naturam* auf das Verhalten des Tieres (*pauperiem dedit*) und nicht auf die Art der Schädigung bezieht.[830] Damit ist der Begriff verhaltens- und nicht schadensbezogen.

---

824 *Polojac*, Actio de pauperie: Anthropomorphism and rationalism, S. 134; *Knobel*, THRHR 2011, 635; *Zimmermann*, Das römisch-holländische Recht in SA, S. 149.

825 *Polojac*, Actio de pauperie: Anthropomorphism and rationalism, S. 134.

826 Siehe hierzu unter 1. Kap. B. I. 1. b) cc).

827 *Polojac*, Actio de pauperie: Anthropomorphism and rationalism, S. 136.

828 *Schömann*, Handbuch des Civilrechts, S. 198.

829 *Schömann*, Handbuch des Civilrechts, S. 199.

830 *Polojac*, Actio de pauperie: Anthropomorphism and rationalism, S. 136: „*quotiens contra naturam fera mota pauperiem dedit.*“

(2) Maßstab und Kriterien

Umstritten ist, an welchem Maßstab das Verhalten des Tieres zu messen ist. Denkbar ist, das Verhalten des schädigenden Tieres als Maßstab zu nehmen. Dagegen sprechen jedoch die ursprünglichen Texte, die im Rahmen der Anwendung der *actio de pauperie* beispielhaft ein Pferd aufzählen, das die Gewohnheit hat auszuschlagen, und dieses Verhalten trotzdem als *contra naturam* bezeichnen.[831] Auch der Zusatz *sui generis* stellt klar, dass die ständige Neigung eines Tieres zu bösartigen Verhaltensweisen nicht entscheidend ist und es auf das einzelne Tier nicht ankommt.[832] *Contra naturam* ist damit nicht das Verhalten, das gegen die Natur eines bestimmten Tieres verstößt.

In Betracht kommt das Abstellen auf ein Verhalten, das gegen die Natur der Gattung oder die Natur der Rasse eines Tieres verstößt. Dies wird jedoch von den Gerichten abgelehnt. So wurde beispielsweise in einem Fall, in welchem der Beklagte während einer Viehauktion von einem Brahman-Rind verletzt wurde, festgestellt, dass es für das Merkmal *contra naturam* nicht darauf ankomme, dass das Rind gegen die Natur von Rindern als Gattung oder die Natur von Brahman-Rindern als speziellen Rasse verstoßen habe. Es kommt demnach auch keine Entlastung auf Seiten des Beklagten aufgrund des Umstandes, dass Brahman-Rinder intelligenter und sensibler seien als andere Rinderrassen und sich das fragliche Rind entsprechend der Natur der Brahman-Rinder verhalten habe, in Betracht.[833] Auch ein Verstoß gegen die eigene besondere Natur des schädigenden Tieres wurde von dem Gericht als Maßstab abgelehnt. Das Verhalten des Rindes sei vielmehr an dem allgemeinen Verhalten von Haustieren zu messen. Es wird dabei davon ausgegangen, dass sich Haustiere aufgrund der langjährigen Domestizierung zahm und friedlich in menschlicher Gesellschaft verhalten.[834] Diese friedliche Natur sowie das kontrollierte Verhalten erwerben die Haustiere aufgrund der menschlichen Nähe über mehrere Jahre hinweg.[835] So gilt es als *contra naturam*, wenn ein Hund beißt oder ein Pferd tritt oder spontan ausbricht, wenn es vor einen Wagen gespannt ist[836] oder einen Reiter auf seinem Rücken hat.[837]

831 *Polojac*, Actio de pauperie: Anthropomorphism and rationalism, S. 136.
832 *Zimmermann*, ZEuP 1994, 735.
833 *Loriza Brahman* v. *Dippenaar*, 2002 (2), SA 477 (SCA); *Knobel*, THRHR 2011, 635.
834 *Deysel* v. *Carsten*, 1992 (4), All SA 151 (E), 157.
835 *Thysse* v. *Bekker*, 2007 (4), All SA 1309 (SE), 1315.
836 *SAR&H* v. *Edwards*, 1930 AD 3, 12.
837 *Visagie* v. *Transsun (Pty.) Ltd.*, 1996 (4), All SA 702 (Tk), 711.

Maßgeblich ist somit das Verhalten domestizierter Tiere, von denen ein gewisser Standard an erzogenem Verhalten erwartet wird.[838]

Fraglich ist dabei jedoch, welche Kriterien zu der Ermittlung des Verhaltensstandards von Haustieren heranzuziehen sind. Entscheidend ist, dass es dabei nicht auf wissenschaftliche, sondern auf rechtliche Kriterien ankommt.[839] Auf die durch die Gerichte eine Zeit lang zurückgegriffenen Sachverständigen und deren Einschätzung zum *contra naturam*-Verhalten des betroffenen Tieres kommt es zur Findung des *contra naturam*-Verhaltens im jeweiligen Fall nicht an. Dies ergibt sich zum einen schon daraus, dass in letzter Instanz das Gericht darüber zu entscheiden hat, ob das Tier *contra naturam* gehandelt hat, und nicht ein Sachverständiger.[840] Zum anderen ist das Sachverständigengutachten nicht zielführend, da es, wie oben festgestellt, nicht auf das Verhalten des konkreten Tieres ankommt, das vom Sachverständigen analysiert werden könnte. Darüber hinaus dient das Merkmal der Handlung *contra naturam* als Einschränkung der als verschuldensunabhängig ausgestalteten Haftung der *actio de pauperie*. Es soll diese verschuldensunabhängige Haftung mildern, indem der Eigentümer nicht für alle Schäden haften soll, die von seinen domestizierten Tieren verursacht wurden, sondern nur für solche, die bei einer Handlung *contra naturam* des Tieres entstanden sind.[841] Aufgrund dieses verschuldensunabhängigen Charakters der *actio de pauperie* sind für die Charakterisierung des Verhaltens *contra naturam* rechtspolitische Erwägungen zu treffen, die nicht durch einen wissenschaftlichen Sachverständigen getroffen werden können.[842]

Somit ist der Verhaltensstandard, den das Gesetz von einem domestizierten Tier erwartet, das die menschliche Umgebung gewohnt ist, maßgeblich. Darunter wird ein Verhalten verstanden, bei welchem die Tiere nicht in ihre frühere Wildheit zurückfallen.[843]

bb) *Sponte feritate commota*

Die der *actio de pauperie* zugrunde liegende Idee, die auch heute noch Grundlage der Klage ist, besteht darin, den Eigentümer nur für Schäden haftbar zu machen,

838 *Zimmermann*, Das römisch-holländische Recht in SA, S. 149.
839 *Thysse* v. *Bekker*, 2007 (4), All SA 1309 (SE), 1313.
840 *Knobel*, THRHR 2011, 635.
841 *Thysse* v. *Bekker*, 2007 (4), All SA 1309 (SE), 1313.
842 *Thysse* v. *Bekker*, 2007 (4), All SA 1309 (SE), 1313.
843 *Thysse* v. *Bekker*, 2007 (4), All SA 1309 (SE), 1314; *Solomon* v. *De Waal*, 1972 (2), All SA 112 (A), 118.

wenn ein verschuldensgleiches Verhalten des Tieres vorliegt.[844] Eine Haftung soll hingegen nicht in Betracht kommen, wenn das Verschulden beim Geschädigten selbst liegt.

Als Qualifizierung des Merkmals des Handelns *contra naturam* wird deshalb das Merkmal *sponte feritate commota* herangezogen.[845] Hiernach muss das Tier zusätzlich aus innerer Erregung oder Bösartigkeit gehandelt haben („from inward excitement or vice"). Entscheidend ist dabei, dass der Angriff durch das Tier nicht nur *contra naturam* war, sondern das Tier sich darüber hinaus auch schuldhaft, also aus eigenem Instinkt heraus, so verhalten hat.[846] Tiere, die hingegen durch einen äußeren Faktor provoziert, erschreckt, bedroht, verletzt oder erregt wurden, handeln demnach nicht *sponte feritate commota.*[847] Die *actio de pauperie* kann damit nicht durchgreifen, wenn die Handlung des Tieres nicht auf die Bösartigkeit desselben zurückzuführen ist, sondern das Tier beispielsweise provoziert wurde, sodass eine sog. *concitatio* vorliegt.[848]

Im Zuge dessen wurde von den Gerichten ein objektiver Test entwickelt, bei dem der sonst im allgemeinen Deliktsrecht angewendete „reasonable man test"[849] zum „test of the reasonable dog" weiterentwickelt wurde.[850] In dem Fall *Da Silva* v. *Otto* hatte ein Hund einen anderen attackiert und wurde bei dem Versuch einer der Tierhalter, beide Hunde zu trennen, mit einer Gerte geschlagen, die der Tierhalter zur Abwehr fremder Hunde stets bei sich trug. Daraufhin biss der geschlagene Hund dem Tierhalter des anderen Hundes ins Bein.[851] Der Fall warf die neue Problematik auf, unter welchen Umständen der Halter eines Hundes haftet, wenn der Hund nur deshalb gebissen hat, weil er zuvor geschlagen worden ist.[852] Gelöst wurde dies mit dem „test of the reasonable dog", bei dessen Anwendung erwartet wird, dass ein solcher Hund zwischen einem rechtmäßigen und einem unrechtmäßigen Angriff auf sich selbst unterscheiden kann.[853] Das Gericht befand, dass der Kläger berechtigt war, seinen Hund vor einem Angriff zu

844 *SAR&H* v. *Edwards*, 1930 AD 3, 10.
845 *Knobel*, THRHR 2011, 634.
846 *Thysse* v. *Bekker*, 2007 (4), All SA 1309 (SE), 1315.
847 *Swart* v. *Honeyborne*, 1981 (1), All SA 331 (C), 334; *Svamvur* v. *Portwood*, 1970 (1), All SA 410 (R), 412; *Visagie* v. *Transsun (Pty.) Ltd.*, 1996 (4), All SA 702 (Tk), 711.
848 *SAR&H* v. *Edwards*, 1930 AD 3, 10.
849 Siehe hierzu *Ahmed*, THRHR 2019, S. 258.
850 *Da Silva* v. *Otto*, 1986 (3), SA, 538 (T), 541.
851 *Da Silva* v. *Otto*, 1986 (3), SA, 538 (T), 541.
852 *Zimmermann*, ZEuP 1994, 734.
853 *Zimmermann*, ZEuP 1994, 734.

schützen, und damit rechtmäßig gehandelt hat. Das Gericht vertrat in Anwendung des „test of the reasonable dog" die Auffassung, dass das Zubeißen des Hundes in Folge des rechtmäßigen Angriffs des Tierhalters eine Handlung *contra naturem sui generis* darstellte und das Merkmal *sponte feritate commota* erfüllt war.

Bei dem „test of the reasonable dog" handelt es sich um eine Fiktion und eine Personifizierung des Tieres, die ausdrücken soll, was das Gesetz von einem domestizierten Tier erwartet.[854] Unter Anwendung dieses Grundsatzes ist bei einem Hund, der in einer Familie mit Kindern als Haustier gehalten wird und mit den Kindern regelmäßig spielt, zu erwarten, dass der Hund seinen Instinkt zu beißen unterdrückt. Es wird von einem solchen Familienhund erwartet, dass dieser sich wie ein wohlerzogener Hund verhält, der auch bei bedrohlichem Annähern des ihm bekannten Kindes nicht beißt, anderenfalls handelt der Hund *contra naturam* und erfüllt das Merkmal *sponte feritate commota*.[855] Ebenso ist auch der Fall zu behandeln, bei dem ein Kind einem Hund während des Fressens eine Kruste von der Nase zog und daraufhin gebissen wurde. Dieses Verhalten stellt nicht das eines erzogenen Hundes dar, sondern vielmehr ein Handeln aus innerer Erregung, das damit das Merkmal *sponte feritate commota* erfüllt und damit *contra naturam* ist.[856] Das Streicheln eines Pferdes ist keine *concitatio* und kann damit nicht als die *actio de pauperie* ausschließende Provokation angesehen werden.[857] Ein Pferd, das tritt, wenn es gestreichelt wird, handelt aus innerer Erregung heraus, es sei denn, die streichelnde Person hätte wissen müssen, dass das Pferd dabei treten könnte und das Verhalten damit nicht hätte provozieren sollen.[858]

b) Grenzen des Verhaltens contra naturam

Abzugrenzen von dem Verhalten *contra naturam* ist das Verhalten *secundum naturam*. Dabei handelt es sich um ein Verhalten, das nicht entgegen der Natur ist, sondern der Natur gerade entspricht. Die durch ein Verhalten *secundum naturam* entstandenen Schäden sind aufgrund ihres mit der Natur übereinstimmenden Charakters nicht mit der *actio de pauperie* einklagbar. Darunter fallen beispielsweise die Fälle des Grasens durch Schafe oder Rinder,[859] des Deckens

---

854 *Thysse* v. *Bekker*, 2007 (4), All SA 1309 (SE), 1315.
855 *Thysse* v. *Bekker*, 2007 (4), All SA 1309 (SE), 1315.
856 *Green* v. *Naidoo*, 2007 (6), SA 372 (W).
857 *SAR&H* v. *Edwards*, 1930 AD 3, 10.
858 *SAR&H* v. *Edwards*, 1930 AD 3, 10.
859 *Polojac*, Actio de pauperie: Anthropomorphism and rationalism, S. 136.

der Mutterschafe des Nachbargrundstücks durch einen Widder[860] und der Verkehrsbehinderung durch Tiere, die sich auf öffentlichen Straßen verirrt haben.[861]

c) Zweckmäßigkeit des Tatbestandsmerkmals

Fraglich ist, ob dieses den beiden anderen untersuchten Rechtsordnungen fremde Tatbestandsmerkmal als zusätzliches Merkmal zweckmäßig und zielführend ist.

Der mit dem Merkmal verfolgte Zweck besteht einerseits darin, den Anwendungsbereich der *actio de pauperie* einzuschränken und andererseits den Eigentümer nicht für alle Schäden haften zu lassen, die durch die Tiere entstehen, indem z. B. wilde Tiere ausgeschlossen werden. Es sollen insbesondere die Schäden ausgeschlossen werden, die dem Verhalten des Geschädigten zuzuschreiben sind. Hintergrund des Merkmals ist, dass Haustiere schon so lange unter menschlichem Einfluss stehen, dass ein Mindeststandard an gutem Verhalten von ihnen erwartet werden kann und ein davon abweichendes Verhalten aus diesem Grund zur Haftung führen muss.[862] Über die *actio de pauperie* hinausgehend ist der Zweck einer verschuldensunabhängigen Haftung für Tiere, eine Kompensation für das durch die Tierhaltung geschaffene Risiko herzustellen.

Problematisch bei der Anwendung dieses zusätzlichen Merkmals ist, dass der hierbei durchgeführte „reasonable animal"-Test zu einer fiktiven Vermenschlichung des Tieres führt, indem das Verhalten des Tieres an dem eines vernünftigen („reasonable") Tieres gemessen wird. Die Vermenschlichung von Haustieren, die durch die steigende Bereitschaft, in das Wohlbefinden der Haustiere zu investieren,[863] geschaffen wird, soll jedoch auf rechtlicher Ebene nicht durchgreifen. Die Vermenschlichung bringt in die Haftung ein künstliches Element ein und widerspricht damit dem sonst objektiven und an konkreten Tatsachen messbaren Charakter der *actio de pauperie*. Mit dem „reasonable animal"-Test hängt die Haftung des Tierhalters von einer Fiktion ab, die von diesem nicht ohne weiteres widerlegt werden kann. Der „reasonable dog" bzw. das „reasonable animal" existiert nicht, sodass die Messung daran nur fiktiv erfolgen kann.[864] Die Vermenschlichung ist insbesondere nicht zielführend, da man ein Tier nicht nach dem Grund seines Handelns fragen kann und sich dieses nicht im rechtlichen Sinne verhält.[865] Ein Tier kann nicht zwischen richtig oder falsch unterscheiden

860 *Coetzee and Sons* v. *Smit*, 1955 (3), All SA 108 (A).
861 *Jordaan* v. *Krone Broers*, 1999 (3), All SA 57 (C), 62.
862 *Thysse* v. *Bekker*, 2007 (4), All SA 1309 (SE), 1315.
863 Siehe hierzu unter 1. Kap. B. I. 1. c) cc).
864 *v. Bar*, Gemeineuropäisches Deliktsrecht, S. 231.
865 *v. Bar*, Gemeineuropäisches Deliktsrecht, S. 230.

und in Einklang mit dieser Einsicht handeln.[866] Einem erzogenen Tier ist höchstens zuzumuten, dahingehend zu unterscheiden, dass es aufgrund seines Verhaltens bestraft oder belohnt wird.

Das fiktive Konstrukt hat neben der Vermenschlichung des Tieres zur Folge, dass ein weiter Interpretationsspielraum entsteht, der zu Rechtsunsicherheit führt.[867] Ob ein Verhalten dem eines vernünftigen Tieres entspricht, entscheidet das Gericht anhand seines Verständnisses des in diesem Fall vernünftigen Verhaltens. Dabei ist eine vielfältige Auslegung möglich, die nicht objektiv kontrolliert oder substanziell angegriffen werden kann, jedoch die Schadensersatzklage begründet.[868]

Die durch das Merkmal entstehende Rechtsunsicherheit steht mit dem damit verfolgten Zweck jedoch nicht im Verhältnis. Zum einen ist die mit dem Merkmal erfolgende Einschränkung der *actio de pauperie* nicht weiter gerechtfertigt. Würde man das Merkmal streichen, würden auch die durch wilde Tiere verursachten Schäden sowie die durch das Grasen entstandenen Schäden von der *actio de pauperie* erfasst werden.[869] Warum diese Art von Schäden nicht von der *actio de pauperie* erfasst sein sollten, lässt sich nur mit der Ausgestaltung der verschiedenen *actiones* für die unterschiedlichen Schäden begründen. Eine Abkehr von dieser dem römischen Recht entspringenden Handhabung ist jedoch angesichts der Entwicklung in den anderen Rechtsordnungen zu einer einheitlichen Regelung der Tierhalterhaftung wünschenswert.[870]

Zum anderen ist zu hinterfragen, ob durch äußere Reize entstandene Schäden tatsächlich aus der Tierhalterhaftung ausgeschlossen werden sollten. Dazu stellt sich, wie schon im Rahmen der deutschen Regelung ausgeführt,[871] die Frage, ob sich bei durch äußere Ereignisse provozierten Schäden nicht gerade die durch die Tierhaltung geschaffene Gefährdung realisiert, die dem Tierhalter und nicht der Allgemeinheit aufzuerlegen ist. Die im südafrikanischen Recht verfolgte Argumentation stützt sich darauf, dass nur für Verhalten des Tieres gehaftet werden soll, das auch aus dem Inneren des Tieres herrührt und nicht von äußeren Faktoren hervorgerufen wurde, weil der Tierhalter nicht vollumfänglich und nicht unabhängig von dem Ursprung des tierischen Verhaltens haften soll. Mit

866 *Knobel*, THRHR 2011, 638.

867 *Neethling/Potgieter/Visser*, Law of delict, S. 386; *Zimmermann*, Das römisch-holländische Recht in SA, S. 149.

868 *Neethling/Potgieter/Visser*, Law of delict, S. 386.

869 *Neethling/Potgieter/Visser*, Law of delict, S. 385.

870 Siehe hierzu 2. Kap. B. II. 3. c), 4.

871 Siehe hierzu 2. Kap. D. II. 1. c) bb).

dem zusätzlichen Merkmal soll somit eine Haftungsbegrenzung erfolgen, die bei äußeren Faktoren greift. Gegen die Begrenzung der Haftung der Tierhalter in solchen Fällen spricht jedoch, dass auch durch äußere Reize hervorgerufene Reaktionen des Tieres und dadurch entstehende Schäden auf das Tier zurückzuführen sind. Das die Reaktion des Tieres provozierende äußere Ereignis kann auch personenunabhängig sein, wie beispielsweise ein das Tier erschreckendes Geräusch. Die *actio de pauperie* würde in so einem Fall mangels innerer Erregung des Tieres ausscheiden, sodass die Allgemeinheit das durch die Tierhaltung entstehende Risiko zu tragen hat.

Diese Aufbürdung eines durch tierisches Verhalten entstehenden Risikos der Allgemeinheit sowie die mit dem Merkmal verbundene Rechtsunsicherheit lassen zu dem Schluss kommen, dass eine Abschaffung des Merkmals *contra naturam sui generis* sowie des damit einhergehenden Erfordernisses der Handlung *sponte feritate commota* wünschenswert ist.

d) Folgen bei Entfallen des Tatbestandsmerkmals

Da die Beibehaltung des Merkmals nicht wünschenswert ist, stellt sich die Frage, was das Streichen desselben zur Folge hat und ob auch ohne das Merkmal die Haftung des Tierhalters sinnvoll festgestellt werden kann. Entfällt das Tatbestandsmerkmal der Handlung *contra naturam*, ist die *actio de pauperie* auch auf Tiere anwendbar, die von Natur aus wild sind, und auf Verhaltensweisen, die nicht entgegen der Natur des Tieres sind. Somit wäre die *actio de pauperie* auch in Fällen der *actio de feris* und der *actio de pastu* anwendbar. Ohne das Merkmal *contra naturam sui generis* ist damit eine einzige verschuldensunabhängige *actio* für alle Schäden, die durch jedes beliebige Tier verursacht wurden, denkbar.[872] Somit hätte das Entfallen des Tatbestandsmerkmals der Handlung *contra naturam sui generis* zur Folge, dass die verschuldensunabhängigen *actiones* unter einen einzigen Gefährdungshaftungstatbestand gefasst werden könnten und sich die südafrikanische Handhabung der Tierhalterhaftung damit den beiden anderen untersuchten Rechtsordnungen in dieser Hinsicht annähern würde.

Fraglich ist, wie die *actio de pauperie* infolge des Wegfalls des Merkmals *contra naturam sui generis* formuliert werden müsste. Dazu wird vertreten, maßgeblich auf die Kausalität abzustellen.[873] Vorgetragen wird, dass das *contra naturam* Merkmal mit der zusätzlichen Voraussetzung der Handlung *sponte feritate commota* eigentlich dazu dient, festzustellen, ob das Verhalten des Tieres die rechtliche

872 *Neethling/Potgieter/Visser*, Law of delict, S. 385.

873 *Knobel*, THRHR 2011, 640; zur Kausalität siehe 2. Kap. C. III.

Ursache für den Schaden des Klägers war. Mit der Streichung des Merkmals wäre damit eine Neuformulierung des Kriteriums erforderlich, das die Ursächlichkeit des Tieres für den Schaden festhält. Dabei sei auf die Adäquanz (sog. „legal causation") abzustellen, da die Äquivalenz nicht ausreichend selektiv sei, um Fälle, in denen die *actio de pauperie* zu einer Haftung führen soll, von den Fällen, in denen die Haftung versagt werden sollte, voneinander zu trennen.[874] Die „legal causation" rechne den Schaden dem Tier lediglich zu, wenn dieser nicht zu fernliegend ist, wobei Angemessenheits-, Fairness- und Gerechtigkeitsgedanken dabei eine Rolle spielen würden.[875]

Dieser Ansicht ist zuzustimmen. Das Erfordernis eines spontanen und von äußeren Einflüssen losgelösten Verhaltens des Tieres ist auf die Kausalität des tierischen Handelns zu begrenzen. Diese ist mit Hilfe der Kombination der Äquivalenz- und Adäquanzprüfungen ausreichend, um die Ursächlichkeit des tierischen Verhaltens festzustellen. Somit ist das Tatbestandsmerkmal zu streichen und durch die einfache Kausalitätsprüfung zu ersetzen.

2. Actio de pastu*: Eigenwille des Tieres bei der Schadensverursachung*

Die *actio de pastu* setzt voraus, dass das Tier aus eigenem Willen gehandelt hat.[876] Dies ist dann nicht der Fall, wenn der Geschädigte es versäumt hat, einen Zaun aufzustellen bzw. dessen Zustand ordnungsgemäß aufrechtzuerhalten, oder wenn die Tiere durch eine Person auf das Grundstück gelassen wurden.[877] Damit kann die *actio de pastu* nur angewendet werden, wenn das Tier sich ohne die Beteiligung einer dritten Person Zugang zu den Weiden oder Feldern eines anderen verschafft.

Höhere Gewalt als den Eigenwillen des Tieres ausschließendes Element kann nur angebracht werden, wenn die Tiere durch die höhere Gewalt regelrecht auf das betroffene Grundstück gezwungen wurden und die Weide zertrampeln mussten. Der eigene Wille der Tiere würde dann verneint werden. Ein solcher Fall wird jedoch nur unter strengen Voraussetzungen angenommen. Der in einen Grenzzaun einschlagende Blitz reichte im Fall *Bwanya* v. *Matanda* nicht aus, da die Tiere die dadurch entstandene Lücke im Zaun selbstständig entdeckt haben und aus eigenem Willen heraus das Grundstück betreten haben, ohne durch höhere

874 *Knobel*, THRHR 2011, 640.

875 *Knobel*, THRHR 2011, 640.

876 *Potgieter* v. *Smit*, 1985, (2) SA 690 (D), 695; *Bwanya* v. *Matanda*, 2000, (1) 546 (H).

877 *Bwanya* v. *Matanda*, 2000, (1) 546 (H).

Gewalt dazu veranlasst worden zu sein.[878] Dass der Blitz den Zaun zerstört hatte und den Tierhalter kein Verschulden traf, war irrelevant. Entscheidend war lediglich, aus welchem Antrieb (fremdem oder eigenem) die Tiere das angrenzende Grundstück betreten hatten.

Hintergrund dieses zusätzlichen Merkmals ist es, den Anwendungsbereich der *actio de pastu* und damit die Haftung des Tierhalters einzuschränken. Dieser soll lediglich dann haften, wenn der Schaden auf das unbeeinflusste Verhalten der Tiere zurückzuführen ist und nicht auf Nachlässigkeit anderer beruht.

3. Actio legis Aquiliae & actio de feris

Die *actio legis Aquiliae* setzt im Gegensatz zur *actio de pauperie* und zur *actio de pastu* kein zusätzliches Merkmal voraus. Es handelt sich um einen Auffangtatbestand, der gerade dann Anwendung findet, wenn die zusätzlichen Merkmale der *actio de pauperie* oder der *actio de pastu* fehlen.[879]

Auch die *actio de feris* stellt alleine auf den Verstoß gegen den Ädilen-Erlass ab und sieht keine weitere besondere Voraussetzung vor.

4. *Eigene Stellungnahme zu den Kriterien*

Die Voraussetzung der Handlung *contra naturam sui generis* sollte, wie schon unter der Zweckmäßigkeit des Tatbestandsmerkmals erläutert, abgeschafft werden. Dies hätte den Vorteil, dass lediglich eine verschuldensunabhängige *actio* auf alle Schäden und Tiere anwendbar wäre und es der Differenzierung in Form von mehreren *actiones* nicht mehr bedürfte. Das im Rahmen der *actio de pastu* zusätzliche Element des Eigenwillens des Tieres ist im Hinblick auf das damit verfolgte Ergebnis, die Haftungseinschränkung des Tierhalters bei Fremdeinwirkung, zu begrüßen. Vorzugswürdiger als die Behandlung im Rahmen der Tatbestandsvoraussetzungen erscheint es jedoch, das Vorliegen einer Fremdeinwirkung auf Rechtsfolgenseite im Rahmen des Umfangs der Tierhalterhaftung zu berücksichtigen und das Vorliegen des Tatbestands nicht davon abhängig zu machen. Entscheidend sollte damit zunächst sein, dass ein Schaden durch das Tier verursacht wurde. Ob dies beispielsweise durch eine ordnungsgemäße Umzäunung hätte verhindert werden können, ist nicht im Rahmen der Tatbestandserfüllung, sondern unter dem Gesichtspunkt des Mitverschuldens des Geschädigten auf Rechtsfolgenseite zu prüfen. Somit ist auch dieses Kriterium

878 *Bwanya* v. *Matanda*, 2000, (1) 546 (H).

879 *McKerron*, The law of delict, S. 256.

aus den Tatbestandsvoraussetzungen der *actio de pastu* zu streichen und eine einheitliche verschuldensunabhängige *actio* damit möglich.

V. Vergleich der Lösungen der untersuchten Rechtsordnungen

Im Vergleich zur Lösung im deutschen Recht, die aus der spezifischen Tiergefahr ein Tatbestandsmerkmal macht und dabei auf verschiedene Fallgruppen zurückgreift, dient im französischen Recht der „rôle actif de l'animal" als Teil des Kausalzusammenhangs vielmehr der Abgrenzung von der nicht erfassten passiven Beteiligung der Tiere am Schaden. Das südafrikanische Recht sieht, ähnlich wie das deutsche System, auch ein zusätzliches Tatbestandsmerkmal für die *actio de pauperie* vor, das darauf abzielt, Verhaltensweisen auszuschließen, die der Natur und nicht dem inneren Instinkt des Tieres entsprechen. Anders als im deutschen und im südafrikanischen Recht handelt es sich im französischen Recht jedoch nicht um eine zusätzliche Haftungsvoraussetzung, sondern um einen Bestandteil des Kausalzusammenhangs. Es wird im Rahmen der französischen Tierhalterhaftung nicht im gleichen Ausmaß wie im deutschen Recht auf den Gefährdungsgedanken abgestellt, dieser wird eher als Selbstverständlichkeit gewertet und deshalb nicht mit einem spezifischen Tatbestandsmerkmal gewürdigt.[880] Auch im südafrikanischen Recht steht nicht der Gefährdungsgedanke im Vordergrund, sondern vielmehr der Schutz des Tierhalters und die Verhinderung einer ausufernden Haftung, weshalb im Rahmen der *actio de pauperie* einschränkend das Tatbestandsmerkmal *contra naturam sui generis* gefordert wird.

Hinsichtlich der Behandlung der spezifischen Fallgruppen ist zu beobachten, dass sowohl das deutsche als auch das französische Haftungsregime im Ergebnis die Anwendung der Tierhalterhaftung für die gleichen Fälle bejahen und das südafrikanische Recht nicht nach Fallgruppen unterscheidet, sondern die Unterscheidung in Form verschiedener *actiones* erfolgt.

Die Besonderheit des erforderlichen „fait de l'animal" im französischen Recht gegenüber den deutschen oder südafrikanischen Rechtsordnungen, die auf ein zusätzliches spezifisches Merkmal abstellen, ist, dass der „fait de l'animal" über der Feststellung des Kausalzusammenhangs hinaus auch der Beweislastverteilung dient. Es handelt sich trotz eines fehlenden spezifischen Merkmals hinsichtlich der Tiergefahr in der französischen Tierhalterhaftung nicht um eine reine Kausalhaftung, die die Besonderheiten in Bezug auf das nicht steuerbare Verhalten der Tiere unberücksichtigt lässt. Mittels des Erfordernisses eines Nachweises der

880 *Lüchinger*, Die Tierhalterhaftung, S. 54.

aktiven Beteiligung des Tieres an der Schadensentstehung wird erzwungen, die Mitwirkung des Tieres zu beweisen und entsprechend zu würdigen.

Die drei untersuchten Rechtsordnungen haben für die Feststellung der Mitwirkung eines Tieres jeweils einen anderen Weg gewählt. Um der Besonderheit der Tierhalterhaftung gerecht zu werden und um den Gefährdungsgedanken zum Ausdruck zu bringen, bietet sich die deutsche Lösung am besten an.

Der der Tierhaltung innewohnenden Tiergefahr wird durch ein besonderes Tatbestandsmerkmal besser Rechnung getragen als ohne ein solches, da das Merkmal die Besonderheit des Falles ausdrücklich nach außen signalisiert. Der in der französischen Rechtsordnung verfolgte Weg der Feststellung der aktiven Mitwirkung eines Tieres im Rahmen des Kausalzusammenhangs hat den Nachteil, dass dadurch nicht klar wird, dass ein Tier sich aufgrund seiner Lebendigkeit gerade von leblosen Sachen unterscheidet und sich dies auch auf die Haftung auswirkt. Zwar ist es richtig, die Mitwirkung des Tieres festzustellen, jedoch ist, anders als das im französischen Recht gehandhabt wird, die Handlung eines Tieres mit der einer Sache nicht vergleichbar. Dem Handeln eines Tieres ist deshalb in besonderem Maße in Form eines separaten Tatbestandsmerkmals Rechnung zu tragen. Die Verortung in einem speziellen Tatbestandsmerkmal führt auch dazu, dass der hinter der Tierhalterhaftung stehende Gefährdungsgedanke nicht nur als Selbstverständlichkeit gesehen wird, sondern ihm eine gewisse Wichtigkeit zuteilwird. Aus diesem Grund sollte auch nicht bloß ein zur passiven Beteiligung des Tieres abgrenzendes Merkmal im Rahmen des Kausalzusammenhangs geprüft werden, sondern vielmehr ein die spezifischen Gefahren der Tierhalterhaftung äußerndes explizites Tatbestandsmerkmal herangezogen werden.

Es ist jedoch auch nicht jedes besondere Tatbestandsmerkmal geeignet, die Tiergefahr zielführend zum Ausdruck zu bringen. Das südafrikanische Merkmal der Handlung *contra naturam sui generis* ist wegen der dadurch entstehenden Rechtsunsicherheit und der Umwälzung der Tiergefahr auf die Allgemeinheit bei extrinsischen Einwirkungen auf das Tier nicht zweckvoll. Anders als das im deutschen Recht verwendete Merkmal der Tiergefahr führt das Merkmal *contra naturam sui generis* zu einer Vermenschlichung des Tieres. Relevant für die Tierhalterhaftung und die damit einhergehenden Folgen ist jedoch die physikalische Verursachung des Schadens,[881] nicht das fiktive Verhalten eines Tieres. Die Erwartung, wie in dem Fall *Da Silva* v. *Otto*,[882] dass ein Tier bei seiner Reaktion auf einen menschlichen Angriff danach differenziert, ob dieser Angriff seinerseits

881 *v. Bar*, Gemeineuropäisches Deliktsrecht, S. 229.
882 *Da Silva* v. *Otto*, 1986 (3), SA, 538 (T), 541.

gerechtfertigt ist oder nicht, entspricht nicht dem, was man vernünftigerweise als Grundlage für die Haftung des Tierhalters heranziehen sollte. Das deutsche Merkmal bedient sich nicht einer solchen Fiktion und legt das Augenmerk auf den mit der Tierhaltung einhergehenden Gefährdungsgedanken, weshalb es der südafrikanischen Lösung hinsichtlich der *actio de pauperie* vorzuziehen ist. Auch das im Rahmen der *actio de pastu* zusätzliche Element des Eigenwillens des Tieres ist nicht geeignet, der durch die Tierhaltung entstehenden Gefährdung gerecht zu werden, da es primär der Einschränkung der Haftung des Tierhalters bei Fremdeinwirkung dient und damit vielmehr Fragen des Mitverschuldens klärt.

E. Der Tierhalter

I. Das länderübergreifende Verständnis des Tierhalterbegriffs

Für den Schaden kann das verursachende Tier mangels Zuordnung zu den Rechtssubjekten nicht haftbar gemacht werden, sodass die Verantwortlichkeit auf eine rechtsfähige Person verlagert werden muss. In den untersuchten Rechtsordnungen wird der Haftungspflichtige als Tierhalter bzw. „gardien" bezeichnet. Das genaue Verständnis des Tierhalterbegriffes ist in jeder der untersuchten Rechtsordnungen durch die Rechtsprechung und Lehre konkretisiert worden, ein länderübergreifendes Verständnis besteht nicht.

II. Der Tierhalterbegriff in Deutschland

1. Der Grundsatz

Gem. § 833 S. 1 BGB haftet für den durch ein Tier verursachten Schaden derjenige, der das Tier „hält." § 833 S. 1 BGB verpflichtet demnach den Halter des Tieres, den entstehenden Schaden zu ersetzen. Eine Legaldefinition oder eine weitergehende Erläuterung des Tierhalterbegriffes enthält das Gesetz nicht. Die Ausgestaltung und Konkretisierung des Begriffes erfolgten im Laufe der Zeit durch die Rechtsprechung und Literatur.[883]

Ursprünglich wurde davon ausgegangen, dass der Begriff des Tierhalters dem des gewöhnlichen Sprachgebrauchs entspricht.[884] Der sechste und der vierte Senat des RG entwickelten verschiedene Formulierungen, die den Tierhalterbegriff umschreiben sollten. Der sechste Senat bezeichnete denjenigen als Tierhalter, der

---

883 *Eberl-Borges*, in: Staudinger BGB, § 833 Rn. 67.

884 *Hoff*, Die Feststellung des Tierhalters, 344; *Hess*, Die Bestimmung des Ersatzpflichtigen, S. 112.

im eigenen Interesse durch Gewährung von Obdach und Unterhalt nicht nur zu einem vorübergehenden Zweck, sondern auf einen Zeitraum von gewisser Dauer die Sorge für das Tier übernommen hatte.[885] Der vierte Senat hingegen nahm an, dass das Tier von demjenigen gehalten werde, der es in seinen Wirtschaftsbetrieb[886] oder – im weitesten Sinne verstanden – in seinen Haushaltungsbetrieb eingestellt habe, um es anhaltend seinen Zwecken dienstbar zu machen.[887] Die Formulierungen wurden anschließend auch zusammengeführt und als Tierhalter wurde derjenige bezeichnet, der im eigenen Interesse durch Gewährung von Obdach und Unterhalt nicht nur zu einem vorübergehenden Zweck die Sorge für das Tier übernommen hatte, indem er es in seinem Wirtschafts- bzw. Haushaltungsbetrieb eingestellt hatte.[888] Diese Formulierung wurde anschließend mehrmals geändert und weiter gefasst.[889] Auf die von den Senaten entwickelten Definitionen wurde im Laufe der Zeit aufgrund der ihnen innewohnenden Mängel nicht mehr zurückgegriffen.[890]

Entwickelt wurde vielmehr eine Vielzahl an Kriterien,[891] welche die Haltereigenschaft umschreiben, jedoch nicht konkret definieren. Aus dem Kriterienkatalog haben sich insbesondere zwei Kriterien herauskristallisiert, welche die Grundaspekte der Tierhaltereigenschaft bilden: das Eigeninteresse und die Entscheidungsgewalt bzw. Bestimmungsbefugnis.[892] Dass auf diese Aspekte zur

---

885 RGZ 52, 117 (118).

886 *Hess*, Die Bestimmung des Ersatzpflichtigen, S. 116: Das Merkmal des eigenen Wirtschaftsbetriebs sollte das Halterinteresse spezifizieren und verhindern, dass die Überlassung zu einem nur vorübergehenden Zweck eine Veränderung im Hinblick auf die Haltereigenschaft mit sich bringt.

887 RGZ 62, 79 (81).

888 RGZ 55, 163 (166); RGZ 66, 1 (3); BGH, VersR 1956, 574; NJW 1977, 2158.

889 *Eberl-Borges*, in: Staudinger BGB, § 833 Rn. 69; *Lorenz*, Die Gefährdungshaftung des Tierhalters nach § 833 Satz 1 BGB, S. 180: Die neue Rechtsprechung stuft die Kriterien des RG als regelmäßig hinreichend, nicht aber schlechthin notwendig ein und geht deshalb von einem weiteren Verständnis des Halterbegriffs aus.

890 Zu den jeweiligen Mängeln und Einschränkungen der von der Rechtsprechung entwickelten Definitionen zur Feststellung des Tierhalters siehe vertiefend: *Hoff*, Die Feststellung des Tierhalters, S. 345 ff.

891 *Eberl-Borges*, VersR 1996, 1070; *Lorenz*, Die Gefährdungshaftung des Tierhalters nach § 833 Satz 1 BGB, S. 181: Die wichtigsten entwickelten Kriterien sind das Eigeninteresse am Tier, die Bestimmungsbefugnis über das Tier, die Sorge für Obdach und Unterhalt, die Nutzung des Tieres im eigenen Haushalts- oder Wirtschaftsbetrieb, die Tragung der Unterhaltskosten, der Versicherungsprämien und des Verlustrisikos, das Eigentum an dem Tier sowie eine Besitzstellung irgendwelcher Art.

892 *Eberl-Borges*, in: Staudinger BGB, § 833 Rn. 71; *Eberl-Borges*, VersR 1996, 1070.

Definition der Haltereigenschaft abgestellt wird, entspricht dem Sinn und Zweck der Regelung des § 833 S. 1 BGB, die Person haften zu lassen, die aus der Schaffung einer Gefahrenquelle einen Nutzen zieht und dafür andere dieser Gefahr aussetzt.[893] Das Abstellen auf diese beiden Kriterien als die maßgeblichen hat zu der Besonderheit geführt, dass der Tierhalterbegriff nicht von rechtlichen Verhältnissen, wie denen des Eigentums oder Besitzes abhängt, sondern vielmehr die tatsächlichen Verhältnisse hierfür entscheidend sind.[894]

2. Die grundlegenden Kriterien der Tierhaltereigenschaft im Einzelnen

a) Das Eigeninteresse

Das eigene Interesse an der Sorge für das Tier wurde schon in der Definition des sechsten Senats des Reichsgerichts vorausgesetzt.[895] Das Eigeninteresse wird zur Bestimmung des Tierhalters im Rahmen des Vor- und Nachteilsprinzips herangezogen.[896] Derjenige, der von der Schaffung der Gefahrenquelle profitiert, soll auch die damit verbundenen Risiken und Lasten tragen. Die Tierhaltung stellt damit die Betriebskosten einer gefahrträchtigen „Veranstaltung" dar.[897] Dabei wird aber zwischen den Vorteilen unterschieden, die aus dem Tier und mittels des Tieres gezogen werden. Lediglich die Vorteile, die aus der Nutzung des Tieres entstehen, sind für die Begründung des Eigeninteresses entscheidend.[898] Die Vorteile, die durch Verrichtungen an oder mit dem Tier entstehen, stellen keinen relevanten Nutzungsvorteil aus der Substanz oder Leistung des Tieres selbst, sondern vielmehr aus eigener Leistung am Tier oder mittels des Tieres dar.[899] In diesen Fällen wird nicht im eigenen Interesse gehandelt, sondern im Interesse des Eigentümers des Tieres. So behandelt ein Tierarzt das Tier nicht im Eigeninteresse, sondern vielmehr im Interesse des Eigentümers. Das zu diesem Zwecke gezahlte Entgelt ist nicht ein Vorteil, der aus der Nutzung des Tieres entstanden ist, sondern aus eigener Leistung, sodass die Tierhaltereigenschaft entfällt.[900] Eigentum oder

---

893 Siehe hierzu 1. Kap. A. II. 2.

894 *Böhme*, Haftung für Tiere im deutschen und US-amerikanischen Recht, S. 35; *Eberl-Borges*, in: Staudinger BGB, § 833 Rn. 73; *Wohlfarth*, Der Tierhalter, S. 4.

895 RGZ 52, 117 (118).

896 Siehe hierzu 1. Kap. C. I. 2. a) bb).

897 BGH, VersR 1988, 609 (610).

898 *Lorenz*, Die Gefährdungshaftung des Tierhalters nach § 833 Satz 1 BGB, S. 185.

899 *Lorenz*, Die Gefährdungshaftung des Tierhalters nach § 833 Satz 1 BGB, S. 185; *Eberl-Borges*, in: Staudinger BGB, § 833 Rn. 84.

900 *Eberl-Borges*, in: Staudinger BGB, § 833 Rn. 85.

Eigenbesitz spielen für das Eigeninteresse jedoch keine Rolle. Erforderlich ist allerdings Besitz zumindest in Form des mittelbaren Besitzes.[901]

Indizien für das Vorliegen des Eigeninteresses werden in den übernommenen Lasten gesehen, die in Verbindung mit der Tierhaltung stehen, weil diese üblicherweise nur in Kauf genommen werden, wenn sich daraus auch ein Vorteil ergibt.[902] Indizwirkung kann sich somit aus der Gewährung von Obdach und Unterhalt,[903] der Kostentragung für den Unterhalt des Tieres,[904] dem Verlustrisiko,[905] dem Abschluss einer Versicherung[906] und der Nutzung des Tieres im eigenen Haushalts- oder Wirtschaftsbetrieb ergeben.[907]

Treffen mehrere Personen zusammen, die das Tier in der Weise nutzen, dass nach den eben genannten Kriterien jeweils ein Eigeninteresse begründet werden könnte, ist zu ermitteln, wer von beiden tatsächlich Halter des Tieres ist oder ob eine Haltereigenschaft bei beiden besteht. Entscheidend ist dabei die überwiegende Intensität des Eigeninteresses, die durch Abwägung der Indizien des Eigeninteresses ermittelt werden muss.[908] Ergibt die Abwägung keinen überwiegend Interessierten, ist eine Mithalterschaft in Betracht zu ziehen.[909]

b) Die Entscheidungsgewalt

Als weiteres Kriterium zur Ermittlung der Haltereigenschaft wird die abstrakte Entscheidungsgewalt über die Existenz und Verwendung des Tieres[910] bzw. die Bestimmungsbefugnis über das Tier herangezogen.[911] Dass die abstrakte und nicht die konkrete Entscheidungsgewalt maßgebend ist, entspricht dem Sinn und Zweck der Norm, eine Haftung für die Schaffung und Erhaltung der Gefahrenquelle zu erwirken, die gerade nicht von der Einflussmöglichkeit auf das Tier abhängig ist.[912] Es soll derjenige haftbar sein, der die Gefahrenquelle geschaffen

---

901 *Hofmann*, Haftpflichtrecht für die Praxis, S. 128.

902 *Lorenz*, Die Gefährdungshaftung des Tierhalters nach § 833 Satz 1 BGB, S. 186.

903 RGZ 52, 117 (118); RGZ 55, 163; OLG Hamm, VersR 1970, 729 (730).

904 BGH, NJW 1977, 2158; BGH, VersR 1982, 348.

905 BGH, NJW 1977, 258.

906 OLG Celle, VersR 1979, 161.

907 RGZ 62, 79, 81; OLG Köln, VersR 1976, 197.

908 *Eberl-Borges*, in: Staudinger BGB, § 833 Rn. 89.

909 *Lorenz*, Die Gefährdungshaftung des Tierhalters nach § 833 Satz 1 BGB, S. 195.

910 *Eberl-Borges*, in: Staudinger BGB, § 833 Rn. 94.

911 OLG Hamm, VersR 1973, 1054.

912 *Lorenz*, Die Gefährdungshaftung des Tierhalters nach § 833 Satz 1 BGB, S. 198; *Eberl-Borges*, in: Staudinger BGB, § 833 Rn. 94.

hat und über die Art der Verwendung des Tieres bestimmt.[913] Da die konkrete Einflussmöglichkeit nicht mit der Verantwortung der Schaffung der Gefahrenquelle zusammenhängt, lässt auch die vorübergehende Aufgabe der unmittelbaren Verfügungsgewalt oder der vorübergehende Besitzverlust die Haltereigenschaft nicht entfallen.[914] Dies deckt sich auch mit der Aussage, dass es nicht auf die rechtlichen, sondern auf die tatsächlichen Verhältnisse ankommt. Die tatsächliche Entscheidungsmöglichkeit über das Tier ist für die Haltereigenschaft entscheidend und nicht die rechtliche Befugnis dazu.[915]

Wie im Rahmen des Eigeninteresses werden auch für die Entscheidungsgewalt im Rahmen einer umfassenden Abwägung Indizien herangezogen, die auf eine solche hinweisen, diese aber nicht per se begründen.[916] Indizien für die Haltereigenschaft können z. B. der unmittelbare Besitz[917] oder die tatsächliche Einwirkungsmöglichkeit,[918] das Eigentum,[919] der mittelbare Besitz[920] oder das Einstellen in den Haushalts- und Wirtschaftsbetrieb bzw. Einfluss- und Verfügungsbereich sein.[921] Haben mehrere Personen Entscheidungsgewalt, ist eine Mithalterschaft möglich.[922]

913 *Lorenz*, Die Gefährdungshaftung des Tierhalters nach § 833 Satz 1 BGB, S. 198.

914 *Eberl-Borges*, in: Staudinger BGB, § 833 Rn. 94; BGH, VersR 1978, 515; RG JW 1917, 287.

915 *Böhme*, Haftung für Tiere im deutschen und US-amerikanischen Recht, S. 36; *Lorenz*, Die Gefährdungshaftung des Tierhalters nach § 833 Satz 1 BGB, S. 198.

916 *Eberl-Borges*, in: Staudinger BGB, § 833 Rn. 93 ff.; *Lorenz*, Die Gefährdungshaftung des Tierhalters nach § 833 Satz 1 BGB, S. 199–206; *Böhme*, Haftung für Tiere im deutschen und US-amerikanischen Recht, S. 37.

917 RGZ 55, 163, 165 f.

918 Der unmittelbare Besitz oder die tatsächliche Einwirkungsmöglichkeit können als Indiz herangezogen werden, reichen für sich genommen aber nicht für die Begründung der Haltereigenschaft aus, da diese gerade nicht die relevante Verantwortung der Schaffung und Erhaltung der Gefahrenquelle begründen. So auch: *Eberl-Borges*, in: Staudinger BGB, § 833 Rn. 94; *Lorenz*, Die Gefährdungshaftung des Tierhalters nach § 833 Satz 1 BGB, S. 201; BGH, VersR 1988, 609 (610); BGH, NJW 1965, 2397; BGH, VersR 1978, 515.

919 OLG Hamm, VersR 1973, 1054, OLG Frankfurt, VersR 1976, 1138.

920 OLG Hamm, VersR 1973, 1054; OLG Frankfurt, VersR 1976, 1138.

921 OLG Celle, VersR 1979, 161; *Berglar*, Der Begriff des Tierhalters, S. 19.

922 *Eberl-Borges*, in: Staudinger BGB, § 833 Rn. 102; *Hofmann*, Haftpflichtrecht für die Praxis, S. 128.

c) *Verhältnis der grundlegenden Kriterien zueinander*

Das Verhältnis der Kriterien zueinander ist nicht ausdrücklich geregelt, vielmehr wenden die Gerichte diese je nach Sachverhalt und Rechtslage an.[923] Ein Ausschließlichkeitsverhältnis zwischen beiden Kriterien anzunehmen, leuchtet angesichts des oben dargelegten Sinns und Zwecks beider Kriterien nicht ein, auch ein Rangverhältnis besteht nicht. Beide Kriterien ergänzen sich und stehen im funktionalen Zusammenhang.[924] Die tatsächliche Nutzung des Tieres, die Ausdruck des Eigeninteresses ist, stellt zugleich eine Entscheidung über die Art und Weise der Verwendung desselben (Entscheidungsgewalt) dar.[925]

d) *Zweckmäßigkeit der Kriterien*

Die beiden entwickelten grundlegenden Kriterien zur Bestimmung der Tierhaltereigenschaft führen auch in speziellen Situationen zu einem Ergebnis, das dem Sinn und Zweck des § 833 BGB entspricht. Das Ziel, den Gefahrverursacher, der einen Nutzen von der Gefahrenquelle zieht, für etwaige Schäden haften zu lassen, wird durch das Zusammenspiel der Kriterien auch in Situationen erreicht, in denen es sich nicht um den klassischen Fall der Tierhaltung handelt.

In Fällen des Diebstahls des Tieres wird unter Anwendung der Kriterien gefolgert, dass die bisherige Halterschaft beendet und die des Diebes begründet wird.[926] Der Dieb nutzt das Tier zu eigenen Zwecken und herrscht über dieses. Aus der Herrschaft über das Tier folgt die Verantwortung für die Existenz und die Verwendung des Tieres.[927] Die Nutzungsmöglichkeit und die Entscheidungsgewalt[928] sind von dem eigentlichen Tierhalter auf den Dieb übergegangen. Dass der Dieb das Tier unbefugt hält, ist nicht entscheidend, da nicht die rechtlichen Verhältnisse zur Begründung der Halterschaft herangezogen werden, sondern die tatsächlichen.[929] Dies stellt einen Vorteil der Kriterien gegenüber beispielsweise dem bloßen Merkmal des rechtlichen Eigentums dar. Das Eigentum als entscheidendes

923 *Lorenz*, Die Gefährdungshaftung des Tierhalters nach § 833 Satz 1 BGB, S. 206.

924 *Lorenz*, Die Gefährdungshaftung des Tierhalters nach § 833 Satz 1 BGB, S. 208.

925 *Lorenz*, Die Gefährdungshaftung des Tierhalters nach § 833 Satz 1 BGB, S. 208.

926 *Wilhelmi*, in: Erman, § 833 Rn. 8; *Katzenmeier*, in: NK-BGB, § 833 Rn. 15; *Eberl-Borges*, in: Staudinger BGB, § 833 Rn. 109 f.

927 *Eberl-Borges*, VersR 1996, 1070 (1070).

928 Siehe hierzu mit weitergehenden Erläuterungen zum Begriff der Entscheidungsgewalt im Rahmen der Tierhalterhaftung des Diebes: *Eberl-Borges*, VersR 1996, 1070 (1071).

929 *Eberl-Borges*, in: Staudinger BGB, § 833 Rn. 109 f.

Kriterium würde gerade im Fall des Diebes, der dem Eigentümer das Tier weggenommen hat, versagen, weil dieser kein Eigentum am Tier erlangt.[930]

Handelt es sich hingegen um ein gefundenes Tier, wird eine Halterschaft des Finders nicht angenommen, solange dieser das Tier nicht im eigenen Interesse in Besitz nimmt.[931] Die Absicht, das Tier dem Eigentümer zurückzugeben, die sich beispielsweise durch Anstellungen, den Eigentümer zu ermitteln, äußert, zeugt davon, dass der Finder das Tier nicht im Eigeninteresse hält und nutzt.[932] Auch bei dem Beispiel der entlaufenen Tiere führen die relevanten Kriterien zu einem zweckmäßigen Ergebnis. Angeknüpft wird nicht mehr an die fehlende Wiedererlangungsmöglichkeit des Tieres, sondern an das Entlaufen des Tieres, durch das sich gerade die geschaffene Gefahr realisiert, und daran, zu welchem Zeitpunkt die Halterschaft in Form von Eigeninteresse und Entscheidungsgewalt noch bestand.[933]

3. *Sonderkonstellation im Hinblick auf die Person des Halters*

a) *Der Minderjährige*

Im Rahmen der Tierhalterproblematik stellt sich die Frage, wie mit Minderjährigen umzugehen ist. Zu klären ist, ob der Minderjährige für den durch ein Tier verursachten Schaden aufkommen muss und haftbar sein kann. In einem ersten Schritt ist der Minderjährige wie jede andere Person zu behandeln. Es ist dementsprechend nach den oben erläuterten relevanten Kriterien des Eigeninteresses und der Entscheidungsgewalt die Tierhaltereigenschaft zu ermitteln.[934]

Ein Minderjähriger kann ein Tier im eigenen Interesse nutzen, solange er über die dazu erforderliche natürliche Willensfähigkeit verfügt.[935] Problematisch ist jedoch die Entscheidungsgewalt über das Tier. Gemäß § 1626 Abs. 1 BGB ist die Bestimmungsbefugnis des Minderjährigen, auch wenn er Eigentümer des Tieres ist oder vom Eigentümer zur Nutzung berechtigt wurde, eingeschränkt. Die Eltern, die das elterliche Sorgerecht ausüben, entscheiden darüber, ob ihr

930 *Hoff*, Die Feststellung des Tierhalters, S. 360.

931 *Katzenmeier*, in: NK-BGB, § 833 Rn. 15; *Wilhelmi*, in: Erman, § 833 Rn. 8.

932 OLG Nürnberg, MDR 1978, 757.

933 BGH, NJW 1965, 2397; *Katzenmeier*, in: NK-BGB, § 833 Rn. 15; *Spindler*, in: BeckOK BGB, § 833 Rn. 18.

934 So auch: *Lorenz*, Die Gefährdungshaftung des Tierhalters nach § 833 Satz 1 BGB, S. 220; a. A. *Eberl-Borges*, in: Staudinger BGB, § 833 Rn. 115, der im Rahmen der Begründung der Halterschaft bei dem Kriterium der Entscheidungsgewalt den Minderjährigenschutz ansiedelt.

935 *Eberl-Borges*, VersR 1996, 1070.

minderjähriges Kind ein Tier anschaffen, es behalten darf und wie es mit dem Tier umgeht. Dabei berücksichtigen sie gemäß § 1626 Abs. 2 S. 1 BGB die wachsende Fähigkeit und das wachsende Bedürfnis des Kindes, eigenständig und verantwortungsbewusst zu handeln.[936] Diese Regelung verdeutlicht, dass das elterliche Sorgerecht im Wesentlichen dort seine Grenze findet, wo der Minderjährige bereits teilweise eigenverantwortlich handeln kann.[937] Diese Grenze verschiebt sich mit dem wachsenden Reifegrad des Kindes. Die Befugnis des Minderjährigen zur selbstbestimmten Handlung wächst entsprechend.[938]

Wenn die Entscheidung über die Existenz und Verwendung des Tieres nicht oder nur sehr eingeschränkt beim Minderjährigen liegt und die Eltern das letzte Wort haben, trägt der Minderjährige auch nicht die Verantwortung für die Existenz und Verwendung des Tieres. In diesem Fall gilt er nicht als Tierhalter, und die Haftung nach § 833 S. 1 BGB betrifft ihn nicht. Je mehr das Bestimmungsrecht der Eltern jedoch zu Gunsten des Minderjährigen zurückgeht, desto näher kommt der Minderjährige den Merkmalen für die Tierhaltereigenschaft. Ab einem bestimmten Grad eigenständiger Entscheidungsbefugnisse wird er als Tierhalter angesehen. Dies führt zu einem gleitenden Mechanismus, bei dem die Haftung von der Reife des Minderjährigen abhängt.[939]

Umstritten ist jedoch, ob und wie bei der Tierhalterhaftung ein Minderjährigenschutz stattfindet.

Es stehen sich vier Meinungen über die anzuwendenden Vorschriften zur Ermittlung der Haftung des Minderjährigen gegenüber. Ein Teil der Literatur zieht die §§ 104 ff. BGB[940] entsprechend heran und knüpft an die Geschäftsfähigkeit an. Ein anderer Teil stützt sich auf die Deliktsfähigkeit i. S. d. §§ 827 ff. BGB[941] entsprechend. Vermittelnd wird noch vertreten, bei Zustimmung der Eltern entsprechend auf die §§ 104 ff. BGB und bei fehlender Zustimmung entsprechend auf die §§ 827 ff. BGB abzustellen.[942] Nach einer vierten Ansicht kommt es weder

936 *Eberl-Borges*, VersR 1996, 1070.

937 *Huber*, in: MüKoBGB, § 1626 Rn. 29; *Amend-Traut/Bongartz*, in: BeckOGK BGB, § 1626 Rn. 114.

938 *Amend-Traut/Bongartz*, in: BeckOGK BGB, § 1626 Rn. 114.

939 *Eberl-Borges*, VersR 1996, 1070.

940 *Eberl-Borges*, in: Staudinger BGB, § 833 Rn. 115; *Spindler*, in: BeckOK BGB, § 833 Rn. 15; *Hofmann*, Haftpflichtrecht für die Praxis, S. 129.

941 *Wagner*, in: MüKoBGB, § 833 Rn. 42; *Wilhelmi*, in: Erman, § 833 Rn. 7; *Lorenz*, Die Gefährdungshaftung des Tierhalters nach § 833 Satz 1 BGB, S. 221.

942 *Sprau*, in: Grüneberg, BGB, § 833 Rn. 10; *Deutsch*, JuS 1987, 673 (678); *Hofmann*, Haftpflichtrecht für die Praxis, S. 129.

für den Erwerb der Haltereigenschaft noch für die Haftung auf Geschäfts- oder Deliktsfähigkeit an.[943]

Trotz der systematischen Stellung der §§ 827 ff. BGB ist für die Frage der Haftung der Minderjährigen im Rahmen der Tierhalterhaftung auf die §§ 104 ff. BGB entsprechend abzustellen. Die in § 833 S. 1 BGB als Gefährdungshaftung ausgestaltete Tierhalterhaftung knüpft unmittelbar an die Haltereigenschaft an, auf die Verschuldensfähigkeit im Sinne der §§ 827 f. kommt es nicht an.[944] Die §§ 827 ff. BGB führen zu Unsicherheiten und Beweisschwierigkeiten, die dem Minderjährigen nicht zur Last fallen sollen. Unklar im Rahmen dieser Regelungen ist beispielsweise, ob die Einsicht sich auf die verschuldensunabhängige Haftung oder auf die Gefährlichkeit der Sache beziehen soll.[945] Die §§ 827 ff. BGB beziehen sich, wie sich aus § 829 BGB ergibt, auf die §§ 823–826 BGB und sind bei unerlaubten Handlungen anwendbar. Bei der Gefährdungshaftung nach § 833 S. 1 BGB handelt es sich aber gerade um eine erlaubte Handlung, sodass der Anknüpfungspunkt für die fehlende Einsicht unklar ist. Die ausschließliche Geltung der §§ 828, 829 BGB für die Verschuldenshaftung spricht gerade gegen die Anwendbarkeit im Rahmen der als Gefährdungshaftung ausgestalteten Tierhalterhaftung i. S. d. § 833 S. 1 BGB.[946] Mit der entsprechenden Anwendung der §§ 104 ff. BGB ist darüber hinaus ein Ergebnis gewährleistet, das nicht von ungewissen Umständen, sondern lediglich von der vorliegenden Zustimmung der Eltern abhängt.[947] Die mit der Haltung einhergehende verschuldensunabhängige

943 *Eberl-Borges*, VersR 1996, 1070.

944 *Staudinger*, in: NK- BGB, § 833 Rn. 6.

945 *Staudinger/Steinrötter*, JuS 2012, 97 (104); *Eberl-Borges*, VersR 1996, 1072.

946 *Hofmann*, Haftpflichrecht für die Praxis, S. 129.

947 A. A. *Eberl-Borges*, VersR 1996, 1070 (1072 ff.): Die Haftung des Minderjährigen richte sich nach den Kriterien des Halterbegriffs. Das Eigeninteresse sei dabei unproblematisch, da dieses nur die natürliche Willensfähigkeit voraussetze. Hinsichtlich der Entscheidungsgewalt komme es auf den Reifegrad des Minderjährigen an. Es sei dabei zu unterscheiden, ob die Eltern Kenntnis von dem Tier haben oder nicht. Gegen diese Ansicht spricht, dass die Reife des Minderjährigen bzw. der Grad an Selbstbestimmungsfähigkeit eine nicht gesetzlich geregelte Fähigkeit darstellt und damit Unsicherheiten hinsichtlich der Bestimmung derselben hervorgerufen werden. Wie die Autorin selbst richtigerweise erkennt, kann darüber hinaus diese Ansicht auch dazu führen, dass das Tier halterlos wird und dem Geschädigten damit kein Ersatzanspruch aus § 833 S. 1 BGB zustünde. Dies ist der Fall, wenn der Minderjährige mangels ausreichender Reife, die Eltern mangels Kenntnis von dem Tier und der bisherige Halter mangels Halterschaft aufgrund von Besitzverlust nicht Halter des Tieres sind. Diese mögliche Schutzlosigkeit des Geschädigten lässt sich durch die hier vertretene Meinung vermeiden.

Haftung stellt einen nicht lediglich rechtlichen Vorteil i. S. v. § 107 BGB dar. Dieser Vorteil wurde zwar nicht durch Willenserklärung, sondern durch Realakt erlangt, jedoch wird durch diese Regelung ein umfassender Schutz der Minderjährigen erreicht.

b) Die juristische Person

Tierhalter können auch juristische Personen sowohl des öffentlichen als auch des Privatrechts sein.[948] Zu beachten ist jedoch der Vorrang des § 839 BGB i. V. m. Art. 34 GG vor § 833 BGB, wenn der Schaden bei der Durchführung einer hoheitlichen Maßnahme verursacht wurde.[949]

III. Der Tierhalterbegriff in Frankreich

1. Der Grundsatz

Vom Wortlaut des Art. 1243 C. civ. ausgehend haftet nach französischem Recht der Eigentümer oder derjenige, der von dem Tier Gebrauch macht.[950] Im letzteren Fall haftet der, der von dem Tier Gebrauch gemacht hat, für die Dauer der Benutzung des Tieres.[951] Der Begriff des Tierhalters als solches existiert im französischen Recht nicht. Zur Festlegung des Haftenden wird in beiden möglichen Fällen auf die Obhut abgestellt („sous sa garde"). Entsprechend der mit der Rechtsprechung entwickelten Übertragung der auf Grundlage des Art. 1242 C. civ. gewählten Lösungen auf die Tierhalterhaftung ist die „garde" zur Definition und Findung des Tierhalters entscheidend.[952] Davon ausgehend kann der Begriff des „gardiens" mit dem Wort „Tierhalter" übersetzt werden und erfasst als Oberbegriff sowohl den haftpflichtigen Eigentümer als auch den Haftpflichtigen, der von dem Tier Gebrauch macht. Die Kriterien, die verwendet werden, um den „gardien" festzulegen, entsprechen jedoch nicht den im deutschen Recht entwickelten. Die Obhut („garde") wurde in dem berühmten Urteil *Franck* als die

948 BGH, VersR 1976, 1175: Eine Stadt, die ein eingezäuntes Wildgehege für den Publikumszugang unterhält; OLG Celle, VersR 1979, 161: Ein Reitverein, dem ein Pferd eines Mitglieds zur Nutzung überlassen worden ist; BGH, NJW 1971, 509: Ein Reitverein, der seine Pferde nur gelegentlich vermietet; *Wagner*, in: MüKoBGB, § 833 Rn. 40: Die Polizeibehörde für Dienstpferde und -hunde.

949 *Wagner*, in: MüKoBGB, § 833 Rn. 40, 54.

950 Art. 1243 C. civ.: *„Le propriétaire d'un animal, ou celui qui s'en sert [...].*"

951 *Berglar*, Der Begriff des Tierhalters, S. 26.

952 *Fournel*, AJ Famille 2012, S. 81; *Julien*, Dalloz 2018, Rn. 15; *Malaurie/Aynès*, Droit des obligations, S. 103.

Nutzungs-, Kontroll- und Weisungsbefugnis definiert.[953] Fraglich ist, was darunter konkret zu verstehen ist. Bei dem Obhutsbegriff handelt es sich nicht um einen im juristischen Sinne zu verstehenden Begriff, vielmehr ist das materielle Verständnis desselben entscheidend.[954] Es handelt sich um eine faktische Herrschaft, bei der die tatsächlichen Verhältnisse maßgebend sind („pouvoir de fait"), und nicht um eine juristische Begrifflichkeit.[955]

a) *Haftungsvermutung zulasten des Eigentümers*

Aus dem Wortlaut des Art. 1243 C. civ. ergibt sich des Weiteren, dass eine Haftungsvermutung zulasten des Eigentümers besteht. Genannt wird in Art. 1243 C. civ. als Erstes der Eigentümer. Vermutet wird dabei, dass er auch der „gardien" des Tieres ist und somit haften muss.[956] Diese Vermutung wird auch dem oben definierten Obhutsbegriff gerecht, da der Eigentümer im Wesentlichen die Befugnisse der Nutzung, Kontrolle und Weisung über die Sache hat.[957] In vielen Fällen wird der Eigentümer des Tieres im Zeitpunkt des schädigenden Ereignisses auch dessen „gardien" gewesen sein.[958] Der Eigentümer kann diese Vermutung entkräften, indem er beweist, dass zum Zeitpunkt des Schadensereignisses bereits ein Übergang der Tierhaltereigenschaft auf eine andere Person stattgefunden hat.[959] Er muss dabei den Beweis erbringen, dass eine andere Person zu diesem Zeitpunkt die tatsächlichen Befugnisse innehatte, welche die Obhut („garde") definieren, und damit zuvor eine Übertragung derselben stattgefunden hat.

Demzufolge stellt sich im Anschluss die Frage, wann und unter welchen Umständen ein solcher vom Eigentümer zu beweisender Übergang der Tierhalterschaft stattfindet und wann durch diesen Übergang ein Dritter das Tier verwendet hat und zum „gardien" wurde.

---

953 Cass., ch. réunies, 2. Dezember 1941, DC 1942, 25: *„[…] privé de l'usage, de la direction et du contrôle de sa voiture, n'en avait plus la garde […]."*

954 *Julien*, Dalloz action 2020, Rn. 2222.152; *Conte*, La responsabilité civile délictuelle, S. 106.

955 *Julien*, Dalloz action 2020, Rn. 2222.152; *Rottler*, Die Tierhalterhaftung und ihre Begrenzung, S. 73; *Payllier*, Der Tierhalter und dessen besondere Befreiungsmöglichkeiten, S. 28.

956 Art. 1243 C. civ.: *„Le propriétaire d'un animal […] est responsable du dommage […] soit que l'animal fût sous sa garde […]."*

957 *Grynbaum*, Dalloz 2011, Rn. 177; *Terré/Simler/Lequette/Chénedé*, Droit civil, S. 1078.

958 *Julien*, Dalloz action 2020, Rn. 2222.161; *Terré*, Droit civil, Rn. 1011.

959 *Rottler*, Die Tierhalterhaftung und ihre Begrenzung, S. 71; *Julien*, Dalloz 2018, Rn. 16, 18; *Grynbaum*, Dalloz 2011, Rn. 177; *Berglar*, Der Begriff des Tierhalters, S. 33.

b) *Haftung des Dritten „qui s'en sert"*

Der Übergang der „garde" auf einen Dritten verlangt, dass die drei die Obhut definierenden Kriterien auf diese Person übergegangen sind. Wie ein solcher Übergang funktioniert, ist jedoch im französischen Schrifttum strittig. Dies liegt daran, dass immer noch eine Uneinigkeit hinsichtlich des geltenden Haftungsprinzips (Kausal- oder Verschuldenshaftung) besteht.[960] Beide Konzeptionen der Tierhalterhaftung führen jedoch zu verschiedenen Lösungen, die einen Übergang der Tierhaltereigenschaft begründen.[961]

Die Einstufung als Kausalhaftung („théorie du risque") stellt für die Tierhaltereigenschaft darauf ab, wer wirtschaftlich einen Vorteil aus dem Tier zieht.[962] Entscheidend ist, dass der wirtschaftliche Nutzen im Verhältnis zum eingegangenen Risiko steht. Problematisch an diesem Kriterium ist jedoch, dass es zu keinem eindeutigen Ergebnis führt, wenn sowohl der Eigentümer als auch eine dritte Person einen wirtschaftlichen Vorteil aus dem Tier ziehen.

Die zuvor geltende Verschuldenstheorie hingegen stellte auf das Verschulden bei der Überwachung des Schadens durch das Tier ab.[963] Diese Ansicht ging vom Wortlaut des Gesetzes aus, das darauf abstellt, dass der Eigentümer oder derjenige, der das Tier nutzt, verantwortlich ist, und schloss daraus, dass dies darauf zurückzuführen ist, dass diese Person das Tier und seine Eigenheiten und Fehler kennt.[964] „Gardien" war damit nur derjenige, der die Fehler („défauts") des Tieres kennt.[965] Eine solche Kenntnis wurde angenommen, wenn die sog. „garde juridique"[966] auf eine Person übergegangen ist. Darunter verstand man die gesetzliche Pflicht, die Sache zu überwachen und zu verhindern, dass sie Schäden anrichtet.[967]

---

960 Siehe hierzu 1. Kap. C. II. 2.

961 *Rottler*, Die Tierhalterhaftung und ihre Begrenzung, S. 71.

962 *Lüchinger*, Die Tierhalterhaftung, S. 37; *Rottler*, Die Tierhalterhaftung und ihre Begrenzung, S. 71; *Payllier*, Der Tierhalter und dessen besondere Befreiungsmöglichkeiten, S. 29; *Mazeaud/Mazeaud*, Traité théorique et pratique, S. 58.

963 *Lüchinger*, Die Tierhalterhaftung, S. 37; *Payllier*, Der Tierhalter und dessen besondere Befreiungsmöglichkeiten, S. 29.

964 *Mazeaud/Mazeaud*, Traité théorique et pratique, S. 58.

965 *Rottler*, Die Tierhalterhaftung und ihre Begrenzung, S. 71; *Payllier*, Der Tierhalter und dessen besondere Befreiungsmöglichkeiten, S. 29; *Mazeaud/Mazeaud*, Traité théorique et pratique, S. 59.

966 *Mazeaud/Mazeaud*, Traité théorique et pratique, S. 60: Die „garde juridique" ist zu unterscheiden von der sog. „garde matérielle" bei der es auf die faktische Macht, die über das Tier ausgeübt wird, ankommt.

967 *Lüchinger*, Die Tierhalterhaftung, S. 37 f.; *Mazeaud/Mazeaud*, Traité théorique et pratique, S. 60.

Die Rechtsprechung hingegen legte die Kriterien zur Begründung des „gardiens“ unabhängig von der einen oder anderen Theorie fest und definierte die Person „se servant de l'animal“ als denjenigen *„qui, par lui-même ou par ses préposés, en fait l'usage que comporte l'exercice de sa profession.“*[968] Im Jahr 1953 passte der französische Kassationsgerichtshof seine Definition jedoch der der allgemeinen Sachhalterhaftung an und führte entsprechend den im Urteil *Franck* ermittelten Kriterien aus, dass die Tierhalterhaftung *„sur l'obligation de garde, corrélative aux pouvoirs de direction, de contrôle et d'usage qui caractérisent le gardien“* beruhe.[969]

2. Der Übergang der Tierhaltereigenschaft im Einzelnen

Um die Definition des französischen Kassationsgerichtshofs zu verstehen, sind die verschiedenen Konstellationen zu untersuchen, bei welchen die Bestimmung des Tierhalters im Einzelnen problematisch ist. Dies betrifft die Fälle, in denen die Haltung des Tieres vom ursprünglichen Tierhalter auf eine andere Person übergegangen ist. Dabei sind zwei Übergangsarten zu unterscheiden: Der Übergang der Tierhalterschaft kann sich entweder freiwillig oder unfreiwillig vollziehen. Begrifflich handelt es sich bei dem Dritten, der das Tier ohne die Einwilligung des ursprünglichen Tierhalters für sich beschlagnahmt hat, um einen „possesseur“, und um einen „détenteur“, wenn das Tier dem Dritten mit Einverständnis des ursprünglichen Tierhalters anvertraut wurde.[970]

a) Der unfreiwillige Übergang auf einen Dritten

Einen unfreiwilligen Übergang stellt beispielsweise der Fall des Diebstahls dar.[971] Vor dem Urteil *Franck* wurde noch davon ausgegangen, dass bei einem Diebstahl lediglich die faktische Macht über das Tier („garde matérielle“) verloren gegangen ist, der Verlust derselben jedoch nichts an der Haltereigenschaft des Bestohlenen ändert.[972] Argumentiert wurde insbesondere damit, dass das Recht, das Tier zu nutzen, bei einem Diebstahl nicht mit übergeht, sodass auch ein Übergang der Tierhaltereigenschaft nicht stattgefunden haben kann.[973] Abgestellt wurde auf die sich noch beim Eigentümer befindende „garde juridique.“[974] Dies wurde nach

968 Cass. civ., 2. Mai 1911, S. 1913, 1, 11; Req. 10.11.1924, D.P. 1925, 1, 49.
969 Cass. civ., 5. März 1953, D.P. 1953, 474, Anm. Savatier.
970 *Mazeaud/Mazeaud*, Traité théorique et pratique, S. 63.
971 So im Urteil *Franck*, Cass., ch. réunies, 2. Dezember 1941, DC 1942, 25.
972 *Mazeaud/Mazeaud*, Traité théorique et pratique, S. 64.
973 *Mazeaud/Mazeaud*, Traité théorique et pratique, S. 64.
974 *Terré/Simler/Lequette/Chénedé*, Droit civil, S. 1081.

dem Grundsatzurteil *Franck*, in dem es um den Diebstahl eines Autos ging, mit der Feststellung des französischen Kassationsgerichtshofs, dass es für die Haltereigenschaft auf die Nutzung, Weisung und Kontrolle über die Sache ankommt, entkräftet.[975] Damit wird der Dieb Tierhalter des gestohlenen Tieres.[976] Eine juristische Macht über die Sache bzw. das Tier ist gerade nicht erforderlich, um Tierhalter derselben zu sein.[977]

Handelt es sich jedoch um ein verlorenes oder entlaufenes Tier, bleibt der Eigentümer grundsätzlich Tierhalter. Dies ergibt sich zunächst aus dem Wortlaut des Art. 1243 C. civ., der den Eigentümer für Schäden, die ein verlorenes oder entlaufenes Tier verursacht hat, haftbar macht.[978] Darüber hinaus ergibt sich dies auch daraus, dass ein Halterwechsel auf eine andere Person nicht stattgefunden hat, da keine andere Person die Befugnisse in Anspruch genommen hat, die die Haltereigenschaft ausmachen.[979] Das Tier läuft vielmehr frei herum und ist deshalb dem ursprünglichen Eigentümer zuzuordnen. Wurde das Tier von einer Person hingegen gefunden und aufgenommen, ist die Obhut auf den Finder übergegangen, sodass dieser auch die Tierhaltereigenschaft annimmt.[980]

b) Der freiwillige Übergang auf einen Dritten

Ein freiwilliger Übergang der Tierhaltereigenschaft erfolgt meist durch Vertrag.[981] In Betracht kommen beispielsweise ein Leihvertrag oder ein Kaufvertrag. Ein Übergang kann jedoch auch außerhalb jedes Vertragsverhältnisses stattfinden. Die Rechtsprechung wendet in diesen Fällen dieselbe Argumentation an, indem sie prüft, wer zum Zeitpunkt des schädigenden Ereignisses tatsächlich die mit der Obhut verbundenen Befugnisse ausgeübt hat.[982]

---

975 Cass., ch. réunies, 2. Dezember 1941, DC 1942, 25: „*[…] privé de l'usage, de la direction et du contrôle de sa voiture, n'en avait plus la garde […].*"

976 *Julien*, Dalloz 2018, Rn. 19; *Grynbaum*, Dalloz 2011, Rn. 182; *Porchy-Simon*, Les obligations, S. 387.

977 *Terré/Simler/Lequette/Chénedé*, Droit civil, S. 1081.

978 Art. 1243 C. civ.: „*Le propriétaire d'un animal […] est responsable du dommage que l'animal a causé […] soit qu'il fût égaré ou échappé.*"

979 *Julien*, Dalloz 2018, Rn. 17.

980 *Julien*, Dalloz 2018, Rn. 19.

981 *Grynbaum*, Dalloz 2011, Rn. 183; *Julien*, Dalloz 2018, Rn. 19; *Mazeaud/Mazeaud*, Traité théorique et pratique, S. 65; *Bacache-Gibeili*, Les obligations, S. 279; *Porchy-Simon*, Les obligations, S. 387.

982 *Porchy-Simon*, Les obligations, S. 388.

Der Eigentümer des Tieres kann bei der Überlassung des Tieres an einen Dritten seine „gardien"-Eigenschaft verlieren, ohne gleichzeitig das Eigentum am Tier zu verlieren.[983] Zu beachten ist dabei, dass die Dauer der Überlassung für den Halterwechsel entscheidend sein kann. Wird der Dritte nur für eine kurze Dauer (*i.e.* wenige Stunden) tätig und verwendet er das Tier nicht zu eigenen Zwecken, findet ein Übergang der Obhut nicht statt.[984] Ein Übergang der Tierhaltereigenschaft wurde beispielsweise in dem Fall verneint, in dem eine Person den Hund eines Freundes spazieren führte, um ihm einen Gefallen zu tun.[985] Anders hingegen, wenn der Dritte für die Verpflegung und das Wohl des Tieres für einen längeren Zeitraum zu sorgen hat.[986] Dabei reichen für die Bejahung eines Halterwechsels laut Rechtsprechung schon „mehrere aufeinanderfolgende Tage."[987] Dies ist auch im Einklang mit beiden von der Literatur vertretenen Ansichten. Bei einer kurzen Beaufsichtigung des Tieres fehlt es nach der „théorie du risque" am wirtschaftlichen Vorteil und Nutzen, den der Dritte aus der Haltung des Tieres ziehen kann. Der Verschuldenstheorie zufolge kann ein Halterwechsel nicht stattgefunden haben, weil der Dritte das Tier und dessen fehlerhaften Eigenschaften bei einer kurzen Dauer nicht ausreichend kennenlernen kann.

3. *Besonderheiten des französischen Tierhalterbegriffes*

a) *Alternative und nicht kumulative Haltung*

Sowohl in der französischen Rechtsprechung als auch in der Lehre wird der Tierhalterhaftung ein alternativer und nicht kumulativer Charakter zugesprochen.[988] Wird eine andere Person als der Eigentümer durch Hafterwechsel „gardien", verliert der Eigentümer seine Halterstellung und kann nicht mehr für die unter der Leitung des neuen „gardiens" entstehenden Schäden haftbar gemacht werden.[989] Dies ergibt sich schon aus dem Wortlaut der Norm, die in ihrer Formulierung von einer alternativen Haftung ausgeht.[990] Auch ergibt sich dies aus dem von der

983 *Terré*, Droit civil, Rn. 1011.

984 *Rottler*, Die Tierhalterhaftung und ihre Begrenzung, S. 78; Cass. civ., 15. Dezember 1964, Bull. civ. 1976, II, n° 331.

985 Dijon, 16 Februar 1989, D. 1989, IR 140.

986 *Rottler*, Die Tierhalterhaftung und ihre Begrenzung, S. 77; Cass. civ., 18. Dezember 1964, Bull. civ. 1964, II, n° 835.

987 Versailles, 13 Februar 1998, D. 1998, IR 125

988 *Conte*, La responsabilité civile délictuelle, S. 106; *Mazeaud/Mazeaud*, Traité théorique et pratique, S. 56; *Hübner*, Die Haftung des Gardien, S. 77.

989 *Terré*, Droit civil, Rn. 1013.

990 Art. 1243 C. civ.: „*Le propriétaire d'un animal, **ou** celui qui s'en sert [...].*"

Rechtsprechung verwendeten „garde"-Begriff, der unabhängig vom Eigentum ist und lediglich an der Gebrauchs-, Bestimmungs- und Nutzungsherrschaft festgemacht wird.

Die alternative Haltung ist jedoch nicht dahingehend zu verstehen, dass das Tier nur von einer Person gehalten werden kann.[991] Vielmehr können mehrere Personen gleichzeitig Halter des Tieres sein, sog. „garde commune."[992] Die „garde commune" wird von den Gerichten sehr restriktiv angenommen und setzt voraus, dass die verschiedenen Personen die gleichen Befugnisse über das Tier haben, ohne dass eine Person eine führende Rolle einnimmt.[993]

b) Umfang der „gardien"-Haftung in persönlicher Hinsicht

In persönlicher Hinsicht besteht eine Inkompatibilität zwischen der Person des Tierhalters und der des Geschädigten.[994] Die „gardien"-Haftung erstreckt sich somit nicht auf den „gardien" selbst, sondern nur auf Dritte. Dies hat auch zur Folge, dass der „gardien" bei einer kollektiven Haftung die Haftung nicht gegen die anderen „gardiens" geltend machen kann, auch nicht anteilig.[995]

4. Sonderkonstellation im Hinblick auf die Person des Halters

a) Der Minderjährige

Bei der im französischen Recht für die Tierhaltereigenschaft maßgeblichen Obhut („garde") handelt es sich um eine faktische Herrschaft, die durch die tatsächlichen Verhältnisse begründet wird („pouvoir de fait").[996] Weder Rechts- noch Einsichtsfähigkeit werden hierfür vorausetzt, sodass auch der Minderjährige Tierhalter sein kann.[997] Da es für die Begründung der Tierhaltereigenschaft lediglich auf die tatsächlichen Verhältnisse ankommt, wurde in dem Urteil *Gabillet* trotz fehlender

---

991 *Conte*, La responsabilité civile délictuelle, S. 107.

992 Cass. civ. 2e, 7. November 1988, Bull. civ. II, n° 214, S. 116; *Mazeaud/Mazeaud*, Traité théorique et pratique, S. 62.

993 *Porchy-Simon*, Les obligations, S. 389 ; Cass. Civ. 2e, 15 März 2001, n° 98–22.078, D. 2001, IR 114.

994 Cass. civ. 2e, 2. Dezember 1982, Bull. civ. II, n 156, S. 113.

995 *Terré*, Droit civil, Rn. 1015.

996 Siehe hierzu unter 2. Kap. E. III. 1.

997 *Julien*, Dalloz 2018, Rn. 16; Cass. civ. 2e, 14. März 1963, D. 1963, 500; *Conte*, La responsabilité civile délictuelle, S. 106; *Mazeaud/Mazeaud*, Traité théorique et pratique, S. 100, *Julien*, Dalloz action 2020, Rn. 2222.153; *Lebreton*, L'enfant et la responsabilité civile, S. 126 ff.; *Berglar*, Der Begriff des Tierhalters, S. 47.

Einsichtsfähigkeit selbst die „gardien"-Eigenschaft eines Kleinkindes anerkannt.[998] Das Urteil *Gabillet* stellte eine Kehrtwende der Rechtsprechung des französischen Kassationsgerichtshofs[999] dar, die zuvor die „gardien"-Eigenschaft eines Kleinkindes mit der Begründung ablehnte, es könne das Tier nicht beherrschen.[1000]

b) *Die juristische Person*

Auch eine juristische Person kann nach französischem Recht „gardien" sein, sofern die nach dem Urteil *Franck* für die Obhut maßgeblichen Kriterien der Nutzungs-, Kontroll- und Weisungsbefugnis erfüllt sind.[1001] Die Rechtsprechung sprach beispielsweise einer Gesellschaft die Tierhaltereigenschaft zu, als sich ein Radfahrer bei einem Zusammenstoß mit einem von Firmenmitarbeitern betreuten Hund verletzte.[1002]

c) *Hilfspersonen*

Zwischen der Eigenschaft der Hilfsperson (sog. „préposé") und der des „gardiens" besteht nach französischer Rechtsprechung eine Inkompatibilität.[1003] Argumentiert wird dies mit der Definition der „garde" des französischen Kassationsgerichtshofs. Für die Tierhaltereigenschaft fehle es bei der Hilfsperson an der erforderlichen Weisungsbefugnis und damit an der Ausübung von selbstständiger Herrschaftsgewalt.[1004] Die Hilfsperson handelt in Weisungsabhängigkeit vom Auftraggeber und hat den Anweisungen desselben Folge zu leisten.[1005] Selbst wenn der Hilfsperson von dem Auftraggeber und Halter des Tieres viel Spielraum im Umgang mit dem Tier und in der Ausführung der Weisungen gelassen wird, bleibt der Auftraggeber Tierhalter, ein Halterwechsel findet nicht statt.[1006] Beispielhaft

---

998 Arrêt Gabillet, Cass. ass. plén., 9. Mai 1984, D. 1984, 525.

999 Cass. civ. 2e, 23. November 1972, Bull. civ. II, ° 297, 245; 7. Dezember 1977, Bull. civ. II, n° 223, 170.

1000 *Terré/Simler/Lequette/Chénedé*, Droit civil, S. 1088.

1001 Cass. civ. 2e, 22. Februar 1984, Bull. civ. 1984, II, n° 34: „*[…] quelle que fut l'utilité de l'animal pour l'exercice de ses activités, la société avait sur celui-ci, au moment de l'accident, les pouvoirs de contrôle, de direction et d'usage qui caractérisent la garde.*"

1002 *Burgun*, La responsabilité civile des sociétés, S. 85; *Delebecque/Pansier*, Droit des obligations, S. 179.

1003 *Julien*, Dalloz action 2020, Rn. 2222.162; *Fournel*, AJ Famille 2012, S. 81; *Julien*, Dalloz 2018, Rn. 21; *Mazeaud/Mazeaud*, Traité théorique et pratique, S. 59.

1004 *Julien*, Dalloz action 2020, Rn. 2222.162; *Julien*, Dalloz 2018, Rn. 21, *Berglar*, Der Begriff des Tierhalters, S. 36; *Conte*, La responsabilité civile délictuelle, S. 106.

1005 *Rottler*, Die Tierhalterhaftung und ihre Begrenzung, S. 74.

1006 *Julien*, Dalloz action 2020, Rn. 2222.162.

kann der Fall des Jockeys angeführt werden, der im Rennen nicht nach Belieben reiten kann, sondern den ihm gegebenen Anweisungen insbesondere im Hinblick auf die verfolgte Renntaktik Folge zu leisten hat.[1007] Auch ein Praktikant stellt nur eine Hilfsperson dar, die im Rahmen ihrer Befugnisse handelt und den Weisungen des Arbeitgebers unterstellt ist.[1008] Mit dieser Handhabung der Gehilfenfälle hat der französische Kassationsgerichtshof faktisch eine Haftungsbeschränkung des Gehilfen eingeführt.[1009] Eine Ausnahme der Halterschaft des Eigentümers mittels der Hilfsperson besteht ausschließlich und unabhängig von der Zustimmung des Eigentümers, wenn die Hilfsperson das Tier zu eigenen Zwecken benutzt.[1010]

d) Halterschaft in Ausübung eines Berufs

Es kommt häufig vor, dass der Eigentümer eines Tieres das Tier einer Person anvertraut, die eine professionelle Leistung erbringen soll (z. B. Tierarzt, Hundetrainer, Hufschmied). In diesen Fällen wird das Tier dem Professionellen nicht anvertraut, damit er es nutzen kann, sondern um eine bestimmte Arbeit an oder mit dem Tier zu verrichten bzw. um es zu hüten. Fraglich ist, wer haftet, wenn das Tier einen Schaden verursacht, während es sich in der Obhut des Professionellen befindet. Dies wurde früher in der Rechtsprechung kontrovers diskutiert.[1011] Der französische Kassationsgerichtshof hat diese Kontroverse mit einem Urteil bereits im Jahr 1911 beendet, in welchem es um die Frage der Haftung eines Transportunternehmens ging, das mit dem Transport von Vieh von einem Bahnhof zu einem Markt beauftragt war.[1012] Der französische Kassationsgerichtshof entschied, dass die Tierhaltereigenschaft auf das Transportunternehmen während der gesamten Dauer übergegangen war, in welcher es die Tiere in Besitz hatte.[1013]

Damit haftet die Person, der in Ausübung ihres Berufes das Tier anvertraut wurde, solange sie das Tier in Besitz hat.[1014] Wird der in Ausübung seines Berufs Handelnde während der Behandlung, des Eingriffes oder der Zeit, in der er das Tier in Besitz hat, verletzt, kann er sich demnach nicht auf die Tierhalterhaftung gegen den Eigentümer berufen, da er selbst „gardien“ des Tieres war. So kann

---

1007 *Julien*, Dalloz 2018, Rn. 21.

1008 Angers, 12. Mai 2004, Juris-Data, n° 255 327.

1009 *Borghetti*, Die Reform des französischen Haftungsrechts, S. 63.

1010 *Berglar*, Der Begriff des Tierhalters, S. 36.

1011 *Julien*, Dalloz action 2020, Rn. 2222.34.

1012 Cass. civ. 2 Mai 1911, DP 1911.1.367.

1013 Cass. civ. 2 Mai 1911, DP 1911.1.367, Rennes, 18. Januar 1932, DP 134.2.56.

1014 AJ Famille 2012, S. 81; *Berglar*, Der Begriff des Tierhalters, S. 36; *Mazeaud/Mazeaud*, Traité théorique et pratique, S. 73.

beispielsweise der Fall des Tiertrainers angeführt werden. Der Eigentümer vertraut dem Trainer sein Tier an, was zu einem Halterwechsel führt.[1015] Auch bei Tierärzten ist die „gardien"-Eigenschaft während der Behandlung des Tieres zu bejahen.[1016] Auch für Hufschmiede ist die Rechtsprechung nicht von ihrer einheitlichen Behandlung der Fälle abgewichen und hat diesen bei Verletzungen durch das Tier die Möglichkeit, den Eigentümer gem. Art. 1243 C. civ. in Haftung zu nehmen, verwehrt.[1017]

5. *Kritik am französischen Tierhalterbegriff*

Der Begriff des „gardien" wird einerseits bei Minderjährigen und selbst bei Kleinkindern angenommen, andererseits jedoch bei Hilfspersonen kategorisch abgelehnt.[1018] Diese Unterscheidung beruht auf der vom französischen Kassationsgerichtshof streng angewandten Definition der „garde." Es ist jedoch fraglich, ob diese unterschiedliche Behandlung gerechtfertigt ist und ob ein Kleinkind tatsächlich eher die Fähigkeiten und Eigenschaften eines Tierhalters besitzt als die das Tier betreuende Hilfsperson.

Die vom französischen Kassationsgerichtshof angewandte und von den Gerichten verfolgte Definition der „garde" ist veraltet und führt darüber hinaus zu nicht gerechtfertigten Ergebnissen. Die starre Anwendung der Definition der „garde" bietet nicht die Möglichkeit, Minderjährige zu schützen, wenn dies der konkrete Fall gebietet. Auch die kategorische Ablehnung der Tierhaltereigenschaft bei Hilfspersonen stellt eine undifferenzierte Lösung dar, die keinen Raum für die Besonderheiten der Einzelfälle einräumt.

6. *Ausblick auf die geplante Reform*

Der Reformentwurf übernimmt in Art. 1243 Abs. 4 PR die von der Rechtsprechung entwickelte Definition des „garde"-Begriffes.[1019] Gesetzlich festgelegt wird darin auch, dass es für die Haftung des „gardiens" auf den Zeitpunkt des schädigenden Ereignisses ankommt. Der entworfene Artikel zur Sachhalterhaftung weicht nicht von dem Grundsatz ab, dass die Haftung dem „gardien" zugerechnet werden muss, und legt in Art. 1243 Abs. 4 S. 2 PR die Haftungsvermutung des

1015 *Julien*, Dalloz 2018, Rn. 24; *Berglar*, Der Begriff des Tierhalters, S. 37.

1016 Cass. civ. 2^{e}, 4. Oktober 1972, n° 70–12.954, Bull. civ. II, n° 235.

1017 Angers, 4. April 1933, Gaz. Pal. 1935, 2, 47.

1018 *Julien*, Dalloz action 2020, Rn. 2222.162.

1019 Art. 1243 Abs. 4 PR: „*Le gardien est celui qui a l'usage, le contrôle et la direction de la chose au moment du fait dommageable.*"

Eigentümers ausdrücklich fest.[1020] Damit entspricht die allgemeine Sachhalterhaftung in Art. 1243 PR den zu dem Tierhalterbegriff aus Art. 1243 C. civ. entwickelten Grundsätzen. Genauso wie in Art. 1243 C. civ. kann sich der Eigentümer der Sache entlasten, indem er beweist, dass zum Zeitpunkt des Schadensereignisses bereits ein Übergang der Halterschaft auf eine andere Person stattgefunden hat.

Mit der Einführung des Art. 1249 PR wird der von der Rechtsprechung entwickelte Grundsatz der Haftungsbeschränkung von Gehilfen gesetzlich festgelegt und dahingehend ausgeweitet, dass der Gehilfe nur haftet, wenn Vorsatz oder ein Missbrauch der Position vorliegt.[1021]

Anders als nach der hier vertretenen Ansicht[1022] wird der Gesetzgeber die Reform nicht dazu nutzen, den Tierhalter- bzw. Sachhalterbegriff zu überholen, sondern bleibt der bisherigen Rechtsprechung treu. Bedauernswert ist insbesondere, dass bezüglich der sich daraus ergebenden strengen Haftung Minderjähriger keine Änderung oder Abmilderung erfolgt. Die Einstandspflicht Minderjähriger hängt weiterhin nur von dem Vorliegen der Voraussetzungen der „garde" ab und erfährt auch in dem Reformentwurf keine Beschränkung. Im Gegensatz dazu wird die Reform dazu genutzt, die Haftungsbeschränkung von Gehilfen gesetzlich zu regeln und damit die bisherige Rechtsprechung umzusetzen. Wünschenswert wäre es gewesen, im Zuge der Reform auch eine Regelung für Minderjährige, die deren Haftung beschränkt, in das Gesetz aufzunehmen oder die Definition der „garde", die insbesondere im Hinblick auf die unterschiedliche Behandlung von Minderjährigen einerseits und Gehilfen andererseits zu ungerechten Ergebnissen führt, zu überarbeiten.

IV. Der Tierhalterbegriff in Südafrika

In Südafrika wird der Tierhalterbegriff je nach *actio* unterschiedlich verstanden. Das differierende Verständnis ist darauf zurückzuführen, dass nicht für alle *actiones* das Eigentum der Haftungsgrund ist, sondern teilweise auch das bloße Verschulden.

1020 Art. 1243 Abs. 4, S. 2 PR: „*Le propriétaire est présumé gardien.*"

1021 Art. 1249 Abs. 3 PR: „*Le commettant ou le bénéficiaire du transfert n'est par responsable s'il prouve que le préposé a agi hors des fonctions auxquelles il était employé, sans autorisation et à des fins étrangères à ses attributions. Il ne l'est pas d'avantage s'il établit une collusion du préposé et de la victime.*"

1022 Siehe hierzu 2. Kap. E. III. 5.

1. *Der Grundsatz je nach* actio

a) Actio de pauperie & actio de pastu

Sowohl bei der *actio de pauperie*[1023] als auch bei der *actio de pastu*[1024] ist der Eigentümer für die Schäden seines Tieres haftbar. Die bloße Kontrolle über das Tier ist für die Anwendung dieser *actiones* nicht ausreichend.[1025] Entscheidend ist, dass, anders als noch im römischen Recht,[1026] für beide vorgenannten *actiones* die Person haftet, die Eigentümerin im Zeitpunkt der Rechtsgutsverletzung war.[1027]

b) Actio de feris

Der Grundsatz bei der *actio de feris* ist, dass die Person haftet, die das Tier an den öffentlichen Ort gebracht hat.[1028] Diese Person braucht nicht Eigentümer des Tieres zu sein, erforderlich ist lediglich, dass sie gegen den Erlass verstößt, indem sie das Tier an den dort beschriebenen Ort bringt.[1029]

c) Actio legis Aquiliae

Bei der *actio legis Aquiliae* haftet derjenige, der entweder Eigentümer des Tieres ist oder die Kontrolle über das Tier hat.[1030] Eigentum ist als Haftungsgrundlage ausreichend, aber nicht zwingend erforderlich. Nachgewiesen werden muss vielmehr, dass die Beziehung des Beklagten zu dem Tier so war, dass dieser verpflichtet war, die Schadensverursachung durch das Tier abzuwenden.[1031]

1023 *O'Callaghan* v. *Chaplin*, 1927 AD 310, 377; *SAR & H* v. *Edwards*, 1930 AD 3, 9.

1024 *Van Zyl* v. *Kotze*, 1961 4 SA 214 (T) 216.

1025 *Maree* v. *Diedericks*, 1962, 1 SA 321 (T); 1962, 1 SA 231 (T) 238.

1026 *Macintosh/Scoble*, Negligence in delict, S. 157: Im römischen Recht wurde die *actio* gegen die Person geltend gemacht, die Eigentümerin des Tieres zum Zeitpunkt der Geltendmachung der *actio* war, und nicht gegen die Person, die Eigentümerin zum Zeitpunkt der Rechtsgutsverletzung war.

1027 *O'Callaghan* v. *Chaplin*, 1927 AD 310, 330; *Goosen* v. *Reeders* 1926 TPD 436.

1028 *McKerron*, The law of delict, S. 255; *Neethling/Potgieter/Visser*, Law of delict, S. 385.

1029 *Neethling/Potgieter/Visser*, Law of delict, S. 385; *O'Callaghan* v. *Chaplin*, 1927 AD 376, 377.

1030 *McKerron*, The law of delict, S. 256.

1031 *Moubray* v. *Syfret*, 1935 A.D. 199, 205; *MacArthur* v. *Burn*, 1953 (2) S.A. 254 (S.R.), 256.

2. Kriterien

Bei der *actio de pauperie*, der *actio de pastu* und unter anderem bei der *actio legis Aquiliae* wird als Haftungsgrundlage auf das formale Eigentum abgestellt, das vom Kläger nachzuweisen ist.[1032] Die Zuordnung erfolgt unproblematisch anhand der gewöhnlichen Grundsätze des Eigentumsrechts und des Vertragsrechts.[1033]

Um Eigentümer einer *res nullius* zu werden, ist die sog. *occupatio* notwendig. Um diese Absicht zu verwirklichen, muss die Person einerseits die Absicht haben, Eigentümerin der Sache zu sein, andererseits auch die erforderliche körperliche Kontrolle über die Sache ausüben.[1034] Dabei können Indizien wie das regelmäßige Füttern des Tieres, die Beschaffung des Futters oder die auf den Namen einer Person ausgestellten Hundemarken mit den tatsächlichen und rechtlichen Eigentumsverhältnissen widerlegt werden.[1035]

Wird die *actio de feris* vorgetragen, kommt es auf den Nachweis des Verstoßes gegen den Erlass an. Die bloße Tatsache des Verbringens an den öffentlichen Ort ist ausreichend, weitere Kriterien sind nicht heranzuziehen.

Lediglich im Rahmen der *actio legis Aquiliae*, bei der die Kontrolle über das Tier zur Haftung führen kann, kommt es auf die faktischen Indizien, an, die die Beziehung zwischen dem Halter und dem Tier darlegen und damit die Pflicht der Schadensabwendung begründen können. Dazu kann beispielsweise das Wissen über das Temperament des Tieres, das über die Zeit angeeignet wurde, in der das Tier unter der Beobachtung und der Pflege einer Person stand, herangezogen werden.[1036] Auch eine Kumulation verschiedener Umstände kann dazu führen, dass Kontrolle über das Tier angenommen wird. So wurde in *S.* v. *Fernandez* die Kontrolle eines Ladenmitarbeiters über einen dort in einem Käfig gehaltenen Pavian damit begründet, dass dieser den Pavian regelmäßig fütterte, dessen Käfig reinigte und ein Warnschild über dem Käfig angebracht hatte.[1037] Diese Umstände zusammengenommen würden die Schlussfolgerung mit sich bringen, dass der Pavian sich zu allen wesentlichen Zeitpunkten in der Obhut und unter der Kontrolle des Mitarbeiters befand und dieser damit haften müsse.

1032 *Thysse* v. *Bekker*, 2007 (3), SA 350 (SE), 352C, 354A.
1033 *O'Callaghan* v. *Chaplin*, 1927 AD 310, 330; *Goosen* v. *Reeders* 1926 TPD 436.
1034 *Muir*, SLR 2016, 138.
1035 *Brown* v. *Evans*, 1936 N.P.D. 310, 312.
1036 *Moubray* v. *Syfret*, 1935 A.D. 199, 208.
1037 *S.* v. *Fernandez*, 1966 (2) All SA, 369 (A), 371.

3. *Kontrollübergang auf einen Dritten*

Geht die Kontrolle über das Tier auf einen Dritten über, stellt sich die Frage, wer für den durch das Tier entstandenen Schaden haftet. Zur Beantwortung dieser Frage wurden verschiedene Ansätze entwickelt.

a) *Lösungsansätze*

aa) Befreiung von der *actio de pauperie* und Haftung des Dritten auf Grundlage der *actio legis Aquiliae*

Ein Lösungsansatz sieht vor, den Eigentümer von der Haftung aus der *actio de pauperie* zu befreien und die Haftung dem handelnden Dritten auf Grundlage der *actio legis Aquiliae* aufzuerlegen.

Handelt ein Dritter, kann der Eigentümer von der Haftung auf Grundlage der *actio de pauperie* unter bestimmten Umständen befreit werden.[1038] Eine Haftung auf Grundlage der *actio de pauperie* kommt dann nicht in Betracht, wenn ein Dritter, der für das Tier verantwortlich ist oder die Kontrolle über das Tier hat, durch sein fahrlässiges Verhalten nicht verhindert hat, dass das Tier einen Schaden verursacht.[1039] Um von der Haftung aus der *actio de pauperie* befreit zu werden, trifft den Eigentümer jedoch die Beweislast, dass der Schaden gerade durch die Fahrlässigkeit der das Tier kontrollierenden Person entstanden ist und dies in der Zeit erfolgte, in der die Person die Kontrolle über das Tier übernommen hat.[1040]

Die Befreiung von der Haftung aus der *actio de pauperie* führt aber nicht dazu, dass dem Geschädigten der Schaden nicht ersetzt wird. Die Fahrlässigkeit der das Tier kontrollierenden Person hat vielmehr zur Folge, dass diese Person auf Grundlage der *actio legis Aquiliae* zur Haftung gezogen werden kann. Dabei kommt es nicht darauf an, dass die Person das Tier zu der schädigenden Handlung durch eigenes Handeln verleitet hat. Entscheidend ist das Versagen der Person, so Kontrolle über das Tier auszuüben, dass dieses von einer Schadensverursachung abgehalten wird. Durch das fahrlässige Verhalten wird es dem Tier möglich, den Schaden anzurichten, ohne davon abgehalten zu werden.[1041]

1038 *Cloete* v. *Van Meyeren*, 2019, 1 All SA 662 (ECP), 2018 JOL 40620, 13.

1039 *Lever* v. *Purdy*, 1993 (3), 2 All SA, 265 (A), 268.

1040 *Cloete* v. *Van Meyeren*, 2019, 1 All SA 662 (ECP), 2018 JOL 40620, 16.

1041 *Lever* v. *Purdy*, 1993 (3), 2 All SA, 265 (A), 270.

bb) Keine Befreiung von der *actio de pauperie*

Der Lösungsansatz, den Eigentümer von der Haftung aus der *actio de pauperie* zu befreien und die Haftung dem handelnden Dritten auf Grundlage der *actio legis Aquiliae* aufzuerlegen, ist jedoch auf Kritik gestoßen.

Entgegengehalten wurde dieser Lösung insbesondere, dass damit die Fahrlässigkeit einer anderen Person die Befreiung von der strikt verschuldensunabhängigen Haftung aus der *actio de pauperie* zur Folge hat. Dies widerspreche jedoch der strikten Natur der *actio de pauperie.*[1042] Ausschließlich das Eigentum solle im Rahmen der *actio de pauperie* die Haftung begründen, das Verschulden sei aufgrund der Ausgestaltung als strikte Haftung hingegen nicht zu berücksichtigen.[1043] In Frage gestellt wird damit, ob die Fahrlässigkeit einer anderen Person tatsächlich als haftungsbefreiend angeführt werden kann.

In dem diesen Überlegungen zugrundeliegenden Fall *Purdy* v. *Lever* überließ der Eigentümer eines großen Hundes einem Dritten die Kontrolle über diesen und über sein Haus, während er sich auf einer Kurzreise im Ausland befand. Der von dem Dritten in das Haus gerufene Fernsehmonteur wurde mangels gewissenhafter Kontrolle durch den Dritten von dem Hund des Hauseigentümers gebissen. In diesem Fall hat das Gericht festgestellt, dass der Gedanke, dem Eigentümer eines Haustieres eine verschuldensunabhängige Haftung aufzuerlegen, darin bestehe, dass dieser für die Allgemeinheit zu seinem eigenen Nutzen und Vorteil eine Gefahrenquelle schaffe und deshalb auch dann zur Verantwortung gezogen werden solle, wenn die Nachlässigkeit eines anderen zu dem schadensverursachenden Ereignis beigetragen habe.[1044] Das Gericht kommt zu dem Schluss, dass die Fahrlässigkeit des Dritten dem Eigentümer des Hundes nicht zum Vorteil gereichen soll.

Auch in *Cloete* v. *Van Meyeren* entschied das Gericht, dass es an einer logischen Grundlage für eine solche weitere Ausdehnung fehle und die Ausnahme im Falle von Fahrlässigkeit bei Kontrollübernahme weit über die bei der *actio de pauperie* zulässigen Ausnahmeregelungen gehen würde. Geurteilt wurde, dass eine solche Ausnahme das der *actio* zugrundeliegende Prinzip in seinem Wesen verkennen würde.[1045]

1042 *Purdy* v. *Lever*, 1991 (4) All SA 636 (T), 643 (1).
1043 *Purdy* v. *Lever*, 1991 (4) All SA 636 (T), 643 (1).
1044 *Purdy* v. *Lever*, 1991 (4) All SA 636 (T), 643 (1).
1045 *Cloete* v. *Van Meyeren*, 2019, 1 All SA 662 (ECP), 2018 JOL 40620, 24.

cc) Gesamtschuldnerische Haftung des Eigentümers und des Dritten

Ein weiterer Lösungsansatz in diesen Konstellation liegt darin, sowohl den Eigentümer als auch den Dritten gesamtschuldnerisch aus der *actio de pauperie* bzw. aus der *actio legis Aquiliae* haften zu lassen. Dabei sei jedoch dem aus der *actio de pauperie* haftenden Eigentümer ein Anspruch auf vollständigen Regress gegen den Dritten zu gewähren, dessen Fahrlässigkeit den Schaden verursacht habe.[1046] Begründet wird der Regress gegen den Dritten damit, dass die Verschuldenshaftung als verwerflicher angesehen wird als die Haftung, die auf bloßem Eigentum beruht, und die tatsächliche Ursache des Schadens in der Fahrlässigkeit des Dritten zu finden ist.

dd) Haftung des Dritten auf Grundlage der *actio de pauperie*

Erwogen wurde auch, die *actio de pauperie* über den Eigentümer hinaus auch auf Dritte, die die Kontrolle oder die Herrschaft über das Tier (auch nur zeitweise) erlangt haben, auszudehnen und eine strikte Haftung auch für diese Fälle anzunehmen.[1047] Hintergrund dieses Ansatzes ist, dass mit der strikten verschuldensunabhängigen Haftung das durch die Haltung geschaffene Risiko für die Allgemeinheit kompensiert werden soll und der Halter eines Tieres, der daraus einen Nutzen zieht, dazu in der Lage ist, das Risiko durch Kontrollmaßnahmen einzudämmen. Der Nutzen aus der Haltung des Tieres kommt jedoch nicht lediglich dem Eigentümer zugute, sondern ebenso demjenigen, der die Kontrolle über das Tier übernommen hat, sodass eine Ausdehnung der strikten verschuldensunabhängigen Haftung auch auf diese Personen mit dem dahinterstehenden Sinn und Zweck gerechtfertigt werden kann.

b) Eigene Stellungnahme

Der erste, älteste und am weitesten verbreitete Lösungsansatz, der eine Ausnahme der *actio de pauperie* in diesen Fällen zulässt, wird zwar dem Gedanken gerecht, dass die Ursache des Schadens in der Fahrlässigkeit des Dritten und nicht des Eigentümers liegt, jedoch entspricht er nicht der Natur der verschuldensunabhängigen Haftung. Eine Ausnahme aufgrund des schuldhaften Verhaltens eines

1046 *Van der Merwe*, The Defence of conduct of a third party in view of the rationale for strict liability in terms of the pauperien action, S. 405.

1047 *Loubser/Midgley*, The law of delict in South Africa, S. 377.

Dritten anzuerkennen, wird dem sonst strikt gehaltenen Charakter der *actio de pauperie* nicht gerecht.

Die auf dem Argument der strikten Verschuldensunabhängigkeit der *actio de pauperie* basierende Lösung der Ablehnung der Ausnahme und der daraus folgenden Anwendung der *actio de pauperie* auch im Falle von Fahrlässigkeit seitens des Dritten ist im Einklang mit der Natur der *actio de pauperie*. Sie führt aber dazu, dass der Eigentümer auch dann haftet, wenn das Tier sich unter der Kontrolle eines anderen befindet und dieser in diesem Moment auch den Nutzen aus der Tierhaltung zieht. Dieser Ansatz benachteiligt den Eigentümer eines Tieres, ohne dabei zu unterscheiden, ob dem Eigentümer gerade der Vorteil, für dessen Ausgleich die strikte Haftung geschaffen wurde, zuteilwird. Der Gedanke der Schaffung einer Gefahrenquelle, um die Vorteile aus der Nutzung der Tierhaltung zu ziehen, greift in Fällen des Kontroll- und Nutzungsübergangs auf einen Dritten nicht, sodass auch eine ausnahmslose strikte Haftung des Eigentümers damit nicht gerechtfertigt werden kann.

Die Idee, den Anwendungsbereich der *actio de pauperie* auch auf Dritte auszuweiten, die Kontrolle über das Tier haben, hat den Vorteil, dass Ungerechtigkeiten nicht entstehen und derjenige strikt haftet, der in dem Zeitpunkt des Schadensereignisses die tatsächliche Herrschaft über das Tier hatte. Gegen diese Lösung spricht jedoch, dass die *actio de pauperie* auf Eigentum basiert und dieses gerade die ausschließliche Haftungsgrundlage sein soll. Eine Ausweitung auf Dritte würde diesem schon im römischen Recht geltenden Grundsatz widersprechen und die *actio de pauperie* in ihrem Wesen grundlegend verändern.

Eine gesamtschuldnerische Haftung des Eigentümers und des Dritten auf Grundlage der *actio de pauperie* bzw. der *actio legis Aquiliae* hat den Vorteil, dass damit der Natur der *actio de pauperie* als strikter verschuldensunabhängiger Haftung gerecht wird und der Eigentümer aufgrund des bloßen Eigentums haftet. Gewährleistet wird mit dieser Lösung auch, dass der Dritte, der durch seine Fahrlässigkeit das schädigende Ereignis zugelassen hat, auch zur Haftung gezogen wird und damit für den gezogenen Nutzen einsteht. Neben der Berücksichtigung der Natur der *actio de pauperie* als strikter verschuldensunabhängiger Haftung, die keine an Verschulden gebundene Ausnahme zulässt und deren Anwendungsbereich nicht über das Eigentum als solches hinausgeht, wird dieser Ansatz auch dem Fairnessgedanken gerecht. Es besteht eine Regressmöglichkeit des Eigentümers gegen den Dritten. Damit erfolgt über einen Umweg die Umlagerung des finanziellen Risikos auf denjenigen, der mit seiner Fahrlässigkeit den Eintritt des Schadens ermöglicht hat. Aus diesen Gründen ist dieser Ansatz zu bevorzugen.

4. Sonderkonstellationen im Hinblick auf die Person des Halters

a) Infantes

Infantes, also Kinder, die das siebte Lebensjahr nicht vollendet haben, können nur für Delikte haften, die nicht auf Verschulden beruhen, da ihnen die Fähigkeit, zwischen Recht und Unrecht zu unterscheiden, nicht zuerkannt wird und es an der Verschuldensfähigkeit fehlt.[1048] Damit scheidet eine Haftbarkeit nach der *actio legis Aquiliae* bei *infantes* aus. Jedoch kommt damit eine deliktische Haftbarkeit nach den *actiones* in Betracht, die nicht auf Verschulden beruhen. Somit können *infantes* nach der *actio de pauperie* verklagt werden, wenn sie Eigentümer von Haustieren sind, die einen Schaden verursacht haben.[1049] Auch eine Haftung nach der *actio de pastu*[1050] kommt demnach in Betracht.[1051]

b) Der Minderjährige

Auch bei Minderjährigen kommt eine Haftung nach den *actiones* in Betracht, die lediglich auf das Eigentum abstellen, sofern die Minderjährigen Eigentümer der Tiere sind. Eine Unterscheidung ist jedoch hinsichtlich der Verschuldenshaftung nach der *actio legis Aquiliae* zu treffen. Für Kinder zwischen dem siebten Lebensjahr und der Pubertät greift eine widerlegbare Vermutung, dass das Kind *culpae incapax* und damit deliktisch nicht verantwortlich ist.[1052] Manche Gerichte verweisen für das Grenzalter auf die Pubertät als solche, die bei Jungen im Alter von zwölf Jahren und bei Mädchen im Alter von vierzehn Jahren beginne.[1053] Diese Unterscheidung zwischen Jungen und Mädchen sowie die Abhängigkeit von der Geschlechtsreife wurde in der Literatur[1054] und auch von Gerichten mit dem Verweis auf verfassungsrechtliche Bedenken stark kritisiert.[1055]

1048 *De Bruyn NO* v. *Minister van Vervoer*, 1960 (3), All SA 238 (O), 243.

1049 *Green* v. *Naidoo*, 2007 (6), SA 372 (W).

1050 *Kehrhahn, Ferdinand*, Delictual accountability of a child, S. 28.

1051 Auch eine Haftung nach der *actio de feris* ist theoretisch möglich. Fälle, in denen *infantes* wilde Tire an einen öffentlichen Ort bringen und damit auf Grundlage der *actio de feris* haften, sind in der Praxis jedoch naturgemäß eher fernliegend und damit zu vernachlässigen.

1052 *South British Insurance Co. Ltd.* v. *Smit*, 1962 (3), SA 826 (A), 836.

1053 *Weber* v. *Santam Versekeringsmaatskappy*, 1983 (1), SA 381 (A), 403; *Jones* v. *Santam*, 1965 (2) SA, 542 (A).

1054 Siehe dazu beispielsweise *Davel*, De Jure 2001, S. 607.

1055 In *Eskom Holdings Ltd* v. *Hendricks*, 2005 (5) SA 503, (SCA), 511 merkte das Gericht an, dass die Anwendung des Pubertätsalters verfassungsrechtlich nicht zu rechtfertigen sei.

Andere Gerichte stellen auf das das vierzehnte Lebensjahr ab.[1056] Ab diesem Zeitpunkt werden Kinder deliktisch wie Erwachsene und damit als sog. *culpae capax* behandelt, die die natürliche Fähigkeit besitzen, den Unterschied zwischen Recht und Unrecht zu erkennen und in Übereinstimmung mit dieser Fähigkeit zu handeln.[1057] Eine Haftung aus der *actio legis Aquiliae* kommt damit ab dem siebten Lebensjahr in Betracht, jedoch muss dafür von Seiten des Klägers die Vermutung der Verschuldensunfähigkeit widerlegt werden. Ab der Pubertät bzw. dem vierzehnten Lebensjahr entfällt diese dem Kind zugutekommende Vermutung, sodass eine Haftung auf Grundlage von Verschulden möglich ist.

c) Die juristische Person

Die juristische Person handelt durch natürliche Personen, die ihr als Organe dienen, und kann somit für ihre Handlungen deliktisch im Rahmen der Tierhalterhaftung und der dafür vorgesehenen *actiones* haftbar gemacht werden.[1058]

d) Hilfspersonen

Hilfspersonen können nach südafrikanischem Recht im Rahmen der *actio legis Aquiliae* in Haftung genommen werden, da diese *actio* nur auf die besondere Beziehung zwischen der kontrollierenden Person und dem Tier abstellt. So wurde in *S. v. Fernandez* die Kontrolle über einen Pavian durch den Ladenangestellten des Geschäfts angenommen, das den Pavian im Käfig hielt.[1059] Auch bei der *actio de feris* haftet die Person, die das Tier an den öffentlichen Ort bringt, und damit auch die Hilfsperson, sollte diese gegen den Erlass verstoßen. Entscheidend ist nicht, in welchem Verhältnis die gegen den Erlass verstoßende Person zu dem Tier oder dem Eigentümer steht, sondern nur, dass sie den Verstoß begeht. Eine Haftung nach der *actio de pauperie* oder der *actio de pastu* kommt hingegen nicht in Betracht, da hierfür zwingend Eigentum erforderlich ist und dieses bei der bloßen Hinzuziehung einer Hilfsperson nicht auf diese Person übergeht.

V. Länderübergreifender Vergleich und angemessenste Lösung

Die erörterten Grundsätze sind im folgenden Schema tabellarisch zusammengefasst.

1056 *Nieuwenhuizen* v. *Union & National Insurance*, 1962 (1) SA 760 (W), 761; *Knouwds* v. *Administrateur, Kaap*, 1981 (1) SA, 544 (C), 555.

1057 *Kehrhahn, Ferdinand*, Delictual accountability of a child, S. 29.

1058 *Doig* v. *Forbes*, 1889, 7 S.C. 119.

1059 *S. v. Fernandez*, 1966 (2) All SA, 369 (A), 371.

Schema Nr. 3

Der Tierhalter-begriff	**Deutschland**	**Frankreich**	**Südafrika**
Grundsatz	Tierhalter haftet, Eigentum nur Indiz i. R. d. Entscheidungsgewalt	Haftungsvermutung zulasten des Eigentümers	*Actio de pauperie / Actio de pastu*: Eigentümer im Zeitpunkt der Rechtsgutsverletzung haftet *Actio de feris*: gegen den Erlass verstoßende Person haftet *Actio legis Aquiliae*: Eigentümer oder Person, die Kontrolle über das Tier hat, haftet
Minderjähriger	strittig	(+)	*Actio de pauperie* (+) *Actio de pastu* (+) *Actio de feris* (+) *Actio legis Aquiliae* (+/–)
Juristische Person	(+)	(+)	(+)
Hilfsperson	(–) mangels Eigeninteresses	(–)	*Actio de pauperie* (–) *Actio de pastu* (–) *Actio de feris* (+) *Actio legis Aquiliae* (+/–)
Herangezogene Kriterien	• Eigeninteresse • Entscheidungsgewalt	• Gebrauchsbefugnis • Bestimmungsbefugnis • Kontrollbefugnis	*Actio de pauperie:* Eigentum *Actio de pastu:* Eigentum *Actio de feris*: Verbringen an einen öffentlichen Ort *Actio legis Aquiliae:* besondere Beziehung zu dem Tier

1. *Vergleich der Lösungen untereinander*

a) *Die maßgeblichen Kriterien*

Um die im Rahmen der Tierhalterhaftung haftende Person festzulegen, weisen die untersuchten Rechtsordnungen unterschiedliche Kriterien auf. Während in der französischen und in der südafrikanische Rechtsordnung das Eigentum am Tier maßgeblich für die Begründung der Haftung ist, stellt es im Rahmen der deutschen Tierhalterhaftung lediglich ein Indiz für die Halterstellung dar. Anders als im südafrikanischen Recht dient das Eigentum im Rahmen der französischen Tierhalterhaftung jedoch nur als Haftungsvermutung, die widerlegt werden kann. Die *actio de pauperie* hingegen wird allein aufgrund der Stellung als Eigentümer begründet. Ein Nachteil des bloßen Abstellens auf das Eigentum ist, dass dadurch die Haftung stark eingeschränkt wird und andere Personen, die auch einen Nutzen aus der Tierhaltung ziehen, pauschal aus der Haftung genommen werden und dadurch eine ungefilterte Abwälzung auf den Eigentümer erfolgt. Damit wird der Sinn und Zweck der Tierhalterhaftung, der im Vordergrund stehen sollte und darin besteht, demjenigen, der den Nutzen von dem Tier hat, auch die Haftung für etwaige Schäden aufzuerlegen, teilweise verfehlt. Um dem Sinn und Zweck umfassend gerecht zu werden, sind weitere Kriterien, die sich nicht auf eine Person beschränken und eine Ausweitung auf andere Personen erlauben, vorzugswürdig.

Problematisch an den in der französischen Rechtsordnung für die Bestimmung des Tierhalters gewählten Kriterien ist, dass sie zu Ergebnissen führen, die nicht immer mit dem Gerechtigkeitsempfinden übereinstimmen. Während die Tierhaltereigenschaft und die damit verbundene Haftung bei Minderjährigen angenommen wird, scheidet sie bei Hilfspersonen aufgrund der Weisungsabhängigkeit uneingeschränkt aus. Damit stellt die französische Rechtsordnung bezüglich der Haftung Minderjähriger einen strengeren Haftungsstandard auf, als dies in der deutschen oder der südafrikanischen Rechtsordnung im Rahmen der verschuldensabhängigen *actio legis Aquiliae* der Fall ist. Die Haftung Minderjähriger wird anders als in den beiden anderen untersuchten Rechtsordnungen anhand der für Erwachsene geltenden Standards geprüft und ist von subjektiven Schuldvorwürfen völlig losgelöst.

Die im deutschen Recht gewählten Kriterien des Eigeninteresses und der Entscheidungsgewalt weisen in diesem Zusammenhang den Vorteil auf, dass sie auch in Situationen, in denen es nicht um den klassischen Fall der Tierhaltung geht, den Sinn und Zweck des Ausgleichs für die Nutzungsziehung erreichen. So ist beispielsweise bei Diebstahl oder Entlaufen des Tieres ein konkreter Übergang der Tierhaltereigenschaft vom Eigentümer auf eine andere Person anhand der Kriterien möglich. Im südafrikanischen Recht hingegen ermöglicht das Aussetzen des Tieres es dem Eigentümer, sich mangels Eigentümerstellung aus der Haftung zu ziehen. Im Hinblick auf Hilfspersonen sollte das Eigeninteresse aufgrund der möglichen Nutzungsziehung derselben nicht zu eng gesehen werden und auch eine Ausweitung auf Personen möglich sein, die einen eigenen Nutzen aus der Tierhaltung ziehen. Dabei ist jedoch das im deutschen Recht angewendete Verständnis des Nutzens aus und nicht mittels der Tierhaltung gerechtfertigt, da gerade die Nutzungsziehung aus der Haltung die Haftung begründen soll und nicht sekundäre, oft monetäre Vorteile.

b) Alternative oder kumulative Haftung?

Der Übergang der Haftung anhand der Kriterien auf den „gardien" hat in Frankreich die Folge, dass der Eigentümer nicht mehr haftet. Somit kommt anders als in der südafrikanischen Variante der *actio de pauperie* gerade keine kumulative Haftung des Eigentümers und des Dritten in Betracht. Vielmehr ist der Eigentümer nach Übergang der Haftung von dieser vollumfänglich befreit. Diese Lösung ist auch im deutschen Recht anhand der Kriterien gewährleistet, die zur Haftung einer Person führen, die die Kriterien erfüllt. Dabei fließt das Eigentum in die Halterfindung mit ein, führt aber nicht zur Mithaftung des Eigentümers des Eigentums wegen. Aus dem Vergleich mit der französischen und der deutschen Variante folgt, dass eine alternative Haftung der kumulativen Haftung vorzuziehen ist und der Übergang anhand der festgelegten Kriterien auch dazu führen sollte, dass der Eigentümer von seiner Haftung befreit wird.

2. Angemessenste Lösung

Aus dem Vorgesagten ergibt sich, dass die angemessenste Lösung für die Bestimmung der haftenden Person im Rahmen der Tierhalterhaftung darin besteht, konkrete Kriterien festzulegen, die die Tierhaltereigenschaft begründen. Dabei ist jedoch nicht auf zu enge Kriterien zurückzugreifen, die den Personenkreis zu sehr beschränken und damit dem Sinn und Zweck der Tierhalterhaftung nicht gerecht werden. Das Eigentum sollte deshalb nur als Indiz zur Haftungsbegründung herangezogen werden. Der anhand der Kriterien eindeutig festlegbare Übergang der Haltereigenschaft auf einen Dritten sollte zu einer alternativen Haftung und nicht zu einer kumulativen Haftung führen. Auch sollte die Objektivität der Kriterien für die in dieser Arbeit als vorzugswürdig erachtete generelle Gefährdungshaftung gewährleistet sein.

F. Die Ausschlussgründe

Nach bisherigen Erkenntnissen hat sich gezeigt, dass das Haftungsrisiko des Tierhalters in allen untersuchten Rechtsordnungen hoch ist, weshalb zur Begrenzung

Ausschlussgründe bestehen, die die Haftbarkeit ganz oder teilweise entfallen lassen.

I. Höhere Gewalt

Ein den drei Rechtsordnungen gemeinsamer Ausschlussgrund, der in allen Fällen einen Haftungsausschluss zur Folge hat, ist die höhere Gewalt.

1. Deutschland

Das Vorliegen von höherer Gewalt führt zu einer Unterbrechung des Kausalzusammenhangs, welche das Entfallen der Haftung des Tierhalters zur Folge hat.[1060] Eine Regelung zur Rechtsfolge von höherer Gewalt im Rahmen der Tierhalterhaftung, wie beispielsweise § 7 Abs. 2 StVG, existiert nicht. Ist ein Schaden, welcher durch ein Tier entstanden ist, auf ein Ereignis von höherer Gewalt zurückzuführen, fragt sich, ob die Haftung des Tierhalters bestehen bleibt oder ausgeschlossen wird.

Der Begriff der höheren Gewalt führt im BGB ein Schattendasein und wird nur am Rande erwähnt.[1061] Eine Legaldefinition des Begriffes findet sich im BGB nicht, sodass auf die Rechtsprechung zurückgegriffen werden muss, die höhere Gewalt als „ein von außen kommendes, keinen betrieblichen Zusammenhang aufweisendes, auch durch die äußerste vernünftigerweise zu erwartende Sorgfalt nicht abwendbares Ereignis" versteht.[1062] Der Begriff wird von der Rechtsprechung jedoch in den verschiedenen Rechtsgebieten unterschiedlich definiert, sodass kein uniformer Begriff der höheren Gewalt existiert.[1063] Die verschiedenen Definitionen und Umschreibungen des Begriffes verfolgen jedoch den gleichen Rechtsgedanken: Einwirkungen, die außerhalb des für den Menschen Voraussehbaren und Abwehrbaren liegen, hat der Schuldner nicht zu vertreten.[1064]

Im Rahmen der Tierhalterhaftung wurde auf „äußere Kräfte" abgestellt, die dem Tier „keine andere Möglichkeit als die des schädigenden Verhaltens"

1060 *Lüchinger*, Die Tierhalterhaftung, S. 59.

1061 *Weick*, ZEuP 2014, 281 (284): Der Begriff wird nur in § 206 BGB, § 701 Abs. 3 BGB ausdrücklich verwendet und in vereinzelten Vorschriften wie in § 676c Nr. 1 BGB lediglich umschrieben.

1062 BGH, NJW 1987, 1938 (1939); jedoch gibt es zur Definition des Begriffes der höheren Gewalt keine einheitliche Rechtsprechung, so etwa BGH, NJW-RR 2008, 335 (336) mit einer umfangreicheren Definition oder lückenhafter BGH, NJW 1982, 96 (97).

1063 *Weick*, ZEuP 2014, 281 (290); *Siegfried*, Tier und Tiergefahr, S. 140.

1064 *Rinck*, Gefährdungshaftung, S. 17.

ließen.[1065] Diese Fälle wurden jedoch nicht unter dem Gesichtspunkt der höheren Gewalt behandelt, sondern unter die Fallgruppe der spezifischen Tiergefahr durch Verhalten des Tieres unter physiologischem Zwang gefasst.[1066] Wie jedoch im Rahmen der Tiergefahr erörtert, ist diese Kategorie als Beschränkung abzulehnen, weil sich durch die Einwirkung auf das Tier von außen gerade die der Tierhaltung immanente Gefahr realisiert hat. Die Tierhalterhaftung kann in diesen Fällen auch nicht unter dem Deckmantel der höheren Gewalt ausgeschlossen werden, weil sich gerade die der tierischen Natur immanente Gefahr realisiert hat. Handelt es sich um Fälle, in denen äußere Kräfte eine bestimmte Tierreaktion provoziert haben, und ist der Schaden daraufhin durch ein selbsttätiges Tierverhalten entstanden, liegt kein Fall höherer Gewalt vor und die Tierhalterhaftung ist begründet.[1067] So haben beispielsweise äußere Ereignisse, die das Tier erschrecken lassen oder diesem Schmerzen bereiten und eine typische Reaktion auslösen, keine haftungsausschließende Wirkung.[1068] Liegt hingegen ein Fall vor, in welchem die äußere Einwirkung zu einer Kraftentfaltung führt, die nicht auf das Verhalten des Tieres zurückzuführen ist, sondern unmittelbare Folge der Einwirkung von außen ist, handelt es sich um einen Fall der höheren Gewalt, der zum Ausschluss der Tierhalterhaftung führt.[1069] Eine Taube, die durch einen orkanartigen Wind in einen Erdbeerkorb geschleudert wird, stellt beispielsweise einen Fall höherer Gewalt dar.[1070] In diesen Fällen kommt ähnlich wie bei den Fällen der Benutzung des Tieres als mechanisches Werkzeug die dem Tier immanente Gefahr nicht zum Tragen, sodass die Tierhalterhaftung aufgrund höherer Gewalt ausscheidet. Diese Unterscheidung zwischen auf die Tiergefahr zurückzuführenden Schäden und Schäden, die von einer solchen unabhängig entstanden sind, hat schon das RG vorgenommen. Das RG hat in einem Fall, in dem zwei Pferde einem Wagen vorgespannt waren und bei der Begegnung mit einer Zigeunertruppe gescheut haben, die Annahme höherer Gewalt abgelehnt, weil der Unfall nicht die Folge eines von außen einwirkenden unwiderstehlichen Ereignisses war.[1071]

1065 BGH, NJW-RR 1990, 789 (791) m. w. N.

1066 Siehe hierzu ausführlich unter 2. Kapitel D. II. 1. c) bb).

1067 *Siegfried*, Tier und Tiergefahr, S. 145; *Lüchinger*, Die Tierhalterhaftung, S. 60; *Rinck*, Gefährdungshaftung, S. 17.

1068 *Rinck*, Gefährdungshaftung, S. 17.

1069 So auch *Eberl-Borges*, in: Staudinger BGB, § 833 Rn. 52; *Siegfried*, Tier und Tiergefahr, S. 144 f.; *Deutsch/Ahrens*, Deliktsrecht, § 24 Rn. 522.

1070 *Litten*, Die Ersatzpflicht des Tierhalters, S. 97; *Siegfried*, Tier und Tiergefahr, S. 145.

1071 RGZ 54, 407 (408).

Das RG hat damit schon den Grundstein für die Handhabung der höheren Gewalt im Rahmen der Tierhalterhaftung gesetzt. Nur wenn durch Einwirkungen höherer Gewalt die Tiergefahr ausgeschlossen ist, entfällt die Haftbarkeit des Tierhalters, anderenfalls bleibt es bei der Zurechnung und der Bejahung der Tierhalterhaftung.[1072]

2. *Frankreich*

a) *Aktuelle Rechtslage*

In Frankreich werden für die höhere Gewalt die Begriffe des „cas fortuit“ und der „force majeure“ verwendet. Eine Unterscheidung lässt sich dahingehend treffen, dass ein „cas fortuit“ ein natürliches Ereignis, wie beispielsweise ein Erdbeben, darstellt und „force majeure“ vielmehr allgemein auf unvorhersehbare Ereignisse abzielt.[1073] Diese Einteilung führt jedoch zwingend zu gewissen Überschneidungen, sodass sich daraus eine synonyme Anwendung entwickelt hat.[1074]

Um einen Fall der höheren Gewalt zu begründen, muss das Ereignis kumulativ folgende drei Voraussetzungen aufzeigen: Rückführbarkeit auf einen außerhalb des Tieres liegenden Umstand, Unberechenbarkeit und Unvermeidbarkeit.[1075] Der französische Kassationsgerichtshof legt großen Wert darauf, dass die von den Richtern der ersten Instanz festgestellten Tatsachen jedes dieser Kriterien umfassend darstellen, bevor sie höhere Gewalt annehmen.[1076]

aa) Äußerlichkeit („l'extériorité“)

Das die höhere Gewalt charakterisierende Ereignis muss äußerer Natur sein, sodass der Ursprung der Störung extern ist und nicht dem Tier innewohnt.[1077] Hinsichtlich der äußeren Natur des geltend gemachten Umstands legt die Rechtsprechung strenge Maßstäbe an. Der französische Kassationsgerichtshof hob ein Urteil auf, in welchem das Berufungsgericht bei in einen Schornstein eingedrungenen Tauben, die dort Schäden angerichtet hatten, zwar feststellte, dass das Eindringen das Ergebnis eines äußerst seltenen Unfalls sei und damit explizit die

1072 *Siegfried*, Tier und Tiergefahr, S. 144.

1073 *Bacache-Gibeili*, Les obligations, S. 547 f.

1074 *Bacache-Gibeili*, Les obligations, S. 547; *Hübner*, Die Haftung des Gardien, S. 114.

1075 AJ Famille 2012, S. 81; *Grynbaum*, Dalloz 2011, Rn. 225; *Conte*, La responsabilité civile délictuelle, S. 149.

1076 AJ Famille 2012, S. 81; *Bacache-Gibeili*, Les obligations, S. 549.

1077 *Terré*, Droit civil, Rn. 1023; *Courteaud*, La notion de force majeure, 142.

Seltenheit der Art des Eindringens bestätigte, jedoch nicht geprüft hatte, inwiefern die geltend gemachten Tatsachen eine den Tieren fremde Ursache darstellten.[1078]

bb) Unvorhersehbarkeit („l'imprévisibilité")

Als zweite Voraussetzung wird die Unvorhersehbarkeit des Ereignisses gefordert.[1079] Unvorhersehbarkeit wird angenommen, wenn der Beklagte das spätere Eintreten des schädigenden äußeren Ereignisses nicht vorhersehen konnte.[1080] Die zunächst sehr strengen Anforderungen der Rechtsprechung an den Begriff der Unvorhersehbarkeit wurden im Laufe der Zeit etwas abgeschwächt, indem die Unvorhersehbarkeit durch den Begriff der Normalität ergänzt wurde. Es reicht damit aus, dass das Ereignis normalerweise unvorhersehbar ist. Kann mit dem Ereignis hingegen normalerweise gerechnet werden, ist dieses als vorhersehbar zu werten.[1081] So schließen alltägliche Ereignisse die Annahme der höheren Gewalt aus.[1082] Oft werden die von den Tierhaltern vorgetragenen Ereignisse aus diesem Grund nicht als höhere Gewalt angesehen. Für ein Pferd, das sich durch eine Kombination von Geräuschen (Fahrzeugalarm, Feuerwerk und Feuersirene) erschreckte, wurde wegen der Vorhersehbarkeit dieser Geräusche während einer Sommerveranstaltung in einem belebten Stadtgebiet die höhere Gewalt verneint.[1083]

cc) Unvermeidbarkeit („l'irrésistibilité")

Die dritte Voraussetzung ist die Unvermeidbarkeit des Eintritts des Schadens für den Tierhalter.[1084] Die Richter müssen dabei auch überprüfen, ob der Halter alle Maßnahmen ergriffen hat, um das schädigende Ereignis zu verhindern.[1085] Die Rechtsprechung, die hinsichtlich dieser Voraussetzung zunächst eine strenge

---

1078 Cass. civ. 2e, 8 November 1984, n° 83-12.643, Bull. civ. II, n° 164: „*[…] qu'en retenant que ces faits avaient le caractère de la force majeure sans rechercher s'ils constituaient une cause extérieure aux animaux […].*"

1079 Beispielhaft hierzu: Pferd wird durch vom Autodach herabfallendes Gepäck erschreckt, Cass. civ. 2e, 24. Mai 1971, n° 70-11.365, Bull. civ. II, n° 186; Pferde, die nach der Zerstörung der Umzäunung nachts durch einen unbekannten Dritten entlaufen waren, Cass. crim., 1. Oktober 1997, n° 95-83.471, D.1997.242.

1080 *Bacache-Gibeili*, Les obligations, S. 549.

1081 *Terré*, Droit civil, Rn. 1023.

1082 *Rottler*, Die Tierhalterhaftung und ihre Begrenzung, S. 80.

1083 Cass. civ. 2e, 13. juillet 2000, Bull. civ. II, n° 126.

1084 Cass. civ. 2e, 7. November 1988, Bull. civ. II, n° 214.

1085 Cass. civ. 2e, 18. März 1998, Bull. civ. II, n° 97.

Haltung gegenüber dem „gardien" eingenommen hatte, indem sie eine rein objektive und physische Unvermeidbarkeit voraussetzte, berücksichtigt nun im Rahmen dieser Voraussetzung auch die das Ereignis charakterisierenden Umstände.[1086]

dd) Rechtsfolge

Liegen die Voraussetzungen der höheren Gewalt kumulativ vor, kommt dem Tierhalter eine vollständige Haftungsbefreiung zugute.[1087] Sind die Voraussetzungen hingegen nicht allesamt erfüllt, kommt eine Entlastung nicht in Betracht.[1088] Es ist jedoch zu beachten, dass die Gerichte aufgrund der hohen Anforderungen, die sie an die Voraussetzungen stellen, nur selten Fälle zulassen, in denen das Verhalten eines Tieres als Folge höherer Gewalt angesehen wird.[1089]

b) Ausblick auf die geplante Reform

Art. 1253 Abs. 1 PR legt die Gründe für eine Haftungsbefreiung fest. In seinem zweiten Absatz definiert Art. 1253 PR die höhere Gewalt für die außervertragliche Haftung als das Ereignis, das sich der Kontrolle des Beklagten oder der Person, für die er haftet, entzieht und dessen Eintritt sowie dessen Folgen weder der Beklagte noch die Person, für die er haftet, mit angemessenen Mitteln verhindern konnten.[1090] Damit wird die bisherige Rechtsprechung kodifiziert, wenn auch die drei Voraussetzungen der Äußerlichkeit, Unberechenbarkeit und Unvermeidbarkeit nicht ausdrücklich aufgezählt werden. Diese Voraussetzungen finden sich jedoch in den verwendeten Begriffen des Ereignisses, das sich jeder Kontrolle entzieht und nicht verhindert werden kann, wieder. Der Reformentwurf reiht sich damit im Hinblick auf die Haftungsbefreiung aufgrund höherer Gewalt in das bestehende Recht ein und führt durch die Kodifikation zu weiterreichender Klarheit.

1086 *Terré*, Droit civil, Rn. 1023.

1087 *Renault-Brahinsky*, Droit des obligations, S. 170; *Bacache-Gibeili*, Les obligations, S. 556.

1088 *Bacache-Gibeili*, Les obligations, S. 556.

1089 *Julien*, Dalloz 2018, Rn. 35.

1090 Art. 1253 Abs. 2 PR: „*En matière extracontractuelle, la force majeure est l'évènement échappant au contrôle du défendeur ou de la personne dont il doit répondre, et dont ceux-ci ne pouvaient éviter ni la réalisation ni les conséquences par des mesures appropriées.*"

3. *Südafrika*

Auch im südafrikanischen Recht wird als Ausschlussgrund *vis maior* in Form der Einwendung zugelassen.

a) *Casus fortuitus*

Eine Art von *vis maior* ist der *casus fortuitus*. Unter dem *casus fortuitus* versteht man die Fälle des zufälligen oder unvermeidbaren Unfalls („pure accident").[1091] Definiert wird der *casus fortuitus* deshalb als ein Unfall, den keine gewöhnliche Sorgfalt oder Voraussicht verhindern konnte.[1092] Er umfasst alle unmittelbaren Naturereignisse, deren Stärke vernünftigerweise nicht hätte vorhergesehen werden können oder gegen die man sich hätte schützen können.[1093] Entscheidend für das Vorliegen eines *casus fortuitus* sind die Elemente der Unvorhersehbarkeit und der Unvermeidbarkeit.[1094]

b) *Vis maior*

aa) im Rahmen der *actio de pauperie*

Vis maior wird im Rahmen der Tierhalterhaftung als äußerer Einfluss definiert, der ein Tier daran hindert, spontan zu handeln.[1095] Zur Begründung eines Falles von *vis maior* wird von der Rechtsprechung abgewogen, ob die äußeren Reize direkt zu den Sinnen des Tieres durchgedrungen sind und es damit daran gehindert war, spontan zu handeln, oder ob die Reaktion des Tieres auf die äußeren Reize *contra naturam sui generis* war und damit der Ausschlussgrund ausscheidet. Ein Fall von *vis maior* wurde angenommen, als ein Bolzen eines Wagens, vor dem ein Pferd gespannt war, brach und gegen das Pferd schlug, das sich dadurch erschreckte und dabei einen Schaden anrichtete.[1096] Entscheidend war, dass es sich bei der Ursache für das Verhalten des Pferdes um ein äußeres Ereignis handelte,

---

1091 *Maasdorp*, The Law of Delicts, S. 50.

1092 *New Heriot Gold Mining Co. Ltd.* v. *Union Government*, 1916, AD 433.

1093 *New Heriot Gold Mining Co. Ltd.* v. *Union Government*, 1916, AD 433.

1094 *Spolander* v. *Ward*, 1940, CPD, 24, 32.

1095 *Cowell* v. *Friedman & Co*, 1888, 5 HCG 22, 42; *Maree* v. *Diedericks*, 1962, 1, SA 231 (T), 236.

1096 *Cowell* v. *Friedman & Co*, 1888, 5 HCG 22, 42.

für das nicht der Tierhalter haftbar gemacht werden sollte.[1097] Nicht ausreichend, um die Spontanität auszuschließen und zu einem Fall von *vis maior* zu kommen, ist hingegen beispielsweise die Anwesenheit von Menschen und Geräuschen in Form von Hintergrundmusik.[1098]

bb) im Rahmen der anderen *actiones*

(1) *Actio legis Aquiliae* & *actio de pastu*

Der Ausschlussgrund der *vis maior* kann nicht nur im Rahmen der *actio de pauperie*[1099] angeführt werden, sondern kommt auch bei den anderen *actiones* in Betracht. Auch einem mit der *actio legis Aquiliae* oder der *actio de pastu* geltend gemachten Anspruch kann *vis maior* erfolgreich entgegengehalten werden.[1100] Dies wird jedoch nur dann angenommen, wenn strenge Voraussetzungen vorliegen.[1101] Unterschieden wird demnach, ob die Tiere aus eigenem Antrieb gehandelt haben oder nicht. Lediglich bei direkter Beeinflussung der Tiere kann *vis maior* erfolgreich angeführt werden. Dies ist beispielsweise bei der Flucht vor einem Feuer und dem sich dabei ereignenden Niedertrampeln des Zaunes, aber nicht bei bloßem Ausnutzen der durch einen Blitz beschädigten Öffnung im Zaun des Nachbargrundstücks, das einer indirekten Beeinflussung und einem Handeln aus eigenem Antrieb gleicht, der Fall.[1102]

(2) *Actio de feris*

Ob *vis maior* auch gegen einen auf das *edictum de feris* gestützten Anspruch angeführt werden kann, ist umstritten. Dagegen spricht, dass der Anspruch auf den bloßen Verstoß gegen das *edictum de feris* gestützt wird und dass folglich das bloße Verbringen des Tieres an den öffentlichen Ort relevant ist und Einreden egal welcher Art nicht greifen können.[1103] Von den Gerichten wurde vorgeschlagen,

---

1097 *Lawrence* v. *Kondotel Inns (Pty) Ltd.*, 1989 (1) SA 44 (D),184: „*in Cowell's case a horse bolted as a result of a jolt that caused a defective part of the carriage which it was drawing to break (at 32). That event was the cause of the horse taking fright and bolting and was clearly an extraneous element which caused the behaviour complained of.*"

1098 *Loriza Brahman* v. *Dippenaar*, 2002 (2), SA 477 (SCA).

1099 *Cowell* v. *Friedman & Co*, 1888, 5 HCG 22, 48; *SAR&H* v. *Edwards*, 1930 AD, 10; *Smith* v. *Smidt*, 1937 TPD, 8, 12.

1100 *Van Zyl* v. *Van Biljon*, 1987, 2 SA 327 (O), 411.

1101 Siehe hierz 2. Kap. D. IV. 2.

1102 *Van Zyl* v. *Van Biljon*, 1987, 1 All SA 32 (O), 71 (3).

1103 *Ashton-Cross*, Liability in Roman Law, S. 402.

vis maior in Analogie zur *actio de pauperie* zuzulassen.[1104] Die Haftung bei einem Verstoß gegen das *edictum de feris* ist eine strikte und verschuldensunabhängige Haftung, die lediglich auf dem Verbringen des Tieres an den öffentlichen Ort beruht. Jedoch ist im Vergleich zu den anderen verschuldensunabhängigen *actiones*, die wie beispielsweise die *actio de pauperie* ebenfalls strikt ausgestaltet sind, kein Grund ersichtlich, warum der Beklagte sich in Analogie nicht auf *vis maior* oder andere haftungsausschließende Gründe berufen können soll. In diesem Sinne wurde der Einwand, dass sich der Kläger unrechtmäßig auf dem Gelände befand, auch im Rahmen des Verstoßes gegen das *edictum de feris* von den Gerichten akzeptiert.[1105] Die Analogie führt zu einem gerechteren Ergebnis und zu einer Aufweichung der strikten Haftung bei einem Verstoß gegen das *edictum de feris*. Zwar soll die Analogie nicht so weit gehen und dem Beklagten die Möglichkeit geben, sich darauf zu berufen, dass alle notwendigen Vorkehrungen getroffen wurden, jedoch soll eine Haftungsfreizeichnung auf Grundlage von *vis maior* als vom Beklagten nicht beeinflussbaren Ausschlussgrund möglich sein.[1106] Damit wird sichergestellt, dass der Beklagte nicht uneingeschränkt haftet und Umstände, auf die er keinen Einfluss hat und die zur Schadensentstehung führen, haftungsbefreiend vortragen kann.

4. *Fazit zur höheren Gewalt*

Den drei Rechtsordnungen gemeinsam ist, dass höhere Gewalt stets ein Element der Äußerlichkeit voraussetzt. Auch die Elemente der Unvorhersehbarkeit und der Unvermeidbarkeit sind in allen drei Rechtsordnungen zur Annahme von höherer Gewalt erforderlich.

Anders als die französische Lösung, die vorsieht, dass die zur Annahme der höheren Gewalt vorgegebenen drei Kriterien akribisch geprüft und dargelegt werden, sehen die deutsche und die südafrikanische Rechtsordnung jeweils eine weit ausgestaltete Definition der höheren Gewalt vor, die Raum zur Interpretation lässt. Mit der französischen Lösung wird verhindert, dass die höhere Gewalt von den Gerichten in nicht uniformer Weise bejaht wird. Mit festgelegten Voraussetzungen wird insbesondere die unterschiedliche Handhabung der höheren Gewalt in unterschiedlichen Rechtsgebieten, wie es beispielsweise in Deutschland der Fall ist, vermieden.

1104 *McLaren* v. *Nightingale*, 1991, TPD 889.
1105 *Le Roux* v. *Fick*, 1879, Buch 29, 42.
1106 *Macintosh/Scoble*, Negligence in delict, S. 162.

Aufgrund der weitreichenden Rechtsfolge des Haftungsausschlusses bei der Annahme von höherer Gewalt ist eine Definition, die den Gerichten einen großen Interpretationsspielraum lässt, problematisch. Die französische Lösung konkreter Voraussetzungen, die von der Rechtsprechung auch klar definiert wurden und von den Gerichten bei der Annahme höherer Gewalt gesondert geprüft und dargelegt werden müssen, bietet die vorzugswürdige Lösung, die zu gerechten Ergebnissen führt und unterschiedliche Handhabungen der Gerichte eindämmt. Dies wird durch die zu erwartende Kodifizierung der Voraussetzungen noch weiter verstärkt.

II. Vereinbarter Haftungsausschluss

Die Haftung des Tierhalters kann auf Grundlage des Willens der Parteien ausgeschlossen werden. Dabei kommt sowohl ein ausdrücklicher als auch ein stillschweigender Ausschluss in Betracht.

1. Deutschland

a) Ausdrücklicher Haftungsausschluss

Ein ausdrücklicher Haftungsausschluss ist im Rahmen der Privatautonomie formfrei und in Grenzen des § 134 BGB und des § 138 BGB möglich.[1107] Erforderlich ist aufgrund der weitreichenden Folgen eines Haftungsausschlusses, dass der Umfang und die Bedeutung der Risikoverlagerung dem Vertragsschließenden durch genaue Erklärungen deutlich gemacht werden.[1108] Das bloße Anbringen eines Schildes mit der Aufschrift „Reiten auf eigene Gefahr" genügt demnach für einen ausdrücklichen Haftungsausschluss nicht und kann nur zur Auslegung hinsichtlich des Bestehens eines konkludenten Haftungsausschlusses herangezogen werden.[1109] Handelt es sich um einen Formularvertrag und Allgemeine Geschäftsbedingungen, sind § 309 Nr. 7 BGB und § 307 BGB zu beachten.[1110]

b) Stillschweigender Haftungsausschluss

Problematischer erweist sich der stillschweigende Haftungsausschluss. Dem Abschlusses eines solchen im Rahmen der Tierhalterhaftung stehen die Literatur

1107 *Böhme*, Haftung für Tiere im deutschen und US-amerikanischen Recht, S. 54.

1108 BGH, NJW 1977, 2158 (2159); BGH, NJW-RR 1988, 655 (657); BGH, NJW 1992, 907 (908).

1109 BGH, NJW-RR 1988, 655 (657).

1110 *Wagner*, in: MüKoBGB, § 833 Rn. 8.

und die Rechtsprechung ablehnend gegenüber und stellen hohe Anforderungen an denselben.[1111] Nur unter besonderen Umständen wird ein stillschweigender Haftungsausschluss bejaht.[1112] Maßgeblich hierfür ist ein entsprechender Wille der Beteiligten, der sich aus dem Inhalt und dem Zweck des Vertrags sowie den Umständen des Einzelfalles ergeben kann.[1113] Die Annahme eines solchen erfordert insbesondere Umstände, die in der unmittelbaren Einwirkungsmöglichkeit auf das Tier im vorwiegend eigenen Interesse des Geschädigten oder zur Berufsausübung zu sehen sind.[1114] Nicht ausreichend hierfür wurde der Fall gewertet, in welchem der Klägerin, einer erfahrenen Reiterin, das Pferd einer Freundin für eine Reitstunde zur Verfügung gestellt wurde und diese infolge des Buckelns des Pferdes stürzte und sich dabei Verletzungen zuzog.[1115] Die alleinige Gewalt über das Pferd sowie das Handeln im ausschließlich eigenen Interesse reichten für die Annahme eines konkludenten Haftungsausschlusses nicht aus.[1116] Abgelehnt wurde ein stillschweigender Haftungsausschluss auch für abhängige Bedienstete des Tierhalters sowie für Personen wie beispielsweise den Hufschmied,[1117] die im Rahmen ihrer Tätigkeit mit dem Tier in Kontakt kommen, dabei jedoch nicht die volle Herrschaftsgewalt über das Tier haben.[1118] Im Fall des Hufschmieds wurde die Ablehnung eines stillschweigenden Haftungsausschlusses damit begründet, dass es zum Wesen des Beschlagvertrages gehört, dass der Hufschmied sich einer erhöhten Tier aussetzt, nicht dagegen, dass er den Tierhalter von der gesetzlichen Haftung für die Schadensfolgen entbindet, die aus der Tiergefahr erwachsen können. Es könne deshalb nicht angenommen werden, dass der Wille des Hufschmiedes beim Abschluss des Beschlagvertrages regelmäßig dahin geht, den Tierhalter von seiner gesetzlichen Haftung zu entbinden.[1119]

Im Rahmen der Beurteilung, ob von einem stillschweigenden Haftungsausschluss ausgegangen werden kann, spielt das Vorliegen einer Haftpflichtversicherung des Halters eine wesentliche Rolle. Besteht auf Seiten des Tierhalters Haftpflichtschutz, wird in der Regel ein stillschweigender Haftungsausschluss mit

---

1111 *Spickhoff*, in: BeckOGK BGB, § 833 Rn. 87; *Wagner*, in: MüKoBGB, § 833 Rn. 8; OLG Nürnberg, NJW-RR 2017, 30 ff.

1112 *Schlund*, Festschrift für Karl Schäfer, S. 227 mit Beispielen.

1113 OLG Saarbrücken, VersR 1988, 752; RGZ 67, 431 (434); *Hohloch*, VersR 1979, 199.

1114 OLG Köln, VersR 2019, 183 (186); *Sprau*, in: Grüneberg, BGB, § 833 Rn. 11 m.w.N.

1115 BGH, NJW 1992, 2474.

1116 *Grunewald/Riesenhuber*, BGB, Rn. 44.

1117 BGH, NJW 1968, 1932.

1118 *Schlund*, Festschrift für Karl Schäfer, S. 227.

1119 BGH, NJW 1968, 1933.

der Begründung ausgeschlossen, dass der Wille zur Entlastung des Versicherers nicht gegeben sein wird.[1120] Hierbei gilt der vom BGH aufgestellte allgemeine Grundsatz, dass bei vorliegender Deckung durch eine Haftpflichtversicherung eine Einschränkung der Delikts- und der Gefährdungshaftung mangels dahingehenden Willens der Beteiligten nicht geboten ist,[1121] auch im Rahmen der Gefährdungshaftung aus § 833 S. 1 BGB.[1122] Der vom BGH verfolgte Gedanke besteht darin, dass der Wille eines Haftungsausschlusses regelmäßig nur vorliegen wird, wenn auf Seiten des Schädigers ohne Haftungsausschluss ein nicht tragbares Haftungsrisiko besteht und auf Seiten des Geschädigten Umstände vorliegen, die einen Haftungsverzicht rechtfertigen. Eine solche Situation liegt aber nicht vor, wenn einerseits den Schädiger aufgrund von Versicherungsschutz gar kein Risiko trifft und andererseits der Geschädigte nicht die Entlastung der Versicherung im Sinn hat. Zu beachten ist jedoch, dass das Vorliegen eines Versicherungsschutzes lediglich als Indiz gegen einen stillschweigenden Haftungsausschluss zu werten ist und nicht anspruchsbegründend sein darf.[1123] Die Haftpflichtversicherung ist nicht geeignet, das Bestehen der Haftung zu begründen, vielmehr richtet sich der Versicherungsschutz nach der Haftung.[1124]

2. *Frankreich*

a) *Aktuelle Rechtslage*

Im C. civ. findet sich zu der Wirksamkeit von Haftungsausschlüssen im Rahmen der Deliktshaftung keine Regelung.[1125] Die fehlende Regelung hat die Gerichte dazu geführt, Stellung zu dieser rechtlichen Frage zu beziehen. Ein ausdrücklicher Haftungsausschluss in Form einer sog. „clause d'exonération" oder auch „clause de non-responsabilité" wurde im französischen Deliktsrecht von den Gerichten

1120 BGH, NJW 1992, 2474 (2475).

1121 BGH, VersR 2016, 1264 Rn. 10.

1122 OLG Saarbrücken, VersR 2018, 1143 (1145); BGH, NJW 1992, 2474 (2475).

1123 So auch *Böhme*, Haftung für Tiere im deutschen und US-amerikanischen Recht, S. 56.

1124 BGH, NJW 2010, 537; *Böhme*, Haftung für Tiere im deutschen und US-amerikanischen Recht, S. 56; siehe zu diesem Gedanken auch 2. Kap. B. II. 1. c) aa).

1125 Lediglich für spezielle Haftungstatbestände sind Regelungen vorgesehen, die Haftungsausschlüsse verbieten, siehe beispielsweise Art. 1245–14 C. civ. für die Produkthaftung sowie Art. L. 415–6 Code rural et de la pêche maritime für Landpachtverträge.

für allgemein nichtig erklärt.[1126] In einem ersten Urteil aus dem Jahr 1933 erklärte der französische Kassationsgerichtshof alle Klauseln, die sich auf die Haftung aus unerlaubter Haftung beziehen, für nichtig.[1127] Folge der Nichtigkeit der Klauseln ist, dass dem Richter wieder die Befugnis zusteht, über die Entschädigung zu entscheiden. Diese Rechtsprechung wurde auch in den darauffolgenden Urteilen des französischen Kassationsgerichtshofs aufrechterhalten.[1128] In seinem Urteil aus dem Jahr 1955 legt der französische Kassationsgerichtshof ausdrücklich fest, dass Haftungsausschlussklauseln im Deliktsrecht allgemein nichtig sind.[1129] Begründet wird die Nichtigkeit der Klauseln stets damit, dass die Art. 1240 C. civ. und Art. 1241 C. civ. der öffentlichen Ordnung dienen und die Regelungen deshalb nicht durch eine im Voraus geschlossene Vereinbarung umgangen werden können.[1130]

Ein Urteil, das die Nichtigkeit von Haftungsausschlüssen ausdrücklich auch für die verschuldensunabhängige Haftung vorsieht, existiert jedoch nicht.[1131] Aus der bloßen Erwähnung der Art 1240 C. civ. und Art. 1241 C. civ. in den Urteilen des französischen Kassationsgerichtshofs könnte demnach geschlossen werden, dass die in Art. 1243 C. civ. geregelte Tierhalterhaftung davon nicht erfasst ist, sodass dafür eine Haftung ausgeschlossen werden könnte. Dieser Argumentation sind auch einige Autoren gefolgt und haben für eine Unanwendbarkeit der vom französischen Kassationsgerichtshof verhängten Nichtigkeit auf

---

1126 *Poumarède*, Dalloz action 2021, Rn. 3224.11, 2325.22; *Leveneur-Azémar*, Étude sur les clauses limitatives, S. 5, 53 ff.

1127 Cass. civ., 3. Januar 1933, DH 1933, 113.

1128 Cass. civ., 18. Juli 1934, D. 1935, 1, 38; Cass. civ. 2e, 17. Februar 1955, D. 1956, 17; Cass. civ. 1re, 5. Juli 2017, n° 16–13.407.

1129 Cass. civ. 2e, 17. Februar 1955, D. 1956, 17: „*[…] sont nulles les clauses d'exonération ou d'atténuation de responsabilité en matière délictuelle.*"

1130 Cass. civ. 2e, 17. Februar 1955, D. 1956, 17: „*Mais attendu que les articles 1382 et 1383, devenus 1240 et 1241 du code civil, sont d'ordre public et que leur application ne peut être neutralisée contractuellement par anticipation, de sorte que sont nulles les clauses d'exonération ou d'atténuation de responsabilité en matière délictuelle.*"

1131 *Leveneur-Azémar*, Étude sur les clauses limitatives, S. 57: Lediglich das Urteil vom 23. Januar 1959, pourvoi n° 57–10063, Bull. II n° 80 legte fest, dass die in Art. 1384 Abs. 1 C. civ. geregelte Haftung nur durch Gesetz ausgeschlossen werden kann („*ne peut être exclue que par la loi*"). Wie *Leveneur-Azémar* jedoch richtig feststellt, handelt es sich dabei nur um eine Erwiderung des Gerichts auf den Einwand der Beschwerdeführer, der C. civ. sei aufgrund besonderer Regelungen im Seerecht nicht anwendbar. Gemeint waren mit dieser allgemeinen Feststellung, die nicht aus dem Kontext gerissen werden darf, damit nicht Haftungsausschlüsse.

verschuldensunabhängige Haftungen plädiert.[1132] Kritisiert wurde dabei insbesondere, dass nicht einleuchte, inwiefern Vereinbarungen über die Behebung von Schäden, die durch ein Tier angerichtet werden könnten, geeignet seien, die öffentliche Ordnung zu tangieren.[1133] Als Antwort auf diese Kritik und das von der Rechtsprechung stetig beibehaltene Verbot von Haftungsausschlüssen stützend, wurde auf die durch die Klauseln im Bereich der unerlaubten Handlung geschaffene Gefahr abgestellt. Anders als in Vertragsangelegenheiten, bei welchen jede Vertragspartei bei Vertragsabschluss die eingegangenen Risiken analysieren und einschätzen kann, sind der Umfang und die Art des Schadens im Rahmen von unerlaubten Handlungen nicht einschätzbar oder vorhersehbar, weshalb die angenommene Nichtigkeit dieser Klauseln gerechtfertigt sei.[1134] Daraus folgt, dass der der unerlaubten Handlung innewohnende Charakter der öffentlichen Ordnung sich damit begründen lässt, dass auf sie im Voraus nicht verzichtet werden kann und stets die Verpflichtung von Rechts wegen besteht, anderen keinen Schaden zuzufügen.[1135]

Auch wenn die Urteile die Begründung der Nichtigkeit der Klauseln lediglich auf die Art. 1240 C. civ. und Art. 1241 C. civ. stützen, ist von einer allgemeinen Nichtigkeit solcher Klauseln im Deliktsrecht auszugehen. Dies lässt sich damit begründen, dass nicht lediglich diese beiden Artikel der öffentlichen Ordnung dienen, sondern die gesamte Haftung aus unerlaubter Haftung eine Angelegenheit der öffentlichen Ordnung darstellt.[1136] Die Nichtigkeit gilt damit unabhängig von der Grundlage der Deliktshaftung und unabhängig davon, ob es sich um Nichtverantwortlichkeitsklauseln („clauses de non-responsabilité") oder um Klauseln handelt, die eine Haftungshöchstgrenze („clauses limitatives") festlegen.[1137]

Zu stillschweigenden Haftungsausschlüssen hat sich der französische Kassationsgerichtshof nicht ausdrücklich geäußert, jedoch ist mit einem Erst-recht-Schluss davon auszugehen, dass auch stillschweigende Haftungsausschlüsse unzulässig sind. Die stillschweigende Vereinbarung eines Haftungsausschlusses greift noch weiter in die Anwendung der Regeln des Deliktsrechts ein und führt ebenso zur Umgehung derselben, da noch nicht einmal die Hürde einer ausdrücklichen Vereinbarung hierfür genommen werden muss, sondern der

1132 *Casson*, Dommages et intérêts, Répertoire de droit civil 2017, S. 121.

1133 *Casson*, Dommages et intérêts, Répertoire de droit civil 2017, S. 122; *Leveneur-Azémar*, Étude sur les clauses limitatives, S. 59 ff.

1134 *Casson*, Dommages et intérêts, Répertoire de droit civil 2017, S. 122.

1135 *Carbonnier*, PUF 2000, § 284, S. 473.

1136 *Testu*, Dalloz référence Contrats d'affaires, 113.12.

1137 *Poumarède*, Dalloz action 2021, Rn. 2325.22.

durch konkludentes Verhalten zum Ausdruck gebrachte Wille der Parteien ausreichend ist.

b) Ausblick auf die geplante Reform

Nach der geplanten Reform soll in das französische Haftungsrecht erstmalig eine einheitliche Regelung zu Haftungsbeschränkungen bzw. Haftungsausschlüssen aufgenommen werden.[1138] Hinsichtlich der außervertraglichen Haftung differenziert der Gesetzesentwurf zwischen der verschuldensabhängigen und der verschuldensunabhängigen Haftung. Gem. Art. 1283 PR[1139] soll im Rahmen der außervertraglichen Haftung eine Haftungsbeschränkung bzw. ein Haftungsausschluss unzulässig sein, sofern es sich um eine Verschuldenshaftung handelt. Mangels Regelung zur außervertraglichen verschuldensunabhängigen Haftung ist auf Art. 1281 PR[1140] zurückzugreifen, der entgegen der bisherigen Rechtsprechung die grundsätzliche Wirksamkeit haftungsausschließender bzw. haftungsbegrenzender Vereinbarungen statuiert. Ausgenommen wird allerdings in Art. 1281 Abs. 2 PR die Haftung für Körperschäden. Besonders interessant erscheint der Unterschied zum Vorentwurf, der in Art. 1282 AP für Fälle außervertraglicher verschuldensunabhängiger Haftungen von der grundsätzlichen Wirksamkeit von Haftungsbeschränkungen bzw. Haftungsausschlüssen abwich und die Wirksamkeit der Vereinbarung nur mit dem Nachweis zuließ, dass der Geschädigte die Vereinbarung auf eindeutige Art und Weise („de manière non équivoque") akzeptiert hat.[1141] Dass der Entwurf diesen Absatz des Vorentwurfs nicht übernommen hat, zeigt, dass ein Umdenken stattgefunden hat und für die außervertragliche verschuldensunabhängige Haftung keine Einschränkung hinsichtlich der Wirksamkeit solcher Vereinbarungen bestehen soll, bis auf die ausgenommene Haftung für Körperschäden. Die Tierhalterhaftung, die als „responsabilité de plein droit" eine verschuldensunabhängige Haftung ist, kann damit, mit Ausnahme der Körperschäden, ohne weitere Voraussetzung begrenzt oder ausgeschlossen werden.

1138 *Zwickel*, RIW 2017, 107.

1139 Art. 1283 PR: „*En matière extracontractuelle, on ne peut exclure ou limiter la responsabilité pour faute.*"

1140 Art. 1281 PR: „*Les clauses ayant pour objet ou pour effet d'exclure ou de limiter la responsabilité sont en principe valables, aussi bien en matière contractuelle qu'extracontractuelle.*"

1141 Art. 1282 Abs. 2 AP: „*Dans les régimes de responsabilité sans faute, le contrat n'a d'effet que si celui qui l'invoque prouve que la victime l'avait accepté de manière non équivoque.*"

3. *Südafrika*

a) *Ausdrücklicher Haftungsausschluss*

Der Haftungsausschluss („exemption clause") kann ausdrücklich im Vertrag vereinbart werden. Enthält die Klausel eine Ausnahmeregelung, die denjenigen, zu dessen Gunsten sie geschlossen wurde (*proferens*), ausdrücklich und zweifelsfrei von den Folgen der Fahrlässigkeit befreit, muss diese Regelung angewendet werden.[1142] Fehlt es an der Eindeutigkeit, muss die Klausel ausgelegt werden und wie bei jeder anderen Klausel des Vertrages der wahre Wille der Parteien ermittelt werden.[1143] So wurde in *Lawrence* v. *Kondotel Inns (Pty.) Ltd.* die haftungsausschließende Klausel[1144] so interpretiert, dass darin lediglich eine Warnung an jeden potenziellen Reiter, dass die Aktivität des Reitens ein gewisses Risiko in sich birgt, zu sehen sei und dabei nur die normalen oder üblichen Vorkommnisse wie z. B. das Stolpern eines Pferdes oder das plötzliche Scheuen oder Erschrecken erfasst sein sollten.[1145] Die Klausel deckt nach Auslegung durch das Gericht nicht Fehlverhalten des Tieres, wie das Durchgehen, ab. Dafür bedürfe es eines ausdrücklichen Hinweises, dass die Pferde dazu neigen, durchzugehen, und die Reiter den Ritt nicht unternehmen sollen, wenn sie nicht in der Lage sind, die Pferde zu kontrollieren.[1146] Anders wurde im Fall *Walker* v. *Redhouse* entschieden.[1147] Die Auslegung der Klausel ergab, dass die gewählte Formulierung[1148] jede Haftung abdecke, die sich aus der Tätigkeit des Reitens ergibt oder durch diese verursacht wird, ohne Beschränkung der möglichen Ursachen der Verletzungen.[1149]

1142 *Lawrence* v. *Kondotel Inns (Pty.) Ltd.*, 1989, 1 All SA, 178 (D), 187; *Bristow* v. *Lycett*, 1971, 4 All SA, 225 (RA), 237.

1143 *Lawrence* v. *Kondotel Inns (Pty.) Ltd.*, 1989, 1 All SA, 178 (D), 188.

1144 *Lawrence* v. *Kondotel Inns (Pty.) Ltd.*, 1989, 1 All SA, 178 (D), 187: „*All riders ride at their own risk: If any accident should occur, Kondotel or the Management of this hotel will not be held responsible.*"

1145 *Lawrence* v. *Kondotel Inns (Pty.) Ltd.*, 1989, 1 All SA, 178 (D), 188.

1146 *Lawrence* v. *Kondotel Inns (Pty.) Ltd.*, 1989, 1 All SA, 178 (D), 189.

1147 *Walker* v. *Redhouse*, 2007, (4) All SA 1217 (SCA), 1219.

1148 *Walker* v. *Redhouse*, 2007, (4) All SA 1217 (SCA), 1219: „*I hereby confirm that neither Walkersons or Critchley Hackle, or any member of their staff shall be liable to me, my estate or dependants for any loss or damage sustained as a result of my death or injury to my person or property in the course of my horse riding about the property of Walkersons. I acknowledge that I am aware of the risks involved in horse riding and accept such risks.*"

1149 *Walker* v. *Redhouse*, 2007, (4) All SA 1217 (SCA), 1222.

b) *Stillschweigender Haftungsausschluss*

Ein Haftungsausschluss ist auch stillschweigend bzw. konkludent möglich.[1150] Liegt eine explizite Klausel vor, die jedoch keinen ausdrücklichen Verweis auf den in Frage stehenden Klagegrund enthält, muss das Gericht die Klausel auslegen und prüfen, ob die darin verwendeten Worte weit genug sind, um auch diesen Grund zu erfassen.[1151] Die Reichweite der Klausel ist wie bei jeder anderen Vertragsklausel zu ermitteln, indem festgestellt wird, was die Parteien mit ihr bezwecken wollten, wobei die für konkludente oder stillschweigende Verträge geltenden Regeln zu beachten sind.[1152] Der Wille der Parteien kann dabei nur nach den Regeln ermittelt werden, die für die Auslegung von stillschweigenden oder konkludenten Verträgen im Allgemeinen gelten. Dabei sind die Umstände des konkreten Falles zu berücksichtigen. Bei Zweifeln oder Mehrdeutigkeit greift die *contra proferentem*-Regel, die eine Auslegung zu Ungunsten des *proferens* vorsieht.[1153] In *Bristow* v. *Lycett* wurde die Klägerin bei dem Besuch einer Farm für wilde Tiere von einem dort frei herumlaufenden Elefanten niedergeschlagen. Ein Schild mit der Aufschrift „All persons entering these premises do so at their own risk“ war am Eingang der Farm angebracht. Das Gericht hatte sich bei dem Fall mit der Frage auseinanderzusetzen, ob die Aufschrift auf dem Schild den Beklagten von den Folgen der ihm vorgeworfenen Fahrlässigkeit entlastet. Da keine explizite Erwähnung von Fahrlässigkeit vorlag, hatte das Gericht die Aufschrift auszulegen und abzuwägen, ob die gewählten Worte weit genug waren, um die Haftung daraus auch auszuschließen. Dabei ging das Gericht davon aus, dass das Verhalten wilder Tiere trotz Halbdomestizierung in der Farm nicht immer vorhersehbar ist und immer ein Verletzungsrisiko besteht, auch wenn die Tiere überwiegend gutmütig und friedlich sind. Das Gericht kam zu dem Schluss, dass dieses Verletzungsrisiko das Risiko sei, das ein Besucher bereit wäre einzugehen, um die Tiere zu sehen, und das demnach von dem Schild erfasst sei. Das sich im konkreten Fall realisierte Risiko sei genau das Risiko, das die Klägerin in Kenntnis des Schildes bereit war einzugehen, sodass die Klausel greift und die Haftung des Beklagten ausgeschlossen ist.[1154]

1150 *King's car hire (Pty.) Ltd.* v. *Wakeling*, 1970, 4 All SA, 485 (N), 488.

1151 *Bristow* v. *Lycett*, 1971, 4 All SA, 225 (RA), 237; *Lawrence* v. *Kondotel Inns (Pty.) Ltd.*, 1989, 1 All SA, 178 (D), 187.

1152 *Bristow* v. *Lycett*, 1971, 4 All SA, 225 (RA), 238.

1153 *Kanamugire/Chimuka*, MJSS 2014, S. 168; *Bristow* v. *Lycett*, 1971, 4 All SA, 225 (RA), 241.

1154 *Bristow* v. *Lycett*, 1971, 4 All SA, 225 (RA), 239.

4. *Fazit zum Haftungsausschluss*

Ein Vergleich der drei Lösungen zeigt, dass der Haftungsausschluss die Ausnahme bleiben soll und deshalb nur unter strengen Voraussetzungen angenommen wird. Sowohl die deutsche als auch die südafrikanische Rechtsordnung sehen die Möglichkeit eines ausdrücklichen und eines stillschweigenden Haftungsausschlusses vor. Zum aktuellen Zeitpunkt lehnt die ständige Rechtsprechung in Frankreich beide Varianten des Haftungsausschlusses pauschal ab. Mit der anstehenden Reform soll jedoch bei verschuldensunabhängiger Haftung ein Haftungsausschluss grundsätzlich wirksam sein. Aus rechtsvergleichender Sicht erscheint diese geplante Abkehr von der ständigen Rechtsprechung besonders bemerkenswert, da damit eine Annäherung der französischen Lösung an die deutsche und die südafrikanische stattfinden würde, die beide von der grundsätzlichen Wirksamkeit eines ausdrücklichen Haftungsausschlusses im Rahmen der Tierhalterhaftung ausgehen. Da der in dem Vorentwurf von 2016 vorgesehene zwingende Nachweis einer eindeutigen Akzeptierung der Vereinbarung durch den Geschädigten im Entwurf nicht übernommen wurde, bleibt abzuwarten, ob die Rechtsprechung die in Art. 1281 PR statuierte grundsätzliche Wirksamkeit haftungsausschließender Vereinbarungen, ähnlich wie in Deutschland oder in Südafrika, mit Anforderungen an die Erklärung einschränken wird. Denkbar ist hier, dass eine vergleichbare Lösung zur südafrikanischen gewählt wird, da diese nicht so eng gefasst ist wie die deutsche, die eine klare und eindeutige Erklärung zur Annahme eines ausdrücklichen Haftungsausschlusses verlangt. Die südafrikanische Regelung hingegen richtet sich nach dem Willen der Parteien, welcher auch durch Auslegung ermittelt werden kann.

Hinsichtlich des stillschweigenden Haftungsausschlusses besteht zwischen der deutschen und der südafrikanischen Lösung eine Vergleichbarkeit, da beide auf die für die stillschweigenden Verträge geltenden Regeln abstellen und voraussetzen, dass sich der Wille aus dem Inhalt und dem Zweck des Vertrages ergibt. Hinsichtlich der grundsätzlichen Unwirksamkeit stillschweigender Haftungsausschlüsse in Frankreich bleibt abzuwarten, ob durch die vorgesehene allgemeine Wirksamkeit von Vereinbarungen zur Haftung ein vergleichbarer Wandel stattfinden wird.

Aus dem Vergleich der Rechtsordnungen untereinander kann geschlossen werden, dass eine pauschale Ablehnung des Haftungsausschlusses zu strikt ist, da den Parteien die Möglichkeit gelassen werden sollte, sich auch von der Haftung zu befreien bzw. ein zusätzliches Risiko auf sich zu nehmen. Mit der pauschalen Ablehnung wird dem eigentlichen Willen der Parteien, eine Haftung ausdrücklich auszuschließen, der Weg versperrt, ohne auf die Umstände des Einzelfalles einzugehen. Dass den Haftungsausschluss allgemein zu versagen, nicht die vorzugswürdigste Lösung ist, hat auch der französische Gesetzgeber erkannt, der in dem Entwurf zur Reform des Haftungsrechts auch einen Haftungsausschluss bei außervertraglicher verschuldensunabhängiger Haftung ermöglichen wird. Zu beachten ist jedoch, dass der Haftungsausschluss schwerwiegende Folgen mit sich bringt, da damit die eigentlich dem Tierhalter zu Last fallende Haftung entfällt und der Geschädigte den Schaden selbst zu tragen hat. Aus diesem Grund und insbesondere auch im Hinblick auf den allgemeinen Opferschutz sollten an einen Haftungsausschluss strenge Anforderungen gestellt werden, ein solcher jedoch aufgrund der im Zivilrecht geltenden Privatautonomie unter konkreten Kriterien dennoch zugelassen werden. Hierzu eignet sich die deutsche Lösung, die eine eindeutige Erklärung und den Nachweis derselben voraussetzt, um einen ausdrücklichen Haftungsausschluss anzunehmen. Bedauernswert ist in dieser Hinsicht die Abkehr der zu erwartenden französischen Lösung von der im Vorentwurf vorgesehenen Pflicht, die ausdrückliche Einverständniserklärung des Geschädigten nachweisen zu müssen.

An den stillschweigenden Haftungsausschluss sollen vor diesem Hintergrund noch höhere Anforderungen als an den ausdrücklichen Haftungsausschluss gestellt werden. Die restriktive Handhabung desselben durch die Rechtsordnungen wird dem Sinn und Zweck der Tierhalterhaftung gerecht, die grundsätzlich ein Ausgleich für die geschaffene Gefahr sein soll. Mit dem stillschweigenden Haftungsausschluss, der den Tierhalter von der Haftung befreit, ohne dass hierzu ausdrücklich eine Vereinbarung geschlossen wurde, wird der der Allgemeinheit zugesprochene Ausgleich in sein Gegenteil verkehrt. Die *contra proferentem*-Regel aus dem südafrikanischen Recht stellt dabei eine gute Möglichkeit dar, die sich in dem stillschweigenden Haftungsausschluss verbergende Gefahr zu entschärfen.

III. Länderspezifische Besonderheiten im Rahmen der Ausschlussgründe

1. Deutschland: Exkulpation wegen fehlenden Verschuldens, § 833 S. 2 BGB

In Deutschland findet sich in § 833 S. 2 BGB eine Regelung, die einen Haftungsausschluss bei fehlendem Verschulden vorsieht und so einen Weg darstellt, der strengen Gefährdungshaftung aus § 833 S. 1 BGB zu entkommen.[1155] Es handelt

1155 Zum historischen Beweggrund und Sinn und Zweck der Regel siehe ausführlich unter 2. Kap. B. II. 1. b).

sich bei der Regelung um eine Privilegierung, bei welcher der Nutztierhalter, anders als der Luxustierhalter, nicht verschuldensunabhängig haftet, sondern nur für ein gesetzlich vermutetes Aufsichtsverschulden, welches er widerlegen kann.

Neben der Verursachung des Schadens durch ein Nutztier[1156] ist zur Entlastung des Tierhalters erforderlich, dass der Tierhalter seiner Aufsichtspflicht gerecht wurde, die in § 833 S. 2 BGB als „die im Verkehr erforderliche Sorgfalt" beschrieben wird, oder dass „der Schaden auch bei Anwendung dieser Sorgfalt entstanden sein würde."

a) Die erforderliche Sorgfalt

Hinsichtlich der erforderlichen Sorgfalt ist auf einen besonnenen und umsichtigen Tierhalter abzustellen.[1157] Die von der Rechtsprechung an die erforderliche Sorgfalt gestellten Anforderungen sind streng.[1158] Der Begriff der erforderlichen Sorgfalt ist jedoch nicht als die Beachtung aller Sorgfalt zu verstehen, vielmehr kommt es auf die jeweiligen Umstände des Einzelfalles an.[1159] Der Tierhalter muss, um den Entlastungsbeweis zu führen, nicht beweisen, dass er im Allgemeinen die im Verkehr erforderliche Sorgfalt beachtet hat, sondern vielmehr nur, dass er im konkreten Fall diese Sorgfalt angewandt hat.[1160] Maßgeblicher Zeitpunkt ist der des konkreten Unfalls und des damit einhergehenden Schadenseintritts.[1161] Die Beaufsichtigung des Tieres setzt voraus, dass der Tierhalter dafür sorgt, dass das Tier keinen Schaden anrichtet und keine Gefahr für Dritte darstellt.[1162] Sie umfasst die Sorge für die Verwahrung, den Unterhalt, die Verwendung und die Leitung des Tieres.[1163] Welche Maßnahmen im konkreten Fall zu ergreifen waren, richtet sich nach dem Tier und seinem Charakter, der Tierart, den örtlichen Gegebenheiten und Umständen, die den Einzelfall ausmachen.[1164]

1156 Zu der Qualifikation als Nutztier wurde schon im 2. Kapitel unter B. II. 1. a) vorgetragen, sodass darauf verwiesen werden kann.

1157 BGH, VersR 1976, 1086 (1087); *Eberl-Borges*, in: Staudinger BGB, § 833 Rn. 147; *Böhme*, Haftung für Tiere im deutschen und US-amerikanischen Recht, S. 86.

1158 *Spickhoff*, in: BeckOGK BGB, § 833 Rn. 125.

1159 *Rottler*, Die Tierhalterhaftung und ihre Begrenzung, S. 32.

1160 OLG Karlsruhe, VersR 1983, 928; *Rottler*, Die Tierhalterhaftung und ihre Begrenzung, S. 32.

1161 *Rottler*, Die Tierhalterhaftung und ihre Begrenzung, S. 32; *Eberl-Borges*, in: Staudinger BGB, § 833 Rn. 148.

1162 OLG Nürnberg, VersR 1968, 285.

1163 BGH, NJW 2009, 3233; *Eberl-Borges*, in: Staudinger BGB, § 833 Rn. 148.

1164 *Eberl-Borges*, in: Staudinger BGB, § 833 Rn. 149; BGH, NJW 1986, 2501 (2502).

b) Überlassung der Beaufsichtigung des Tieres einem Dritten

Der Tierhalter kann die Beaufsichtigung des Tieres einem Dritten überlassen, dies kann aus verschiedensten Gründen geboten sein.[1165] Die Beaufsichtigung kann dabei sowohl einem Tierhüter i. S. v. § 834 BGB als auch einer anderen Person überlassen werden. Die Haftung richtet sich in diesem Fall sowohl nach § 833 BGB als auch nach § 831 BGB, es besteht Anspruchskonkurrenz.[1166] In beiden Fällen kann der Tierhalter den Entlastungsbeweis führen und von der Haftung befreit werden.[1167] Diskutiert wurde in der Rechtsprechung und der Literatur, ob sich die Anforderungen an den jeweils zu erbringenden Entlastungsbeweis inhaltlich unterscheiden.[1168] Die jeweiligen Entlastungsbeweise beziehen sich auf verschiedene Objekte, unterscheiden sich aber inhaltlich kaum. Die Aufsichtspflicht in § 833 S. 2 BGB bezieht sich auf das gehaltene Tier und die in § 831 Abs. 1 S. 2 BGB auf den Verrichtungsgehilfen.[1169] Anders als teilweise angenommen geht der Entlastungsbeweis aus § 833 S. 2 BGB nicht über den aus § 831 Abs. 1 S. 2 BGB hinaus. In beiden Fällen genügt das bloße sorgfältige Aussuchen des Dritten nicht, vielmehr muss ebenso wie im Rahmen des § 833 S. 2 BGB darüber hinaus alles getan werden, was die gehörige Sorgfalt erfordert, wie beispielsweise die Weisungserteilung sowie das Überwachen des Einhalten derselben.[1170] Dem Dritten

---

1165 Beispielsweise Reitunterricht im Rahmen eines Reitbetriebs, vgl. OLG Frankfurt, BeckRS 2004, 7174; Vermietung eines Pferdes zum Ausritt, vgl. BGH, NJW 1987, 949; Treiben einer Kuhherde, vgl. OLG Nürnberg, VersR 1968, 285.

1166 *Eberl-Borges*, in: Staudinger BGB, § 833 Rn. 152; RGZ 76, 225 (230); BGH, VersR 1954, 531; *Böhme*, Haftung für Tiere im deutschen und US-amerikanischen Recht, S. 89.

1167 Im Falle des § 833 BGB kommt der Exkulpationsbeweis hinsichtlich des vermuteten Aufsichtspflichtverschulden bezüglich des Tieres nach § 833 S. 2 BGB in Betracht. Im Rahmen des § 831 BGB muss das vermutete Aufsichtspflichtverschulden hinsichtlich des Gehilfen nach § 831 Abs. 2 S. 1 BGB widerlegt werden.

1168 Nach einer Ansicht geht der Entlastungsbeweis nach § 833 S. 2 BGB über den Entlastungsbeweis nach § 831 Abs. 1 S. 2 BGB hinaus, vgl. RGZ 76, 225 (230 f.; OLG Nürnberg, VersR 1968, 258. Die überwiegende Auffassung geht davon aus, dass die Anforderungen an beide Entlastungsbeweise fast unterschiedslos sind, vgl. *Spindler*, in: BeckOK BGB, § 833 Rn. 32; *Eberl-Borges*, in: Staudinger BGB, § 833 Rn. 153; *Böhme*, Haftung für Tiere im deutschen und US-amerikanischen Recht, S. 89; *Wagner*, in: MüKoBGB, § 833 Rn. 57.

1169 So auch *Eberl-Borges*, in: Staudinger BGB, § 833 Rn. 153; *Böhme*, Haftung für Tiere im deutschen und US-amerikanischen Recht, S. 89.

1170 *Eberl-Borges*, in: Staudinger BGB, § 833 Rn. 152 f.; *Böhme*, Haftung für Tiere im deutschen und US-amerikanischen Recht, S. 89.

sind somit sowohl als Tierhüter wie auch als Verrichtungsgehilfen sämtliche Einweisungen mitzuteilen und zur Realisierung der Tiergefahr eindämmende Vorkehrungen zu treffen.[1171] Somit trifft den Halter über die Pflicht, den Dritten sorgfältig auszusuchen und zu überwachen, die Pflicht, durch bestimmte Sicherheitsvorkehrungen schädigendes Verhalten des Tieres zu verhindern.

c) Fehlender Ursachenzusammenhang zwischen Sorgfaltspflichtverletzung und Schaden

§ 833 S. 2 BGB a. E. statuiert, dass die Ersatzpflicht des Tierhalters ebenfalls nicht eintritt, wenn der Schaden auch bei Anwendung der erforderlichen Sorgfalt entstanden sein würde. Diese Formulierung findet sich im BGB auch in den §§ 831 Abs. 1 S. 2, 832 Abs. 1 S. 2, 834 Abs. 1 S. 2 und 836 Abs. 1 S. 2 BGB und greift im Falle des mangelnden Ursachenzusammenhangs zwischen der Sorgfaltspflichtverletzung und dem entstandenen Schaden. Es handelt sich bei dieser Entlastungsmöglichkeit des Tierhalters um einen geregelten Fall des rechtmäßigen Alternativverhaltens, der jedoch aufgrund der umfassenden Pflichten des Tierhalters von der Rechtsprechung selten angenommen wird.[1172]

2. Frankreich: die nicht ausreichenden Gründe des fehlenden Verschuldens und der passiven Rolle des Tieres

a) Das fehlende Verschulden des Tierhalters

Der Nachweis des fehlenden Verschuldens des Tierhalters ist nicht ausreichend, um die Haftung des Tierhalters entfallen zu lassen. Dass das fehlende Verschulden keinen ausreichenden Entlastungsgrund darstellt, hat der französische Kassationsgerichtshof für die Tierhalterhaftung schon in seinem *Montagnié*-Urteil im Jahr 1885 entschieden.[1173] Die darauffolgende Angleichung der allgemeinen Sachhalterhaftung an die für die Tierhalterhaftung entschiedenen Grundsätze führte

---

1171 OLG Düsseldorf, VersR 1967, 1100 (1101).

1172 *Spickhoff*, in: BeckOGK BGB, § 833 Rn. 127; so hat der BGH die Entlastungsmöglichkeit aus § 833 S. 2 BGB a. E. bei einem Ausbruch von Nutztieren aus einer umfriedeten Weide mit der Argumentation verneint, dass die Aufsichtspflicht des Nutztierhalters nicht mit dem bloßen Kontrollverlust über die Tiere ende, sondern darüber hinaus die Pflicht bestehe, alle Maßnahmen, wie unter anderem die Benachrichtigung der Polizei, zu ergreifen, um einen Unfall zu vermeiden, vgl. BGH, NJW 2009, 3233 (3235); ein Beispiel eines von der Rechtsprechung angenommenen Ausschlusses der Ersatzpflicht bei rechtmäßigem Alternativverhalten findet sich in OLG Frankfurt a. M., BeckRS 2013, 8933.

1173 Siehe hierzu ausführlich in 1. Kap. C. II. 1. c).

dazu, dass auch dieser Aspekt für die allgemeine Sachhalterhaftung übernommen wurde. Diese Lösung ist einer der wesentlichen Bestandteile der im *Jand'heur*-Urteil festgelegten allgemeinen Sachhalterhaftung.[1174] Das Urteil stellt explizit fest, dass es für die Widerlegung der in Art. 1242 C. civ. enthaltenen Haftungsvermutung nicht genügt, wenn der „gardien" nachweist, dass ihn kein Verschulden trifft.[1175] Eine subjektive Vorwerfbarkeit wird gerade nicht vorausgesetzt, es wird vielmehr lediglich auf die Pflichtwidrigkeit abgestellt.[1176] Mit diesem Urteil nimmt der französische Kassationsgerichtshof dem „gardien" die Möglichkeit, sich durch fehlendes Verschulden zu entlasten.[1177] Dass dieses Vorbringen keinen Entlastungsgrund darstellt, wurde von den Gerichten seitdem regelmäßig wiederholt.[1178]

b) Die passive Rolle des Tieres

Das *Jand'heur*-Urteil sah als einzige Möglichkeit, sich der Haftung zu entziehen, den Nachweis der höheren Gewalt vor.[1179] Mit dem Urteil *Dame Cadé*[1180] hat die Rechtsprechung ihre Position diesbezüglich gelockert und entschieden, dass dem Halter mit der „théorie du rôle passif" eine weitere Möglichkeit der vollständigen Entlastung zur Verfügung steht.[1181]

1174 *Terré*, Droit civil, Rn. 1019.

1175 Cass. ch. réunies, 13. Februar 1930, D.P. 1930, 1, 57, arrêt *Jand'heur*: „*[…] qu'il ne suffit pas de prouver qu'il [le gardien] n'a commis aucune faute […].*"

1176 *Borghetti*, Die Reform des französischen Haftungsrechts, S. 54.

1177 *Renault-Brahinsky*, Droit des obligations, S. 170; *Terré*, Droit civil, Rn. 1019; AJ Famille 2012, S. 81; *Grynbaum*, Dalloz 2011, Rn. 218; *Terré/Simler/Lequette/Chénedé*, Droit civil, S. 1091.

1178 Cass. civ. 2e, 20. Juli 1981, Bull. civ. II, n° 170; JCP 1982, II, 19848.

1179 Cass. ch. réunies, 13. Februar 1930, D.P. 1930, 1, 57: „*[…] Attendu que la présomption de responsabilité établie par cet article […] ne peut être détruite que par la preuve d'un cas fortuit ou de force majeure ou d'une cause étrangère qui ne lui soit pas imputable: qu'il ne suffit pas de prouver qu'il n'a commis aucune faute ou que la cause du fait dommageable est demeurée inconnue […].*"

1180 Cass. civ. 19. Februar 1941, DC 1941, 85: „*[…] si (la chose) est présumée […] être la cause génératrice (du dommage) dès lors qu'inerte ou non elle est intervenue dans sa realisation, le gardien peut détruire cette présomption en prouvant que la chose n'a joué qu'un role purement passif […].*"

1181 *Conte*, La responsabilité civile délictuelle, S. 104; *Terré/Simler/Lequette/Chénedé*, Droit civil, S. 1093.

aa) Aktuelle Rechtslage

Mit der Entwicklung der Rechtsprechung hinsichtlich der Kausalitätsvermutung hin zu einer Nachweispflicht der Aktivität des Tieres ist auch die Möglichkeit des Tierhalters entfallen, sich mit dem Beweis der Passivität des Tieres seiner Haftung vollständig zu entziehen.[1182] Es handelt sich bei der Passivität des Tieres vielmehr um einen in der Kausalität zu berücksichtigenden Gesichtspunkt.[1183] Der Platz, den der Begriff der passiven Rolle der Sache einnimmt, hängt damit unmittelbar davon ab, was man unter der Kausalitätsvermutung versteht.

Ist das Tier passiv geblieben und nicht mit dem Geschädigten in Kontakt getreten, muss der Geschädigte die Kausalität beweisen. Es muss dann entweder den Mangel oder die Ungewöhnlichkeit der Lage oder des Verhaltens des Tieres beweisen.[1184] Der Nachweis der Passivität des Tieres durch den Tierhalter führt damit lediglich dazu, dass auf Kausalitätsebene der Geschädigte die Beweislast der Verursachung trägt, stellt aber keinen Ausschlussgrund der Haftung dar.[1185] Es obliegt vielmehr dem Geschädigten, die aktive Rolle des Tieres zu beweisen.[1186]

Ist das Tier in Bewegung gewesen und mit dem Geschädigten in Kontakt gekommen, wird die Kausalität vermutet. Dabei handelt es sich jedoch um eine einfache Vermutung, die mit dem Beweis der Passivität des Tieres widerlegt werden konnte.[1187] Der Nachweis der passiven Rolle des sich in Bewegung befindlichen Tieres wurde von der Rechtsprechung jedoch im Laufe der Zeit schrittweise abgelehnt.[1188] Die Rechtsprechung geht nun davon aus, dass sich der Halter in den Fällen, in denen das Tier in Bewegung war und mit dem Geschädigten in Kontakt gekommen ist, nicht mehr mit dem Nachweis der passiven Rolle des Tieres entlasten kann, sondern nur die „cause étrangère" als Entlastungsgrund vorbringen kann.[1189]

1182 *Terré/Simler/Lequette/Chénedé*, Les obligations, S. 1070, 1093; *Conte*, La responsabilité civile délictuelle, S. 104 f.

1183 Siehe hierzu unter 2. Kap. D. III. 2. b).

1184 Cass. civ. 2e, 14. Februar 1974, D. 1974, 753, Bull. civ. II, n° 110.

1185 *Mazeaud/Mazeaud*, Traité théorique et pratique, S. 82; *Terré/Simler/Lequette/Chénedé*, Droit civil, S. 1070.

1186 *Conte*, La responsabilité civile délictuelle, S. 105.

1187 *Andreu/Thomassin*, Cours de droit des obligations, S. 488; *Porchy-Simon*, Les obligations, S. 390.

1188 Cass. civ. 2e, 1. Februar 1973, Bull. civ. II, n° 40.

1189 *Grynbaum*, Dalloz 2011, Rn. 160.

bb) Ausblick auf die geplante Reform

Der Reformentwurf enthält in Art. 1243 Abs. 2 PR die Bestimmung, wonach der „fait de la chose“ vermutet wird, wenn die sich in Bewegung befindliche Sache mit dem Ort, an dem sich der Schaden ereignet hat, in Berührung gekommen ist. Art. 1243 Abs. 3 PR regelt, dass es in den anderen Fällen dem Geschädigten obliegt, den „fait de la chose“ zu beweisen, indem er entweder den Mangel oder die Abnormalität der Lage, des Zustands oder des Verhaltens der Sache nachweist.

Von dem Reformentwurf offengelassen wird jedoch, ob die Vermutung in Bezug auf eine sich in Bewegung befindliche Sache widerlegt werden kann. Die neu ausdrücklich geregelte einfache Vermutung in Art. 1243 Abs. 2 PR des „fait de la chose“ lässt die Schlussfolgerung zu, dass entgegen der bisherigen Rechtslage[1190] mit Umsetzung des Reformentwurfs der Nachweis der passiven Rolle des Tieres ausreichend ist, um die Vermutung zu widerlegen.[1191]

3. Südafrika: Person befand sich nicht rechtmäßig an dem Ort, an dem der Schaden entstanden ist

Im Rahmen der *actio de pauperie* kann der haftende Beklagte als Einrede geltend machen, dass der verletzte Kläger sich nicht rechtmäßig („lawfully“) an dem Ort befunden hat, an dem der Schaden entstanden ist.[1192] Es handelt sich dabei nicht um eine Voraussetzung der *actio de pauperie*, sondern vielmehr um eine Einrede, da die Beweislast dem Beklagten auferlegt ist und er dieses Verteidigungsmittel erst geltend machen muss, damit es Berücksichtigung findet.[1193] Zu ermitteln ist, was unter sich „rechtmäßig“ an einem Ort zu befinden, zu verstehen ist.

a) Anforderungen an die „Rechtmäßigkeit“: nur legitimer Zweck oder gesetzliches Recht erforderlich?

Welche Anforderungen an die Rechtmäßigkeit im Rahmen dieser Einrede gestellt werden, ist umstritten. Einer Ansicht nach reicht schon ein legitimer Zweck („lawful purpose“),[1194] sich an dem Ort befunden zu haben. Einer anderen Ansicht

1190 Siehe hierzu unter 2. Kap. F. III. 2. b) aa).

1191 *Borghetti*, Die Reform des französischen Haftungsrechts, S. 62.

1192 *O'Callaghan* v. *Chaplin*, 1927 AD 310, 328, 329.

1193 *Mehnertt* v. *Morrison*, 1935 TPD 144, 150; *Neethling/Potgieter/Visser*, Law of delict, S. 383; *Macintosh/Scoble*, Negligence in delict, S. 160.

1194 *Neethling/Potgieter/Visser*, Law of delict, S. 383.

nach ist ein Aufenthalt dann rechtmäßig, wenn ein gesetzliches Recht („legal right"), sich dort aufzuhalten, dargelegt werden kann.[1195]

Im Falle eines Grundstückes beispielsweise befinden sich nach der ersten Auffassung alle Personen, die das Grundstück mit einem legitimen Zweck betreten, um zum Beispiel nach dem Weg zu fragen, die Post abzugeben oder Werbung zu verteilen, rechtmäßig an dem Ort des Geschehens, sodass die Einrede nicht dem Anspruch aus der *actio de pauperie* entgegengehalten werden kann.[1196] Dagegen ist nach der zweiten Auffassung zwingend die Zustimmung, das Grundstück betreten zu dürfen, oder die Einladung auf das Grundstück erforderlich, um ein gesetzliches Recht und damit die Rechtmäßigkeit des Aufenthaltes annehmen zu können.[1197]

Die beiden Auffassungen unterscheiden sich wesentlich, da ein gesetzliches Recht eine viel höhere Hürde darstellt als der bloß legitime Zweck, sich an dem Ort zu befinden. Somit wird die Möglichkeit, die *actio de pauperie* geltend zu machen, durch die zweite Auffassung und die damit verbundenen höheren Anforderungen an die Einrede weiter eingeschränkt als durch das Ausreichenlassen eines bloßen legitimen Zwecks. Eine Person, die einen legitimen Zweck verfolgte und sich deshalb an dem Ort befand, hatte nicht zwingend ein gesetzliches Recht, sich dort aufzuhalten.[1198] Ein gesetzliches Recht auf das Befinden an dem Ort impliziert hingegen zwingend auch das Verfolgen eines legitimen Zwecks.

In dem Fall *Watson* v. *Absche*, in welchem die Klägerin nachts das Grundstück des Beklagten betrat, um nach dem Weg zu fragen, hat das Gericht entschieden, dass die Rechtmäßigkeit dann gegeben ist, wenn die Person ein gesetzliches Recht hatte sich dort aufzuhalten und es dabei nicht auf einen legitimen Zweck ankommt. Das gesetzliche Recht ist dann gegeben, wenn eine ausdrückliche oder eine stillschweigende Aufforderung vorlag, das Grundstück zu betreten. In Betracht kommt mangels ausdrücklicher Aufforderung nur eine stillschweigende Einladung, das Grundstück zu betreten. Das Gericht entschied, dass eine stillschweigende Einladung nicht gegeben ist, wenn das Grundstück betreten wird, um nach dem Weg zu fragen.[1199] Anders sei dies beispielsweise bei einem brennenden Haus.[1200] Auch in dem Fall *Veiera* v. *Van Rensburg*, bei welchem die Umstände vergleichbar waren, kam das Gericht zu dem Ergebnis, dass es auf ein gesetzliches Recht in Form einer ausdrücklichen oder stillschweigenden Einladung,

1195 *O'Callaghan* v. *Chaplin*, 1927 AD 310, 331.
1196 *Neethling/Potgieter/Visser*, Law of delict, S. 383.
1197 *Neethling/Potgieter/Visser*, Law of delict, S. 383.
1198 *Neethling/Potgieter/Visser*, Law of delict, S. 383.
1199 *Watson* v. *Absche*, 1931 TPD, 499, 506, 507.
1200 *Watson* v. *Absche*, 1931 TPD, 499, 506, 507.

das Grundstück zu betreten, ankommt und beide Formen der Einladung bei dem Betreten, um nach dem Weg zu fragen, nicht vorliegen.[1201]

Diese Entscheidungen zeigen, dass die Auffassung, die einen legitimen Zweck nicht ausreichen lässt und ein gesetzliches Recht fordert, zu einer weitgehenden Einschränkung der *actio de pauperie* führt, wenn die Einrede geltend gemacht wird, da ein solches Recht nur eingeschränkt angenommen wird. Der legitime Zweck hingegen ist weiter gefasst, was jedoch den Nachteil hat, dass damit die Einrede deutlich an Anwendbarkeit verliert und zur Verteidigung kaum vorgebracht werden kann. Ein legitimer Zweck kann zum einen von der verletzten Person leichter vorgeschoben werden und ist gleichzeitig schwerer für das Gericht nachzuvollziehen als ein gesetzliches Recht. Zum anderen wird es kaum Fälle geben, in denen ein solcher legitimer Zweck nicht gegeben ist, da das Betreten eines Grundstücks immer mit einem Zweck verbunden sein wird und die Legitimität desselben weit verstanden wird.[1202]

b) Zweckmäßigkeit dieses Ausschlussgrundes und zielführendste Lösung

Da die beiden Ansätze zu verschiedenen Ergebnissen führen können, ist zu entscheiden, welcher vorzugswürdig und damit auf die Fälle der *actio de pauperie* anzuwenden ist.

Würde die Einrede nicht existieren, würde der Tierhalter uneingeschränkt auch für Schäden haften, die auf seinem Grundstück entstanden sind und dem rechtswidrigen Betreten des Grundstücks durch den Geschädigten geschuldet sind.

Ein legitimer Zweck das Grundstück zu betreten genügt zur Erreichung des Sinns und Zwecks der Einrede nicht, da aufgrund der Vielfalt der Zwecke die gewünschte einschränkende Wirkung nicht hinreichend erreicht werden kann. Es sollte vielmehr eine Unterscheidung dahingehend getroffen werden, dass der Tierhalter nicht haftet, wenn er nachweisen kann, dass die verletzte Person kein Recht hatte, das Grundstück zu betreten.[1203]

Für die Beurteilung der Rechtmäßigkeit ist aber nicht auf absolute Rechte abzustellen, sondern vielmehr darauf, ob das Betreten durch die Person vom Tierhalter hätte vorausgesehen und verhindert werden können.[1204] Anders als die Gerichte in den Fällen *Watson* v. *Absche* und *Veiera* v. *Van Rensburg* entschieden haben,

---

1201 *Veiera* v. *Van Rensburg*, 1953, 3 All SA170 (T), 175.

1202 *Neethling/Potgieter/Visser*, Law of delict, S. 383: Legitim sind beispielsweise die Zwecke der Milchlieferung, der Postzustellung, der Frage nach dem Weg, der Verteilung von Werbung oder sogar auch das Betteln nach Essen.

1203 *Macintosh/Scoble*, Negligence in delict, S. 160.

1204 *Macintosh/Scoble*, Negligence in delict, S. 160.

wäre nach diesem Maßstab die Rechtmäßigkeit bei dem Betreten, um nach dem Weg zu fragen, gegeben. Es ist somit ein Mittelweg zwischen den beiden Ansätzen vorzugswürdig, der einerseits für die Rechtmäßigkeit einen legitimen Zweck des Betretens nicht ausreichen lässt, aber andererseits auch kein gesetzliches Recht fordert, um die Einrede geltend machen zu können.

Eine Prüfung in zwei Schritten ermöglicht es, zu einem Ergebnis zu kommen, das weder zu einschränkend noch zu weit ist und die Belange beider Seiten ausreichend berücksichtigt. Diese Lösung führt zu einer Einrede, die die Geltendmachung der *actio de pauperie* nicht in unzumutbarer Weise verhindert, jedoch auch die Fälle ausschließt, in denen eine Haftung zu weit gehen würde.

Entscheidend ist in einem ersten Schritt, ob das Betreten durch die verletzte Person von dem Tierhalter hätte antizipiert werden können. Dies kann beispielsweise der Fall sein, wenn die Person eingeladen war oder erwartet wurde, jedoch würden auch die Personen darunterfallen, die das Grundstück durch das offenstehende Tor aus einem bestimmten Grund betreten haben. War eine Antizipation nicht möglich, hat sich die verletzte Person nicht rechtmäßig an dem Ort befunden und die Einrede greift. Dieser Schritt stellt sicher, dass der Tierhalter einerseits nicht für ein bei einem unerwarteten und nicht voraussehbaren Betreten seines Grundstücks durch sein Tier verursachten Schaden haftet und andererseits die verletzte Person, die aufgrund äußerer Umstände, wie beispielsweise ein offenes Tor, davon ausgehen durfte, dass ihr Betreten nicht unerwünscht ist, die Haftung erfolgreich geltend machen kann.

Hätte der Tierhalter hingegen das Betreten antizipieren können, ist in einem zweiten Schritt zu prüfen, ob ein Betretungsverbot vorlag. Ein solches kann entweder ausdrücklich der Person gegenüber ausgesprochen worden sein oder stillschweigend vorliegen. Hat der Tierhalter beispielsweise am Eingang des Grundstücks deutlich ein Schild angebracht, das ein Betreten verbietet, soll sich die verletzte Person nicht darauf berufen können, dass das Tor offenstand und sie deshalb davon ausgegangen ist, das Grundstück betreten zu dürfen. Dieser zweite Schritt ermöglicht es dem Tierhalter, Maßnahmen vorzunehmen, um im Haftungsfall die Einrede geltend machen zu können. Der Tierhalter, der das Betreten seines Grundstücks antizipiert, soll auch die Möglichkeit haben, seinen Unwillen diesbezüglich auszudrücken und im Fall des Schadens die Einrede geltend machen zu können.

G. Fazit

Ein Vergleich der jeweiligen Voraussetzungen für den haftungsbegründenden Tatbestand der Regelungen zur Tierhalterhaftung zeigt, dass die wesentlichen Punkte in jeder Rechtsordnung wiederzufinden sind und die Haftungsregelungen sich in ihrem Aufbau daran orientieren. Trotz der Gemeinsamkeiten weist jede Rechtsordnung, wie oben aufgezeigt, an bestimmten Tatbestandsmerkmalen Besonderheiten auf, die zu einer wesentlichen Unterscheidung der Regelungen führen.

I. Die maßgeblichen Unterschiede

Besondere Unterschiede sind zum einen in der Behandlung und Klassifizierung der Tiere ersichtlich, was maßgeblich der voneinander abweichenden Konzeption der Regelungen geschuldet ist. Während in Deutschland eine Privilegierung der Nutztiere erfolgt, gilt in Frankreich und Südafrika eine unterschiedslose Haftung. Anders jedoch als die französische Regelung, die keine Unterscheidung in jeglicher Hinsicht vorsieht, wird in Südafrika je nach *actio* zwischen den Tierarten unterschieden. Die für die deutsche Haftungsnorm geregelte Privilegierung der Nutztiere in § 833 S. 2 BGB und die dahinterstehende Dogmatik sind jedoch sowohl der französischen als auch der südafrikanischen Rechtsordnung fremd.

Hinsichtlich des zusätzlichen Merkmals der Schadensverursachung durch ein Tier, das der Besonderheit der Tierhalterhaftung im Vergleich zu anderen deliktischen Haftungsnormen geschuldet ist, finden sich in den drei untersuchten Rechtsordnungen die größten Unterschiede.[1205] Eine weitere maßgebliche Unterscheidung ergibt sich im Rahmen der haftenden Person sowohl bei den zur Ermittlung herangezogenen Kriterien als auch bei dem jeweils gewählten Anknüpfungspunkt der Haftung.[1206] Auch in Form von unterschiedlichen und regelungsbezogenen Ausschlussgründen zeigen sich die jeweiligen Besonderheiten der Haftungsregelungen.

II. Handlungsbedarf der Gesetzgeber

Die Untersuchung der Tatbestandsmerkmale des haftungsbegründenden Tatbestands der jeweiligen Haftungsregelungen sowie der Vergleich derselben haben den Handlungsbedarf der Gesetzgeber an verschiedenen Stellen aufgezeigt. Die Regelungen sind zum Teil veraltet oder führen nicht zu angemessenen Ergebnissen. Zusammenfassend soll tabellarisch eine Auflistung der Merkmale erfolgen, die nach den oben gefundenen Ergebnissen angepasst werden müssen oder zu streichen sind.

1205 Siehe hierzu den in 2. Kap. D. V. durchgeführten Vergleich.
1206 Siehe hierzu den in 2. Kap. E. V. durchgeführten Vergleich.

Schema Nr. 4

Tatbestands-merkmal	**veraltet**		**änderungsbedürftig**	
Klassifizierung der Tiere	Deutschland	Privilegierung der Nutztiere in § 833 S. 2 BGB[1207]		
	Frankreich	Gleichbehandlung Tiere/Sachen[1208]		
	Südafrika	Unterteilung in verschiedene *actiones*		
Schadens-verursachung durch ein Tier			Deutschland	Typische Tiergefahr in den Wortlaut des § 833 S. 1 BGB aufnehmen[1209]
			Frankreich	„Rôle actif de l'animal" in den Wortlaut des Art. 1243 C. civ. aufnehmen[1210]
			Südafrika	Merkmal *contra naturam sui generis* i. R. d. *actio de pauperie* streichen[1211] Merkmal Eigenwille i. R. d. *actio de pastu* streichen[1212]

(forts.)

1207 Siehe hierzu 2. Kap. B. II. 1. d).
1208 Siehe hierzu 2. Kap. B. II. 2. a).
1209 Siehe hierzu 2. Kap. D. II. 3.
1210 Siehe hierzu 2. Kap. D. III.; V.
1211 Siehe hierzu 2. Kap. D. IV. 1. c).
1212 Siehe hierzu 2. Kap. D. IV. 2., 4.

Schema Nr. 4 (forts.)

Tatbestands-merkmal	**veraltet**		**änderungsbedürftig**	
Tierhalter	Frankreich	Begriff der „garde“[1213]	Südafrika	Gesamtschuldnerische Haftung des Eigentümers und des Dritten i. R. d. *actio de pauperie*[1214] Konkrete Kriterien fehlen[1215]
Ausschluss-gründe	Frankreich	Zwingende Unwirksamkeit eines Haftungsaus-schlusses[1216]	Südafrika	2-Stufen-Modell i. R. d. Ausschlussgrundes des rechtmäßigen Befindens am Sitz des Schadens[1217]

1213 Siehe hierzu 2. Kap. E. III. 5.
1214 Siehe hierzu 2. Kap. E. IV. 3. b).
1215 Siehe hierzu 2. Kap. E. V.
1216 Siehe hierzu 2. Kap. F. II. 2. a).
1217 Siehe hierzu 2. Kap. F. III. 3. b).

3. Kapitel: Der Umfang der Tierhalterhaftung

A. Der haftungsausfüllende Tatbestand der Tierhalterhaftung

I. Rechtsfolgen

1. Deutschland

Als Rechtsfolgen einer Rechtsgutsverletzung durch ein Tier kommen sowohl ein Schadensersatzanspruch als auch ein Unterlassungsanspruch in Betracht. Für den Schadensersatzanspruch gelten die allgemeinen schadensrechtlichen Grundsätze, der Umfang richtet sich nach den §§ 249 ff. BGB.[1218] Anders als bei anderen Gefährdungshaftungsgesetzen üblich,[1219] sieht die Tierhalterhaftung aus § 833 BGB keine Haftungshöchstbeträge vor.[1220] Ersetzt werden dem Geschädigten die aus der Verletzung entstandenen materiellen und immateriellen Schäden.[1221] Selbst im Rahmen der Gefährdungshaftung aus § 833 S. 1 BGB umfasst der Schadensersatzanspruch Schmerzensgeld gem. § 253 Abs. 2 BGB.[1222] Eine Besonderheit ergibt sich im haftungsausfüllenden Tatbestand, wenn ein Tier einem anderen eine Verletzung zufügt. Anders als bei der Beschädigung von Sachen wurden die im Rahmen der Naturalrestitution gem. § 251 Abs. 2 S. 2 BGB zu ersetzenden Kosten erweitert.[1223] Gem. § 251 Abs. 2 S. 2 BGB sind „die aus der Heilbehandlung eines verletzten Tieres entstandenen Aufwendungen […] nicht bereits dann unverhältnismäßig, wenn sie dessen Wert erheblich übersteigen." Die vom BGH im Rahmen des § 251 Abs. 2 S. 1 BGB entwickelte und praktizierte 130 %-Grenze gilt nicht, damit ist die Verhältnismäßigkeit der erbrachten Aufwendungen nicht auf 130 % des Marktwertes des Tieres zu begrenzen.[1224] Neben dem Schadensersatzanspruch kann der Geschädigte gegen den Tierhalter bei

---

1218 *Wagner*, in: MüKoBGB, § 833 Rn. 70; *Spickhoff*, in: BeckOGK BGB, § 833 Rn. 137; *Katzenmeier*, in: NK-BGB, § 833 Rn. 25.

1219 Siehe § 10 ProdHaftG, § 12 StVG, §§ 9 f. HPflG, § 37 LuftVG, § 15 UmweltHG.

1220 *Wagner*, in: MüKoBGB, § 833 Rn. 70; *Katzenmeier*, in: NK-BGB, § 833 Rn. 25.

1221 *Spickhoff*, in: BeckOGK BGB, § 833 Rn. 137.

1222 *Katzenmeier*, in: NK-BGB, § 833 Rn. 25; *Spickhoff*, in: BeckOGK BGB, § 833 Rn. 137; *Wagner*, in: MüKoBGB, § 833 Rn. 70; *Spindler*, in: BeckOK BGB, § 833 Rn. 37; BGH, NJW 1977, 2158 (2159); BGH, VersR 1982, 348 (349); *Deutsch*, ZRP 2001, 352.

1223 *Wagner*, in: MüKoBGB, § 833 Rn. 70.

1224 OLG München, VersR 2011, 1412; *Medicus*, NJW 1989, 1889 (1890).

drohender Wiederholung einen Unterlassungsanspruch aus § 1004 BGB geltend machen, dies gilt auch dann, wenn das bedrohte Rechtsgut ein Tier ist.[1225]

2. *Frankreich*

a) *Aktuelle Rechtslage*

Anders als das deutsche Recht enthält der C. civ. kaum allgemeine Bestimmungen, die die Folgen der Haftung regeln. Die einzigen Regeln, die sich damit befassen, sind die Art. 1231–2 ff. C. civ.[1226] Auch wenn diese Vorschriften sich auf die vertragliche Haftung beziehen, ist allgemein anerkannt, dass sie auch auf die deliktische Haftung anwendbar sind.[1227] Das französische Haftungsrecht sieht eine Ersetzung aller Vermögens- und Nichtvermögensschäden vor.[1228] Selbst reine Vermögensschäden oder auch mittelbare Schäden (sog. „préjudices par ricochet") werden ersetzt.[1229]

b) *Rechtslage bei Umsetzung der geplanten Reform*

Hinsichtlich der Folgen der Haftung kodifiziert der Reformentwurf im Wesentlichen die Lösungen der bisherigen Rechtsprechung, er enthält gleichzeitig aber auch materiell-rechtliche Neuerungen.[1230] Die Einführung des Grundsatzes der Naturalrestitution in Art. 1259 PR hat auch dazu geführt, dass Art. 1261 Abs. 2 PR in den Entwurf aufgenommen wurde, der die Naturalrestitution im Falle eines offensichtlichen Missverhältnisses zwischen den Kosten für die verantwortliche Person und den Interessen des Geschädigten ausschließt. Neben dem Ersatz des Schadens werden der deliktischen Haftung im Reformentwurf drei neue Zielsetzungen hinzugefügt: die Beseitigung von Störungen und die Vorbeugung zukünftiger Schäden sowie die Bestrafung des Schädigers.[1231] Die Möglichkeit, die Beseitigung oder Unterlassung von Störungen zu verlangen, besteht in der aktuellen Rechtsprechung, jedoch wird dies nicht als selbstständige Rechtsfolge, sondern

---

1225 *Wagner*, in: MüKoBGB, § 833 Rn. 71; *Spickhoff*, in: BeckOGK BGB, § 833 Rn. 139; LG Coburg, NJW-RR 2003, 20; *Fikentscher/Heinemann*, Schuldrecht, § 118 Rn. 1723 ff.

1226 Ehemalige Art. 1149–1152 C. civ. vor der Schuldrechtsreform von 2016.

1227 *Fages*, Droit des obligations, S. 388.

1228 *Casson*, Dommages et intérêts, Répertoire de droit civil 2017, 15; *Conte*, La responsabilité civile délictuelle, S. 35.

1229 *Conte*, La responsabilité civile délictuelle, S. 38; *Fages*, Droit des obligations, S. 334.

1230 *Ancel*, Die Reform des französischen Haftungsrechts, S. 95.

1231 *Ancel*, Die Reform des französischen Haftungsrechts, S. 104.

vielmehr als eine Art der Naturalrestitution angesehen.[1232] In dem Reformentwurf wird in Art. 1266 PR ausdrücklich die Beendigung des unerlaubten Zustandes im Rahmen der außervertraglichen Haftung geregelt.[1233] Die geplante Unterscheidung zwischen einem Schadensersatzanspruch einerseits und einem Beseitigungs- und Unterlassungsanspruch andererseits hat auch praktische Folgen, da beide Ansprüche unterschiedliche Voraussetzungen haben. Der sichere Eintritt des Schadens beispielsweise, den der Schadensersatzanspruch voraussetzt,[1234] ist für den Beseitigungs- und Unterlassungsanspruch nicht erforderlich.[1235] Damit kann der Geschädigte mit der Einführung der neuen Vorschriften neben dem Schadensersatzanspruch unter vereinfachten Voraussetzungen auch einen Beseitigungs- oder Unterlassungsanspruch geltend machen. Hinsichtlich der geplanten Zivilstrafe in Art. 1266–1 PR besteht neben der Frage, ob eine solche mit der Tradition des französischen Haftungsrechts[1236] brechende Vorschrift tatsächlich in dieser Form jemals aufgenommen werden wird,[1237] der Zweifel, ob es im Rahmen der Tierhalterhaftung einen Anwendungsbereich für vorsätzliche Schädigungen zum Zwecke der Gewinnerzielung gibt.

3. *Südafrika*

Im südafrikanischen Recht wurde die im römischen Recht vorherrschende Noxalhaftung für alle *actiones* aufgegeben und durch einen reinen Schadensersatzanspruch ersetzt. Die früher bei der *actio de pauperie* oder der *actio de pastu* bestehende Möglichkeit, dem Kläger das Tier, das den Schaden verursacht hat, herauszugeben, wurde gestrichen. Festgestellt wurde insbesondere, dass Zweck

---

1232 *Ancel*, Die Reform des französischen Haftungsrechts, S. 105.

1233 Art. 1266 PR: „*En matière extracontractuelle, indépendamment de la réparation du préjudice éventuellement subi, le juge peut prescrire les mesures raisonnables propres à prévenir le dommage ou faire cesser le trouble illicite auquel est exposé le demandeur.*"

1234 Cass. civ. 3e, 16. März 2017, n° 15–12.384.

1235 *Ancel*, Die Reform des französischen Haftungsrechts, S. 106.

1236 Traditionell verfolgt die französische deliktische Haftung den Zweck der vollständigen Entschädigung des Opfers. Eine darüberhinausgehende Bestrafung des Schädigers wird grundsätzlich dem Bereich des Strafrechts und nicht des Zivilrechts zugeordnet; siehe hierzu *Casson*, Dommages et intérêts, Répertoire de droit civil 2017, 15; *Ancel*, Die Reform des französischen Haftungsrechts, S. 106; Cass. civ. 2e, 28. Oktober 1954, n°1767, Bull. civ. II, n° 328, JCP 1955, II, 8765.

1237 Die Zivilstrafe wurde in dem am 29. Juli 2020 beim Senat eingebrachten Gesetzesvorschlag aufgrund der absehbaren Kontroversität nicht übernommen, siehe dazu Proposition de loi portant réforme de la responsabilité civile vom 29.07.2020.

der *actiones* ist, eine Entschädigung für den entstandenen Schaden zu erhalten, und nicht, das schädigende Tier fordern zu können.[1238] Die Noxalhaftung stellte lediglich eine Methode dar, mit der sich der Beklagte von der Haftung befreien konnte und deren Anwendung im Ermessen desselben lag.[1239] Die Entschädigung, die demnach nur noch in Form von Schadensersatz erfolgen kann, umfasst sowohl Sach- als auch Personenschäden, einschließlich psychischer Schäden, Entstellungen und Schmerzensgeld.[1240]

Die *actio legis Aquiliae* stellt bei der Bemessung der Höhe des Schadensersatzes maßgeblich darauf ab, das Vermögen des Klägers wiederherzustellen und diesen in die Lage zu versetzen, in der er sich befunden hätte, wenn das unrechtmäßige Verhalten des Beklagten nicht stattgefunden hätte.[1241]

Während die *actio de feris* im römischen Recht noch hinsichtlich der Entschädigung dahingehend unterschied, ob eine Sache beschädigt, eine Person lediglich verletzt oder getötet wurde, ist jetzt für alle Fälle eine Schadensersatzklage vorgesehen, die eine Entschädigung für medizinische Kosten, für einen Dienstausfall, für Sachschäden sowie Schmerzensgeld umfasst.[1242]

Bei der *actio de pastu* liegt die Besonderheit darin, dass nicht ein körperlicher Schaden erstattet wird, sondern lediglich die dem Land zugefügten Schäden davon erfasst sind.[1243] Umfasst werden dabei die Schäden, die durch Beweidung entstanden sind, sowie die dadurch entstandenen Kollateralschäden an den Kulturen.[1244]

Die Deliktsklagen sind alle auf Schadensersatz gerichtet. Um die Unterlassung oder Beseitigung zu verlangen, kommt lediglich der weitere Rechtsbehelf des Interdikts (*interdict*) in Betracht, der nicht auf Schadensersatz abzielt, sondern mit dem eine drohende unerlaubte Handlung abgewendet oder die Fortsetzung einer solchen unterbunden werden kann.[1245] Ein Verschulden wird nicht vorausgesetzt, sodass das Interdikt sich insbesondere von der *Actio legis Aquiliae*, die ein solches Verschulden voraussetzt, als Mittel abhebt, dessen Voraussetzungen milder sind. Für die Gewährung eines Interdikts ist lediglich erforderlich, dass eine rechtswidrige Handlung vorliegt und dem Antragsteller kein anderer ordentlicher Rechtsbehelf zur Verfügung steht, der zu einer Verhinderung oder Unterbindung

---

1238 *O'Callaghan* v. *Chaplin*, 1927 A.D., 322.

1239 *O'Callaghan* v. *Chaplin*, 1927 A.D., 322.

1240 *Solomon and Another, NNO* v. *De Waal*, 1972, 2 All SA, 112 (A), 122.

1241 *Delta Beverages* v. *Rutsito*, 2014, JOL 32589 (ZH), 7.

1242 *Joyce* v. *Arlosoroff*, 1907, 24 SC 45, 47.

1243 *McKerron*, The law of delict, S. 254.

1244 *Van der Merwe*, SLR 2014, S. 612.

1245 *Neethling/Potgieter/Visser*, Law of delict, S. 269.

eines schädigenden Verhaltens führen kann, wobei die strafrechtliche Sanktion als solche nicht zu den in Betracht kommenden Rechtsbehelfen zu zählen ist.[1246]

4. *Vergleich der Rechtsfolgen in den untersuchten Rechtsordnungen*

Allen drei untersuchten Rechtsordnungen gemeinsam ist, dass sie einen reinen Schadensersatzanspruch für Schäden, die durch die Tierhaltung entstanden sind, vorsehen. Die südafrikanische Rechtsordnung, die mit der Noxalhaftung eine von den beiden anderen Rechtsordnungen sich unterscheidende Art der Entschädigung vorsah, hat sich mit der pauschalen Aufgabe der Noxalhaftung diesen angenähert.

Der französischen und der südafrikanischen Lösung gemeinsam ist, dass Vermögensschäden in beiden Fällen ersatzfähig sind. Dies stellt einen Unterschied zum deutschen Recht dar, das reine Vermögensschäden grundsätzlich nicht als ersatzfähig ansieht. Im Rahmen der Tierhalterhaftung spielen Vermögensschäden jedoch allenfalls eine zweitrangige Rolle, sodass dieser Unterscheidung nur eine marginale Bedeutung zukommt.

Eine Übereinstimmung zwischen dem deutschen und dem mit der Reform geplanten neuen französischen Haftungsrecht besteht hinsichtlich der in § 251 Abs. 2 S. 1 BGB und Art. 1261 Abs. 2 PR geregelten Möglichkeit, den Gläubiger in Geld zu entschädigen, wenn die Wiederherstellung in Natur nur mit unverhältnismäßigen Aufwendungen möglich wäre. Anders als jedoch das deutsche Recht, das in § 251 Abs. 2 S. 1 BGB eine eigene Regelung für die Heilbehandlung von Tieren vorsieht, geht der Reformentwurf in Art. 1261 Abs. 2 PR von Aufwendungen im Allgemeinen aus, ohne weiter zu unterscheiden oder eine Besonderheit für Tierheilkosten vorzusehen. Das südafrikanische Recht gleicht in dieser Hinsicht dem aktuellen französischem Recht, das kaum Bestimmungen kennt, die sich mit den Rechtsfolgen der Haftung auseinandersetzen.

Im Hinblick auf die möglichen Ansprüche, die von dem Geschädigten geltend gemacht werden können, ist eine Unterscheidung zwischen Schadensersatzansprüchen einerseits und Beseitigungs- oder Unterlassungsansprüchen andererseits nur bei der deutschen und der südafrikanischen Haftung vorgesehen. Das französische Recht kennt zwar den Beseitigungs- und Unterlassungsanspruch im Rahmen der deliktischen Haftung, hat diesen jedoch bisher nicht als selbstständige Rechtsfolge angesehen, sondern lediglich als Art der Naturalrestitution. Mit der geplanten Reform im französischen Recht soll ein eigenständiger

1246 *Neethling/Potgieter/Visser*, Law of delict, S. 269; *Setlogelo* v. *Setlogelo*, 1914 AD, 221, 227; *Patz* v. *Greene and Co.*, 1907, TS 427.

Beseitigungs- und Unterlassungsanspruch neben den Schadensersatzanspruch treten, sodass eine Annäherung an das deutsche Recht erfolgt. Hiervon unterscheidet sich das südafrikanische Interdikt, das lediglich Anwendung finden kann, wenn andere Rechtsbehelfe zur Erreichung der Verhinderung des schädigenden Verhaltens nicht zur Verfügung stehen.

Schema Nr. 5

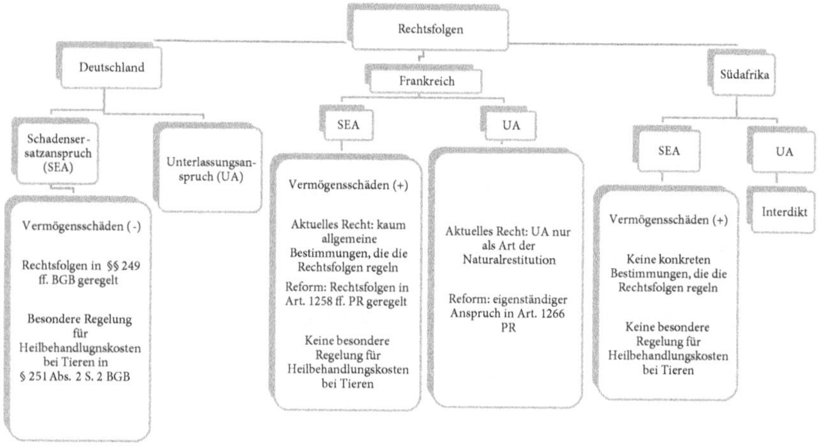

II. Mitverschulden

1. Deutschland

a) Definition des Mitverschuldens

Hat der Geschädigte zur Schadensentstehung beigetragen, stellt sich die Frage nach der Berücksichtigung des Beitrags im Rahmen der Haftung. Der Beitrag des Geschädigten ist als Mitverschulden i. S. d. § 254 BGB zu werten und dort zu behandeln.[1247] Mitverschulden wird angenommen, wenn der Geschädigte die Sorgfalt außer Acht lässt, die ein ordentlicher und verständiger Mensch gegenüber Tieren zu beobachten pflegt, um sich vor Schäden zu schützen.[1248] Entscheidend

1247 *Eberl-Borges*, in: Staudinger BGB, § 833 Rn. 197; *Spindler*, in: BeckOK BGB, § 833 Rn. 40; *Spickhoff*, in: BeckOGK BGB, § 833 Rn. 140 ff.

1248 *Eberl-Borges*, in: Staudinger BGB, § 833 Rn. 198; *Sprau*, in: Grüneberg, BGB, § 833 Rn. 13.

für das Mitverschulden sind die Erkennbarkeit der Gefahr und die Möglichkeit und Zumutbarkeit der Vermeidung derselben.[1249]

b) Einteilung in Gruppen

Der zur Begründung des Mitverschuldens qualifizierte Verletztenbeitrag wurde von der Literatur in verschiedene Gruppen eingeteilt. Eine solche Gruppe wird angenommen, wenn eine besondere Schwäche des Geschädigten eine Verletzungsgefahr hervorruft.[1250] Dies liegt dann vor, wenn der Geschädigte in Kenntnis seiner Schwäche sich in die Nähe des Tieres und damit der Gefahrenquelle begibt.[1251] Beispielhaft dazu kann der Fall eines Reitschülers angeführt werden, der, ohne die Nacht zuvor geschlafen zu haben und nach zweimaligem Stürzen vom Pferd, die Übung des Trabens ohne Zügel und ohne Bügel mit hinter dem Kopf verschränkten Armen durchführte, ohne dem Reitlehrer seine Indisponiertheit mitzuteilen.[1252] Ein weiteres Beispiel ist das Reiten trotz der Kenntnis, brüchige Knochen („Glasknochen") zu haben.[1253]

Eine weitere Gruppe bildet die erhöhte Verletzungsträchtigkeit des Tieres.[1254] Entscheidend ist dabei, dass der Geschädigte von konkreten Umständen auf die besondere Gefährlichkeit des Tieres schließen konnte.[1255] Die Kenntnis kann sich beispielsweise durch die Kennzeichnung des Tieres als gefährlich mittels eines Maulkorbes[1256] oder durch ein Warnschild[1257] ergeben.

1249 *Eberl-Borges*, in: Staudinger BGB, § 833 Rn. 198; *Böhme*, Haftung für Tiere im deutschen und US-amerikanischen Recht, S. 61.

1250 *Eberl-Borges*, in: Staudinger BGB, § 833 Rn. 199; *Lorenz*, Die Gefährdungshaftung des Tierhalters nach § 833 Satz 1 BGB, S. 278.

1251 Über die hier angeführten Beispiele hinaus: *Eberl-Borges*, in: Staudinger BGB, § 833 Rn. 199 sowie *Lorenz*, Die Gefährdungshaftung des Tierhalters nach § 833 Satz 1 BGB, S. 278 f.

1252 BGH, VersR 1982, 348 (349); *Scheffen*, NJW 1990, 2658 (2663).

1253 BGH, VersR 1984, 286 (287).

1254 *Eberl-Borges*, in: Staudinger BGB, § 833 Rn. 200; *Lorenz*, Die Gefährdungshaftung des Tierhalters nach § 833 Satz 1 BGB, S. 279 ff.

1255 *Eberl-Borges*, in: Staudinger BGB, § 833 Rn. 200; *Lorenz*, Die Gefährdungshaftung des Tierhalters nach § 833 Satz 1 BGB, S. 280.

1256 RG JW 1906, 739.

1257 OLG Frankfurt, VersR 1983, 1040; LG Memmingen, VersR 1979, 874; a. A. OLG Düsseldorf, VersR 1981, 1035 (1036).

Auch Fehler im Umgang mit den Tieren können zur Annahme von Mitverschulden seitens des Geschädigten führen.[1258] Zur Illustration angegeben werden können das Streicheln einer fremden Katze,[1259] das Klopfen auf die Schulter des Halters in Gegenwart dessen Hundes,[1260] der dies als Angriff versteht, oder das Streicheln eines mit Bisswunden bedeckten Hundes.[1261]

Eine weitere anerkannte Gruppe stellen die Fehler bei der Abwehr einer Tierbedrohung dar.[1262] Ein solcher Fall wurde z. B. bei einem Lenker angenommen, der auf das Scheuen des Pferdes falsch reagiert hat,[1263] und bei dem Versuch, zwei sich angreifende Hunde mit bloßen Händen zu trennen.[1264]

Ein zur Begründung des Mitverschuldens ebenfalls relevantes Verhalten ist die unzureichende Vorsorge des Geschädigten gegen mögliche Tiereinwirkungen.[1265] Darunter fällt beispielsweise der Fall des Spaziergangs mit einer läufigen Rassehündin ohne weitere Schutzvorkehrungen, die dann von einem Bastardrüden gedeckt wird.[1266]

Ein Mitverschulden fehlt hingegen, wenn beispielsweise ein in den eigenen Bereich eingedrungenes fremdes Tier verscheucht wird und dabei Verletzungen anrichtet.[1267] Das Mitverschulden ist auch nicht von vornherein kategorisch begründet, wenn ein Reiter mit Behinderung bei einem dafür ausgerichteten Verein Reitstunden nimmt.[1268]

Unabhängig von den vorgenannten Gruppen müssen somit im Einzelfall die Umstände abgewogen werden und muss danach entschieden werden, ob ein zu berücksichtigender Verletztenbeitrag vorliegt oder nicht. Die Abwägung erfolgt durch Berücksichtigung der Tiergefahr auf Seiten des Tierhalters und das Maß des eigenen Verschuldens auf Seiten des Geschädigten.[1269]

1258 *Eberl-Borges*, in: Staudinger BGB, § 833 Rn. 201; *Lorenz*, Die Gefährdungshaftung des Tierhalters nach § 833 Satz 1 BGB, S. 282 f.

1259 LG Rottweil, NJW-RR 1988, 539.

1260 OLG Stuttgart, VersR 1953, 293.

1261 RG Warn., Rspr. 1908 Nr. 291.

1262 *Eberl-Borges*, in: Staudinger BGB, § 833 Rn. 202; *Lorenz*, Die Gefährdungshaftung des Tierhalters nach § 833 Satz 1 BGB, S. 283 ff.

1263 OLG München, VersR 1989, 861.

1264 OLG Stuttgart, VersR 1978, 1123 (1124).

1265 *Eberl-Borges*, in: Staudinger BGB, § 833 Rn. 203; *Lorenz*, Die Gefährdungshaftung des Tierhalters nach § 833 Satz 1 BGB, S. 285 f.

1266 Chow-Chow Fall: BGH, VersR 1976, 1090 (1091).

1267 LG Bielefeld, NJW-RR 2012, 1112.

1268 BGH, VersR 2011, 407.

1269 *Spickhoff*, in: BeckOGK BGB, § 833 Rn. 140.

c) *Beidseitige Tiergefahr*

Weiter zu berücksichtigen ist, dass die Tiergefahr auch auf beiden Seiten vorliegen kann, wenn ein Tier ein anderes Tier verletzt. Dem Tierhalter des geschädigten Tieres wird dann die eigene Tiergefahr gem. § 254 BGB analog zugerechnet.[1270] Eine entsprechende Anwendung des § 254 BGB ist auch dann zulässig, wenn ein fremdes und ein eigenes Tier zusammen einen Schaden an einem anderen Rechtsgut als dem eigenen Tier, etwa an der eigenen Gesundheit, verursacht haben. Dies gilt auch, wenn der Halter eines Tieres selbst verletzt wird.[1271] Im Rahmen des § 254 BGB ist daher auch eine Tiergefahr zu berücksichtigen, für die der Geschädigte einzustehen hat. Die Berücksichtigung der eigenen Tiergefahr kann dazu führen, dass die Tierhalterhaftung für das andere beteiligte Tier im Rahmen der vorzunehmenden Abwägung komplett ausgeschlossen wird.[1272]

2. *Frankreich*

a) *Entwicklung in der Rechtsprechung*

Eine die Auswirkungen des Mitverschuldens des Geschädigten auf den Schadensersatzanspruch regelnde gesetzliche Bestimmung findet sich im C. civ. nicht. Der wichtigste Entlastungsgrund im französischen Deliktsrecht ist die „cause étrangère."[1273] Dieser Begriff umfasst drei verschiedene Fallgruppen: die oben[1274] dargestellte höhere Gewalt („force majeure" oder „cas fortuit"), das Verhalten des Geschädigten („fait de la victime") und das Verhalten eines Dritten („fait d'un tiers").[1275] Das Mitverschulden des Geschädigten als Teil der „cause étrangère" kann zu einer Entlastung des Tierhalters führen. Hierbei ist zwischen der vollständigen und der teilweisen Entlastung des Tierhalters zu unterscheiden.

aa) „Exonération totale", die vollständige Entlastung des Tierhalters

Der Tierhalter wird vollständig entlastet, wenn das Verhalten des Geschädigten die Voraussetzungen der höheren Gewalt erfüllt.[1276] Dazu muss das Verhalten die

---

1270 *Brüggemeier*, HaftungsR, S. 111; OLG Karlsruhe, BeckRS 2019, 21975.

1271 OLG Hamm, NJW1995, 598; OLG Saarbrücken, NJW-RR 2006, 969; OLG Frankfurt, NJW-RR 2007, 748; OLG Koblenz, NJW-RR 2016, 474.

1272 BGH, NJW 1976, 2130 = BGH, VersR 1976, 1090 (1091).

1273 *Rottler*, Die Tierhalterhaftung und ihre Begrenzung, S. 79.

1274 Siehe hierzu ausführlich unter 2. Kap. F. I. 2).

1275 *Terré*, Droit civil, Rn. 1021.

1276 *Terré*, Droit civil, Rn. 1028; *Julien*, Dalloz action 2020, Rn. 2221.251; *Renault-Brahinsky*, Droit des obligations, S. 170; *Malaurie/Aynès*, Droit des obligations, S. 75.

oben aufgeführten Merkmale der höheren Gewalt aufweisen und deshalb für den Tierhalter unvorhersehbar und unvermeidbar gewesen sein.[1277] Die Annahme der vollständigen Entlastung des Tierhalters aufgrund des Verhaltens des Geschädigten wird von der in dieser Hinsicht anspruchsvollen Rechtsprechung jedoch nur in seltenen Fällen angenommen.[1278] Der französische Kassationsgerichtshof hat die vollständige Entlastung des Tierhaltes beispielsweise in einem Fall angenommen, in dem eine Person trotz eines Schildes am Eingangstor mit der Aufschrift „böser Hund“ und der ausdrücklichen Weigerung des Hundebesitzer, ihm zu öffnen, den Garten betrat und gebissen wurde.[1279] Eine vollständige Entlastung des Tierhalters wurde auch für den Fall angenommen, bei dem eine Person, die den Ort und die Wildheit eines Hundes kannte, dennoch versuchte, diesen zu streicheln.[1280]

bb) „Exonération partielle“, die teilweise Entlastung des Tierhalters

Stellt das Verhalten des Geschädigten nicht die einzige Ursache des Schadens dar, ist fraglich, ob eine teilweise Entlastung des Tierhalters in Betracht kommt. Die teilweise Entlastung des Tierhalters wurde zunächst sowohl bei einem „fait fautif“ als auch bei einem „fait non-fautif“ des Geschädigten angenommen.[1281] Mit der Entscheidung *Desmares*[1282] des französischen Kassationsgerichtshofs vom 21. Juli 1982 fand eine Umkehr der Rechtsprechung dahingehend statt, dass der französische Kassationsgerichtshof die Möglichkeit einer teilweisen Entlastung gänzlich ausschloss.[1283] Nur noch eine vollständige Entlastung des Tierhalters sollte bei Vorliegen der Voraussetzungen der höheren Gewalt in dem Verhalten des Geschädigten möglich sein.[1284] Diese Rechtsprechung wurde anschließend

---

1277 Cass. civ. 2ᵉ, 15. März 1956, D. 1956, 445.

1278 *Julien*, Dalloz 2018, Rn. 37; *Grynbaum*, Dalloz 2011, Rn. 237.

1279 Cass. civ. 2ᵉ, 25. Januar 1978, n° 77–10.106, Bull. civ. II, n° 23.

1280 Cass. civ. 2ᵉ, 19. Februar 1992, n° 90–14.470, Bull. civ. II, n° 53.

1281 *Julien*, Dalloz action 2020, Rn. 2221.255; *Wiederkehr*, in: Entwicklung des Deliktsrechts in rechtsvergleichender Sicht, S. 114; Cass. civ. 2, 29. Januar 1970, D. 1970, 305.

1282 Cass. civ. 2, 21. Juli 1982, n° 81–12850, D. 1982, 449.

1283 *Terré*, Droit civil, Rn. 1029; *Julien*, Dalloz action 2020, Rn. 2221.255; *Wiederkehr*, in: Entwicklung des Deliktsrechts in rechtsvergleichender Sicht, S. 116; *Looschelders*, Die Mitverantwortlichkeit des Geschädigten, S. 83; *Bacache-Gibeili*, Les obligations, S. 232.

1284 Cass. civ. 2ᵉ, 21. Juli 1982, D. 1982.449, JCP 1982, II, 19861: „*[...] seul un évènement constitutant un cas de force majeure exonère le gardien de la chose [...] que, dès lors, le comportement de la victime, s'il n'a pas été pour le gardien imprévisible et irresistible, ne peut l'en exonérer même partiellement.*“

durch ein späteres Urteil des französischen Kassationsgerichtshofs auch auf die Tierhalterhaftung übertragen.[1285] Der französische Kassationsgerichtshof stellte in diesem Urteil fest, dass eine teilweise Entlastung bei dem Versuch, mit der bloßen Hand zwei sich beißende Hunde zu trennen, nicht in Betracht komme, weil nur bei Vorliegen eines unvorhersehbaren und unvermeidbaren Verhaltens des Geschädigten eine (vollständige) Entlastung möglich sei. Diese neue Rechtsprechung des französischen Kassationsgerichtshofs führte auch den Gesetzgeber dazu, mit dem Gesetz vom 5. Juli 1985[1286] eine Reform über die Entschädigung der Opfer von Verkehrsunfällen durchzuführen und dazu eine spezifische Regelung zu treffen.[1287] Mit diesem Gesetz wurde dem nicht fahrenden Opfer eines Verkehrsunfalls, unabhängig von seinem Verschulden, eine Entschädigung garantiert.[1288] Es handelte sich bei der im Gesetz enthaltenen Lösung um eine Anwendung des „Alles-oder-nichts-Prinzips", wonach nur ein unentschuldbares Fehlverhalten („faute inexcusable"), sofern es sich um die ausschließliche Ursache des Unfalls („cause exclusive de l'accident") handelte, den Schadensersatzanspruch des Geschädigten ausschließen konnte.[1289] Dabei hat sich jedoch in den darauf folgenden Urteilen der französischen Rechtsprechung gezeigt, dass ein unentschuldbares Fehlverhalten sehr restriktiv gehandhabt wurde und die dafür vorausgesetzte außergewöhnliche Schwere des Fehlverhaltens nur in extremen Ausnahmefällen angenommen wurde.[1290]

Mit der Einführung dieses Gesetzes stellte sich die Frage, was mit der die Reform provozierenden *Desmares*-Rechtsprechung außerhalb des gesetzlich geregelten Bereichs passieren würde. Mit drei im Jahr 1987 erlassenen Urteilen[1291] gab der französische Kassationsgerichtshof die eine teilweise Entlastung verbietende Rechtsprechung auf und knüpfte wieder an seine alte Rechtsprechung aus den Jahren vor 1982 an.[1292] Eine teilweise Entlastung des Sachhalters sollte demnach

---

1285 Cass. civ. 2e, 18. Januar 1984, n° 82–15.259, Bull. civ. 1984, II, n° 6; *Wiederkehr*, in: Entwicklung des Deliktsrechts in rechtsvergleichender Sicht, S. 124.

1286 Loi n° 85–677 du 5. Juli tendant à l'amélioration de la situation des victimes d'accidents de la circulation et à l'accélération des procédures d'indemnisation.

1287 *Terré*, Droit civil, Rn. 1029; *Julien*, Dalloz action 2020, Rn. 2221.255.

1288 *Grynbaum*, Dalloz 2011, Rn. 241.

1289 Art. 3 Abs. 1 Loi n° 85–677: „*Les victimes [...] sont idemnisées des dommages [...], sans que puisse leur être opposé leur propre faute à l'exception de leur faute inexcusable si elle a été la cause exclusive de l'accident.*"

1290 *Looschelders*, Die Mitverantwortlichkeit des Geschädigten, S. 84 f.

1291 Cass. civ. 2e, 6. April 1987, Bull. civ. II, n° 86, S. 49, D. 1988.3.

1292 *Terré*, Droit civil, Rn. 1029; *Grynbaum*, Dalloz 2011, Rn. 242; *Julien*, Dalloz action 2020, Rn. 2221.255; *Malaurie/Aynès*, Droit des obligations, S. 75.

wieder möglich sein.[1293] Die Rückkehr zu der alten Rechtsprechung und die damit verbundene Aufgabe der *Desmares*-Rechtsprechung[1294] erfolgte dann auch im Rahmen der Tierhalterhaftung.[1295]

cc) Aktuelle Rechtslage

Damit ist festzustellen, dass eine vollständige Entlastung des Tierhalters bei Vorliegen der Voraussetzungen der höheren Gewalt möglich ist und eine teilweise Entlastung jedenfalls bei einem „fait fautif" des Geschädigten in Betracht kommt. Wenn es sich nicht um einen Fall höherer Gewalt handelt, kann somit nur die Handlung des Geschädigten, die einen fehlerhaften Charakter hat, zu einer Haftungsaufteilung führen.

b) Ausblick auf die geplante Reform

In dem Reformentwurf wird in Art. 1253 PR das Verhalten des Geschädigten als haftungsbefreiender Grund explizit genannt. Art. 1253 Abs. 1 PR legt den von der Rechtsprechung entwickelten Grundsatz fest, dass das Verhalten des Geschädigten zu einer vollständigen Befreiung von der Haftung führt, wenn es höhere Gewalt darstellt. Auch der strittigere Fall der teilweisen Entlastung wird in dem Reformentwurf geregelt, sodass Klarheit auf diesem Gebiet geschaffen wird. Art. 1254 Abs. 1 PR sieht diesbezüglich vor, dass ein pflichtwidriges Verhalten („faute"), das in Art. 1242 PR definiert wird, zu einer teilweisen Befreiung von der Haftung führt, sofern es zum Schadenseintritt beigetragen hat. Damit wird lediglich die von der Rechtsprechung aktuell gewählte Lösung kodifiziert.

Der Entwurf geht nur dahingehend weiter als die bisherige Rechtsprechung, als er in Art. 1254 Abs. 2 PR im Fall einer Körperverletzung die teilweise Befreiung nur bei grob pflichtwidrigem Verhalten erlaubt. Darüber hinaus wird auch in Art. 1255 PR die Entlastung versagt, wenn es sich um das Verhalten eines zurechnungsunfähigen Geschädigten handelt, es sei denn, dieses kommt

---

1293 Cass. civ. 2e, 6. April 1987, Bull. civ. II, n° 86, S. 49, D. 1988.3: „*[…] le gardien de la chose instrument du dommage est partiellement exonéré de sa responsabilité s'il prouve que la faute de la victime a contribué à la production du dommage.*"

1294 *Looschelders*, Die Mitverantwortlichkeit des Geschädigten, S. 87: Die im Rahmen der Haftung nach Art. 1384 Abs. 1 C. civ. ergangene Entscheidung (Cass. civ. II, JCP 1998, Éd. G., II, 10191), in welcher der Grundsatz aufgestellt wurde, „*que la faute de la victime n'exonère le gardien que si elle constitue une force majeure*", stellt keine Wiederherstellung der *Desmares*-Rechtsprechung dar, sondern ist als sich auf die vollständige Entlastung beziehend zu verstehen.

1295 Cass. civ. 2e, 1. Juli 1987, Bull. civ. II, n° 143.

einem Fall der höheren Gewalt gleich. Durch diese Regelung, die weiter geht als die bisherige Rechtsprechung, wird der von dem Reformentwurf verfolgte Opferschutz deutlich.

Neben der Regelung der Entlastung des Haftenden bei pflichtwidrigem Verhalten des Geschädigten sieht der Reformentwurf in Art. 1263 PR, mit Ausnahme von Personenschäden, die Minderung des Schadensersatzes vor, wenn der Geschädigte es unterlassen hat, zuverlässige und vernünftige Maßnahmen zu ergreifen, die geeignet sind, die Verschlimmerung seines Schadens zu verhindern.[1296] Dies stellt entgegen der konservativen Natur des Reformentwurfs einen Bruch mit der bisherigen Rechtsprechung dar, die im Rahmen der deliktischen Haftung keine Schadensminderungspflicht des Geschädigten vorsah.

3. *Südafrika*

a) *Actio de pauperie*

Im südafrikanischen Recht kann das Mitverschulden des Klägers im Rahmen der *actio de pauperie* vorgetragen werden.[1297] Schadensersatz kann dann nicht verlangt werden, wenn das eigene Verschulden des Geschädigten zur Verletzung geführt hat. Zu unterscheiden ist jedoch zwischen den Fällen, in denen der Schaden durch die Provokation des Tieres entstanden ist, und den Fällen, in denen der Schaden durch das Verhalten der verletzten Person entstanden ist und diese in so einer Weise gehandelt hat, dass die Reaktion des Tieres und der dadurch entstandene Schaden vernünftigerweise hätten vorhergesehen werden können.[1298]

aa) Provokation

Die Provokation (*concitatio*) des Tieres durch die verletzte Person führt nicht dazu, dass die Haftung auf Rechtsfolgenseite entfällt. Vielmehr entsteht die Haftungsgrundlage schon nicht, da es an einem Verhalten *contra naturam* des Tieres fehlt. Durch die Provokation des Tieres wird somit mangels Vorliegens aller Tatbestandsmerkmale die *actio de pauperie* ausgeschlossen.[1299] Dabei ist

1296 Art. 1263 PR: „*Sauf en cas de dommage corporel, les dommages et intérêts sont réduits lorsque la victime n'a pas pris les mesures sûres et raisonnables, notamment au regard de ses facultés contributives, propres à éviter l'aggravation de son prejudice.*"

1297 *Maasdorp*, The Law of Delicts, S. 50.

1298 *Neethling/Potgieter/Visser*, Law of delict, S. 383; *Maasdorp*, The Law of Delicts, S. 50; *Macintosh/Scoble*, Negligence in delict, S. 151.

1299 *Macintosh/Scoble*, Negligence in delict, S. 159.

jedoch zwischen einem rechtmäßigen und einem unrechtmäßigen Provozieren zu unterscheiden.

Hat der Geschädigte das Tier rechtmäßig provoziert, weil er z. B. auf das Tier, das sein Tier angegriffen hatte, einschlug, um den Angriff abzuwehren, und wurde er im Zuge dessen von dem angreifenden Tier verletzt, liegt dennoch ein Verhalten *contra naturam* seitens des angreifenden Tieres vor.[1300] Die rechtmäßige Provokation hindert deshalb den Kläger nicht daran, die Haftung aus der *actio de pauperie* geltend zu machen. Eine unrechtmäßige Provokation hingegen, die das Ausscheiden des Merkmals *contra naturam* zur Folge hat, liegt beispielsweise vor, wenn einem Hund auf die Nase geschlagen wird oder er an seinem Schwanz gezogen wird.[1301]

Auch kann nicht jede Handlung des Geschädigten als Provokation gewürdigt werden. Das Streicheln eines Pferdes beispielsweise stellt keine Provokation desselben dar. Wenn das gestreichelte Pferd tritt und dabei einen Schaden herbeiführt, ist das auf sein eigenes Verhalten zurückzuführen und nicht auf das Streicheln als die provozierende Handlung. Dies gilt nur dann nicht, wenn die Person, die das Pferd gestreichelt hat, Anlass hatte zu wissen, dass das Pferd dadurch veranlasst sein könnte zu treten.[1302]

bb) (Mit-)Verschulden des Klägers

Das Mitverschulden („cobtributory negligence") kann im Rahmen der *actio de pauperie* als „defence" vorgetragen werden. Anders als bei der Provokation des Tieres, die auf objektiver Tatbestandsebene auf den Beitrag des Geschädigten zur Entstehung oder Verschlimmerung eines Schadens abstellt, bezieht sich das Mitverschulden auf subjektiver Tatbestandsebene auf das Verschulden oder die Fahrlässigkeit des Geschädigten, die zum Schaden beigetragen haben.[1303] Die Aufteilung des Schadens im Falle von Mitverschulden ist erst seit dem Erlass des Gesetzes über die Aufteilung von Schäden („Apportionment of Damages Act 34") von 1956 möglich. Zuvor galt zunächst die „Alles-oder-nichts"-Regel („all or nothing rule"), die besagte, dass kein Schaden geltend gemacht werden kann, wenn sowohl den Kläger als auch den Beklagten ein Verschulden trifft. Diese als ungerecht und zu hart empfundene Regel wurde von dem „last opportunity"-Prinzip ersetzt, das die Geltendmachung eines Schadens nur dann erlaubte, wenn

1300 *Neethling/Potgieter/Visser*, Law of delict, S. 383.
1301 *Smith* v. *Burger*, 1917, CPD 662, 664.
1302 *Maasdorp*, The Law of Delicts, S. 50; *Macintosh/Scoble*, Negligence in delict, S. 160.
1303 *Macintosh/Scoble*, Negligence in delict, S. 161.

eine Partei beweisen konnte, dass die andere Partei die letztmögliche Gelegenheit hatte, den Schaden zu vermeiden, und diese dann voll in Haftung nahm.[1304] Mit den Bestimmungen des „Apportionment of Damages Act 34" kann das Gericht den Schaden entsprechend dem relativen Grad des Verschuldens der Parteien aufteilen und so zu der gerechteren Lösung kommen, die das beidseitige Verschulden berücksichtigt.[1305] Unter „apportionment of damages"[1306] wird jedoch nicht die tatsächliche Aufteilung des Schadensersatzes zwischen dem Kläger und dem Beklagten verstanden, es handelt sich vielmehr um eine Minderung des Schadensersatzes wegen des eigenen Verschuldens des Klägers, den dieser in Bezug auf den erlittenen Schaden erhalten würde.[1307]

b) *Actio legis Aquiliae, actio de feris und actio de pastu*

Die Provokation des Tieres durch die geschädigte Person kann sowohl bei der *actio legis Aquiliae*[1308] als auch bei der *actio de feris*[1309] und der *actio de pastu*[1310] vorgebracht werden. Anders als bei der *actio de pauperie* führt die Provokation nicht schon dazu, dass der Haftungstatbestand mangels Vorliegens aller Voraussetzungen nicht entsteht, sondern kann auf Rechtsfolgenseite den Ausschluss der Haftung bewirken.

Auch das Mitverschulden kann als „defence" im Rahmen der *actio legis Aquiliae* vorgebracht werden.[1311] Im Rahmen der *actio de feris* ist die einzig ausdrücklich genannte „defence" die des unrechtmäßigen Betretens des Grundstücks. Jedoch ist eine Analogie zu den „defences" der *actio de pauperie* herzustellen und damit auch das Verschulden der geschädigten Person als solche zu werten.[1312] Auch im Rahmen der *actio de pastu* sind die „defences" der *actio de pauperie*

1304 *Neethling/Potgieter/Visser*, Law of delict, S. 167.
1305 *Neethling/Potgieter/Visser*, Law of delict, S. 168.
1306 Beispielsfälle, in denen im Rahmen der Tierhalterhaftung ein „apportionment of damages" vorgenommen wurde: *Bhyat's Store* v. *Van Rooyen*, 1961 (4) SA, 59 (T); *Prinsloo* v. *Girardin*, 1962 (4) SA, 391 (T); *Cronje* v. *Pelser*, 1967(2) SA, 589 (A); *Rautenbach* v. *Fourie*, 1977 (4) SA, 276 (T); *Vriri* v. *Wellesley Estate*, 1982 (4) SA, 308 (Z).
1307 *Neethling/Potgieter/Visser*, Law of delict, S. 170.
1308 *Macintosh/Scoble*, Negligence in delict, S. 156.
1309 *Potgieter* v. *Smit*, 1985, 2 SA 690 (D), 695, 696.
1310 *Neethling/Potgieter/Visser*, Law of delict, S. 385.
1311 *Macintosh/Scoble*, Negligence in delict, S. 156.
1312 *Kettle* v. *Storm*, 1893, 14 NLR 275; *Mc Laren* v. *Nightingale*, 1911 TPD 889.

heranzuziehen, sodass auch in diesem Zusammenhang das Mitverschulden des Klägers die Haftung des Beklagten ausschließen bzw. mindern kann.[1313]

4. *Fazit zum Mitverschulden*

Die Entwicklung der Handhabung des Mitverschuldens in der Rechtsprechung der untersuchten Rechtsordnungen hat dazu geführt, dass einheitlich eine teilweise Entlastung des Tierhalters anerkannt ist. Erkannt wurde insbesondere, dass aus Gerechtigkeitsgesichtspunkten das Verschulden der geschädigten Person nicht unberücksichtigt bleiben darf, auch wenn es nur zu einem Teil zum Schaden geführt hat. Dieses allgemein geltende Prinzip ist in allen drei untersuchten Rechtsordnungen von den für den Mitverschuldensbeitrag erforderlichen Kriterien unabhängig. Mit dieser Lösung wird sichergestellt, dass durch die Berücksichtigung aller Beiträge ein gerechteres Ergebnis erzielt werden kann.

Das französische Recht kommt dem deutschen Recht auch mit der Einführung der Schadensminderungspflicht in Art. 1263 PR näher, da es diesbezüglich mit § 254 Abs. 2 S. 1 BGB übereinstimmt.

Nicht identisch gelöst haben die Rechtsordnungen die Verortung des Mitverschuldens im Rahmen der Tierhalterhaftung. Während in der deutschen und der französischen Rechtsordnung das Mitverschulden auf Rechtsfolgenseite geprüft wird und den Schadensersatzanspruch der geschädigten Person kürzt oder ganz entfallen lässt, kann es in der südafrikanischen Rechtsordnung im Rahmen der *actio de pauperie* dazu führen, dass der Haftungstatbestand mangels Vorliegens aller Tatbestandsmerkmale schon gar nicht erfüllt ist, wenn es sich um eine unrechtmäßige Provokation handelt. Gegen diese südafrikanische Lösung ist jedoch einzuwenden, dass sich auch in diesem Fall die Gefahr realisiert hat, die sich durch die Tierhaltung ergibt, und deshalb nicht schon der Tatbestand der Tierhalterhaftung nicht vorliegen sollte, sondern vielmehr ein Ausgleich dafür auf Rechtsfolgenseite auf Ebene des Mitverschuldens stattfinden sollte. Eine unterschiedliche Rechtsfolge hinsichtlich der Entstehung des Tatbestands bei einer rechtmäßigen und einer unrechtmäßigen Provokation ist nicht angebracht, da das Tier in beiden Fällen gerade die durch die Tierhaltung geschaffene Gefahr realisiert hat und dies damit zur Tierhalterhaftung führen sollte. Die Rechtmäßigkeit der Provokation sowie die sich daraus ergebenden Folgen sind eine Frage des Mitverschuldens der geschädigten Person, die erst im haftungsausfüllenden Tatbestand eine Rolle spielen sollte. Die Einwirkung auf das Tier von außen ist

---

1313 *Potgieter* v. *Smit*, 1985, 2 SA 690 (D), 695, 696; *Pieters* v. *Botha*, 1989, 3 SA, 607 (T), 619, 621.

ein Umstand, der zu einer dem Tier innewohnenden Reaktion verleitet hat und damit nicht auf Tatbestandsebene, sondern auf Ebene des Mitverschuldens zu berücksichtigen ist.

II. Handeln auf eigene Gefahr bzw. freiwillige Risikoübernahme

1. Deutschland

Eingrenzungen des § 833 BGB, weil der Geschädigte sich bewusst einer gefährlichen Situation aussetzt, die zu einem Schaden führt, sind weder dem Wortlaut der Norm noch dem Sinn und Zweck derselben zu entnehmen. Schutzzweck der Norm und Gedanke hinter der Gefährdungshaftung des § 833 S. 1 BGB ist, dass derjenige, der von der Gefahrenquelle profitiert, auch die Schäden tragen muss, die denjenigen entstanden sind, die mit der Gefahrenquelle in Berührung gekommen sind und die sich aus dieser ergeben.[1314] Warum eine Berührung zwischen dem Geschädigten und der Gefahrenquelle stattgefunden hat, ist für den Tatbestand der Tierhalterhaftung irrelevant.[1315] Vor diesem Hintergrund ist ein Haftungsausschluss im Rahmen des § 833 S. 1 BGB restriktiv zu handhaben.[1316]

Die Möglichkeit des Ausschlusses der Haftung wird insbesondere bei Reitunfällen diskutiert, bei welchen es regelmäßig um Verletzungen geht, die sich der Reiter eines fremden Pferdes selbst zugezogen hat und die sich damit im Rahmen des eigenen Interesses und der selbstständigen Ausübung seitens des Geschädigten ereignen.[1317] Diskutiert wird dabei insbesondere, ob überhaupt der Schutzbereich der Tierhalterhaftung berührt ist, oder nicht vielmehr eine Haftung des Tierhalters schon dem Grunde nach ausscheidet.[1318]

a) Die Rechtsprechung des BGH

Der BGH geht in den Reiterfällen und den mit dem Reiten verbundenen Gefahren nicht von einem Haftungsausschluss aus, sondern bejaht die Haftung der Pferdehalter.[1319] Der Schutzbereich der Tierhalterhaftung ist damit nach der Auffassung des BGH bei dem Reiter, der sich freiwillig in die von einem Pferd ausgehende

1314 *Herrmann*, JR 1980 Heft 12, 492; *Hofmann*, Haftpflichtrecht für die Praxis, S. 132.
1315 *Herrmann*, JR 1980 Heft 12, 492.
1316 *Hofmann*, Haftpflichtrecht für die Praxis, S. 132.
1317 *Brüggemeier*, HaftungsR, S. 111.
1318 *Kipp*, VersR 2000, 1348; *Hasselblatt*, NJW 1993, 2577, 2580.
1319 BGH, NJW 1977, 2158; BGH, NJW-RR 1986, 572; a. A. *Deutsch/Ahrens*, Deliktsrecht, § 25 Rn. 538.

Gefahr begeben hat, eröffnet.[1320] Bei der Übernahme besonderer Risiken, die über die gewöhnlich zu erwartenden Risiken hinausgehen, erkennt die Rechtsprechung in eng begrenzten Fällen[1321] eine Ausnahme unter dem Gesichtspunkt des Handelns auf eigene Gefahr an.[1322] Eine Ausnahme der Tierhalterhaftung unter diesem Gesichtspunkt wurde beispielsweise in dem Fall angenommen, in welchem ein Trainer sich vertraglich dazu verpflichtet hatte, ein wildes Pferd zuzureiten.[1323]

b) Die Ansichten in der Literatur

In der Literatur werden zur Frage des Haftungsausschlusses unterschiedliche Ansichten vertreten. Ein Teil der Literatur hat der Rechtsprechung des BGH zugestimmt.[1324] Ein anderer Teil der Literatur[1325] hat jedoch einen grundsätzlichen Ausschluss der Tierhalterhaftung angenommen, wenn die Übernahme der Herrschaft über das Pferd von dem Reiter unentgeltlich und im eigenen Interesse erfolgte.[1326] Diese Ansicht fand ihren Ursprung in einer Entscheidung des OLG Zweibrücken, in der sich der Kläger dazu bereit erklärt hatte, ein Pferd aus reiner Gefälligkeit bei einem Umzug zu reiten, und während eines Proberitts von dem Tier abgeworfen wurde.[1327] Das Gericht ging davon aus, dass der Proberitt ohne soziale Notwendigkeit erfolgte und damit der Bereich der Schutzgarantie verlassen wurde.[1328] Argumentiert wird in diesen Fällen auch damit, dass der Sinn und Zweck der Norm, diejenigen zu schützen, die der geduldeten Gefahr ausgesetzt werden, es gebiete, denjenigen, die sich selbst und freiwillig der Gefahr aussetzen, nicht den Schutz der Tierhalterhaftung zu gewähren.[1329] Dadurch sollen

---

1320 *Looschelders*, Die Mitverantwortlichkeit des Geschädigten, S. 450.

1321 Zusammenfassend siehe BGH, NJW 2013, 2661 Rn. 11.

1322 BGH, NJW-RR 2006, 813 (814 f.); BGH, NJW 1999, 3119; BGH, NJW 1974, 234 (235); BGH, NJW 1978, 2158 (2158); BGH, NJW 1992, 2474 (2474); OLG Frankfurt a. M., VersR 1985, 670; OLG Frankfurt a. M., VersR 1981, 935 (936); LG Landau, VersR 76, 103 (104).

1323 RGZ 58, 410 (412 f.); RG JW 1905, 143.

1324 *Grüneberg*, in: Grüneberg, BGB, § 254 Rn. 32 ff., 67; *Sprau*, in: Grüneberg, BGB, § 833 Rn. 1, 8; *Wagner* in: MüKoBGB, § 833 Rn. 25 ff.; *Eberl-Borges*, in: Staudinger BGB, § 833 Rn. 190; Wilhelmi, in: Erman § 833 Rn. 6.

1325 Für weiterführende Erläuterungen zu den in der Literatur vertretenen Meinungen siehe *Kipp*, VersR 2000, 1348.

1326 *Fikentscher/Heinemann*, Schuldrecht, § 113 Rn. 1686; *Looschelders*, Die Mitverantwortlichkeit des Geschädigten, S. 450 m. w. N.

1327 OLG Zweibrücken, NJW 1971, 2077.

1328 OLG Zweibrücken, NJW 1971, 2077 (2078).

1329 Siehe hierzu mit ausführlicher Begründung *Kipp*, VersR 2000, 1348.

Anreize für den Geschädigten geschaffen werden, die Sorgfalt zu steigern und das Aktivitätsniveau zu reduzieren.[1330] Dieser Auffassung zufolge entfällt die Tierhalterhaftung in allen Fällen, in denen der Geschädigte von der Tiergefahr wusste und dieser hätte ausweichen können.[1331] Dabei wird jedoch vorausgesetzt, dass dem Geschädigten die erhöhte Gefahr bewusst war, fahrlässiges Nichterkennen ist nicht ausreichend.[1332]

Vertreten wird von anderen Stimmen in der Literatur, dass zur Behandlung des Beitrages des Geschädigten nicht eine Einschränkung des Schutzzwecks vorzunehmen ist, sondern dieser vielmehr im Rahmen des § 254 BGB als Mitverschulden zu berücksichtigen ist.[1333]

c) *Eigene Stellungnahme*

Die Rechtsprechung und Literatur sind sich damit darüber einig, dass es nicht auswirkungslos auf die Tierhalterhaftung sein kann, wenn der Geschädigte sich bewusst einer gefährlichen Situation aussetzt, die zu einem Schaden führt. Strittig ist jedoch, ob ein Ausschluss auf Tatbestandsebene oder vielmehr eine Korrektur über § 254 BGB stattzufinden hat.[1334] Welcher dieser Ansichten zu folgen ist, ist Gegenstand dieses Abschnitts.

aa) Ablehnung der teleologischen Reduktion des § 833 S. 1 BGB

Der Wortlaut der Norm sieht eine uneingeschränkte Haftung ohne Ausnahme bei Selbstgefährdung des Geschädigten vor. Eine Einschränkung des Schutzbereiches des § 833 BGB kommt deshalb nur in Betracht, wenn Gründe vorliegen, die eine

---

1330 *Mayrhofer*, Außervertragliche Haftung für fremde Autonomie, S. 221.

1331 *Hofmann*, Haftpflichtrecht für die Praxis, S. 133: Die Fälle der Gefahrübernahme durch den Geschädigten werden rechtlich als Einwilligung desselben in eine mögliche Rechtsgutverletzung gewertet, womit die Rechtswidrigkeit der Schädigung entfällt.

1332 *Hofmann*, Haftpflichtrecht für die Praxis, S. 133: Des Weiteren wird die Aussetzung der Gefahr des Geschädigten ohne rechtliche, berufliche oder moralische Verpflichtung zur Annahme der Einwilligung in die Rechtsgutverletzung vorausgesetzt.

1333 *Eberl-Borges*, in: Staudinger BGB, § 833 Rn. 188 ff.; *Looschelders*, Die Mitverantwortlichkeit des Geschädigten, S. 450; *Grüneberg*, in: Grüneberg, BGB, § 254 Rn. 32; *Herrmann*, JR 1980 Heft 12, 493 mit Nachweisen zu anderen Ansichten wie stillschweigendem Haftungsausschluss, rechtfertigender Einwilligung in die Verletzung oder Rechtsinstitut eigener Art.

1334 *Kipp*, VersR 2000, 1348.

teleologische Reduktion der Vorschrift gebieten.[1335] Hierbei ist schon die erste Voraussetzung, dass die in § 833 S. 1 BGB geregelte Gefährdungshaftung dem Willen des Gesetzgebers nach nicht für solche Fälle gelten sollte, in denen sich Personen freiwillig und im eigenen Interesse der Tiergefahr ausgesetzt haben, nicht gegeben. Ein solcher Wille des Gesetzgebers lässt sich den Gesetzesmaterialien nicht entnehmen, vielmehr hat dieser es ausdrücklich abgelehnt, eine entsprechende haftungsausschließende Regelung für die Fälle aufzunehmen, in denen das Verschulden der geschädigten Person eine Rolle gespielt hat.[1336] Auch liegen keine anderen Gründe vor, die eine Einschränkung der Vorschrift erforderlich machen, um zu sachgemäßen Ergebnissen zu kommen. Insbesondere die für eine teleologische Reduktion angeführten Wertungen der §§ 8, 8a StVG führen zu keinem anderen Ergebnis. Der Gesetzgeber hat sich zur Förderung der wirtschaftlichen Entwicklung der Kfz-Branche dazu entschieden, den Schutz außenstehender Personen dem Schutz von Fahrgästen vorzuziehen und letztere deshalb aus dem Anwendungsbereich der Haftung auszunehmen.[1337] Diese für die Einschränkung der Kfz-Halterhaftung maßgeblichen Gründe treffen auf die Tierhalterhaftung insbesondere im Hinblick auf die Exkulpationsmöglichkeit aus § 833 S. 2 BGB jedoch nicht zu.[1338]

bb) Kürzung des Schadensersatzanspruches über § 254 BGB

Eine Einschränkung des persönlichen Schutzbereiches ist auch nicht angebracht, wenn sich der Geschädigte bewusst besonderen Risiken aussetzt, die eine erhöhte Gefahr hervorrufen. Die spezifische Tiergefahr wird dabei nicht durch die besonders eingegangenen Risiken überlagert.[1339] Der Haftungsgrund, den die Tiergefahr darstellt, bleibt auch bei erhöhter Gefahr bestehen, weshalb die Haftung nicht auszuschließen ist.[1340] Es steigt lediglich die Verletzungswahrscheinlichkeit des Tierverhaltens. Auch der Sinn und Zweck der Norm steht dieser Auffassung nicht entgegen. Die Tierhalterhaftung zielt darauf ab, abstrakt und allgemein Dritte vor der von den Tieren ausgehenden Gefahr zu schützen. Dieser Schutz soll gerade

---

1335 *Looschelders*, Die Mitverantwortlichkeit des Geschädigten, S. 451 ff. mit ausführlichen Erläuterungen zur im Ergebnis abgelehnten teleologischen Reduktion der Vorschrift.

1336 *Looschelders*, Die Mitverantwortlichkeit des Geschädigten, S. 451.

1337 *Looschelders*, Die Mitverantwortlichkeit des Geschädigten, S. 454.

1338 *Looschelders*, Die Mitverantwortlichkeit des Geschädigten, S. 454.

1339 A. A. *Looschelders*, in: BeckOGK BGB, § 254 Rn. 151.

1340 *Eberl-Borges*, in: Staudinger BGB, § 833 Rn. 192.

unabhängig von der Handlung des Geschädigten gelten und ausschließlich die durch die Tierhaltung geschaffene Gefahr kompensieren.

Das Verhalten des Geschädigten und der Gesichtspunkt der bewussten Selbstgefährdung sind daher nicht zum Anlass zu nehmen, den Tatbestand des § 833 S. 1 BGB einzuschränken, sondern ihnen ist vielmehr im Rahmen des Mitverschuldens Rechnung zu tragen. So wurde in Fällen, in denen bewusst auf jegliche Vorsichtsmaßnahmen verzichtet wurde und somit ungewöhnliche Risiken eingegangen wurden, das Verhalten im Rahmen des Mitverschuldens gewürdigt und der Ersatzanspruch insgesamt versagt.[1341] Die Lösung der Fälle der bewussten Selbstgefährdung über das Mitverschulden i. S. d. § 254 BGB führt darüber hinaus nicht wie bei dem Rechtsinstitut des Handelns auf eigene Gefahr und den dafür erforderlichen besonderen Gefahren zu einer Rechtsunsicherheit im Rahmen der Tierhalterhaftung.[1342] Vertreten wird beispielsweise, dass im Großteil der Fälle, in denen § 254 BGB angewendet wird, bereits ein Handeln auf eigene Gefahr vorliegt.[1343] Dies zeigt, dass die Unterscheidung zwischen Handeln auf eigene Gefahr und Mitverschulden Überlappungen zur Folge hat und keine klare Grenze zwischen beiden Rechtsinstituten gezogen werden kann. Der Anwendungsbereich des § 254 BGB geht vielmehr über das Handeln auf eigene Gefahr hinaus, da er nicht auf ein vorsätzliches Handeln des Geschädigten beschränkt ist, sondern auch greift, wenn es für den Geschädigten erkennbar war, dass er sich einer Gefahr aussetzt.[1344]

2. Frankreich

a) Entwicklung in der Rechtsprechung

Das Rechtsinstitut des Handelns auf eigene Gefahr wird im französischen Recht als „acceptation des risques" bezeichnet und wurde zunächst für die im Rahmen von sportlicher Betätigung entstehenden Risiken entwickelt.[1345] Unterschieden wird dabei zwischen den Fällen, in denen das Handeln auf eigene Gefahr

1341 OLG Koblenz, VersR 2013, 727: Ein Pferdehalter überquerte mittig eine Weide, auf der sich ausschließlich fremde Pferde befanden, und verzichtete dabei bewusst auf jegliche Vorsichtsmaßnahmen. Das Gericht entschied, dass der Pferdehalter damit eine Gefährdungssituation bewusst herbeigeführt hat, in der sich die typische Tiergefahr realisiert hat, und das Mitverschulden deshalb derart gravierend sei, dass der Ersatzanspruch damit insgesamt entfalle.

1342 *Bornhövd*, VersR 1979, 398 (399).

1343 *Schmid*, JR 1976, 277.

1344 *Looschelders*, Die Mitverantwortlichkeit des Geschädigten, S. 457.

1345 *Looschelders*, Die Mitverantwortlichkeit des Geschädigten, S. 89.

eine „faute de la victime" darstellt und den Fällen, bei welchen keine „faute de la victime" vorliegt, weil es sich um die normalen Risiken handelt, die mit der Teilnahme an Sportveranstaltungen verbunden sind.[1346] Es wurde zunächst von der Rechtsprechung die Auffassung vertreten, dass Art. 1242 Abs. 1 C. civ. nicht anwendbar sei, wenn der Geschädigte die im Rahmen von sportlicher Betätigung entstehenden normalen Risiken akzeptiert habe (sog. „acceptation des risques sportifs normaux"[1347]).[1348] Begründet wurde dies im Rahmen von Art. 1242 Abs. 1 C. civ. und Art. 1243 C. civ. mit einem stillschweigenden Verzicht auf die Geltendmachung von Schadensersatzansprüchen.[1349]

Diese Auffassung wurde mit der Entscheidung vom 4. November 2010 aufgegeben, die eine Kehrtwende des französischen Kassationsgerichtshofs darstellt.[1350] Aufgrund der Allgemeinheit der Formulierung wurde das Urteil als endgültige Aufgabe der bis dahin geltenden Risikoübernahme-Rechtsprechung gewertet.[1351] Die Reaktion auf diese rechtsprechungsumkehrende Entscheidung erfolgte kurz darauf mit der Einführung des Art. L. 321-3-1 Code du sport, der die gegenteilige Regel aufstellt und die Anwendung des Art. 1242 C. civ. im Hinblick auf materielle Schäden bei Sportveranstaltungen ausschließt.[1352] Nach dieser Entwicklung kann zusammenfassend festgestellt werden, dass der Einwand der freiwilligen Risikoübernahme auf sportliche Veranstaltungen und dabei auf materielle Schäden beschränkt ist und außerhalb dieser Fälle nicht mit befreiender Wirkung angeführt werden kann.

Damit ist zwischen materiellen und immateriellen Schäden zu unterscheiden. Liegt ein immaterieller Schaden vor – unabhängig davon, ob dieser im Rahmen einer sportlichen Veranstaltung entstanden ist oder nicht – kann der Geschädigte die Haftung gem. Art. 1242 C. civ. geltend machen, ohne, dass ihm der Einwand

---

1346 *Looschelders*, Die Mitverantwortlichkeit des Geschädigten, S. 89.

1347 Cass. civ. 2e, 8. März 1995, JCP 1995 II, 22499.

1348 *Renault-Brahinsky*, Droit des obligations, S. 170; *Julien*, Dalloz action 2020, Rn. 2221.253; *Grynbaum*, Dalloz 2011, Rn. 234; *Terré*, Droit civil, Rn. 1027.

1349 *Looschelders*, Die Mitverantwortlichkeit des Geschädigten, S. 89.

1350 Cass. civ. 2e, 4. November 2010, n° 0965.947, D. 2010, 2772: „*[…] la victime d'un dommage causé par une chose peut invoquer la responsabilité resultant de l'article 1384, al. 1er, du code civil, à l'encontre du gardien de la chose, instrument du dommage, sans que puisse lui être opposé son acceptation des risques […].*"

1351 *Grynbaum*, Dalloz 2011, Rn. 234.

1352 Art. L321-3-1 code du sport: „*Les pratiquants ne peuvent être tenus pour responsables des dommages matériels causes à un autre pratiquant par le fait d'une chose qu'ils ont sous leur garde, au sens du premier alinéa de l'article 1242 du code civil, à l'occasion de l'exercice d'une pratique sportive […].*"

der freiwilligen Risikoübernahme entgegengehalten werden kann. Liegt hingegen ein materieller Schaden vor, ist der Einwand der freiwilligen Risikoübernahme im Rahmen der Haftung gem. Art. 1242 C. civ. lediglich dann möglich, wenn der Schaden bei einer sportlichen Veranstaltungen entstanden ist.

b) Auswirkungen dieser Rechtsprechung auf die Tierhalterhaftung

Fraglich ist jedoch, inwiefern die auf Art. 1242 C. civ. gemünzte Rechtsprechung sowie der Artikel aus dem Code du sport sich auf die Tierhalterhaftung gem. Art. 1243 C. civ. auswirken. Dabei ist eine Differenzierung vorzunehmen.

Hinsichtlich der Rechtsprechungsumkehr mit dem Urteil vom 4. November 2010 ist im Hinblick auf die Anpassung der Tierhalterhaftung an die allgemeine Sachhalterhaftung aus Art. 1242 Abs. 1 C. civ. eine Ausweitung auf die Tierhalterhaftung anzunehmen und damit die freiwillige Risikoübernahme als haftungsausschließender Grund abzulehnen. Dabei kann für die Begründung des Ausschlusses der Risikoübernahme dieselbe Argumentation wie für die allgemeine Sachhalterhaftung herangezogen werden.[1353]

Die Regelung aus dem Code du sport wiederum sollte nicht auf die Tierhalterhaftung angewendet werden. Die Regelung des Art. L. 321-3-1 Code du sport beschränkt sich ausdrücklich auf die allgemeine Sachhalterhaftung aus Art. 1242 C. civ. Eine Anwendung auf die Tierhalterhaftung aus Art. 1243 C. civ. ist hier nicht mit der Argumentation, dass Art. 1243 C. civ. eine besondere Anwendung der allgemeinen Sachhalterhaftung sei, zu erreichen. Die Gesetzesregelung des Code du sport, die einen allgemeinen Haftungsgrund ausschließt, ist eng auszulegen.[1354] Der Gesetzgeber hat sich ausdrücklich dazu entschieden, die Regelung des Art. L. 321-3-1 Code du sport auf Art. 1242 Abs. 1 C. civ. zu beschränken. Die freiwillige Risikoübernahme kann damit im Einklang mit der seit 2010 geltenden Rechtsprechung ungeachtet der Entwicklung im Code du sport nicht im Rahmen der Tierhalterhaftung geltend gemacht werden und somit nicht zum Haftungsausschluss des Tierhalters führen.

1353 *Julien*, Dalloz 2018, Rn. 38; *Julien*, Dalloz action 2020, Rn. 2222.53.
1354 *Julien*, Dalloz 2018, Rn. 38.

3. *Südafrika*

a) *Actio de pauperie*

Die freiwillige Risikoübernahme kann als „defence“ im Rahmen der *actio de pauperie* vorgetragen werden.[1355] Sie entspricht der Maxime *volenti non fit iniuria.*[1356] So wurde in dem Fall *Spires* v. *Scheepers*[1357] die Schadensersatzklage der auf einer Straußfarm angegriffenen Person mit der Begründung der freiwilligen Risikoübernahme abgewiesen. Der Kläger wusste bei Betreten der Farm, dass die Vögel auf dem Gelände frei herumlaufen, und wurde von dem Beklagten ausdrücklich darauf hingewiesen, dass er von einem der Vögel angegriffen werden könnte und er deshalb einen Zweig mit sich führen muss, mit dem er sich vor dem Angriff schützen kann. Das Gericht wies die Klage aufgrund der Kenntnis des Klägers und des ausdrücklichen Hinweises auf das bestehende Risiko durch den Beklagten ab, sodass dieser keinen Schadensersatz für die erlittene Verletzung verlangen konnte. Die freiwillige Risikoübernahme wurde dabei nicht unter die Kategorie des Mitverschuldens gefasst, sondern als eigenständige „defence“ gewertet.[1358] Auch in der Entscheidung *Adams* v. *Uys*,[1359] in der ein Kind, das ein Gespann von Zugtieren führte, die die Erntemaschine zogen, beim Ausbruch der Tiere zu Tode getrampelt wurde, wurde die *actio de pauperie* mit der Begründung der freiwilligen Risikoübernahme abgelehnt. Argumentiert wurde dabei, dass der klagende Vater von der Gefährlichkeit der Arbeit sowie von dem Verletzungsrisiko wusste und durch die Einwilligung, dass sein Sohn diese Arbeit verrichtet, auch dem potenziellen Verletzungsrisiko zugestimmt hat.[1360] Die Hürde der Annahme einer freiwilligen Risikoübernahme ist dabei nicht sehr hoch angesetzt, wie der Fall *Maartens* v. *Pope*[1361] zeigt. In dieser Entscheidung reichte das bloße Warnschild vor dem Hund am Eingang des Grundstücks aus, um von einer freiwilligen Risikoübernahme der Person auszugehen, die das Grundstück betreten hat und von dem Hund gebissen wurde.

1355 *Miller*, SALJ 1981, 13; *du Plessis/Kok*, South African Law, S. 94.

1356 *Joubert* v. *Combrinck*, 1980, 2 All SA, 205 (T); *Van Wyk/Van der Westhuizen*, Without prejudice 2019, S. 26.

1357 *Spires* v. *Scheepers*, 1883, 3 EDC, 173, 177.

1358 *Spires* v. *Scheepers*, 1883, 3 EDC, 173, 177, 180.

1359 *Adams* v. *Uys*, 1929, 2 PH J26 (C), 59.

1360 *Adams* v. *Uys*, 1929, 2 PH J26 (C), 59.

1361 *Maartens* v. *Pope*, 1992, 2 All SA, 524 (N), 531.

b) *Actio legis Aquiliae, actio de feris und actio de pastu*

Die „defence" der freiwilligen Risikoübernahme kann auch im Rahmen der *actio legis Aquiliae* vorgetragen werden. Um die Maxime *volenti non fit iniuria* anwendbar zu machen, muss jedoch nachgewiesen werden, dass das eingegangene Risiko tatsächlich bekannt war, Art und Ausmaß des Risikos erkannt und verstanden wurde und das Risiko freiwillig eingegangen wurde. Somit besteht es aus den drei kumulativen Elementen, die sich jedoch nicht zwingend aus dem Verhältnis zueinander ergeben, sondern jeweils gesondert festgestellt werden müssen.[1362]

Auch der *actio de feris* kann die freiwillige Risikoübernahme durch den Geschädigten entgegengehalten werden. In der Entscheidung *Hanger* v. *Regal*, in der ein Himalaya-Bär in einem Käfig gehalten wurde, der von einem Drahtzaun umgeben war, ließ die Klägerin ihre Finger durch den Zaun ragen und wurde dabei von dem Bären in die Hand gebissen.[1363] Das Gericht hat das Vorbringen der freiwilligen Risikoübernahme in Betracht gezogen, sodass eine Anwendung desselben grundsätzlich auch bei der *actio de feris* möglich ist, jedoch festgestellt, dass in diesem Fall die Klägerin das Risiko nicht hinreichend erkannt hat und nicht freiwillig jegliche Verantwortung übernommen hat.

Die für die *actio de pauperie* vorgesehenen „defences" gelten für die *actio de pastu* entsprechend, sodass auch in diesem Fall die freiwillige Risikoübernahme bei Vorliegen der hierfür erforderlichen Voraussetzungen geltend gemacht werden kann.[1364]

4. *Fazit zum Handeln auf eigene Gefahr bzw. zur freiwilligen Risikoübernahme*

Die untersuchten Rechtsordnungen handhaben die freiwillige Risikoübernahme jeweils auf unterschiedliche Art. Während in Deutschland ein Handeln auf eigene Gefahr nur in sehr seltenen Fällen von der Rechtsprechung angenommen wird und dann im Rahmen des Mitverschuldens behandelt wird, ist es in Frankreich nicht möglich, die freiwillige Risikoübernahme geltend zu machen. Im südafrikanischen Recht hingegen ist die freiwillige Risikoübernahme als eigenständige „defence" anerkannt, die anders als im deutschen Recht nicht Teil der Prüfung des Mitverschuldens ist. Auch ist anders als in Deutschland die Hürde, eine freiwillige Risikoübernahme durch die geschädigte Person anzunehmen, nicht hoch. Die restriktive Handhabung in der deutschen Rechtsordnung wird damit in der

---

1362 *Castell* v. *De Greef*, 1994, (4) All SA 63, 79.

1363 *Hanger* v. *Regal*, 2015, (3) SA, 115.

1364 *Potgieter* v. *Smit*, 1985, (1) All SA 154 (D), 161, 162.

südafrikanischen Rechtsordnung nicht verfolgt, vielmehr kann anhand konkreter Kriterien eine freiwillige Risikoübernahme nachgewiesen werden.

Eine vollständige Ablehnung der den Tierhalter entlastenden freiwilligen Risikoübernahme durch die verletzte Person, wie es in Frankreich gehandhabt wird, ist im Vergleich zu den anderen gewählten Lösungen kritikwürdig. Die pauschale Ablehnung dieses Konstrukts hat zur Folge, dass der Tierhalter auch in Fällen haften muss, in denen die geschädigte Person bewusst besondere Risiken eingegangen ist, die im Umkehrschluss dem Tierhalter zugerechnet werden. Zwar hat grundsätzlich der Tierhalter für die geschaffene Gefahr zu haften, jedoch rechtfertigt dies nicht, dass er auch in Fällen unbeschränkt haften soll, in welchen freiwillig ein Risiko eingegangen wurde, bei welchem eine Schadensentstehung zu erwarten war.

Wenn eine Person bewusst ein Risiko eingeht, indem sie sich einer potenziellen Gefahr durch ein Tier aussetzt, trägt sie eine gewisse Eigenverantwortung für ihre Handlungen. Das Risikobewusstsein impliziert, dass die Person die möglichen Konsequenzen ihres Handelns erkennt und akzeptiert. Die Verantwortung für das eingegangene Risiko kann in diesem Fall nicht vollständig auf den Tierhalter abgewälzt werden. Der Tierhalter ist zwar für die Tiergefahr verantwortlich, die durch das Tier geschaffen wird, jedoch sollte er nicht uneingeschränkt für die Konsequenzen haften, die aus dem bewussten Risikoverhalten einer anderen Person resultieren. Eine angemessene Verteilung der Verantwortung berücksichtigt die Eigenverantwortung der Person, die das Risiko eingeht, sowie die Verantwortung des Tierhalters für die Tiergefahr. Um eine gerechte Verteilung der Verantwortung zu ermöglichen, kann die freiwillige Risikoübernahme des Geschädigten zum Ausschluss eines Schadensersatzanspruches führen.

Die Möglichkeit eines Ausschlusses der Haftung bei freiwilliger Risikoübernahme ist damit nicht pauschal abzulehnen, sondern vielmehr differenziert und unter bestimmten Voraussetzungen anzuerkennen. Da nach dem allgemeinen Sinn und Zweck der Tierhalterhaftung ein Ausgleich für die durch die Tierhaltung geschaffene Gefahr für die Allgemeinheit hergestellt werden soll, ist es vorzugswürdig wie in Deutschland, die freiwillige Risikoübernahme restriktiv zu handhaben und dieses Konstrukt damit nur in Ausnahmefällen anzunehmen. Ein gerechter Ausgleich kann nicht erfolgen, wenn die Haftung durch das Verhalten der geschädigten Person ohne die Überwindung besonderer Hürden ausgehebelt werden kann. Bei der Annahme einer freiwilligen Risikoübernahme durch die geschädigte Person kommt es auf die subjektive Einstellung derselben zum Zeitpunkt der den Schaden herbeiführenden Handlung an. Aufgrund der bedingten Beweisbarkeit der subjektiven Einstellung ist eine großzügige Handhabung wie in Südafrika abzulehnen und der Ausnahmecharakter zu bevorzugen.

Im Hinblick auf die Rechtsfolge der Annahme einer freiwilligen Risikoübernahme ist die deutsche Lösung vorzugswürdig. Die freiwillige Risikoübernahme stellt ein Verhalten der geschädigten Person dar, bei dem sie sich bewusst einem Risiko aussetzt. Dieses Verhalten erhöht das Risiko, dass ein Schaden entsteht, lässt aber die bestehende Tiergefahr nicht entfallen. Selbst wenn eine Person freiwillig ein Risiko eingeht und sich der Gefahr bewusst ist, die von einem bestimmten Tier ausgeht, bedeutet dies nicht, dass die grundlegende Tiergefahr beseitigt wird. Das Tier behält seine natürlichen Instinkte und Verhaltensweisen bei, die potenziell zu Schäden führen können.

Der hinter der Tierhalterhaftung stehende Haftungsgrund bleibt damit auch bei freiwilliger Risikoübernahme durch die verletzte Person bestehen. Anders als im südafrikanischen Recht ist die Haftung nicht auf dieser Grundlage auszuschließen. Die Berücksichtigung des entsprechenden Verhaltens hat vielmehr im Rahmen der Abwägung bei dem zu würdigenden Mitverschulden der geschädigten Person zu erfolgen, bei der ein Entfallen der Haftung auch möglich ist. Mit dieser Lösung bleibt die Haftung zunächst bestehen und kann im Rahmen der Prüfung des Verschuldensbeitrags der verletzten Person angepasst werden.

III. Drittverschulden

1. Deutschland

a) Grundsatz zum Drittverschulden

Das Verschulden eines Dritten hindert die Erfüllung des Tatbestandes des § 833 BGB nicht. Vielmehr entsteht durch das Verschulden des Dritten eine gesamtschuldnerische Haftung, die in § 840 BGB geregelt ist. Gem. § 840 Abs. 1 BGB haften der Dritte und der Tierhalter im Außenverhältnis dem Geschädigten als Gesamtschuldner, sodass der Tierhalter dem Geschädigten gegenüber nicht das Verschulden des Dritten entgegenhalten kann. Jeder Schädiger ist vielmehr gegenüber dem Geschädigten zum Ersatz des gesamten Schadens verpflichtet, der den Ersatz aber nur einmal fordern darf.[1365] Ist die Haftung des Tierhalters und des Dritten nicht gleich hoch, besteht das Gesamtschuldverhältnis nur bis zum geringeren Betrag.[1366]

Im Innenverhältnis besteht die in § 840 Abs. 3 BGB geregelte Besonderheit darin, dass der Dritte im Verhältnis zum Tierhalter allein verpflichtet sein soll. Die vollständige Freistellung des Tierhalters gilt jedoch nur, wenn der Dritte aus

1365 *Sprau*, in: Grüneberg, BGB, § 840 Rn. 3.
1366 *Sprau*, in: Grüneberg, BGB, § 840 Rn. 3.

wirklichem oder vermutetem Verschulden haftet, nicht, wenn dieser aus einer Gefährdung heraus haftet, da eine unterschiedliche Behandlung der Gefährdungshaftungstatbestände nicht gerechtfertigt ist.[1367] Somit wird der Tierhalter im Innenverhältnis nur vollständig entlastet, wenn den Dritten eine Verschuldenshaftung trifft. Handelt es sich bei dem Dritten hingegen ebenso um eine Gefährdungshaftung, ist der Tierhalter nach den allgemeinen Regeln ausgleichspflichtig und hat einen Teil des Schadens zu tragen.

Anders als das Mitverschulden des Geschädigten führt das Verschulden eines Dritten damit dazu, dass der Tierhalter dieses der Inanspruchnahme durch den Geschädigten nicht entgegenhalten kann und für den Schaden zunächst aufkommen muss. Ob der Tierhalter dann im Innenverhältnis haftet und inwieweit er sich entlasten kann, hängt von der Natur der Haftung des Dritten ab.

b) Zusammentreffen mehrerer Haftpflichtiger

Sind mehrere Personen Halter desselben Tieres und wird ein Dritter durch das Tier verletzt, haften die Halter gem. § 840 Abs. 1 BGB dem Dritten gegenüber als Gesamtschuldner.[1368] Im Innenverhältnis erfolgt der Ausgleich gem. §§ 840 Abs. 1, 426 BGB.

Wird hingegen einer der Halter selbst verletzt, besteht kein Anspruch aus § 833 BGB gegen die anderen Halter, da der Tierhalter selbst nicht in den Schutzbereich des § 833 BGB fällt.[1369] Dies ist dem Schutzzweck der Tierhalterhaftung geschuldet, andere vor möglichen Schäden zu schützen und einen Ausgleich dafür darzustellen, dass andere der Tiergefahr durch die Haltung ausgesetzt werden.[1370]

Wird hingegen ein Schaden durch mehrere Tiere verschiedener Halter verursacht, haften diese im Außenverhältnis ebenfalls nach § 840 Abs. 1 BGB als Gesamtschuldner. Im Innenverhältnis erfolgt der Ausgleich nach §§ 840 Abs. 1, 426 BGB.[1371] Ein weiterer möglicher Fall ist die Verursachung des Schadens durch ein Tier und zugleich durch die unerlaubte Handlung eines Dritten. In diesem Fall haften der Tierhalter und der aus unerlaubter Handlung Ersatzpflichtige dem Geschädigten als Gesamtschuldner aus § 840 Abs. 1 BGB, im Innenverhältnis haftet jedoch nur der schuldhaft handelnde Verursacher gem. § 840 Abs. 3 BGB.[1372]

1367 *Spindler*, in: BeckOK BGB, § 840 Rn. 25.
1368 *Sprau*, in: Grüneberg, BGB, § 833 Rn. 14.
1369 *Spindler*, in: BeckOK BGB, § 833 Rn. 39.
1370 OLG Köln, NJW-RR 1999, 1628.
1371 *Eberl-Borges*, in: Staudinger BGB, § 833 Rn. 212.
1372 *Eberl-Borges*, in: Staudinger BGB, § 833 Rn. 213.

Wird der Tierhalter selbst durch sein Tier aufgrund der Handlung eines Dritten verletzt, haftet der Dritte dem Tierhalter entsprechend § 840 Abs. 3 BGB alleine. Die Anrechnung der mitwirkenden Tiergefahr entfällt mithin, wenn dem geschädigten Tierhalter nur die mitwirkende Tiergefahr, dem anderen Teil dagegen ein feststehendes Verschulden zur Last fällt.[1373] Begründet wurde dies mit einem Vergleich zu der im Rahmen von § 840 Abs. 3 BGB stattfindenden vollständigen Entlastung der Tierhalters im Innenverhältnis, wenn den Dritten eine Verschuldenshaftung trifft. Konsequenterweise muss diese Privilegierung dem Tierhalter auch dann zugute kommen, wenn es nicht um die Schädigung eines Dritten, sondern um einen eigenen Schaden geht, für den neben dem schuldhaften Verhalten eines anderen auch die Gefahr mitursächlich ist, die von einem Tier ausgeht, für das der Geschädigte gem. § 833 BGB verantwortlich ist.[1374]

Wird ein Schaden durch ein Tier und ein Kraftfahrzeug verursacht, erfolgt der Ausgleich gem. § 17 Abs. 4 StVG zwischen den Haftpflichtigen nach § 17 Abs. 2 StVG entsprechend.[1375]

Schema Nr. 6

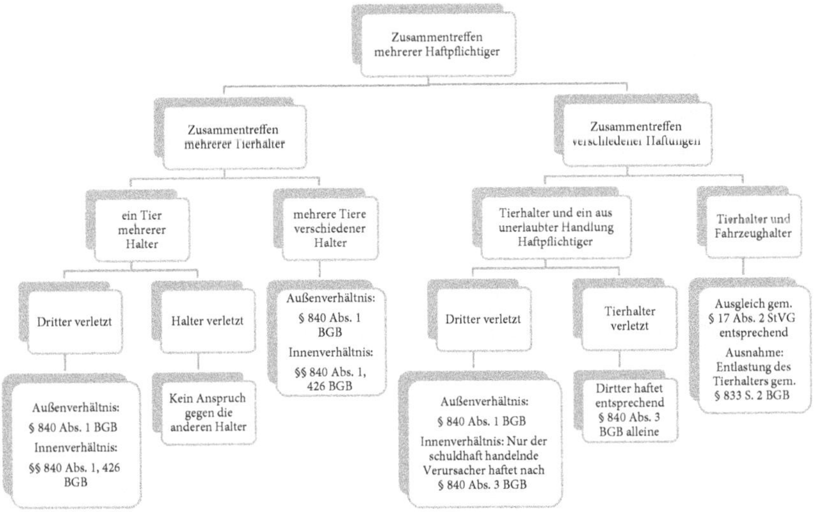

1373 OLG Hamm, NJW-RR 1990, 794 (795); OLG Schleswig, NJW-RR 1990, 470.
1374 OLG Hamm, NJW-RR 1990, 794 (795).
1375 RGZ 82, 112 (115).

2. *Frankreich*

a) *Grundsatz zum Drittverschulden*

aa) Aktuelle Rechtslage

Das Drittverschulden ist im französischen Recht als „fait d'un tiers" Teil der „cause étrangère."[1376] Der Begriff „fait d'un tiers" ist im weiten Sinn zu verstehen und bezieht jede haftungsbegründende Handlung eines Dritten mit ein.[1377] Der französische Kassationsgerichtshof setzt wie bei dem „fait de la victime" für eine vollständige Entlastung („exonération totale") voraus, dass die Handlung, die Ursache des Unfalls war, die Merkmale der höheren Gewalt aufweist.[1378] Somit muss die Handlung des Dritten unvorhersehbar und unvermeidbar gewesen sein. Bei der Annahme einer Handlung, die diese Merkmale aufweist und den Tierhalter vollständig entlastet, ist die Rechtsprechung sehr zurückhaltend.[1379] Eine teilweise Entlastung des Tierhalters wegen Drittverschuldens wird hingegen abgelehnt.[1380] War das Handeln des Dritten für den Schaden mitursächlich, haftet der „gardien" somit für den ganzen Schaden und kann nur mit einem Rückgriffsanspruch gegen den Dritten vorgehen.[1381] Die Rechtsprechung hat damit hinsichtlich der teilweisen Entlastung bei Verschulden des Geschädigten und bei Verschulden des Dritten eine andere Lösung gewählt und geht nicht einheitlich vor. Anders als beim Verschulden des Geschädigten hat bei dem Fall des Drittverschuldens keine Rechtsprechungsumkehr stattgefunden, vielmehr wird die teilweise Entlastung von Beginn an abgelehnt.

bb) Ausblick auf die geplante Reform

Der Reformentwurf entspricht dieser Rechtsprechung und sieht die teilweise Befreiung nur bei pflichtwidrigem Verhalten des Geschädigten, jedoch nicht eines Dritten vor.[1382]

1376 *Terré*, Droit civil, Rn. 1021; *Rottler*, Die Tierhalterhaftung und ihre Begrenzung, S. 80.

1377 *Bacache-Gibeili*, Les obligations, S. 558.

1378 *Terré*, Droit civil, Rn. 1025; *Grynbaum*, Dalloz 2011, Rn. 230.

1379 *Grynbaum*, Dalloz 2011, Rn. 230.

1380 *Bacache-Gibeili*, Les obligations, S. 558.

1381 *Terré*, Droit civil, Rn. 1025; *Grynbaum*, Dalloz 2011, Rn. 231; Cass. civ. 2ᵉ, 15. Juni 1977, JCP 1978, II; Cass. civ. 2ᵉ, 4. März 1970, Bull. civ. II, n° 76–78, 80, S. 59–63.

1382 Siehe hierzu Art. 1253 f. PR.

b) *Zusammentreffen mehrere Haftpflichtiger*

Im französischen Deliktsrecht gilt das grundlegende Prinzip der alternativen und nicht der kumulativen Haltung.[1383] Anders als es diese Formulierung vermuten lässt, bedeutet dies nicht, dass sich ein und dieselbe Sache nur in der Obhut einer Person befinden kann. Vielmehr soll dadurch zum Ausdruck gebracht werden, dass die gleichzeitige Haltereigenschaft verschiedener Personen in verschiedenen Funktionen nicht möglich ist. Handeln die Personen jedoch in derselben Funktion, ist die Haltung des Tieres durch mehrere Personen durchaus denkbar.[1384] Treffen mehrere Halter aufeinander, ist für die Haftung zwischen verschiedenen Konstellationen zu unterscheiden. Handelt es sich um ein Tier, das mehrere Halter hat (z. B. Miteigentümer), und verursacht das Tier einen Schaden bei einem Dritten, so haften die Halter gesamtschuldnerisch (*in solidum*).[1385] Jeder der Mitgewahrsamsinhaber ist dem Geschädigten gegenüber voll ersatzpflichtig.[1386] Wird hingegen einer der Halter des Tieres verletzt, kommt weder eine Haftung gem. Art. 1243 C. civ. noch gem. Art. 1242 C. civ. in Betracht, vielmehr kann der Geschädigte nur gem. Art. 1241 C. civ. oder Art. 1240 C. civ. gegen die anderen Halter vorgehen.[1387] Handelt es sich um mehrere Tiere von verschiedenen Haltern und wird ein Dritter durch die Tiere verletzt, haften die Halter gesamtschuldnerisch.[1388] Im Innenverhältnis erfolgt dann eine Aufteilung zwischen den Haltern verhältnismäßig zu ihrem jeweiligen Verschulden.[1389] Ist nicht herauszufinden, wie sich das jeweilige Verschulden auf die Halter verteilt, erfolgt eine Aufteilung zu gleichen Teilen.[1390] Wird im Zusammenhang mit mehreren Tieren und verschiedenen Haltern einer der Halter verletzt, kann er gegen den anderen Halter vorgehen.[1391] War der Schaden wechselseitig (*corpore corpori*), hat jeder Halter die vollen Kosten des beim jeweils anderen verursachten Schadens zu tragen.[1392]

Der Reformentwurf stellt sich auch bezüglich der Mehrheit der Haftenden als eine bloße Kodifikation des bestehenden Rechts heraus. In Art. 1265 Abs. 1 PR

1383 Siehe hierzu ausführlich unter 2. Kap. E. III. 3. a).
1384 *Julien*, Dalloz action 2020, Rn. 2221.211.
1385 *Dubuisson*, La responsabilité civile, S. 220; *Julien*, Dalloz action 2020, Rn. 2221.231; Cass. civ. 1re, 20. Januar 1987, n° 85-15.746.
1386 *Terré*, Droit civil, Rn. 1013.
1387 *Grynbaum*, Dalloz 2011, Rn. 199.
1388 *Mazeaud/Mazeaud*, Traité théorique et pratique, S. 77.
1389 Cass. civ. 2e, 15. April 2010, n° 09-14.682.
1390 *Julien*, Dalloz 2018, Rn. 16; *Mazeaud/Mazeaud*, Traité théorique et pratique, S. 78.
1391 *Julien*, Dalloz action 2020, Rn. 2221.242.
1392 *Julien*, Dalloz action 2020, Rn. 2221.243.

wird die gesamtschuldnerische Haftung mehrerer Personen für dieselbe Schädigung normativ festgelegt. Art. 1265 Abs. 2 PR regelt den verhältnismäßigen Ausgleich im Innenverhältnis.

Schema Nr. 7

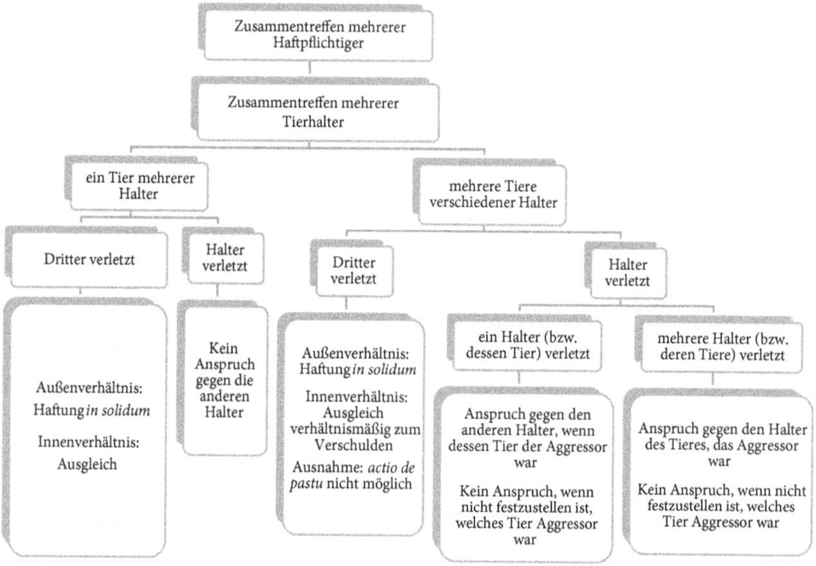

3. *Südafrika*

a) *Grundsatz zum Drittverschulden*

aa) *Actio de pauperie, actio legis Aquiliae* und *actio de feris*

Das Verschulden eines Dritten kann als „defence" im Rahmen der *actio de pauperie* vorgebracht werden.[1393] Entscheidend ist, dass die Handlung des Dritten das Tier zu dem schädigenden Verhalten verleitet hat.[1394] Auch bei der *actio legis*

1393 *Cowell* v. *Friedman & Company* (1888), 5 HCG 22, 47; O'Callaghan v Chaplin, 1927 A.D., 333; S.A.R. v. *Edwards*, 1930 A.D., 10, 12; *Scott*, THRHR 2019, S. 321; Ablehnung des Drittverschuldens als „defence" im Rahmen der *actio de pauperie* in *Cloete* v. *Meyeren*, 2019, 1 All SA 662 (ECP) anschaulich aufbereitet in *Scott*, THRHR 2019, S. 321 ff.

1394 *Purdy* v. *Lever*, 1991 (3) SA 431 (T), 437.

Aquiliae[1395] ist ein solches Vorbringen haftungsbefreiend möglich. Der *actio de feris* kann auch das Drittverschulden entgegengehalten werden. Haftpflichtiger im Rahmen der *actio de feris* ist derjenige, der entgegen den Vorgaben des Erlasses das Tier an den öffentlichen Ort gebracht hat, sodass der Dritte haftet, wenn dieser gegen den Erlass verstoßen hat und dies einer *actio* gegen den Eigentümer erfolgreich entgegengehalten werden kann.[1396]

bb) Besonderheit im Rahmen der *actio de pastu*

Im Rahmen der *actio de pastu* kann das Drittverschulden nicht als „defence" angeführt werden. Der Eigentümer der Tiere, die das Grundstück eines anderen betreten und dort einen Schaden anrichten, soll auch dann haften, wenn ein Dritter dafür verantwortlich ist. Begründet wird dies mit der Nutzungsziehung durch den Eigentümer, der letztlich von den von seinem Vieh gefressenen Ernten profitiert und deshalb auch für Handlungen eines Dritten haften soll.[1397]

b) Zusammentreffen mehrere Haftpflichtiger

aa) *Actio de pauperie, actio legis Aquiliae* und *actio de feris*

Richtet ein Tier, das mehreren Miteigentümern gehört, einen Schaden an, haftet jeder der Eigentümer für den ganzen Schaden *in solidum.*[1398] Zahlt ein Eigentümer den gesamten Schadensersatzbetrag, sind die anderen im Außenverhältnis von ihrer Haftung befreit.

Haben mehrere Tiere zusammen einen Schaden angerichtet, ist jeder Eigentümer im Außenverhältnis anteilig für den Schaden seines Tieres verantwortlich, sofern eine Aufteilung der Schadensbeiträge möglich ist. Ist es hingegen nicht möglich, den Schaden unter den Tieren und deren Handlungen, die dazu geführt haben, aufzuteilen, haftet jeder Eigentümer im Außenverhältnis für den ganzen Schaden *in solidum.*[1399] Der Kläger kann jeden der Eigentümer für den vollen Betrag in Haftung nehmen.[1400] Im Innenverhältnis erfolgt dann ein verhältnismäßiger Ausgleich.[1401] Beispielhaft hierfür ist die Entscheidung *Graan* v. *During,*[1402]

1395 *Macintosh/Scoble*, Negligence in delict, S. 156.

1396 *Neethling/Potgieter/Visser*, Law of delict, S. 386.

1397 *Vermaak v. Du Plessis*, 1974, 4 SA, 353 (O), 359.

1398 *Maasdorp*, The Law of Delicts, S. 55.

1399 *Macintosh/Scoble*, Negligence in delict, S. 162.

1400 *Neethling/Potgieter/Visser*, Law of delict, S. 280.

1401 *Macintosh/Scoble*, Negligence in delict, S. 161; *Hosten/Edwards/Nathan/Bosman*, Introduction to SA law, S. 487.

1402 *Graan* v. *During*, 2 S.C., 308, 309.

in welcher ein Strauß von zwei Hunden gejagt wurde, es jedoch nicht nachgewiesen werden konnte, wie viel jeder einzelne Hund zu der Tötung des Straußes beigetragen hat, sodass entschieden wurde, den verklagten Eigentümer voll haften zu lassen. In der Entscheidung *Nel* v. *Halse*[1403] haben zwei Hunde mehrere Schafe gejagt und getötet. Entschieden wurde, dass der Beklagte, der Eigentümer eines der beiden Hunde ist, für den ganzen Schaden aufkommen muss, da eine Aufteilung der jeweiligen Beiträge aufgrund der Umstände nicht möglich ist. Die vom Gericht in der ersten Instanz angenommene hälftige Haftung des verklagten Eigentümers wurde dabei mit der Begründung abgelehnt, dass beide Tiere zusammengewirkt haben, es unmöglich ist, genau festzustellen, welchen Schadensanteil dem jeweiligen Tier zuzuordnen ist, und der Ausgleich nicht im Außen-, sondern im Innenverhältnis zu erfolgen hat. Im Innenverhältnis konnte dann ebenfalls der voll haftende Eigentümer von dem anderen Eigentümer anteilsmäßig einen Ausgleich verlangen.[1404]

Greifen sich Tiere hingegen gegenseitig an und wird dabei eines der Tiere verletzt oder stirbt, kommt es darauf an, welches Tier den Angriff gestartet hat. Kann nicht festgestellt werden, welches Tier der Aggressor war, kann keine *actio* vorgebracht werden.[1405] Ist ein Nachweis hingegen möglich, kann der Eigentümer des angegriffenen Tieres Schadensersatz mit der *actio de pauperie* verlangen.[1406] Wird das angreifende Tier verletzt, ist eine Schadensersatzklage hingegen nicht möglich.[1407]

bb) Besonderheit im Rahmen der *actio de pastu*

Ist ein Schaden auf mehrere Tiere, die verschiedenen Haltern gehören, zurückzuführen, kommt im Rahmen der *actio de pastu* keine gesamtschuldnerische Haftung in Betracht. Begründet wird dies mit dem fehlenden Zusammenwirken der Tiere, da jedes der Tiere für sich und nicht gemeinsam mit den anderen Tieren weidet.[1408]

1403 *Nel* v. *Halse*, 6 S.C., 275, 277.

1404 *Zimmermann/Visser*, Civil Law and Common Law in South Africa, S. 581.

1405 *Maasdorp*, The Law of Delicts, S. 55; *Bamberg*, Die Haftung der Tierhalter, deren Tiere sich gegenseitig verletzen, S. 8.

1406 *Bamberg*, Die Haftung der Tierhalter, deren Tiere sich gegenseitig verletzen, S. 6.

1407 *Maasdorp*, The Law of Delicts, S. 55.

1408 *Vermaak* v. *Du Plessis*, 1974, 4 SA, 353 (O), 361.

Schema Nr. 8

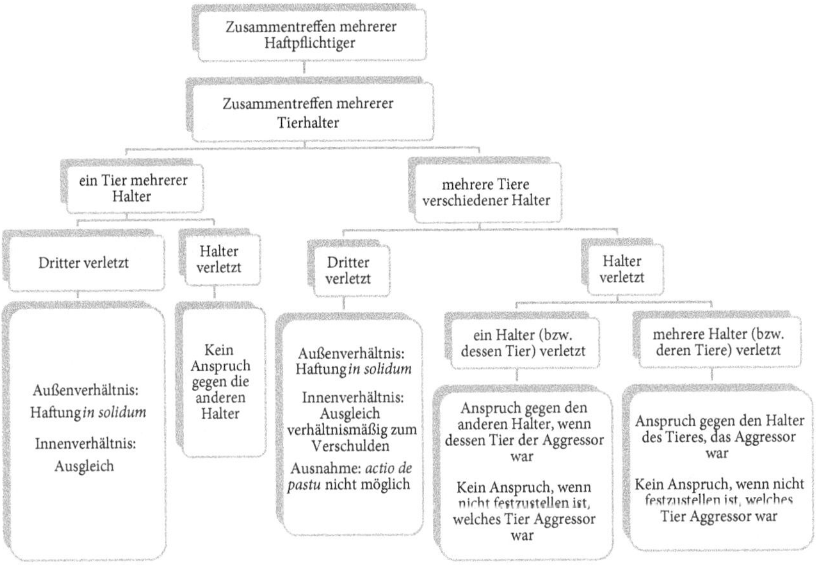

c) *Fazit zum Drittverschulden*

Eine einheitliche Lösung zu der Frage der Berücksichtigung des Drittverschuldens im Rahmen der Tierhalterhaftung der untersuchten Rechtsordnungen ist nicht gegeben. Eine Entlastung des Tierhalters aufgrund des Verschuldens eines Dritten wird in der deutschen Rechtsordnung im Innenverhältnis zum Dritten ermöglicht, jedoch wird dabei unterschieden, ob der Dritte aus Verschuldens- oder Gefährdungshaftung in Anspruch genommen wird. Nur die Verschuldenshaftung des Dritten ermöglicht es dem Tierhalter, sich im Innenverhältnis zum Dritten von der Haftung zu befreien. Handelt es sich hingegen um eine Gefährdungshaftung, haftet im Innenverhältnis jeder nach den allgemeinen Regeln.

Die Unterscheidung zwischen vollständiger und teilweiser Entlastung findet sich auch in der französischen Rechtsordnung. Dort wird jedoch anders als in Deutschland eine vollständige Entlastung des Tierhalters nur unter besonders strengen Umständen zugelassen. Die Handlung des Dritten, die den Schaden verursacht hat, muss zur vollständigen Entlastung des Tierhalters die Merkmale der höheren Gewalt aufweisen und damit äußerlich, unvorhersehbar und unvermeidbar gewesen sein.

Damit handhaben die deutsche und die französische Rechtsordnung die vollständige Entlastung des Tierhalters in entgegengesetzter Weise. Während in der deutschen Rechtsordnung davon ausgegangen wird, dass im Innenverhältnis eine Haftung des Tierhalters vollständig hinter der Haftung desjenigen zurücktritt, der denselben Schaden selbst erwiesenermaßen schuldhaft verursacht hat,[1409] soll nach der französischen Rechtsordnung grundsätzlich der Tierhalter haften und sich nur unter besonderen Anforderungen an die Handlung des Dritten von der Haftung vollständig befreien können. Eine teilweise Entlastung wird in der deutschen Rechtsordnung angenommen, wenn den Dritten keine Verschuldenshaftung trifft. Die französische Rechtsordnung lehnt eine solche ab, sieht jedoch einen Rückgriffsanspruch des Tierhalters gegen den Dritten im Innenverhältnis vor, was auch der deutschen Lösung entspricht, die im Außenverhältnis von einer Gesamtschuld des Tierhalters und des Dritten ausgeht und im Innenverhältnis von einem Ausgleich.

Die südafrikanische Rechtsordnung unterscheidet anders als die deutsche und die französische Rechtsordnung nicht nach der Möglichkeit einer vollständigen und einer teilweisen Entlastung, vielmehr ist das Verschulden eines Dritten als „defence“ vorzubringen, das zu einer anteilsmäßigen Entlastung des Tierhalters führt. Die südafrikanische Lösung gleicht hinsichtlich der Verortung der Prüfung des Drittverschuldens damit der französischen, die das Drittverschulden als Teil der „cause étrangère“ sieht und wie die „defence“ im südafrikanischen Recht als Entlastungsgrund vorgebracht werden kann. Hinsichtlich des erforderlichen Rückgriffsanspruches gegen den Dritten gleicht die französische Lösung der deutschen Lösung, die § 840 BGB als eine Rechtsfolgenanordnung ausgestaltet hat,[1410] die im Innenverhältnis ebenfalls einen Ausgleichsanspruch vorsieht. Lediglich die *actio de pastu* stellt einen mit den anderen das Drittverschulden betreffenden Fällen der südafrikanischen, deutschen oder französischen Tierhalterhaftung nicht vergleichbaren Fall dar, der ein Drittverschulden aufgrund der durch den Tierhalter gezogenen Nutzungen nicht berücksichtigt.

Der Gedanke hinter der Berücksichtigung des Drittverschuldens ist es, den Tierhalter nicht uneingeschränkt für die Handlungen anderer haften zu lassen, sondern diesem die Möglichkeit zu geben, einen Ausgleich für das Verschulden anderer zu erhalten. Um diesem Zweck gerecht zu werden, ist die Lösung eines Rückgriffs- bzw. Ausgleichsanspruches im Innenverhältnis gegen den Dritten am

1409 *Förster*, in: BeckOGK BGB, § 840 Rn. 3.
1410 *Förster*, in: BeckOGK BGB, § 840 Rn. 2.

vorzugswürdigsten. Damit kann sich der Geschädigte im Außenverhältnis nach seiner Wahl an einen der verantwortlichen Schädiger halten und der Tierhalter im Innenverhältnis einen selbständig neben dem Ersatzanspruch im Außenverhältnis stehenden Ausgleichsanspruch geltend machen. Die Ausgestaltung als Gesamtschuld im Falle eines Drittverschuldens bietet dem Geschädigten den Vorteil, sich den solventesten bzw. greifbarsten Schädiger herauszusuchen und den Schaden gegenüber diesem geltend zu machen. Anders als bei der Lösung, die mit der Ausgestaltung als „defence" beispielsweise in Südafrika verfolgt wird, verhindert das Konstrukt der Gesamtschuld die doppelte Inanspruchnahme der Schädiger, da der Ersatz von dem Geschädigten nur einmal gefordert werden darf bzw. muss.

Die an den Kriterien der höheren Gewalt orientierte französische Lösung führt zu einer zu strikten und ausnahmslosen Handhabung der Fälle und wird damit den Umständen des Einzelfalles nicht gerecht. Die südafrikanische Lösung, die im Rahmen der *actio de pauperie* und der *actio legis Aquiliae* die Entscheidung über die teilweise bzw. vollständige Entlastung in das Ermessen des Gerichts stellt, führt zu Unsicherheiten und zu einer möglicherweise unterschiedlichen Behandlung gleich gelagerter Fälle durch verschiedene Gerichte. Die deutsche Lösung, die eine vollständige Entlastung des Tierhalters nur gewährt, wenn den Dritten eine Verschuldenshaftung trifft, ist dahingehend gerecht, als § 840 Abs. 3 BGB nicht bei nachgewiesenem eigenem Verschulden des Tierhalters in Betracht kommt.[1411] Damit wird sichergestellt, dass die vollständige Entlastung dem Tierhalter nicht zugutekommt, wenn diesen auch ein Verschulden an dem Schaden trifft. Aufgrund des Sinns und Zwecks der Tierhalterhaftung sollte jedoch der Tierhalter auch ein gewisses Risiko hinsichtlich Handlungen Dritter tragen müssen, sodass eine pauschale Verlagerung auf den Dritten bei Verschuldenshaftung diesem Zweck nicht vollumfänglich gerecht wird. Auch wenn den Dritten ein Verschulden an der Entstehung des Schadens trifft, sollte eine Differenzierung stattfinden und der Tierhalter nicht allein aus diesem Grund vollständig entlastet werden. Dass hingegen keine vollständige Entlastung erfolgt, wenn den Dritten eine Gefährdungshaftung trifft, ist gerechtfertigt, da eine unterschiedliche Behandlung der Gefährdungshaftungen untereinander sich nicht aus dem Haftungsgrund oder dem Sinn und Zweck der Haftungen ergibt. Daraus folgt, dass die Differenzierung nach Verschuldens- und Gefährdungshaftung des Dritten

1411 *Spindler*, in: BeckOK BGB, § 840 Rn. 25; OLG Celle, BeckRS 2018, 5594, Rn. 34; *Wagner*, in: MüKoBGB, § 840 Rn. 21.

sinnvoll ist. Im Fall einer Verschuldenshaftung wäre es jedoch vorzugswürdig, nicht pauschal eine vollständige Entlastung des Tierhalters anzunehmen, sondern Kriterien zu entwickeln, die berücksichtigen, dass grundsätzlich der Tierhalter für die durch die Tierhaltung geschaffene Gefahr haften sollte und nur in Ausnahmefällen eine Entlastung möglich sein sollte.

B. Fazit

Das Kapitel über den Umfang der Tierhalterhaftung und die Ausgestaltung des haftungsausfüllenden Tatbestands hat gezeigt, dass, ähnlich wie bei den jeweiligen für die Tierhalterhaftung nötigen Voraussetzungen in den verschiedenen Rechtsordnungen, im Kern eine Vergleichbarkeit besteht, teilweise jedoch ein grundsätzlich unterschiedlicher Ansatz verfolgt wird. Der Vergleich der Rechtsordnungen hat deutlich gemacht, dass an gewissen Stellen ein Handlungsbedarf der jeweiligen Gesetzgeber besteht, sowie die Vor- und Nachteile der verfolgten Lösungen aufgedeckt. Zusammenfassend soll auch an dieser Stelle tabellarisch eine Auflistung der Merkmale erfolgen, die nach den oben gefundenen Ergebnissen Probleme aufwerfen und deshalb angepasst oder geändert werden müssen.

Schema Nr. 9

Merkmal im haftungsausfüllenden Tatbestand	**änderungsbedürftig**		**mögliche Änderung**
Mitverschulden	Südafrika	*Actio de pauperie*: Haftungstatbestand entsteht nicht bei Provokation des Tieres.[1412]	Provokation im Rahmen des Mitverschuldens prüfen, keine Verhinderung des Entstehens des Tatbestandes der *actio de pauperie* durch Provokation.

1412 Siehe hierzu 3. Kap. A. II. 1. c) aa) (1).

Merkmal im haftungsausfüllenden Tatbestand	**änderungsbedürftig**		**mögliche Änderung**
Handeln auf eigene Gefahr / freiwillige Risikoübernahme	Frankreich	Das Berufen des Tierhalters auf das Handeln auf eigene Gefahr wird vollständig abgelehnt.[1413]	Keine pauschale Ablehnung, sondern lediglich restriktive Handhabung.
	Südafrika	Zu großzügige Handhabung des Konstrukts der freiwilligen Risikoübernahme.[1414]	Restriktivere Kriterien anwenden.
		Rechtsfolge: eigenständige „defence.“[1415]	Sollte im Rahmen des Mitverschuldens geprüft werden.
Drittverschulden	Deutschland	Teilweise Entlastung bei Verschuldenshaftung des Dritten.[1416]	Weitere Kriterien, die über die bloße Verschuldenshaftung hinausgehen, im Rahmen der teilweisen Entlastung entwickeln.
	Frankreich	Vollständige Entlastung des Tierhalters: zu restriktive Handhabung, da Handlung des Dritten Kriterien der höheren Gewalt erfüllen muss.[1417]	Lockerere Kriterien zur vollständigen Entlastung entwickeln.
	Südafrika	Keine Kriterien, die zur teilweisen oder vollständigen Entlastung des Dritten führen.[1418]	Konkrete Kriterien zur teilweisen und vollständigen Entlastung entwickeln.

1413 Siehe hierzu 3. Kap. A. II. 2. b).
1414 Siehe hierzu 3. Kap. A. II. 2. c).
1415 Siehe hierzu 3. Kap. A. II. 2. d).
1416 Siehe hierzu 3. Kap. A. II. 3. a); d).
1417 Siehe hierzu 3. Kap. A.II. 3. b); d).
1418 Siehe hierzu 3. Kap. A. II. 3. c); d).

4. Kapitel: Ergebnisse und Perspektiven

A. Zusammenfassung der wesentlichen Erkenntnisse und Bewertung derselben

I. Rückblick auf den Ausgangspunkt der Arbeit

1. Praxisrelevanz der Tierhaltung und Auswirkung auf die Haftungsregelungen

Tiere und die durch sie verursachten Schäden treten in der Rechtspraxis der Gerichte der untersuchten Rechtsordnungen vermehrt insbesondere im Zusammenhang mit der Heimtierhaltung auf. Dies hängt mit der Entwicklung der Tierhaltung zusammen, die sich sowohl in Deutschland als auch in Frankreich und Südafrika vor allem im Segment der Liebhaberei hin zu einer 50 %-Quote aller Haushalte entwickelt hat und besonders im letzten Jahrhundert stark an Relevanz gewonnen hat.[1419] Dabei steht, dem Haftungszweck entsprechend, vor allem die durch das Tier geschaffene Gefahrenquelle im Fokus der Entscheidungen sowie der Versuch der Verlagerung der Schäden auf denjenigen, der von der Gefahrenquelle einen Nutzen zieht hat.[1420]

Die Urteile der Gerichte der untersuchten Rechtsordnungen sind jedoch nicht nur von dem Gedanken der konsequenten Verlagerung der Schäden auf die von der Tierhaltung profitierende Partei geprägt, sondern sollen einen Anreiz schaffen, diese besondere Gefahrenquelle zu bändigen und es durch zusätzliche Sicherheitsvorkehrungen nicht zum Verletzungsfall kommen zu lassen.

Die den Tieren zukommende besondere Stellung zwischen Menschen und Sachen wird durch die stets wachsende wirtschaftliche Bedeutung der Tierhaltung verstärkt. Der stark gestiegene und weiter steigende Umsatz in der Heimtierbranche[1421] sowohl in Deutschland als auch in Frankreich und in Südafrika verdeutlicht, dass dem Tier in der Gesellschaft eine besondere Stellung eingeräumt wird, was sich auch in den Haftungsregelungen widerspiegeln sollte.

Auch die soziale Bedeutung der Tierhaltung,[1422] mit der sich dadurch ergebenden Wirkung auf das Wohlbefinden des Tierhalters, schlägt sich auf die Regelungen

1419 Siehe hierzu 1. Kap. B. I. 1. b).

1420 Zu den Funktionen des Haftungsrechts siehe ausführlich unter 1. Kap. A. II. 2.

1421 Siehe hierzu 1. Kap. B. I. 1. c).

1422 Siehe hierzu 1. Kap. B. II.

der Tierhalterhaftung nieder und rechtfertigt das Abstellen auf das besondere Verhalten eines Tieres in Abgrenzung zu einer Sache.

2. *Reformierungsbedarf der ursprünglichen und historischen Ausgestaltungen*

Die Frage der geeignetsten Ausgestaltungsform der Haftungsregelung zur Tierhaltung lässt sich seit der Entstehung der jeweiligen Regelungen insbesondere im Hinblick auf den Bedeutungswandel der Tierhaltung von der damals überwiegenden Nutztierhaltung zur aktuell weiter steigenden und massiven Haustierhaltung nicht mehr auf die gleiche Art beantworten.

Sowohl in Deutschland als auch in Frankreich und Südafrika ist der Markt für den Heimtierbedarf in den letzten Jahren gewachsen. Die Einstellung der Bevölkerung im Hinblick auf die Beziehung des Menschen zum Tier hat sich gewandelt. Die in den Vordergrund gerückte soziale Bedeutung der Heimtierhaltung wirft ein anderes Licht auf die Regelungen, die sich mit der Tierhalterhaftung auseinandersetzen und verändert den Fokus derselben. In allen drei untersuchten Rechtsordnungen wurden die zunehmende Rolle der Tiere im Familienleben sowie die positive Wirkung derselben auf Kinder und auf den zwischenmenschlichen Kontakt der Tierhalter festgestellt.[1423]

Die Nutztierhaltung hat sowohl in Deutschland als auch in Frankreich einen drastischen Rückgang erfahren.[1424] In beiden Ländern wurde im Laufe des letzten Jahrhunderts die tierische Zugkraft durch Traktoren und Autos ersetzt und die Nutztierhaltung damit in vielen Bereichen überflüssig.[1425] Der in der Vergangenheit maßgeblich verfolgte Schutz der Nutztierhalter durch den deutschen Gesetzgeber muss aus gewandelten sozioökonomischen Gründen der jetzt im Vordergrund stehenden Wichtigkeit der Heimtiere und deren Auswirkungen auf das Wohlbefinden des Tierhalters weichen. Dem steht auch nicht der zu beobachtende Wachstum der Nutztierhaltung in Südafrika[1426] entgegen. Auch die südafrikanische Gesellschaft hat einen Wandel hin zu einer emotionalen Bindung zu

1423 Siehe hierzu ausführlich 1. Kap. B. II.

1424 Siehe hierzu ausführlich 1. Kap. B. I. 2. b) aa) und bb) sowie c) bb): In Frankreich ist beispielsweise ein Rückgang der Bestände an Nutztieren um 50 % sowie des Beitrags des Agrarsektors zum Bruttoinlandsprodukt von 10,5 % in 1960 zu 1,6 % in 2021 zu beobachten.

1425 Siehe hierzu ausführlich 1. Kap. B. I. 2. b) aa) und bb).

1426 Siehe hierzu ausführlich 1. Kap. B. I. 2. b) cc) und c) cc).

den Tieren erlebt und hat neben dem Wachstum im Nutztiersegment auch ein drastisches Wachstum im Haustierbereich zu verzeichnen.[1427]

Die französische Regelung, die inhaltlich noch unverändert aus dem Jahr 1804 stammt, wird mit der geregelten Unterschiedslosigkeit zwischen Sachen und Tieren nicht den sich aus der Lebendigkeit der Tiere ergebenden Umständen und der Wirkung derselben auf das Umfeld des Menschen gerecht. Die südafrikanischen Regelungen, die überwiegend aus dem römischen Recht stammen, entsprechen ebenfalls nicht den sich in den letzten Jahrhunderten und vor allem Jahrzehnten ergebenden Entwicklungen in der Praxis der Tierhaltung und bedürfen deshalb einer umfassenden Reformierung.

II. Herausforderungen

Die Reform der jeweiligen Regelungen ist jedoch auch mit Herausforderungen verbunden. Es handelt sich in allen drei Fällen um Regelungen, die vor über einem Jahrhundert entwickelt wurden und damit von gefestigter Rechtsprechung und Literatur geprägt sind. Hat zu einem bestimmten Punkt noch kein Rechtsprechungswandel stattgefunden, ist eine Reform schwieriger durchzusetzen. Die im Rahmen dieser Arbeit vorgeschlagenen Neuerungen betreffen in manchen Punkten Grundsatzfragen, die gerade die Besonderheit der jeweiligen Regelung ausmachen. So ist die in dieser Arbeit als vorzugswürdig erachtete generelle Gefährdungshaftung anstelle der Unterscheidung zwischen Luxus- und Nutztieren in § 833 BGB etwas, das schon im Reichstag diskutiert wurde, seit der Gesetzesnovelle von 1908 aber unverändert geblieben ist. Auch die in dieser Arbeit bevorzugte Ungleichbehandlung von Sachen und Tieren stellt einen Grundsatzwandel in der französischen Rechtsordnung dar, der von dem aktuell bestehenden Reformentwurf nicht berücksichtigt wird. Ebenso kann beispielhaft der Vorschlag der einheitlichen *actio* im südafrikanischen Recht als mit alten Traditionen brechende Neuerung gewertet werden. Dieser Grundsatzcharakter droht in der konkreten Umsetzung der Änderungen zu Schwierigkeiten zu führen und stellt eine Herausforderung für die Reformierung der Regelungen dar.

B. Zusammenfassung der rechtsvergleichenden Stellungnahmen

Die bisherige Untersuchung der Tatbestände zur Tierhalterhaftung hat gezeigt, dass die jeweiligen Bestandteile, die die Regelungen ausmachen, sich in den

---

1427 Siehe hierzu 1. Kap. B. I. 1. b) cc) und 2. b) cc).

Rechtsordnungen unterscheiden und in wesentlichen Punkten abweichen. Zusammenfassend sollen diese Punkte im folgenden Abschnitt aufgegriffen und die Ergebnisse des Rechtsvergleichs aufgeführt werden, um über die sich daraus für die einzelnen Rechtsordnungen ergebenden Neuerungen hinaus die Erkenntnisse zur Darstellung eines länderübergreifenden Reformvorschlags zu nutzen.

I. Die Haftungsvoraussetzungen

1. Der Tierbegriff

Der Vergleich der auf das Tier bezogenen länderspezifischen Besonderheiten[1428] hat gezeigt, dass keine der von den jeweiligen Rechtsordnungen verfolgten besonderen Lösungen beibehalten werden sollte.

a) Keine Unterscheidung zwischen Luxus- und Nutztieren in Deutschland

Aus der vorangegangenen Untersuchung hat sich ergeben, dass eine Unterscheidung, wie sie in Deutschland getroffen wird, zwischen einer Gefährdungshaftung einerseits und einer Verschuldenshaftung andererseits im Rahmen der Tierhalterhaftung zu nicht befriedigenden Ergebnissen führt und deshalb eine generelle Gefährdungshaftung vorzugswürdig ist. Der vorgeschlagene Verzicht auf die unterschiedliche Behandlung eines Luxus- und eines Nutztieres ist zum einen faktischen und zum anderen rechtlichen Begebenheiten geschuldet. Diese haben zu dem Schluss geführt, dass § 833 S. 2 BGB ersatzlos gestrichen werden sollte und lediglich die Gefährdungshaftung des § 833 S. 1 BGB bestehen bleiben sollte.

b) Keine Unterschiedslosigkeit zwischen Tieren und Sachen in Frankreich

Die vorangegangene Untersuchung hat weiterhin gezeigt, dass auch die in Frankreich gehandhabte Gleichbehandlung von Tieren und Sachen, die mit der geplante Reform final in einer einheitlichen Regelung umgesetzt wird, nicht zu begrüßen ist und vielmehr eine deutliche Unterscheidung eingeführt werden sollte. Sowohl die deutsche als auch die südafrikanische Regelung sehen für Tiere eine von der Sachhalterhaftung differenzierte Haftungsnorm und ein unterschiedliches Haftungsregime vor. Damit stellen beide Rechtsordnungen sicher, dass den Besonderheiten der Tierhaltung gerecht wird und dem Tierhalter deutlich vor Augen geführt wird, welche Rechtsfolgen bei Missachtung der spezifischen Regelungen auf ihn zukommen. Sowohl die deutsche als auch die südafrikanische Rechtsordnung zeigen, dass es bei der Rechtsprechung um die Tierhalterhaftung auf

1428 Siehe hierzu unter 2. Kap. B. II. 4.

Nuancen ankommt. Im französischen Recht kommen die Besonderheiten der Tierhalterhaftung in der Rechtsprechung nicht wie in den beiden anderen Rechtsordnungen zum Vorschein, da die Tierhalterhaftung auch ohne die geplante Reform schon unter die allgemeine Sachhalterhaftung subsumiert wird. Um der Besonderheit der Tierhalterhaftung gerecht zu werden, sollte diese Unterschiedslosigkeit aufgegeben werden.

c) Keine differenzierte Ausgestaltung der Tierhalterhaftung in Südafrika

Der Vergleich hat darüber hinaus aufgezeigt, dass eine Unterscheidung in verschiedene Tatbestände nicht erforderlich ist, um zu einer alle Fälle abdeckenden Tierhalterhaftung zu gelangen. Sowohl die deutsche als auch die französische Rechtsordnung haben sich für eine einzelne Norm entschieden, die die Tierhalterhaftung regeln soll. Der Vergleich der Regelungen untereinander hat ergeben, dass die Aufteilung auf verschiedene Tatbestände keine Vorteile gegenüber einer Einzelregelung bietet. Insbesondere die dadurch bezweckte unterschiedliche Behandlung der verschiedenen Tierarten, wie es die südafrikanische Rechtsordnung vorsieht, ist nicht erforderlich, um alle Schadensfälle, die durch Tiere verursacht wurden, zu erfassen. Stattdessen sollte vielmehr eine einheitliche Regelung getroffen werden, die auf jede Tierart anwendbar ist, und sollten die verschiedenen *actiones* abgeschafft werden.

d) Zwischenergebnis

Keine der jeweiligen Besonderheiten hat sich als überzeugend herausgestellt, sodass eine Änderung dahingehend in den jeweiligen Rechtsordnungen angebracht ist und keine der Besonderheiten für einen länderübergreifenden Vergleich beibehalten werden sollte. Der Vergleich der Rechtsordnungen untereinander führt konkret dazu, dass es in dieser Hinsicht am besten erscheint, wenn die Regelung zur Tierhalterhaftung in einer Norm gebündelt ist, keine Unterscheidung zwischen Luxus- und Nutztieren trifft und allgemein für alle Tierarten gilt, dabei jedoch eine Unterscheidung zu den Sachen erfolgt.

2. Neue Konstellationen

Die aufgegriffenen neuen Konstellationen sind nicht abschließend, vielmehr ist zu erwarten, dass sich mit der weiteren Entwicklung der Gesellschaft und der Beziehung zwischen Mensch und Tier weitere Fälle auftun werden. Aus dem Vergleich der Handhabung der neuen Konstellationen durch die untersuchten Rechtsordnungen hat sich herauskristallisiert, dass in jeder der untersuchten Rechtsordnungen keine besondere Regelung für diese immer häufiger vorkommenden Fälle von Nöten ist. Es besteht kein Grund, die mit der Gefährdungshaftung verfolgten Zwecke mit dem Argument einzuschränken, diese Konstellationen würden dem Wohl der Allgemeinheit dienen. Die Interessenabwägung hat ergeben, dass die Tierhalter in den neuen Konstellationen, insbesondere aufgrund des gegebenen Versicherungsschutzes, keinen unverhältnismäßigen Härten ausgesetzt sind und der mit der Tierhalterhaftung verfolgte Normzweck überwiegt.

3. *Die Kausalität*

Der Vergleich der Kausalitätsregelung[1429] in den untersuchten Rechtsordnungen hat zu der Erkenntnis geführt, dass eine komplementäre Prüfung der Äquivalenz und der Adäquanz, wie sie sowohl in Deutschland als auch in Südafrika gehandhabt wird, der alternativen Prüfung, wie sie in Frankreich vorgesehen ist, vorzuziehen ist und zu eindeutigen Ergebnissen führt. Auch ist es aufgrund der Wichtigkeit der Kausalität im Rahmen der deliktischen Haftungsprüfung vorteilhaft, die Voraussetzungen gesetzlich fest vorzugeben und damit die Kausalitätsprüfung einzurahmen.

4. *Die Schadensverursachung durch ein Tier*

Der Vergleich der jeweils gewählten Lösungen[1430] zur Schadensverursachung durch ein Tier hat aufgezeigt, dass ein besonderes Tatbestandsmerkmal hierzu dem der Tierhalterhaftung innewohnenden Gefährdungsgedanken am besten Rechnung trägt.

a) *Aufnahme der typischen Tiergefahr in den Wortlaut des § 833 BGB und weites Verständnis des Begriffes*

Aus der vorangegangenen Untersuchung des in Deutschland geforderten Merkmals der typischen Tiergefahr hat sich gezeigt, dass die Aufnahme des Begriffes in den Wortlaut des § 833 BGB aufgrund der Wichtigkeit des Merkmals für die Begründung der Tierhalterhaftung zu begrüßen wäre. Das von der Rechtsprechung entwickelte Merkmal hat sich als Dreh- und Angelpunkt der Tierhalterhaftung herausgestellt, der weitreichende Kontroversen verursacht hat. Die Aufnahme des Tatbestandsmerkmals in den Wortlaut hätte auch zur Folge, Diskussionen über die Existenz des Merkmals zu beenden. Die vorliegende Arbeit hat des Weiteren gezeigt, dass die rund um das Merkmal gebildeten Fallgruppen

---

1429 Siehe hierzu unter 2. Kap. C. IV.

1430 Siehe hierzu unter 2. Kap. D. V.

überholt sind, die Tierhalterhaftung zu weit einschränken und deshalb aufgegeben werden sollten.

b) *Aufnahme des „rôle actif de l'animal" in den Wortlaut in Art. 1243 C. civ.*

Das in der französischen Rechtsordnung gewählte Merkmal des „rôle actif de l'animal" spiegelt als Teil des Kausalzusammenhangs nicht ausreichend den der Tierhaltung innewohnenden Gefährdungsgedanken wider. Um dem gerecht zu werden, sollte das Merkmal, an die typische Tiergefahr angepasst werden und einen eigenen Prüfungspunkt darstellen.

c) *Abschaffung des* contra naturam sui generis-*Merkmals im Rahmen der* actio de pauperie *sowie des Merkmals des Eigenwillens im Rahmen der* actio de pastu

Die vorangegangene Untersuchung der *actiones* des südafrikanischen Rechts hat gezeigt, dass die Aufrechterhaltung der Aufteilung in verschiedene *actiones* mit jeweils eigenen Tatbestandsvoraussetzungen keinen Vorteil bietet und deshalb abgeschafft werden sollte.

Die Voraussetzung des *contra naturam sui generis*-Merkmals steht einer einheitlichen *actio*, die alle Fälle der Tierhalterhaftung in Südafrika erfasst, im Weg. Die Aufgabe des Merkmals ist erforderlich, da es einerseits zu einer Vermenschlichung des Tieres führt und andererseits einen weiten Interpretationsspielraum und damit Rechtsunsicherheit entstehen lässt.

Die Prüfung des im Rahmen der *actio de pastu* geforderten Eigenwillens des Tieres ist von Tatbestands- auf Rechtsfolgenebene zu verschieben. Damit wäre der Tatbestand der *actio de pastu* nicht von diesem Merkmal abhängig. Das mit dem Merkmal verfolgte Ergebnis, die Haftung des Tierhalters bei Fremdeinwirkung zu beschränken, kann dennoch dadurch erreicht werden, dass das Merkmal im Rahmen des Mitverschuldens geprüft wird.

d) *Zwischenergebnis*

Neben der Feststellung, dass ein besonderes Merkmal erforderlich ist, hat der Vergleich auch gezeigt, dass das Abstellen auf ein fiktives Verhalten des Tieres und die damit einhergehende Vermenschlichung des Tieres nicht geeignet ist, den Gefährdungsgedanken einzufangen. Das deutsche Merkmal der spezifischen Tiergefahr hat sich als ein Merkmal herausgestellt, das den Gefährdungsgedanken widerspiegelt und deshalb dem französischen Merkmal des „rôle actif de l'animal" und dem südafrikanischen Merkmal des fiktiven Verhaltens eines Tieres vorzuziehen ist.

5. *Der Tierhalter*

a) Aktualisierung des „garde"-Begriffes in Frankreich

Die Untersuchung des „garde"-Begriffes und der Vergleich desselben mit den Tierhalterbegriffen in Deutschland und Südafrika hat verdeutlicht, dass der Begriff nicht mehr zeitgemäß ist. Abgestellt werden sollte nicht auf das Eigentum, sondern auf die die Tierhaltung begründenden Kriterien. Damit ist festzustellen, dass es vorzugswürdig wäre, wenn die Haftungsregelung anstatt der Haftungsvermutung zu Lasten des Eigentümers sich auf den Tierhalterbegriff beschränken würde. Die zur Definition der „garde" herangezogenen Kriterien sollten überholt werden und insbesondere das Kriterium der Weisungsbefugnis sollte aufgegeben werden, da damit die Haftung von Hilfspersonen undifferenziert ausgeschlossen wird, ohne die Besonderheiten der Einzelfälle zu berücksichtigen.

b) Zwischenergebnis

Die Bestimmung der haftenden Person sollte nach dem Vergleich der jeweils gewählten Lösungen[1431] zum einen anhand konkret festgelegter Kriterien erfolgen, die das Eigentum nur als Indiz werten, ohne es als eigenständiges Kriterium in die Bewertung aufzunehmen. Damit kann die ungefilterte Abwälzung des Risikos auf den Eigentümer verhindert werden. Der Vergleich hat zum anderen gezeigt, dass bei einem Haftungsübergang vom Eigentümer auf den Dritten eine alternative und nicht eine kumulative Haftung vorzusehen ist, um dem Eigentümer die Möglichkeit zu geben, sich aus der Haftung zu befreien. Die dritte Feststellung geht dahin, dass bei verschuldensunabhängiger Haftung rein objektive Kriterien heranzuziehen sind.

6. *Die Ausschlussgründe*

a) Höhere Gewalt

Die vorzugswürdige Lösung hinsichtlich der höheren Gewalt stellt dem Vergleich aller Lösungen[1432] zufolge die französische Lösung dar, die darin besteht, konkrete Voraussetzungen klar zu definieren und das Vorliegen derselben als zwingende Voraussetzung zur Bejahung der höheren Gewalt vorzusehen.

1431 Siehe hierzu unter 2. Kap. E. V.

1432 Siehe hierzu unter 2. Kap. F. I. 4.

b) Haftungsausschluss

Der Haftungsausschluss sollte dem Vergleich[1433] der untersuchten Rechtsordnungen nach nicht pauschal abgelehnt werden. Jedoch sollen an den Haftungsausschluss strenge Anforderungen gestellt werden, um sicherzustellen, dass es sich dabei um eine Ausnahme handelt. Die im Rahmen der deutschen Lösung herangezogenen strengen und konkreten Kriterien haben sich als am geeignetsten herausgestellt. Hinsichtlich des stillschweigenden Haftungsausschlusses wurde festgestellt, dass eine restriktive Handhabung wie in Deutschland oder Südafrika erforderlich ist, um dem Sinn und Zweck der Tierhalterhaftung gerecht zu werden, und eine vorgegebene *contra proferentem*-Regel, wie es in Südafrika gehandhabt wird, eine sinnvolle Möglichkeit darstellt, die Gefährlichkeit des stillschweigenden Haftungsausschlusses zu verringern.

II. Der Umfang

1. Die Rechtsfolgen

Die sich unterscheidenden Rechtsfolgen je nach Rechtsordnung haben die Gemeinsamkeit eines reinen Schadensersatzanspruches, unterscheiden sich jedoch hinsichtlich der Handhabung eines Beseitigungs- und Unterlassungsanspruches.[1434] Vorzugswürdig sind dahingehend die deutsche und die südafrikanische Lösung, die beide einen solchen Anspruch neben dem Schadensersatzanspruch als eigenständigen Anspruch zulassen, da damit dem Geschädigten unterschiedliche Möglichkeiten zur Verfügung stehen, den Schädiger in Anspruch zu nehmen. Hinsichtlich der ersatzfähigen Schäden sind nur in der deutschen Rechtsordnung Vermögensschäden grundsätzlich nicht ersatzfähig. Da in der Praxis Vermögensschäden im Rahmen der Tierhalterhaftung jedoch nicht relevant sind, ist es auch nicht zwingend erforderlich, diese Schäden wie in Frankreich und Südafrika mit der Haftung zu erfassen.

2. Mitverschulden

Das Mitverschulden kann in allen untersuchten Rechtsordnungen zu einer teilweisen Entlastung des Tierhalters führen. Aus rechtsvergleichender Sicht bemerkenswert ist, dass die Verortung des Mitverschuldens im Rahmen der Tierhalterhaftung sich je nach Rechtsordnung unterscheidet. Die südafrikanische Lösung weicht dabei von der deutschen und der französischen Lösung ab, indem

1433 Siehe hierzu unter 2. Kap. F. II. 4.

1434 Siehe hierzu unter 3. Kap. A. I. 4.

sie das Mitverschulden nicht auf Rechtsfolgenseite verortet, sondern als Teil der Tatbestandsvoraussetzungen prüft. Dabei ist es am überzeugendsten, das Mitverschulden bei den Rechtsfolgen zu prüfen und die Erfüllung des Tatbestandes davon nicht abhängig zu machen.[1435]

3. *Handeln auf eigene Gefahr bzw. freiwillige Risikoübernahme*

Der Vergleich der Lösungen[1436] zum Handeln auf eigene Gefahr bzw. zur freiwilligen Risikoübernahme hat belegt, dass in diesem Punkt keine Einigkeit besteht. Aus Sicht des Rechtsvergleichs besonders interessant erscheint die dabei bestehende große Diskrepanz zwischen den jeweiligen Lösungen. Während die französische Lösung eine vollständige Ablehnung der freiwilligen Risikoübernahme vorsieht, geht die südafrikanische Rechtsordnung von einer großzügigen Handhabung aus und unterscheidet sich damit von der deutschen Lösung, die lediglich sehr restriktiv einen Fall der freiwilligen Risikoübernahme annimmt. Am besten erscheint in dieser Hinsicht die deutsche restriktive Lösung, die die Anpassung einer zunächst bestehenden Haftung unter Anwendung von Abwägungsgesichtspunkten zulässt und nicht umfassend zu einem Ausschluss der Haftung auf Grundlage des Verhaltens der geschädigten Person führt.

4. *Drittverschulden*

Das Drittverschulden wird in den untersuchten Rechtsordnungen auch nicht identisch behandelt. Der Vergleich hat gezeigt, dass sich in Deutschland die Unterscheidung zwischen Gefährdungs- und Verschuldenshaftung auch auf die Handhabung des Drittverschuldens auswirkt. Lediglich im Rahmen der Verschuldenshaftung ist eine vollständige Entlastung des Tierhalters möglich. Die französische Lösung sieht eine solche vollständige Entlastung hingegen nur unter besonders strengen Voraussetzungen vor. Die südafrikanische Lösung hat dafür keine besonderen Kriterien vorgesehen. Der Vergleich dieser Lösungen[1437] hat offenbart, dass eine Differenzierung nach Verschuldens- bzw. Gefährdungshaftung am ehesten zu eindeutigen und einheitlichen Ergebnissen führt. Der Vergleich hat weiter ergeben, dass im Falle einer Verschuldenshaftung nicht pauschal von einer vollständigen Entlastung des Tierhalters auszugehen sein sollte, sondern dafür besondere Kriterien zu entwickeln sind, die eine solche Entlastung nur in Ausnahmefällen zulassen.

1435 Siehe hierzu unter 3. Kap. A. II. 1. d).

1436 Siehe hierzu unter 3. Kap. A. II. 2. d).

1437 Siehe hierzu unter 3. Kap. A. II. 3. d).

III. Schlussfolgerung

Die Untersuchung der deutschen, französischen und südafrikanischen Rechtsordnung hat verdeutlicht, dass das Thema der Tierhalterhaftung in der Praxis eine große Rolle spielt. Die Regelungen werden jedoch den sich aus den Veränderungen des letzten Jahrhunderts ergebenden Bedürfnissen und Interessenlagen der Beteiligten nicht mehr umfassend gerecht. Die geltenden Rechtslagen führen teilweise zu einer unangemessenen Haftung des Tierhalters, während sie in anderen Punkten der Allgemeinheit ein zu großes Risiko aufbürden. Der Vergleich der zu den jeweiligen Punkten gewählten Lösungen der Rechtsordnungen hat ergeben, dass weder die deutsche noch die südafrikanische oder französische Rechtsordnung den sich durch den Wandel der Nutzung der Tiere ergebenden Problemen umfassend gerecht wird, sondern vielmehr einzelne Aspekte der Lösungen, die in den Stellungnahmen herausgehoben wurden, vorzugswürdig sind und eine Mischung der Regelungen zu einer den Ansprüchen der modernen Gesellschaft gerecht werdenden Lösung führt.

C. Konkrete Reformvorschläge für die deutsche, französische und südafrikanische Tierhalterhaftung

Den in dieser Arbeit aufgedeckten Reformierungsbedürfnissen zu grundsätzlichen Aspekten der Tierhalterhaftung in den einzelnen untersuchten Ländern soll im Folgenden mit einem Formulierungsvorschlag zur Reformierung der jeweiligen Regelungen zur Tierhalterhaftung Rechnung getragen werden.[1438]

I. Reformvorschlag für § 833 BGB

Die in § 833 BGB geregelte Tierhalterhaftung lautet wie folgt:

> „§ 833 [Haftung des Tierhalters]
>
> Wird durch ein Tier ein Mensch getötet oder der Köper oder die Gesundheit eines Menschen verletzt oder eine Sache beschädigt, so ist derjenige, welcher das Tier hält, verpflichtet, dem Verletzten den daraus entstehenden Schaden zu ersetzen. Die Ersatzpflicht tritt nicht ein, wenn der Schaden durch ein Haustier verursacht wird, das dem Beruf, der Erwerbstätigkeit oder dem Unterhalt des Tierhalters zu dienen bestimmt ist, und entweder der Tierhalter bei der Beaufsichtigung des Tieres die im Verkehr erforderliche Sorgfalt beobachtet oder der Schaden auch bei Anwendung dieser Sorgfalt entstanden sein würde."

1438 Einen tabellarischen Überblick über die veränderungsbedürftigen Tatbestandsmerkmale des haftungsbegründenden Tatbestands verschafft die in Schema Nr. 4 aufgeführte Tabelle.

Dem in dieser Arbeit Erläuterten zufolge ist § 833 BGB wie folgt zu reformieren:

> „§ 833 [Haftung des Tierhalters]
>
> Wird durch die sich realisierte typische Tiergefahr[1439] eines Tieres ein Mensch getötet oder der Köper oder die Gesundheit eines Menschen verletzt oder eine Sache beschädigt, so ist derjenige, welcher das Tier hält, verpflichtet, dem Verletzten den daraus entstehenden Schaden zu ersetzen. ~~Die Ersatzpflicht tritt nicht ein, wenn der Schaden durch ein Haustier verursacht wird, das dem Beruf, der Erwerbstätigkeit oder dem Unterhalt des Tierhalters zu dienen bestimmt ist, und entweder der Tierhalter bei der Beaufsichtigung des Tieres die im Verkehr erforderliche Sorgfalt beobachtet oder der Schaden auch bei Anwendung dieser Sorgfalt entstanden sein würde~~."

II. Reformvorschlag für Art. 1243 C. civ.

Die in Art. 1243 C. civ. geregelte Tierhalterhaftung lautet wie folgt:

> „Article 1243
>
> Le propriétaire d'un animal, ou celui qui s'en sert, pendant qu'il est à son usage est responsable du dommage que l'animal a causé, soit que l'animal fût sous sa garde, soit qu'il fût égaré ou échappé."

Nach dem bisher Gesagten ist Art. 1243 C. civ. wie folgt zu reformieren:

> „Article 1243
>
> ~~Le propriétaire d'un animal, ou celui qui s'en sert, pendant qu'il est à son usage est responsable du dommage que l'animal a causé, soit que l'animal fût sous sa garde, soit qu'il fût égaré ou échappé~~.
>
> Le gardien de l'animal est responsable du dommage causé par le fait de celui-ci. Le gardien est celui qui a l'usage et le contrôle de l'animal au moment du fait dommageable."

III. Reformvorschlag für die südafrikanische Tierhalterhaftung

Die südafrikanische Tierhalterhaftung wird in vier verschiedene *actiones* unterteilt, die in dieser Arbeit dargestellt wurden. Die Voraussetzungen der jeweiligen *actiones* sowie die sich aus der vorgeschlagenen Reformierung ergebenden geänderten Voraussetzungen lauten wie folgt:

1439 Rot gekennzeichnete Wörter stellen vorgeschlagene Neuerungen im Vergleich zu dem bisherigen Wortlaut der Norm dar.

Schema Nr. 10

Actio	**Bisherige Voraussetzungen**	**Reformierte Voraussetzungen**
Actio de pauperie	Schaden	Schaden
	Verhalten eines Haustieres	Verhalten eines ~~Haus~~tieres
	Kausalzusammenhang zwischen Verhalten und Schaden	Kausalzusammenhang zwischen Verhalten und Rechtsgutsverletzung (factual causation ausreichend) und zwischen Rechtsgutsverletzung und Schaden (factual und legal causation erforderlich)
	Beklagter war Eigentümer des Tieres zum Zeitpunkt der Schädigung	Beklagter war ~~Eigentümer~~ Tierhalter des Tieres zum Zeitpunkt der Schädigung (Eigentum nur Indiz)
	Tier muss sich *contra naturam sui generis* verhalten haben	~~Tier muss sich *contra naturam sui generis* verhalten haben~~
	Das Tier muss aus innerer Erregung oder *vice sponte feritate commota* gehandelt haben	~~Das Tier muss aus innerer Erregung oder *vice sponte feritate commota* gehandelt haben~~
Actio de pastu	Schäden an Pflanzen, Ernten oder Weiden	Schäden ~~an Pflanzen, Ernten oder Weiden~~
	ein domestiziertes Tier, das das Grundstück des Klägers unbefugt betritt	~~ein domestiziertes~~ Tier~~, das das Grundstück des Klägers unbefugt betritt~~
	ein Kausalzusammenhang zwischen dem Schaden und dem unbefugten Betreten	ein Kausalzusammenhang ~~zwischen dem Schaden und dem unbefugten Betreten~~
	der Schaden muss durch den Verzehr von Pflanzen entstanden sein	~~der Schaden muss durch den Verzehr von Pflanzen entstanden sein~~
	das Tier muss aus eigenem Antrieb gehandelt haben	~~das Tier muss aus eigenem Antrieb gehandelt haben~~
Actio de feris	Wildes Tier	~~Wildes~~ Tier
	Bringen auf oder in der Nähe eines öffentlichen Ortes	~~Bringen auf oder in der Nähe eines öffentlichen Ortes~~
	Schaden	Schaden
	Kausalzusammenhang zwischen dem Bringen an den öffentlichen Ort und dem Schaden	Kausalzusammenhang ~~zwischen dem Bringen an den öffentlichen Ort und dem Schaden~~

(forts.)

Schema Nr. 10 (forts.)

Actio	**Bisherige Voraussetzungen**	**Reformierte Voraussetzungen**
Actio legis Aquiliae	Verhalten eines Tieres	Verhalten eines Tieres
	Rechtswidrigkeit	~~Rechtswidrigkeit~~
	Verschulden	~~Verschulden~~
	Schaden	Schaden
	Verursachung	Verursachung
Einheitliche *actio* nach der Reform	Rechtsgutsverletzung	
	Verhalten eines Tieres	
	Tierhalter (Eigentum nur Indiz)	
	Schaden	
	Kausalzusammenhang zwischen Verhalten und Schaden	

D. Länderübergreifender Reformvorschlag

Die herausgearbeiteten Ergebnisse lassen sich tabellarisch wie folgt zu einem länderübergreifenden Reformvorschlag der allgemeinen Tierhalterhaftung zusammenfassen:

Schema Nr. 11

Haftungsvoraussetzungen	
Tierbegriff	– Allgemeiner Tierbegriff – Keine Unterscheidung zwischen den Tierarten – Unterscheidung zu Sachen
Kausalität	– Kumulative Äquivalenz- und Adäquanzprüfung – Kausalitätsvoraussetzungen strikt vorgeben
Schadensverursachung durch ein Tier	– Ausdrückliches Merkmal der spezifischen Tiergefahr
Tierhalter	– Konkrete Kriterien, Eigentum nur Indiz – Alternative Haftung bei Übergang der Tierhaltereigenschaft auf Dritte – Ausschließlich objektive Kriterien
Ausschlussgründe	– Strenge und vorgegebene Anforderungen an den Haftungsausschluss – Restriktive Handhabung des stillschweigenden Haftungsausschlusses

Umfang	
Rechtsfolgen	– Schadensersatzanspruch und Beseitigungs- bzw. Unterlassungsanspruch
Mitverschulden / Handeln auf eigene Gefahr / Drittverschulden	– Mitverschulden als Teil der Rechtsfolgen – Restriktive Handhabung des Handelns auf eigene Gefahr bzw. der freiwilligen Risikoübernahme – Differenzierung im Rahmen des Drittverschuldens zwischen Verschuldenshaftung (besondere Kriterien, Entlastung nur in Ausnahmefällen) und Gefährdungshaftung

E. Die Grenzen eines länderübergreifenden Reformvorschlags

Einem einheitlichen länderübergreifenden Reformvorschlag stehen Grenzen entgegen, die es im Folgenden aufzuzeigen gilt.

I. Die Grenzen

Die Grenzen der einheitlichen Einführung einer Norm ergeben sich schon aus der unterschiedlichen Struktur der Rechtssysteme. Deutschland und Frankreich haben kodifizierte Rechtssysteme und werden durch die Rechtsprechung ergänzt. Südafrika hingegen hat ein hybrides Rechtssystem aus einer Kombination von *common law* und Gewohnheitsrecht und hält die Regelungen nicht in einem Gesetzbuch schriftlich fest.[1440] Diese grundlegend unterschiedliche Herangehensweise in der Handhabung rechtlicher Probleme steht der Formulierung einer länderübergreifenden Regelung entgegen.

Der Entwurf der geplanten Reform des französischen Deliktsrechts macht deutlich, dass der Gesetzgeber bemüht ist, die von der Rechtsprechung vorgegebenen Lösungen in das Gesetz einfließen zu lassen, und kaum eigene, von der Rechtsprechung abweichende Neuerungen in das Deliktsrecht einführen will. Für den in dieser Arbeit vorgeschlagenen länderübergreifenden Reformentwurf bedeutet dies, dass die Aspekte des länderübergreifenden Reformentwurfs, die der aktuellen Rechtsprechung widersprechen, zunächst von der Rechtsprechung aufgegriffen werden sollten, bevor sie ihren Weg in das Gesetz finden.

1440 Siehe hierzu 1. Kap. C. III.

Auch die im 1. Kapitel[1441] erwähnten wirtschaftlichen und sozialen Aspekte stellen eine Grenze für eine einheitliche Norm zur Tierhalterhaftung dar. Während in Deutschland und Frankreich ein Rückgang der Nutztierhaltung festzustellen ist, ist in Südafrika ein Zuwachs an Nutztieren zu vermerken.[1442] Auch der wirtschaftliche Aspekt unterscheidet sich, da in Südafrika die Viehzucht ein wesentlicher Nahrungs- und Kleidungslieferant ist sowie teilweise der Existenzsicherung der Viehzüchter und Halter dient. Diese sozioökonomischen und wirtschaftlichen Unterschiede stehen der Einführung einer einheitlichen Regelung entgegen.

II. Schlussfolgerung

Die im Rahmen dieser Arbeit aufgeführten Ergebnisse zeigen, dass ein länderübergreifender Reformvorschlag in Form einer einheitlichen Norm nicht unmittelbar umsetzbar ist, die Lösungsvorschläge daher vielmehr erstrebenswerte Richtwerte darstellen, an die es sich im Laufe der Zeit aufgrund des gewandelten ideellen Wertes von Tieren anzunähern gilt.

Auch wenn der Einführung einer einheitlichen Norm Grenzen entgegenstehen, besteht ein dringendes Bedürfnis, in gewissen Punkten eine einheitliche Lösung herzustellen. Dieses Bedürfnis ergibt sich aus den Entwicklungen des 20. Jahrhunderts, das von der sich gewandelten ideellen Bedeutung von Tieren für den Menschen, dem Strukturwandel in der Landwirtschaft und der veränderten gesellschaftlichen Wahrnehmung von Tieren geprägt ist.[1443] Beispielhaft kann die in Frankreich noch herrschende und auch im Reformentwurf gefestigte Gleichbehandlung von Sachen und Tieren aufgeführt werden. Das Bedürfnis einer unterschiedlichen Behandlung von Sachen und Tieren ist insbesondere seit Ende des 20. Jahrhunderts verstärkt zum Vorschein getreten und sollte deshalb in allen drei Rechtsordnungen einheitlich geregelt sein.

1441 Siehe hierzu 1. Kap. B. I. und II.

1442 Siehe hierzu 1. Kap. B. I. 2. b) cc).

1443 *Tuma-Koch*, Die Sonderstellung von Tieren im ZR, S. 402.

Abschließende Betrachtungen

Gegenstand der vorangegangenen Untersuchungen war ein Vergleich der Regelungen zur Tierhalterhaftung der deutschen, französischen und südafrikanischen Rechtsordnungen. Insbesondere die in den letzten Jahrzehnten aufgekommenen neuen Konstellationen sowie die geplante Reform des französischen Deliktsrechts haben Anlass dazu gegeben, sich mit der Aktualität dieser Regelungen auseinanderzusetzen. Die Frage, inwiefern Regelungen zur Tierhalterhaftung mit den jüngsten Entwicklungen übereinstimmen, legte nahe, unterschiedliche Regelungen einem Vergleich zu unterziehen und dabei auch auf eine Rechtsordnung wie die südafrikanische zurückzugreifen, die auf römischem Recht basiert und damit alte Grundsätze in die heutige Zeit einfließen lässt.

Der Vergleich hat aufgezeigt, dass die Regelungen zur Tierhalterhaftung in wesentlichen Punkten unterschiedlich ausfallen. Die Erklärung dafür liegt zum einen in dem relativ geringen Interesse, das die rechtsvergleichende Untersuchung der Regelungen zur Tierhalterhaftung bisher gefunden hat. Zum anderen sind die Unterschiede maßgeblich mit dem Versuch der jeweiligen Rechtsprechung, die Probleme auf ihre Art einzufangen, was zu weitreichenden Diskrepanzen zwischen den Lösungen geführt hat, zu erklären. Ein solcher Fall ist beispielsweise bei dem Merkmal der Schadensverursachung durch ein Tier zu beobachten.[1444] Die untersuchten Rechtsordnungen haben jeweils ein solches Merkmal als notwendig identifiziert und entsprechend entwickelt, dabei jedoch grundlegend unterschiedliche Ansätze verfolgt.

Die intensive Auseinandersetzung der Gerichte mit der Auslegung und Entwicklung der Merkmale, die die Tierhalterhaftung ausmachen, führt die Notwendigkeit einer Überholung der jeweiligen Regelungen vor Augen. Die aus dem letzten bzw. vorletzten Jahrhundert oder gar aus dem römischen Recht stammenden Regelungen werden der sich stetig wandelnden und wachsenden Tierhaltung nicht mehr gerecht. Die vorangegangenen Untersuchungen haben gezeigt, dass auch der Versuch des französischen Gesetzgebers, das Deliktsrecht auf den aktuellen Stand zu bringen, insbesondere bezüglich der Tierhalterhaftung nicht gelingt und vielmehr lediglich der Status quo gesetzlich festgehalten wird. Der dadurch geschaffene Stillstand kann jedoch mit einer sich aus dem Vergleich der untersuchten Regelungen ergebenden Reform der Norm durchbrochen werden. Vor demselben Problem steht auch das südafrikanische Recht, das mit der Anwendung

1444 Siehe hierzu 2. Kap. D.

der aus dem römischen Recht entspringenden *actiones* der sich im ständigen Fluss befindenden Tierhalterhaftung hinterherhinkt. Ebenso ist die deutsche Norm zur Tierhalterhaftung mit der darin geregelten Unterscheidung zwischen Luxus- und Nutztieren nach den oben entwickelten Ergebnissen sowie den aufgezeigten Wandlungen in der Tierhaltungspraxis veraltet und reformierungsbedürftig.

Im Hinblick auf die in dieser Arbeit aufgedeckten Missstände in den jeweiligen Regelungen erscheint es verfehlt, eine der Regelungen als Maßstab zu werten. Die vorangegangenen Untersuchungen haben vielmehr verdeutlicht, dass in jeder der drei Rechtsordnungen bestimmte Aspekte sachlich überzeugender sind als andere. Das Zusammenführen dieser Elemente könnte eine Haftungsregelung hervorbringen, die sowohl den Interessen des Tierhalters als auch den des Geschädigten gerecht wird. Eine solche Haftungsregelung gilt es anzustreben.

Literaturverzeichnis

A. Monografien, Lehrbücher, Festschriften, Kommentare und Aufsätze

Abeltshauser, Thomas, Verschuldens- oder Gefährdungshaftung für Mikroorganismen, JuS 1991, 366 [zitiert als: *Abeltshauser*, JuS 1991].

Andreu, Lionel/Thomassin, Nicolas, Cours de droit des obligations, 8. Aufl., 2023–2024.

Antoine, Suzanne, Le droit de l'animal: évolution et perspectives, Recueil Dalloz 1996, 126 [zitiert als: *Antoine*, D. 1996].

Apathy, Peter/Klingenberg, Georg/Pennitz, Martin, Einführung in das römische Recht, 7. Aufl., Köln u. a., 2022.

Ashton-Cross, D. I. C., Liability in Roman Law for Damage caused by Animals, The Cambridge Law Journal, Vol. 11, Nr. 3, 395, 1953 [zitiert als: *Ashton-Cross*, Liability in Roman Law].

Bacache-Gibeili, Mireille, Les obligations – La responsabilité civile extracontractuelle, 3. Aufl., Tome 5, Paris, 2016 [zitiert als: *Bacache-Gibeili*, Les obligations].

Bamberg, Hans, Die Haftung der Tierhalter, deren Tiere sich gegenseitig verletzen. Ein Beitrag zur Tierhalterhaftung nach § 833 BGB, Erlangen, 1929 [zitiert als: *Bamberg*, Die Haftung der Tierhalter, deren Tiere sich gegenseitig verletzen].

beck-online.GROSSKOMMENTAR zum Zivilrecht, Stand 01.01.2024, § 833 [zitiert als: *Bearbeiter*, in: BeckOGK BGB und *Bearbeiter*, in: BeckOGK StVG].

Beck'scher Online-Kommentar BGB, Stand 01.11.2023, § 833 [zitiert als: *Bearbeiter*, in: BeckOK BGB].

Beetz, Andrea/Riedel, Meike/Wolfarth, Rainer, Tiergestützte Interventionen – Handbuch für die Aus- und Weiterbildung, 2. Aufl., München 2021 [zitiert als: *Beetz/Riedel/Wolfarth*, Tiergestützte Interventionen, 6. Rechtliche Grundlagen].

Bekker, Ernst Immanuel, Die Aktionen des römischen Privatrechts, Bd. I Ius Civile, Berlin, 1871 [zitiert als: *Bekker*, Die Aktionen des römischen Privatrechts].

Berglar, Christoph, Der Begriff des Tierhalters dargestellt unter Heranziehung des französischen und schweizerischen Rechts, Köln, 1979 [zitiert als: *Berglar*, Der Begriff des Tierhalters].

Bettermann, Karl A./Löwisch, Manfred/Otto, Hansjörg/Schmidt, Karsten, Festschrift für Albrecht Zeuner zum 70. Geburtstag, Tübingen, 1994 [zitiert als: *Bearbeiter*, Festschrift für Albrecht Zeuner].

BGB-RGRK, 12. Aufl., Berlin, 1989 [zitiert als: *Bearbeiter*, in: BGB-RGRK].

Bilchitz, David, Moving beyond arbitrariness: the legal personhood and dignity of non-human animals, South African Journal on Human Rights, Vol. 25 Nr. 1, 2009, 38 [zitiert als: *Bilchitz*, SAJHR 2009].

Bocianiak, Hans-Jürgen, Ausgewählte Probleme der Tierhalterhaftung im Lichte der Rechtsprechung, VersR 2011, 981 [zitiert als: *Bocianiak*, VersR 2011].

Böhme, Antje, Die (strikte) Haftung für Tiere im deutschen und US-amerikanischen Recht, Hamburg, 2016 [zitiert als: *Böhme*, Haftung für Tiere im deutschen und US-amerikanischen Recht].

Borghetti, Jean-Sébastien, La responsabilité du fait des choses, un régime qui a fait son temps, RTD Civ. 2010, 1[zitiert als: *Borghetti*, RTD Civ. 2010].

Borghetti, Jean-Sébastien, L'avant-projet de réforme de la responsabilité civile, Recueil Dalloz 2016, 1386 [zitiert als: *Borghetti*, D. 2016].

Borghetti, Jean-Sébastien, L'avant-projet de réforme de la responsabilité civile (1), Recueil Dalloz 2016, 1442 [zitiert als: *Borghetti*, D. 2016].

Borghetti, Jean-Sébastien, Un pas de plus vers la réforme de la responsabilité civile: présentation du projet de la réforme rendu public le 13. mars 2017, Recueil Dalloz 2017, 770 [zitiert als: *Borghetti*, D. 2017].

Borghetti, Jean-Sébastien/Whittaker, Simon, French Civil Liability in Comparative Perspective, Oxford u. a., 2019 [zitiert als: *Bearbeiter*, in: French Civil Liability].

Bornhövd, Jürgen, Zur Tierhalterhaftung, VersR 1979, 398 [zitiert als: *Bornhövd*, VersR 1979].

Bourgeois, Lucien/Demotes-Mainard, Magali, Les cinquante ans qui ont change l'agriculture française, Économie rurale 2000 [zitiert als: *Bourgeois/Demotes-Mainard*, Économie rurale 2000].

Bresler, C. P., The Veterinarian and the Law. – IV. Liability for damages done by animals, Journal of the South African Veterinary Association 1932, Vol. 3, Nr. 3, 121 [zitiert als: *Bresler*, The Veterinarian and the Law].

Brüggemeier, Gert, Prinzipien des Haftungsrechts, Eine systematische Darstellung auf rechtsvergleichender Grundlage, 1. Aufl., Baden-Baden, 1999 [zitiert als: *Brüggemeier*, Prinzipien des HaftungsR].

Brüggemeier, Gert, Haftungsrecht: Struktur, Prinzipien, Schutzbereich, Berlin/Heidelberg, 2006 [zitiert als: *Brüggemeier*, HaftungsR].

Brüninghaus, Birgit, Die Stellung des Tieres im Bürgerlichen Gesetzbuch, Berlin, 1993 [zitiert als: *Brüninghaus*, Die Stellung des Tieres im BGB].

Buffon, Georges-Louis Leclerc, Les quadrupèdes: animaux domestiques et animaux sauvages en France; précédés du Discours sur la nature des animaux, Bar-le-Duc, 1877 [zitiert als: *Buffon*, Les quadrupèdes].

Burgun Loïc, La responsabilité civile des sociétés, Paris, 2019 [zitiert als: *Burgun*, La responsabilité civile des sociétés].

Byé, Pascal, Mécanisation de l'agriculture et industrie du machinisme agricole: le cas du marché français, Économie rurale 1979 [zitiert als: *Byé*, Économie rurale 1979].

Canselier, Guillaume, De l'explication causale en droit de la responsabilité civile et délictuelle, RTD Civ. 2010, 41 [zitiert als: *Canselier*, RTD Civ. 2010].

Capitant, Henri, Introduction à étude du droit civil: notions générales, Paris, 1929 [zitiert als: *Capitant*, Introduction à l'étude du droit civil].

Carbonnier, Jean, Droit civil, Tome 4, Les Obligations, 22. Aufl., Presses Universitaires de France 2000 [zitiert als: *Carbonnier*, PUF 2000].

Carillon, Rémi, Le progrès mécanique en agriculture, de 1938 à 1958, Économie rurale 1959, 37 [zitiert als: *Carillon*, Économie rurale 1959].

Casson, Philippe, Dommages et intérêts – Évaluation conventionnelle des dommages et intérêts, Répertoire de droit civil 2017 [zitiert als: *Casson*, Dommages et intérêts, Répertoire de droit civil 2017].

Cintrat, Maud, La santé de l'animal d'élevage: recherche sur l'appréhension de l'animal en droit sanitaire, Aix-en-Provence, 2017 [zitiert als: *Cintrat*, La santé de l'animal d'élevage].

Conte, Philippe, La responsabilité civile délictuelle, Grenoble, 2015.

Cooper, Thomas, The Institutes of Justinian. with notes, New York, 1852 [zitiert als: *Cooper*, The Institutes of Justinian].

Corbett, Michael McGregor, Extending the Reach of Justice: The Role of the Aquilian Action in South African Law, Northern Ireland Legal Quarterly, Vol. 49, 1998, 23 [zitiert als: *Corbett*, N. Ir. Legal Q., 1998].

Cosack, Tilman, Die Gefährdungshaftung im Vordringen – Hintergründe und Entwicklungslinien der aktuellen Tendenz im deliktischen Haftungsrecht, VersR 1992, 1439 [zitiert als: *Cosack*, VersR 1992].

Courteaud, Louis, La notion de force majeure en matière de responsabilité contractuelle et délictuelle, Grenoble, 1935 [zitiert als: *Courteaud*, La notion de force majeure].

Cursi Maria Floriana, Modelle objektiver Haftung im Deliktsrecht: Das schwerwiegende Erbe des römischen Rechts, Zeitschrift der Savigny-Stiftung für Rechtsgeschichte: Romanistische Abteilung, 2015, Bd. 132, Heft 1, 362 [zitiert als: *Cursi*, Modelle objektiver Haftung im Deliktsrecht].

Dauner-Lieb, Barbara/Langen, Werner: Nomos Kommentar BGB Schuldrecht, 4. Aufl., Köln, 2021 [zitiert als: *Bearbeiter*, in: NK-BGB].

Davel, C. J., The delictual accountability and criminal capacity of a child: How big can the gap be?, De Jure 2001, 604 [zitiert als: *Davel*, De Jure 2001].

Delebecque, Philippe/Pansier, Frédéric-Jérôme, Droit des obligations, 8. Aufl., Paris, 2018.

Dernburg, Heinrich, Pandekten, Zweiter Bd., 6. Aufl., Berlin, 1900.

Deroussin, David, Histoire du droit des obligations, 2. Aufl., 2012.

Deutsch, Erwin, Die Haftung des Tierhalters, JuS 1987, 673 [zitiert als: *Deutsch*, JuS 1987].

Deutsch, Erwin: Haftungsrecht, Erster Bd.: Allgemeine Lehren, Köln u. a., 1976 [zitiert als: *Deutsch*, Haftungsrecht].

Deutsch, Erwin, Gefährdungshaftung für Mikroorganismen im Labor, NJW 1990, 751 [zitiert als: *Deutsch*, NJW 1990].

Deutsch, Erwin, Schmerzensgeld für Vertragsverletzungen und bei Gefährdungshaftung, ZRP 2001, 351 [zitiert als: *Deutsch*, ZRP 2001].

Deutsch, Erwin/Ahrens, Hans-Jürgen, Deliktsrecht, 6. Aufl., München., 2014 [zitiert als: *Deutsch/Ahrens*, Deliktsrecht].

Du Plessis, J R/Kok, Ba, An elementary introduction to the study of South African law, – A guide for beginners, Kapstadt u. a., 1989 [zitiert als: *du Plessis/Kok*, South African law].

Du Preez, Jan H., Pets: beloved companions, but keep them healthy!, Part 2 of 7, Farmer's Weekly, Vol. 2018, Nr. 18013, 32 [zitiert als: *Du Preez*, Farmer's Weekly 2018].

Dubarry, Julien, Akademische Entwürfe zu einer Reform des französischen Schadensersatzrechts, Juristische Blätter 2016, Heft 9, 549 [zitiert als: *Dubarry*, JBl 2016].

Dubuisson, Bernard, La responsabilité civile, Brüssel, 2009.

Dunz, Walter, Gefährdungshaftung und Adäquanz in der neuen Rechtsprechung des BGH – Zu Stoll in „25 Jahre Karlsruher Forum" Jubiläumsausgabe, VersR 1984, 600 [zitiert als: *Dunz*, VersR 1984].

Heidel, Thomas/Hüßtege, Rainer/Mansel, Heinz-Peter/Noack, Ulrich: Nomos Kommentar BGB Allgemeiner Teil/EGBGB, 4. Aufl., Bd. 1, 2021 [zitiert als: *Bearbeiter*, in: NK-BGBAT].

Eberl-Borges, Christina, Die Tierhalterhaftung des Diebes, des Erben und des Minderjährigen – Zugleich eine Konkretisierung des Tierhalterbegriffs, VersR 1996, 1070 [zitiert als: *Eberl-Borges*, VersR 1996].

Eberl-Borges, Christina, LMK 2012, Anmerkung zu BGH vom 21.12.2010 – VI ZR 312/09 [zitiert als: *Eberl-Borges*, LMK 2012, Anm.].

Ebert, Ina, juris PraxisReport BGH Zivilrecht 19/2009, Anmerkung zu BGH vom 30.06.2009 – VI ZR 266/08 [zitiert als: *Ebert*, jurisPR-BGHZivilR 19/2009, Anm. 4].

Epping, Volker/Hillgruber, Christian, BeckOK Grundgesetz, 56. Edition, Stand 15.08.2023 [zitiert als: *Bearbeiter*, in: BeckOK GG].

Erman Bürgerliches Gesetzbuch, 17. Aufl., Köln 2023 [zitiert als: *Bearbeiter*, in: Erman].

Fabre-Magnan, Muriel, Droit des obligations – 2 – Responsabilité civile et quasi-contrats, 2. Aufl., Paris, 2013 [zitiert als: *Fabre-Magnan*, Droit des obligations].

Fagan, Anton, Aquilian Liability for negligently caused pure economic loss – its history and doctrinal accommodation, South African Law Journal 2014, Vol. 131, Nr. 2, 288 [zitiert als: *Fagan*, SALJ 2014].

Fagan, Anton, Aquilian Liability in the South African Law of Delict, Claremont, 2019 [zitiert als: *Fagan*, Aquilian Liability].

Fages, Bertrand, Droit des obligations, 11. Aufl., Paris, 2021.

Falaise, Muriel, Protection animale et bien-être animal: une prise en compte croissante par le législateur et le citoyen, Actualité juridique 2020, 116 [zitiert als: *Falaise*, AJ 2020].

Falbesaner, Ulrike, Probleme in der Heimtierhaltung – Auswertung von Leseranfragen an eine Tierzeitschrift, München, 1991 [zitiert als: *Falbesaner*, Probleme in der Heimtierhaltung].

Fauvarque-Cosson, Bénédicte/Mazeaud, Denis, L'avant-projet de réforme du droit des obligations et de la prescription, Revue de droit uniforme, 2006, Vol. 11 (1), 103 [zitiert als: *Fauvarque-Cosson/Mazeaud*, Revue de droit uniforme 2006].

Fikentscher, Wolfgang/Heinemann, Andreas, Schuldrecht, 121. Aufl., Berlin, 2017.

Filthaut, Werner, Haftpflichtgesetz, 10. Aufl., München, 2019 [zitiert als: *Bearbeiter*, in: Filthaut/Piontek/Kayser, HPflG].

Fournel, Frédérique, L'animal: une chose comme une autre en matière de responsabilité civile, AJ Famille 2012, 81[zitiert als: *Fournel*, AJ Famille 2012].

Fornacciari, Marc/Chauvaux, Didier, Répertoire de la responsabilité de la puissance publique - Exonérations ou atténuations de responsabilité, 2011 [zitiert als: *Fornacciari/Chauvaux*, Exonérations ou atténuations de responsabilité].

Fridenson, Patrick, Le rôle de l'industrie automobile dans le développement de la France, de l'Allemagne et de la Grande-Bretagne au XXe siècle, Matériaux pour l'histoire de note temps, n° 47, 10 [zitiert als: *Fridenson*, Matériaux pour l'histoire de notre temps, n° 47].

Francke, Wilhelm Christian, Die besondere Haftung des Tierhalters und des Tieraufsichtspflichtigen nach dem Bürgerlichen Gesetzbuch dargestellt für

Juristen und Nichtjuristen, Hannover, 1911 [zitiert als: *Francke*, Die besondere Haftung des Tierhalters].

Fuchs, Maximilian, Deliktsrecht, Eine nach Anspruchsgrundlagen geordnete Darstellung des Rechts der unerlaubten Handlungen und der Gefährdungshaftung, 7. Aufl., Berlin Heidelberg, 2009 [zitiert als: *Fuchs*, Deliktsrecht].

Gergen, Thomas, Tiere in der deutschen Rechtsgeschichte und im geltenden bürgerlichen Recht, Natur und Recht 2007 [zitiert als: *Gergen*, NuR 2007].

Giebel, Gerfried/Braun, Karsten/Mittelmeier, Wolfram, Unfälle beim Pferdesport – Unfallhergang, Verletzungen und Prävention, Berlin u. a., 1994 [zitiert als: *Giebel/Braun/Mittelmeier*, Unfälle beim Pferdesport].

Gierke, Otto von: Der Entwurf eines bürgerlichen Gesetzbuches und das deutsche Recht, Leipzig, 1899.

Gless, Sabine/Seelmann, Kurt, Intelligente Agenten und das Recht, Nomos Robotik und Recht, Bd. 9, 1. Aufl., Baden-Baden, 2016 [zitiert als: *Möller*, Haftungskonzepte im römischen Deliktsrecht].

Greiffenhagen, Sylvia: Tiere als Therapie: neue Wege in Erziehung und Heilung, Mürlenbach, 2011 [zitiert als: *Greiffenhagen*, Tiere als Therapie].

Grunewald, Barbara/Riesenhuber, Karl, Bürgerliches Recht, 10. Aufl., München, 2023 [zitiert als: *Grunewald/Riesenhuber*, BGB].

Grüneberg, Christian (Hrsg.): Kommentar zum Bürgerlichen Gesetzbuch, 83. Aufl., München, 2024 [zitiert als: *Bearbeiter*, in: Grüneberg, BGB].

Grynbaum, Luc, Responsabilité du fait des choses inanimées, Répertoire de droit civil, Dalloz 2011 [zitiert als: *Grynbaum*, Dalloz 2011].

Haase, Florian Felix, Einführung in das Recht der Republik Südafrika, Berlin, 1999 [zitiert als: *Haase*, Einführung in das Recht der Rep. SA].

Haase, Richard, Zur Schadenszufügung „durch ein Tier“ (§ 833 BGB), JR 1973, 10 [zitiert als: *Haase*, JR 1973].

Hasselblatt, Gordian, N., NJW 1993, 2577 [zitiert als: *Hasselblatt*, NJW 1993].

Hassenpflug, Helwig, Festschrift für Karl Schäfer zum 80. Geburtstag, Berlin, 1980 [zitiert als: *Bearbeiter*, Festschrift für Karl Schäfer].

Heidel, Thomas/Hüßtege, Rainer/Mansel, Heinz-Peter/Noack, Ulrich: Nomos Kommentar BGB Allgemeiner Teil/EGBGB, 4. Aufl., Bd. 1, 2021 [zitiert als: *Bearbeiter*, in: NK-BGBAT].

Heinze, Meinhard/Schmitt, Jochem, Festschrift für Wolfgang Gitter zum 65. Geburtstag am 30. Mai 1995, Wiesbaden, 1995 [zitiert als: *Bearbeiter*, Festschrift für Wolfgang Gitter].

Herrmann, Elke, Die Einschränkung der Tierhalterhaftung nach § 833 S. 1 BGB in der modernen Judikatur und Literatur, JR 1980 Heft 12, 489 [zitiert als: *Herrmann*, JR 1980 Heft 12].

Hess, Jürgen, Die Bestimmung des Ersatzpflichtigen in der Gefährdungshaftung, Tübingen, 1978 [zitiert als: *Hess*, Die Bestimmung des Ersatzpflichtigen].

Hoff, Joseph, Die Feststellung des Tierhalters – Kritische Bemerkungen zur Rechtsprechung zu § 833 BGB, Archiv für die civilistische Praxis, 344 [zitiert als: *Hoff*, Die Feststellung des Tierhalters].

Hofmann, Edgar, Haftpflichtrecht für die Praxis, 1989, München.

Hohlbein, Bernhard/Bredenschey, Bernd/Salzbrunn, Karl-Heinz, VW 2009, 1430 [zitiert als: *Hohlbein/Bredenschey/Salzbrunn*, VW 2009].

Hohloch, Gerhard, Gleichbehandlung im Haftungsrecht als Verfassungsgebot? Zum Grundsatz der haftungsrechtlichen Gleichbehandlung aller Verkehrsteilnehmer' in der neueren Rechtsprechung des Bundesgerichtshofs, VersR 1979, 199 [zitiert als: *Hohloch*, VersR 1979].

Höke, Heike, Tiergestützte Therapie mit Lamas, Erfahrungs-Heilkunde 2008, Vol. 57, 604 [zitiert als: *Höke*, Tiergestützte Therapie mit Lamas, EHK 2008].

Hosten, Wj/Edwards, Ab/Nathan, Carmen/Bosman, Francis, Introduction to South African law and legal theory, Butterworth, 1977 [zitiert als: *Hosten/Edwards/Nathan/Bosman*, Introduction to SA law].

Huber, Stefan/Kleinschmidt, Jens, Die Reform des französischen Haftungsrechts im europäischen Kontext, Tübingen, 2021 [zitiert als: *Bearbeiter*, Die Reform des französischen Haftungsrechts].

Hübner, Ulrich M., Die Haftung des Gardien im französischen Zivilrecht – Art. 1384 al. 1er Code civil als Beispiel eines allgemeinen Sachhaftungstatbestandes, Karlsruhe, 1973 [zitiert als: *Hübner*, Die Haftung des Gardien].

Hutchison, Dale (Hrsg.)/van Heerden, Belinda/Visser D.P./van der Merwe, C.G.: Wille's principles of South African law, Juta, 1991 [zitiert als: *Hutchison/van Heerden/Visser/van der Merwe*, in: Wille's principles of SA law].

Jackson, Bernard S., Liability for Animals in Roman Law: An historical Sketch, The Cambridge Law Journal 1978, Vol. 37, Nr. 1, 122 [zitiert als: *Jackson*, Historical Sketch].

Jakobs, Horst-Heinrich/Schubert, Werner: Die Beratung des Bürgerlichen Gesetzbuchs: in systematischer Zusammenstellung der unveröffentlichten Quellen. Materialien zur Entstehungsgeschichte des BGB – Einführung, Biographien, Materialien, Berlin u. a., 1978 [zitiert als: *Jakobs/Schubert*: Entstehungsgeschichte des BGB].

Jakobs, Horst-Heinrich/Schubert, Werner: Die Beratung des Bürgerlichen Gesetzbuchs: in systematischer Zusammenstellung der unveröffentlichten Quellen, Recht der Schuldverhältnisse III, Berlin u. a., 1983 [zitiert als: *Jakobs/Schubert*: Recht der Schuldverhältnisse III].

Jansen, Nils, Die Struktur des Haftungsrechts – Geschichte, Theorie und Dogmatik außervertraglicher Ansprüche auf Schadensersatz, Tübingen, 2003 [zitiert als: *Jansen*, Die Struktur des HaftungsR].

Jarass, Hans/Kment, Martin, Grundgesetz für die Bundesrepublik Deutschland, 17. Aufl., München, 2022 [zitiert als: *Bearbeiter*, in: GG für die BRD].

Jauernig, Othmar, Bürgerliches Gesetzbuch, 19. Aufl., München, 2023 [zitiert als: *Bearbeiter*, in: Jauernig BGB].

Julien, Jérôme, Responsabilité du fait des animaux, Répertoire de droit civil, Dalloz 2018 [zitiert als: *Julien*, Dalloz 2018].

JurisPK-BGB, 10. Aufl., Werksstand 20.07.2023, § 833 bearbeitet von Klaus Moritz, Stand 20.07.2023 [zitiert als: *Moritz*, in: jurisPK-BGB].

Kanamugire, Jean Chysostome/Chimuka, Terence Vincent, The Current Status of Exemption Clauses int the South African Law of Contract, Mediterranean Journal of Social Sciences 2014, Vol. 5 n° 9, 164 [zitiert als: *Kanamugire/Chimuka*, MJSS 2014].

Kaser, Max/Knütel, Rolf/ Lohsse, Sebastian, Römisches Privatrecht, 22. Aufl., München, 2021 [zitiert als: *Kaser/Knütel/Lohsse*, Römisches PR].

Kipp, Burkhard, Haftung des Tierhalters gem. § 833 S. 1 BGB trotz Selbstgefährdung des Geschädigten? (§ 833 S. 1 BGB), VersR 2000, 1348 [zitiert als: *Kipp*, VersR 2000].

Klee, Doris, Haus- und Nutztiere, Horgner Jahrheft 2020 [zitiert als: *Klee*, Haus- und Nutztiere].

Knobel, JC, Remnants of blameworthiness in the *actio de pauperize*, Tydskrif vir hedendaagse Romeins-Hollandse Reg, 2011, Vol. 74 (4), 633 [zitiert als: *Knobel*, THRHR 2011].

Kötz, Hein, Gutachten und Vorschläge zur Überarbeitung des Schuldrechts, Bd. II, 1981, Köln [zitiert als: *Kötz*, Gutachten und Vorschläge zur Überarbeitung des SR].

Kramer, Ernst A., Zur Theorie und Politik des Privat- und Wirtschaftsrechts, Beiträge aus den Jahren 1969–1996, Basel u. a., 1997 [zitiert als: *Kramer*, Zur Theorie und Politik des Privat- und Wirtschaftsrechts].

Larenz, Karl/Canaris, Claus-Wilhelm, Lehrbuch des Schuldrechts, Band II: Besonderer Teil, 2. Halbband, 13. Aufl., München, 1994 [zitiert als: *Larenz/Canaris*, Lehrbuch des Schuldrechts, II, 2].

Lebreton, Marie-Christine, L'enfant et la responsabilité civile, Rouen, 1996 [zitiert als: *Lebreton*, L'enfant et la responsabilité civile].

Le Tourneau, Philippe, Responsabilité: généralités, Répertoire de droit civil, Dalloz 2009 [zitiert als: *Le Tourneau*, Dalloz 2009].

Le Tourneau, Philippe, Dalloz action, Droit de la responsabilité et des contrats, 2020 [zitiert als: *Bearbeiter*, Dalloz action 2020].

Le Tourneau, Philippe, Dalloz action, Droit de la responsabilité et des contrats, 2021–2022 [zitiert als: *Bearbeiter*, Dalloz action 2021].

Lehmann, Sven/Auer, Tim-Bastian, Die Tierhalterhaftung nur bei intrinsisch verwirklichter spezifischer Tiergefahr – eine negative Typenkorrektur, VersR 2011, 846 [zitiert als: *Lehmann/Auer*, VersR 2011].

Lehotkay, Rachel/Orihuela-Flores, Milton/Deriaz, Nicolas/Galli Carminati, Giuliana, La thérapie assistée par l'animal, description d'un cas Clinique, Psychothérapies 2012, 32 (2), 115 [zitiert als: *Lehotkay/Orihuela-Flores/Deriaz/Galli Carminati*, Psychothérapies 2012].

Lenel, Otto: Die Formen der actiones noxales, Zeitschrift der Savigny-Stiftung für Rechtsgeschichte: Romanistische Abteilung, Vol. 47 (1), Freiburg im Breisgau, 1927 [zitiert als: *Lenel*, Die Formen der actiones noxales].

Leube, Konrad, Unfallversicherung der privaten Fahrzeug- und Reittierhaltung – Auf Kosten der Steuerzahler?, NZS 1996, 14 [zitiert als: *Leube*, NZS 1996].

Leveneur-Azémar, Marie, Étude sur les clauses limitatives ou exonératoires de responsabilité, Paris, 2016 [zitiert als: *Leveneur-Azémar*, Étude sur les clauses limitatives].

Litten, Fritz, Die Ersatzpflicht des Tierhalters im Rechte des Bürgerlichen Gesetzbuches: zugleich ein Beitrag zur Lehre von der Kausalität im Rechtssinne, Berlin, 1905 [zitiert als: *Litten*, Die Ersatzpflicht des Tierhalters].

Looschelders, Dirk, Die Mitverantwortlichkeit des Geschädigten im Privatrecht, Tübingen, 1999 [zitiert als: *Looschelders*, Die Mitverantwortlichkeit des Geschädigten].

Lorenz, Wolfgang: Die Gefährdungshaftung des Tierhalters nach § 833 Satz 1 BGB, Berlin, 1992.

Loubser, Max/Midgley, Rob, The law of delict in South Africa, 3. Aufl., Oxford, 2018 [zitiert als: *Loubser/Midgley*, The law of delict in South Africa].

Lubbe, Carien/Scholtz, Suné, The application of animal-assisted therapy in the South African context: A case study, South African Journal of Psychology 2013, 43 (I), 116 [zitiert als: *Lubbe/Scholtz*, A case study].

Lucas-Baloup, Isabelle, Le microbe: une res nullius cause étrangère?, Revue générale de droit medical, n° 2, Dezember 1999 [zitiert als: *Lucas-Baloup*, Le microbe: une res nullius cause étrangère, RGDM 1999/2.91].

Lüchinger, Verena: Die Tierhalterhaftung nach schweizerischem, deutschem, französischem und österreichischem Recht, Winterthur, 1962 [zitiert als: *Lüchinger*, Die Tierhalterhaftung].

Maasdorp, Sir A. F. S., Institutes of South African Law: The Law of Delicts and the Dissolution of Obligations, Vol. 4, 7. Aufl., Juta, 1963 [zitiert als: *Maasdorp*, The Law of Delicts].

Macintosh, James Cheyne/Scoble, Christopher Norman, Negligence in delict, 5. Aufl., Juta, 1970.

Malaurie, Philippe/Aynès, Laurent, Droit des obligations, 11. Aufl., Paris, 2020.

Marguénaud, Jean-Pierre/Burgat, Florence/Jacques Leroy, Le droit animalier, Paris, 2016 [zitiert als: *Marguénaud*, Le droit animalier].

Mayaud, Yves, Ephémère emotion autour du foetus!, RSC 2015, 83 [zitiert als: *Mayaud*, RSC 2015].

Mayrhofer, Ann-Kristin, Außervertragliche Haftung für fremde Autonomie, München, 2023 [zitiert als: *Mayrhofer*, Außervertragliche Haftung für fremde Autonomie].

Mazeaud, Henri/Mazeaud, Léon, Traité théorique et pratique de la responsabilité civile délictuelle et contractuelle, Tome second, 3. Aufl., Paris, 1939 [zitiert als: *Mazeaud/Mazeaud*, Traité théorique et pratique].

Mbatha, Mfaniseni Wiseman, The Agricultural Sector in Improving the Country's Economy: A Critical Comparison of South Africa and India, Journal of African Foreign Affairs 2020, Vol. 7, Nr. 2, 77 [zitiert als: *Mbatha*, Journal of African Foreign Affairs 2020].

McKerron, Robert Gordon, The law of delict: A treatise on the principles of liability for civil wrongs in the law of South Africa, 7. Aufl., Kapstadt, 1971 [zitiert als: McKerron, The law of delict].

Medicus, Dieter, Das Luxusargument im Schadensersatzrecht, NJW 1989, 1889 [zitiert als: *Medicus*, NJW 1989].

Medicus, Dieter/Seiler, Hans Hermann, Festschrift für Max Kaser zum 70. Geburtstag, München, 1976 [zitiert als: *Bearbeiter*, Festschrift für Max Kaser].

Meissner, H.H./Scholtz, Michiel Matthys/Palmer, Anthony R.: Sustainability of the South African Livestock Sector towards 2050 Part 1: Worth and impact of the sector, South African Journal of Animal Science 2013, 282 [zitiert als: *Meissner/Scholtz/Palmer*, South African Journal of Animal Science 2013].

Meltzer, Martin, Livestock in Africa: The economics of ownership and production, and the potential for improvement, Agriculture and Human Values 12, 1995, 4 [zitiert als: *Meltzer*, Livestock in Africa, Agriculture and Human Values].

Menger, Anton: Das Bürgerliche Recht und die besitzlosen Volksklassen, 4. Aufl., Tübingen, 1908.

Metzing, Jacqueline, Gefährdungshaftung: Einzelgesetze oder Generalklausel? Eine rechtsvergleichende Analyse, BLJ 2014, 80 [zitiert als: *Metzing*, BLJ 2014].

Merkel, Rudolf, Die Kollision rechtmässiger Interessen und die Schadenersatzpflicht bei rechtmässigen Handlungen. Im Hinblick auf den Entwurf eines Bürgerlichen Gesetzbuches für das Deutsche Reich in zweiter Lesung, Straßburg 1895 [zitiert als: *Merkel*, Die Kollision rechtmässiger Interessen].

Michalon, Jérôme, „L'animal thérapeute": Socio-anthropologie de l'émergence du soin par le contact animalier, Saint-Étienne, 2011 [zitiert als: *Michalon*, L'animal thérapeute].

Midgley, J. R., Principles of Liability in The Modern Law of Delict: Holy Cows or Horses for Courses, Acta Juridica 2000, 79 [zitiert als: *Midgley*, Acta Juridica 2000].

Miller, D. L. Carey, A restrictive interpretation of the action de pastu, South African law journal, 1971, Vol. 88 (2), 177 [zitiert als: *Miller*, SALJ 1971].

Miller, D. L. Carey, Volenti as a defence to the action de pauperie, South African law journal, 1981, Vol. 98 (1), 13 [zitiert als: *Miller*, SALJ 1981].

Molinier, Jean, L'évolution de le population agricole du XVIIIe siècle à nos jours, Économie et Statistique 1977, 79 [zitiert als: *Molinier*, Économie et Statistique 1977].

Mugdan, Benno: Die gesamten Materialien zum Bürgerlichen Gesetzbuch für das Deutsche Reich, Bd. 2, Recht der Schuldverhältnisse, Berlin, 1899 [zitiert als: *Mugdan*, Die gesamten Materialien zum Bürgerlichen Gesetzbuch, Bd. 2].

Muir, Andrew, Of Fences, Game and Property – Some Unresolved Issues of Ownership of Wild Animals in South Africa, Stellenbosch Law Review 2016, Vol. 27, 130 [zitiert als: *Muir*, SLR 2016].

Müller, Bianca: Die Bedeutung von Tieren für die therapeutische Arbeit mit älteren Menschen, Dortmund, 1998.

Münchener Kommentar zum Bürgerlichen Gesetzbuch, Bd. 6, 9. Aufl., München, 2023 [zitiert als: *Bearbeiter*, in: MüKoBGB].

Münchener Kommentar zum Versicherungsvertragsgesetz, 2. Aufl. München, 2017 [zitiert als: *Bearbeiter*, in: MüKoVVG].

Munyadziwa, Muvhali/Singh, Tanusha, Pet groomers' occupational exposures: an under-researched group of workers in a growing pet-care industry, Current Allergy & Clinical Immunology 2021, Vol. 34, Nr. 2, 87 [zitiert als: *Munyadziwa/Singh*, Current Allergy & Clinical Immunology 2021].

Nabinger, Miriam Silke, Haftung für Mikroorganismen, Frankfurt, 2010.

Naidoo, Pevashnee, Barking up the Wrong Tree: Pet Therapy in South Africa, Cape Town, 2003 [zitiert als: *Naidoo*, Barking up the Wrong Tree].

Neethling, Johann/Potgieter, J. M./Visser, P. J., Law of delict, 7. Aufl., Durban 2015.

Nicholas, Barry, Liability for Animals in Roman Law, Acta Juridica, 1958, 185 [zitiert als: *Nicholas*, Acta Juridica 1958].

Nyika, Aceme, Animal research ethics in Africa: An overview, Acta Tropica 2009, 48 [zitiert als: *Nyika*, Animal research ethics in Africa: An overview].

Oduniyi, Oluwaseun Samuel/Rubhara, Theresa Tendai/Antwi, Michael Akwasi, Sustainability of Livestock Farming in South Africa. Outlook on Production Constraints, Climate-Related Events, and Upshot on Adaptive Capacity, Sustainability 2020, 12, 2582 [zitiert als: *Oduniyi/Rubhara/Antwi*, Sustainability 2020, 12, 2582].

Ohr, Renate: Heimtierstudie 2019: Ökonomische und soziale Bedeutung der Heimtierhaltung in Deutschland, Göttingen, 2019 [zitiert als: *Ohr*, Heimtierstudie 2019, Göttingen].

Ossenbühl, Fritz/Cornils, Matthias: Staatshaftungsrecht, 6. Aufl., München, 2013.

Pawlowski, Hans-Martin/Wieacker, Franz, Festschrift für Karl Michaelis zum 70. Geburtstag am 21. Dezember 1970, Göttingen, 1972 [zitiert als: *Bearbeiter*, Festschrift für Karl Michaelis].

Payllier, Nicole, Der Tierhalter und dessen besondere Befreiungsmöglichkeiten (Art. 56 Abs. 1 OR) – Unter rechtsvergleichender Berücksichtigung des deutschen und des französischen Rechts, Zürich, 2003 [zitiert als: *Payllier*, Der Tierhalter und dessen besondere Befreiungsmöglichkeiten].

Pfab, Alexander: Brieftaube gegen Flugzeug – Zugleich ein Beitrag zur Gefährdungshaftung, VersR 2006, 894 [zitiert als: *Pfab*, VersR 2006].

Polojac, Milena, Actio de pauperie: Anthropomorphism and rationalism, 2012, Fundamania 18 (2), 119 [zitiert als: *Polojac*, Actio de pauperie: Anthropomorphism and rationalism].

Porchy-Simon, Stéphanie, Droit civil 2e année, Les obligations 2020, 12. Aufl., Paris, 2020 [zitiert als: *Porchy-Simon*, Les obligations].

Pouillade, Hugo-Bernard, Le lien de causalité dans le droit de la responsabilité administrative, Paris, 2011 [zitiert als: *Pouillade*, Le lien de causalité].

Prothmann, Anke, Tiergestützte Therapie – Medizin mit Streichelfaktor?, Erfahrungs-Heilkunde 2008, Vol. 57, 573 [zitiert als: *Prothmann*, Tiergestützte Therapie, EHK 2008].

Prütting, Hanns/Wegen, Gerhard/Weinreich, Gerd: Bürgerliches Gesetzbuch Kommentar, 18. Aufl., Köln, 2023 [zitiert als: *Bearbeiter*, in: Prütting (Hrsg.), BGB].

Quézel-Ambrunaz, Christophe, Définition de la causalité en droit français: la Causalité dans le droit de la responsabilité civile européenne, Groupe de recherche européen sur la responsabilité civile et l'assurance (GRERCA), Mars 2010, Genève, Suisse, 341, hal-00485806 [zitiert als: *Quézel-Ambrunaz*, Définition de la causalité en droit français].

Raheel, Ahmed, The historical development of the concept „reasonableness" in the law of delict, Tydskrif vir hedendaagse Romeins-Hollandse Reg, 2019, Vol. 82 (2), 257 [zitiert als: *Ahmed*, THRHR 2019].

Raheel, Ahmed, The Influence of Reasonableness on the Element of Conduct in Delictual or Tort Liability – Comparative Conclusions, PER /PELJ 2019(22), 1 [zitiert als: *Ahmed*, PER/PELJ 2019(22)].

Raheel, Ahmed/Steynberg, Loma, Claims for 'Emotional Shock' suffered by primary and secondary victims, Journal of Contemporary Roman-Dutch Law, Mai 2015, Vol. 78, 181 [zitiert als : *Raheel/ Loma*, Claims for 'Emotional Shock' suffered by primary and secondary victims].

Redon, Michel, Responsabilité civile en matière de chasse, Répertoire de droit civil, Dalloz 2015 [zitiert als: *Redon*, D. 2015].

Reichel, Leopold von: Wie haftet man für seine Tiere nach dem neuen Gesetz vom 30. Mai 1908?, Berlin, 1910 [zitiert als: *Von Reichel*, Wie haftet man für seine Tiere?].

Renault-Brahinsky, Corinne, Droit des obligations, mémentos apprendre utile, 2019/20 [zitiert als: *Renault-Brahinsky*, Droit des obligations]. *Rinck, Gerd*, Gefährdungshaftung, Göttingen, 1959.

Roland, Henri/Boyer, Laurent, Obligations – 1. Responsabilité délictuelle, 5. Aufl., Paris, 1996 [zitiert als: *Roland/Boyer*, Obligations].

Röthel, Anne: Gefährdungshaftung, JURA 2012, 444 [zitiert als: *Röthel*, JURA 2012].

Rottler, Uwe, Die Tierhalterhaftung und ihre Begrenzung im deutschen, französischen und englischen Recht, Aachen, 1996 [zitiert als: *Rottler*, Die Tierhalterhaftung und ihre Begrenzung].

Rümelin, Max, Die Gründe der Schadenszurechnung, Freiburg im Breisgau und Leipzig 1896 [zitiert als: *Rümelin*, Die Gründe der Schadenszurechnung].

Sargos, Pierre, La certitude du lien de causalité en matière de responsabilité est-elle un leurre dans le contexte d'incertitude de la médecine?, Recueil Dalloz 2008, 1935 [zitiert als: *Sargos*, D. 2008].

Scheffen, Erika, Zivilrechtliche Haftung im Sport, NJW 1990, 2658 [zitiert als: *Scheffen*, NJW 1990].

Schlosser, Hans, Grundzüge der Neueren Privatrechtsgeschichte, 6. Aufl., Heidelberg, 1988 [zitiert als: *Schlosser*, Grundzüge der Neueren PRG].

Schmalhorst, Regine: Die Tierhalterhaftung im BGB von 1896, Frankfurt am Main, 2002.

Schmid, Michael J., Zur sachgerechten Eingrenzung der Tierhalterhaftung, JR 1976, 274 [zitiert als: *Schmid*, JR 1976].

Schömann, Franz, Handbuch des Civilrechts, Bd. 1, Giesen und Wetzlar, 1806 [zitiert als: *Schömann*, Handbuch des Civilrechts].

Scott, Helen, Harm by Animals: The South African Law through the Cases, South African Law Journal, Vol. 134, 2017, 712 [zitiert als: *Scott*, SALJ 2017].

Scott, Johann, The action de feris – Phoenix from the Ashes or Vain Chimera?, Tydskrif vir Hedendaagse Romeins-Hollandse Reg (Journal for Contemporary Roman-Dutch Law), Vol. 81 (3), 2018, 510 [zitiert als: *Scott*, THRHR 2018].

Scott, Johann, Conduct of a third party as a defence against a claim based on the actio de pauperie rejected, Tydskrif vir hedendaagse Romeins-Hollandse Reg, 2019, Vol. 82 (2), 321 [zitiert als: *Scott*, THRHR 2019].

Siegel, Thomas, Verkehrsunfälle mit Tieren, SVR 2017, 81 [zitiert als: *Siegel*, SVR 2017].

Siegfried, Michael, Tier und Tiergefahr als tatbestandliche Voraussetzungen der Gefährdungshaftung des Tierhalters, Mainz, 1986 [zitiert als: *Siegfried*, Tier und Tiergefahr].

Söbbing, Thomas: Fundamentale Rechtsfragen zur künstlichen Intelligenz, 2. Aufl., 2022.

Soergel, Theodor/Andreas Spickhoff, Bürgerliches Gesetzbuch mit Einführungsgesetz und Nebengesetzen, Bd. 12, 13. Aufl., Stuttgart, 2005 [zitiert als: *Bearbeiter*, in: Soergel/Spickhoff (Hrsg.), BGB].

Spickhoff, Andreas: Die Grundstruktur der deliktischen Verschuldenshaftung, JuS 2016, 865 [zitiert als: *Spickhoff*, JuS 2016].

Staudingers Kommentar zum Bürgerlichen Gesetzbuch, 1. Aufl., 2017 [zitiert als: *Bearbeiter*, in: Staudinger BGB].

Staudinger, Ansgar/Steinrötter, Björn, Minderjährige im Zivilrecht, JuS 2012, 97 [zitiert als: *Staudinger/Steinrötter*, JuS 2012].

Strauss, D.F.M., Can legal rights be assigned to „natural objects" such as (plants and) animals?, Journal for Christian Scholarship, Tydskrif vir Christelike Wetenskap, Vol. 41, Nr. 3 & 4, 169 [zitiert als: *Strauss*, JfCS].

Terbille, Michael, Schutzbereich der Tierhalterhaftung nach § 833 S. 1 BGB (§ 833 S. 1 BGB), VersR 1994, 1151 [zitiert als: *Terbille*, VersR 1994].

Terbille, Michael, Die Beweislastverteilung bei der Tierhalterhaftung nach § 833 S. 1 BGB, VersR 1995, 129 [zitiert als: *Terbille*, VersR 1995].

Terré, François, Pour une réforme du droit de la responsabilité civile, Paris, 2011.

Terré, François, Droit civil, Les obligations, 12. Aufl., Paris, 2018 [zitiert als: *Terré*, Droit civil].

Terré, Francois/Simler, Philippe/Lequette, Yves/Chénedé, Francois, Droit civil Les obligations, 13. Aufl., Paris, 2022 [zitiert als: *Terré/Simler Lequette/Chénedé*, Droit civil].

Testu, François Xavier, Dalloz référence Contrats d'affaires, 2010 [zitiert als: *Testu*, Dalloz référence Contrats d'affaires].

Thompson, Jennifer Anne, Exploring best practices in animal-assisted therapy with children in Western Cape, North-West University, 2013 [zitiert als: *Thompson*, Exploring best practices in animal-assisted therapy].

Tuma-Koch, Imke, Die Sonderstellung von Tieren im Zivilrecht, Berlin, 2021 [zitiert als: *Tuma-Koch*, Die Sonderstellung von Tieren im ZR].

Umbach, Dieter C., Parlamentsauflösung in Deutschland Verfassungsgeschichte und Verfassungsprozeß, Berlin u. a., 1989 [zitiert als: *Umbach*, Parlamentsauflösung in Deutschland].

Van der Merwe, C.G., The Defence of conduct of a third party in view of the rationale for strict liability in terms of the pauperien action, South African law journal 1992, Vol. 109, n° 3, 398 [zitiert als: *Van der Merwe*, The Defence of conduct of a third party in view of the rationale for strict liability in terms of the pauperien action].

Van der Merwe, C.G., Reflections on the concurrence of the remedies in terms of the reformed pound legislation and the *actio de pastu*, Stellenbosch Law Review 2014, Vol. 25, Issue 3, 612 [zitiert als: *Van der Merwe*, SLR 2014].

Van der Walt, J.C., Strict liability in the South African law of delict, Comparative and International Law Journal of Southern Africa 1968, Vol. 1, n° 1, 49 [zitiert als: *Van der Walt*, Strict liability in the South African law of delict].

Van der Walt, J.C., A few thoughts on the basis of delictual liability, Comparative and International Law Journal of Southern Africa 1970, Vol. 3, n° 1, 1 [zitiert als: *Van der Walt*, A few thoughts on the basis of delictual liability].

Van Wyk, Willie/Van der Westhuizen, Marissa, Strict liability: dog owners (and insurers) beware!, Without prejudice 2019, Vol. 19, Nr. 3, 25 [zitiert als: *Van Wyk/Van der Westhuizen*, Without prejudice 2019].

Von Bar, Christian, Gemeineuropäisches Deliktsrecht, Bd. 1, München 1996 [zitiert als: *v. Bar*; Gemeineuropäisches Deliktsrecht].

Von Caemmerer, Ernst, Reform der Gefährdungshaftung: Vortrag, gehalten vor der Berliner Juristischen Gesellschaft am 20. November 1970, Berlin, 1971 [zitiert als: *v. Caemmerer*, Reform der Gefährdungshaftung].

Von Frentz, Wolfgang Freiherr Raitz, Lex Aquilia und Negligence – Der Schutz des Vermögens im südafrikanischen Deliktsrecht, Baden-Baden, 2000 [zitiert als: *v. Frentz*, Lex Aquilia und Negligence].

Viney, Geneviève, L'espoir d'une recodification du droit de la responsabilité civile, D. 2016, 1378 [zitiert als: *Viney*, D. 2016].

Wacke, Andreas, Defence and Necessity in Aquilian Liability, De Jure 1987, Vol. 20, 83 [zitiert als: *Wacke*, De Jure 1987].

Wagner, Gerhard, Handwörterbuch des Europäischen Privatrechts, 2009 [zitiert als: *Wagner*, HWB – EuP, 2009]

Walz, Christian, Das Ziel der Auslegung und die Rangfolge der Auslegungskriterien, ZJS 4/2010, 482 [zitiert als: *Walz*, ZJS 4/2010]

Weber, Albert/Schwarzkopf, Andreas, Heimtierhaltung – Chancen und Risiken für die Gesundheit, Gesundheitsberichtserstattung des Bundes, Heft 19, Berlin, 2003 [zitiert als: *Weber/Schwarzkopf*, Heimtierhaltung].

Weick, Günter, Entwicklung des Deliktsrechts in rechtsvergleichender Sicht – Evolution de la responsabilité délictuelle en droit comparé, Frankfurt am Main, 1987 [zitiert als: *Wiederkehr*, in Entwicklung des Deliktsrechts in rechtsvergleichender Sicht].

Weick, Günter, Force Majeure – Rechtsvergleichende Untersuchung und Vorschlag für eine einheitliche europäische Lösung, ZEuP 2014, 281 [zitiert als: *Weick*, ZEuP 2014].

Werner, Alexander, Tierhalterhaftung, das Reichsgericht und die Ziege im Streichelzoo, NJW 2012, 1048 [zitiert als: *Werner*, NJW 2012].

Wilson, Amy P., Animal Law in South Africa: „Until the lions have their own lawyers, the law will continue to protect the hunter", dA. Derecho Animal (Forum of Animal Law Studies) 2019, Vol. 10/1, 35 [zitiert als: *Wilson*, Animal Law in South Africa].

Wohlfarth, Walther, Der Tierhalter, Berlin, 1927 [zitiert als: *Wohlfarth*, Der Tierhalter].

Wylie, J. Kerr, Injuries by Animals in Roman Law, South African Law Journal 1934, Vol. 51, 168 [zitiert als: *Wylie*, SALJ 1934].

Youens, Kirsten, Animal Rights: A moral and legal discussion on the standing of animals in South African law, 2001 [zitiert als: *Youens*, Animal Rights].

Zachert, Ulrich-Christoph, Gefährdungshaftung und Haftung aus vermutetem Verschulden im deutschen und französischen Recht, Frankfurt am Main u. a., 1971 [zitiert als: *Zachert*, Gefährdungshaftung].

Zhang, Shuhan, Verschuldenshaftung und Gefährdungshaftung: Eine Untersuchung zu den Haftungsprinzipien des deutschen Rechts vor dem Hintergrund der Reform des chinesischen Haftpflichtrechts, Göttingen, 2017 [zitiert als: *Zhang*, Verschuldenshaftung und Gefährdungshaftung].

Zimmermann, Reinhard, Das römisch-holländische Recht in Südafrika, Darmstadt, 1983 [zitiert als: *Zimmermann*, Das römisch-holländische Recht in SA].

Zimmermann, Reinhard, Der Hund im Clapham Omnibus – Von verständigen Menschen und Tieren, ZEuP 1994, 733 [zitiert als: *Zimmermann*, ZEuP 1994].

Zimmermann, Reinhard, The Law of Obligations: Roman Foundations of the Civilian Tradition, Oxford 1996, 953 [zitiert als: *Zimmermann*, Lex Aquilia I].

Zimmermann, Reinhard/Visser, Daniel, Civil Law and Common Law in South Africa, Oxford, 1996 [zitiert als: *Zimmermann/Visser*, Civil Law and Common Law in South Africa].

Zwickel, Martin, Der Vorentwurf für eine Reform des französischen Haftungsrechts (responsabilité civile), RIW 2017, 104 [zitiert als: *Zwickel*, RIW 2017].

B. Parlamentaria

Antrag Nr. 32, Anlagen zu den stenographischen Berichten, Band 1, Berlin, 1903/1904.

Antrag Nr. 73, Anlagen zu den stenographischen Berichten, Band 239, Berlin, 1907.

Antrag Nr. 304, Anlagen zu den stenographischen Berichten, Band 241, Berlin, 1907.

Arrêté du 8. déc. 2011 établissant des règles sanitaires applicables aux sous-produits animaux et produits dérivés en application du règlement (CE) n° 1069/2009 et du règlement (UE) 142/2011, JORF n° 302, 30. déc. 2011, p. 22867, texte n° 94 [zitiert als: Arrêté du 8. déc. 2011].

Begründung des Entwurfs eines Gesetzes zur Änderung schadensersatzrechtlicher Vorschriften vom 19.12.1975, BR-Drs. 777/75 [zitiert als: Begründung des Entwurfs eines Gesetzes zur Änderung schadensersatzrechtlicher Vorschriften].

Bericht der Reichstags-Kommission über den Entwurf eines Bürgerlichen Gesetzbuchs und Einführungsgesetzes nebst einer Zusammenstellung der Kommissionsbeschlüsse, Berlin, 1896 [zitiert als: Bericht der Reichstags-Kommission].

Bericht der XV. Kommission Nr. 727, 7. Anlagenband, Berlin, 1903/1905.

Catala, Pierre, Avant-projet de réforme du droit des obligations (Articles 1101 à 1386 du Code civil) et du droit de la prescription (Articles 2234 à 2281 du Code civil), 2005: http://www.justice.gouv.fr/art_pix/RAPPORTCATALA-SEPTEMBRE2005.pdf, zuletzt abgerufen am 17.10.2023 [zitiert als: *Catala*, Avant-projet de réforme du droit des obligations].

Erste, zweite und dritte Berathung des Entwurfs eines Bürgerlichen Gesetzbuchs im Reichstage: stenographische Berichte, Berlin 1896 [zitiert als: Stenographische Berichte, Berlin, 1896].

Exposé des motifs: http://www.senat.fr/leg/exposes-des-motifs/ppl19-678-expose.html, zuletzt abgerufen am 17.10.2023 [zitiert als: Exposé des motifs].

Ministère de la justice, Avant-projet de loi „Réforme de la responsabilité civile": http://www.textes.justice.gouv.fr/art_pix/avpjl-responsabilite-civile.pdf, zuletzt abgerufen am 17.10.2023 [zitiert als: Ministère de la justice, Avant-projet de loi „Réforme de la responsabilité civile"].

Ministère de la justice, Projet de réforme de la responsabilité civile: http://www.justice.gouv.fr/publication/Projet_de_reforme_de_la_responsabilite_civile_13032017.pdf, zuletzt abgerufen am 17.10.2023 [zitiert als: Ministère de la justice, Projet de réforme de la responsabilité civile].

Proposition de loi portant réforme de la responsabilité civile vom 29.07.2020, Sénat 2019–2020, n° 678 [zitiert als: Proposition de loi portant réforme de la responsabilité civile vom 29.07.2020].

Rapport au Président de la République relatif à l'ordonnance n° 2016–131 du 10. février 2016 portant réforme du droit des contrats, du régime général et de la preuve des obligations, JORF n° 0035 vom 11.02.2016, n° 25 [zitiert als: Rapport au Président de la République].

Rapport d'information „Responsabilité civile: 23 propositions pour faire aboutir une réforme anoncée" vom 22.07.2020: https://www.senat.fr/rap/r19-663/r19-663.html, zuletzt abgerufen am 17.10.2023 [zitiert als: Rapport d'information „Responsabilité civile: 23 propositions pour faire aboutir une réforme anoncée" vom 22.07.2020].

Stenographische Berichte über die Verhandlungen des Reichstags:

- 118. Sitzung am 14.01.1905 Band 5, Berlin, 1905 [zitiert als: 118. Sitzung; Stenographische Berichte, Bd. 5].
- 119. Sitzung am 16.01.1905 Band 5, Berlin, 1905 [zitiert als: 119. Sitzung; Stenographische Berichte, Bd. 5].
- 191. Sitzung am 24.05.1905 Band 7, Berlin, 1905 [zitiert als: 191. Sitzung; Stenographische Berichte, Bd. 7].
- 87. Sitzung am 25.04.1906 Band 3, Berlin, 1906 [zitiert als: 87. Sitzung; Stenographische Berichte, Bd. 3].
- 36. Sitzung am 23.04.1907 Band 228, Berlin, 1907 [zitiert als: 36. Sitzung; Stenographische Berichte, Bd. 228].
- 152. Sitzung am 07.05.1908 Band 232, Berlin, 1908 [zitiert als: 152. Sitzung; Stenographische Berichte, Bd. 232].
- 52. Sitzung am 24.02.1906 Band 4, Berlin 1906, Anlage Nr. 255 [zitiert als: 52. Sitzung; Stenographische Berichte, Anlage Nr. 255].

Verordnung (EG) Nr. 1069/2009 des europäischen Parlaments und Rates vom 21. Oktober 2009 [zitiert als: Verordnung (EG) Nr. 1069/2009].

C. Internetquellen (zuletzt abgerufen am: 15.10.2023)

Abstract of Agricultural Statistics 2010, Department of Agriculture, Forestry and Fisheries: https://www.nda.agric.za/docs/statsinfo/Abstract_2010.pdf [zitiert als: Abstract of Agricultural Statistics 2010].

Abstract of Agricultural Statistics 2023, Department of Agriculture, Land Reforme & Rural Development: https://old.dalrrd.gov.za/Portals/0/Statistics%20and%20Economic%20Analysis/Statistical%20Information/Abstract%202023.pdf [zitiert als: Abstract of Agricultural Statistics 2023].

Deutscher Bauernverband Situationsbericht 2019/20, https://www.bauernverband.de/fileadmin/user_upload/Kap1.pdf [zitiert als: Deutscher Bauernverband Situationsbericht 2019/20].

Deutscher Bauernverband Situationsbericht 2023/24, https://www.situationsbericht.de/ [zitiert als: Deutscher Bauernverband Situationsbericht 2023/24].

FranceAgriMer, Les marchés des produits laitiers, carnés et avicoles, Bilan 2019/Perspectives 2020: https://www.franceagrimer.fr/content/download/63165/document/BIL-VIA-LAI-Bilan2019-Perspectives2020.pdf [zitiert als: FranceAgriMer, Bilan 2019/Perspectives 2020].

FranceAgriMer, Les marchés des produits laitiers, carnés et avicoles, Bilan 2022/Perspectives 2023: https://www.franceagrimer.fr/content/download/70627/document/BIL-VIA-LAI-Bilan2022-Perspectives2023.pdf [zitiert als: FranceAgriMer, Bilan 2022/Perspectives 2023].

Graph'Agri 2021, Agreste, L'agriculture, la forêt, la pêche et les industries agroalimentaires, 43. Aufl., Paris 2021: https://agreste.agriculture.gouv.fr/agreste-web/download/publication/publie/GraFra2021Integral/GraFra2021_integral.pdf [zitiert als: Graph'Agri 2021].

Graph'Agri 2022, Agreste, L'agriculture, la forêt, la pêche et les industries agroalimentaires, 44. Aufl., Paris 2022: https://agreste.agriculture.gouv.fr/agreste-web/download/publication/publie/GraFra2022Integral/GraphAgri_2022_accessible.pdf [zitiert als: Graph'Agri 2022].

Graph'Agri 2023, Agreste, Agriculture – Forêt – Pêche – Alimentation -Industries agroalimentaires - Environnement - Territoire, 45. Aufl., Paris 2024: https://agreste.agriculture.gouv.fr/agreste-web/download/publication/publie/GraFra2023Integral/GraphAgri_2023_Accessible-version-integrale.pdf [zitiert als: Graph'Agri 2023].

Ifop Umfrage für Purina, Les Français et les animaux de compagnie: une vie meilleure ensemble?, Mai 2016: https://www.lefil.vet/_contenus_dyn/articles/453/src/ifop-les-francais-et-les-animaux-de-compagnie.pdf [zitiert als: Ifop Umfrage für Purina].

Ifop Umfrage für Woopets, Les Français et leurs animaux de compagnie: le dilemme de l'été, Juni 2020: https://www.ifop.com/wp-content/uploads/2020/07/Enquête-Ifop-x-Woopets-Les-Français-et-leurs-animaux-de-compagnie.pdf [zitiert als: Ifop Umfrage für Woopets].

Maharaj, Yashvir, Is the humanisation trend wagging the SA pet care market?: https://www.insightsurvey.co.za/blog/humanisation-trend-wagging-sa-pet-care-market [zitiert als: *Maharaj*, Is the humanisation trend wagging the SA pet care market?].

Maharaj, Yashvir, The tail wagging the dog: Is pet well-being driving innovation in SA's Pet Care market?: https://insightsurvey.co.za/pet-care-market/ [zitiert als: *Maharaj*, The tail wagging the dog].

Splendid Research, Studie Juli 2019 „Die Deutschen und ihre tierischen Gefährten": https://www.splendid-research.com/de/studie-haustiere.html [zitiert als: Splendid Research, Die Deutschen und ihre tierischen Gefährten].

ZZF, Jahresbericht 2020/2021: https://pdf.zzf.de/zzf_jahresbericht_2021/ [zitiert als: ZZF, Jahresbericht 2020/2021].

ZZF; IHV, Der deutsche Heimtiermarkt 2019: https://www.ivh-online.de/fileadmin/ivh/user_upload/Daten_und_Fakten/IVH_Der_Deutsche_Heimtiermarkt_2019.pdf [zitiert als: Der deutsche Heimtiermarkt 2019].

ZZF; IHV, Der deutsche Heimtiermarkt 2021: https://www.zzf.de/fileadmin/ZZF/Dokumente/Heimtiermarkt/Der_Deutsche_Heimtiermarkt_Anzahl_Heimtiere_2021.pdf [zitiert als: Der deutsche Heimtiermarkt 2021].

ZZF; IHV, Der deutsche Heimtiermarkt 2022: https://www.zzf.de/fileadmin/ZZF/Dokumente/Heimtiermarkt/ZZF_IVH_Der_Deutsche_Heimtiermarkt_Anzahl_Heimtiere_2022.pdf [zitiert als: Der deutsche Heimtiermarkt 2022].

ZZF; IHV, Der internationale Heimtiermarkt 2021: https://www.zzf.de/fileadmin/ZZF/Dokumente/Heimtiermarkt/Der_internationale_Heimtiermarkt_2021_ZZF_Euromonitor.pdf [zitiert als: Der internationale Heimtiermarkt 2021].

ZZF; IHV, Presseinfo vom 15.04.2020 „Heimtierhaltung 2019: Der Trend zum Tier hält weiter an": https://www.zzf.de/presse/meldungen/meldungen/article/heimtierhaltung-2019-der-trend-zum-tier-haelt-weiter-an.html [zitiert als: Presseinfo vom 15.04.2020].

ZZF; IHV, Presseinfo vom 05.04.2023 „Heimtiere in Deutschland weiterhin beliebt": https://www.zzf.de/fileadmin/ZZF/Pressemeldungen/2023/2023-04-04-Heimtiere/IVH_ZZF_PM_Heimtiere_in_Deutschland_nach_wie_vor_beliebt.pdf [zitiert als: Presseinfo vom 05.04.2023].